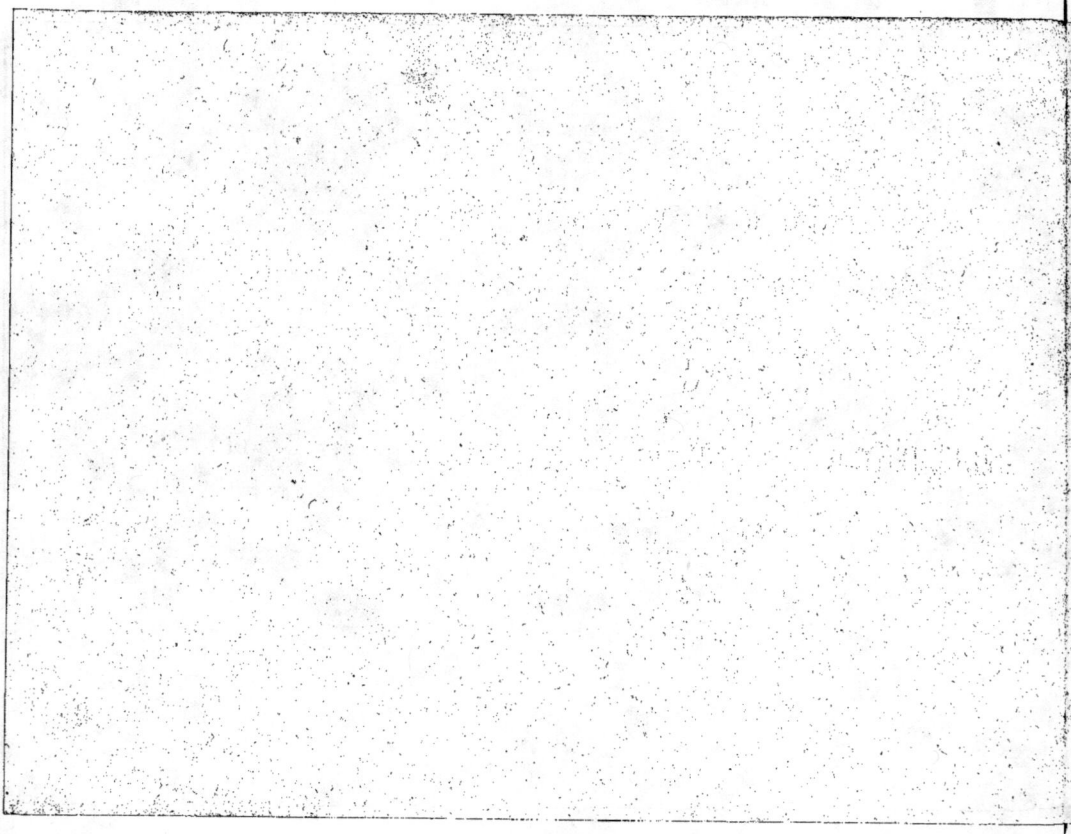

MINISTÈRE DE LA MARINE ET DES COLONIES.

TABLE GÉNÉRALE

PAR ORDRE ALPHABÉTIQUE

DU

RÉGLEMENT D'ARMEMENT DU 15 JUILLET 1859 (ÉDITION DE 1862)

Paris. — Imp. de Cosse et J. Dumaine, rue Christine, 2.

TABLE

ou

NOMENCLATURE GÉNÉRALE

PAR ORDRE ALPHABÉTIQUE

DES MATIÈRES ET OBJETS ALLOUÉS AUX BATIMENTS DE LA FLOTTE

PAR LE RÈGLEMENT D'ARMEMENT DU 15 JUILLET 1859 (ÉDITION DE 1862)

AVEC INDICATION DU SERVICE ET DES LOCALITÉS OÙ S'OPÈRENT LES DÉLIVRANCES, LA MISE EN PLACE, LES REMISES ET LES RÉPARATIONS,
ET DU COMPTABLE QUI EN EST CHARGÉ

Dressée et publiée avec l'autorisation de S. Exc. M. le Ministre de la marine et des colonies

PAR M. LUCIEN CLAVEL

AGENT ADMINISTRATIF DE LA MARINE.

PARIS

LIBRAIRIE MILITAIRE DE J. DUMAINE, LIBRAIRE-ÉDITEUR DE L'EMPEREUR

RUE ET PASSAGE DAUPHINE, 30.

—

1864

OBSERVATION.

Les numéros de nomenclature portés en regard de chaque article sont ceux qui sont déterminés par la *Nomenclature spéciale* à chaque service.

DÉSIGNATION du service où s'opèrent les délivrances, la mise en place, le démontage, les remises et les réparations.	LOCALITÉS OÙ S'OPÈRENT			NUMÉROS D'ORDRE de la NOMENCLATURE.		NOMENCLATURE DES MATIÈRES ET OBJETS.	LETTRES de classement. M. A. Entrée en armement. A. Armement. R. Rechange. C. R. Complément de rechange. A. C. Accessoires de coque. A.T. Objet affecté à la coque des embarcations. P. Objets à délivrer pour les passagers.	ARTICLE DU MAÎTRE OU DE L'OFFICIER COMPTABLE auquel l'objet se rapporte.	PAGE du RÈGLEMENT d'armement.	ALLOCATIONS RÉGLEMENTAIRES pour l	
	la mise en place ou les délivrances. Section de magasin ou atelier.	les démontages ou les remises. Atelier.	les réparations. Atelier.	par unité collective.	par unité simple.						Mois.
						A					
Const. navales	G. chaudronn.	G. chaudronn.	G. chaudronn.	63 et 104	Divers.	**Abatages.**	A.	Mᵉ mécanic.	202		
id.	P. chaudronn.	P. chaudronn.	P. chaudronn.	103	67	**Abat-jour** ⎰ en cuivre.	A.	Mᵉ de timon.	184		
id.	id.	id.	id.	103	67	pour lampes. . ⎱ en opale.	A.	Mᵉ mécanic.	198 et 200		
id.	id.	id.	id.	103	190		A.	Mᵉ de timon.	184		
Hôpitaux.	Pharmacie.	Salle de dépôt	»	37	10	**Acétate . . .** ⎰ ammoniaque.	A.	Chirurgien.	392		
id.	id.	id.	»	37	171	⎱ plombique neutre.	A.	id.	392		
id.	id.	id.	»	9	10	⎛ chlorhydrique (muriatique)	A.	id.	392		
id.	id.	id.	»	9	18	**Acide . . . .** ⎨ sulfurique.	A.	id.	392		
id.	id.	id.	»	9	20	⎜ tannique (tannin).	A.	id.	392		
id.	id.	id.	»	9	21	⎝ tartrique cristalisé.	A.	id.	392		
Const. navales	Forges.	Forges.	»	21	1 et 2	**Acier. . . . .** ⎰ fondu en barres.	A.	Magasinier.	348		
id.	id.	id.	»	24	4	⎱ raffiné.	A.	id.	348 et 392		
Artillerie.	Affûts.	Atel. à bois.	Atel. à bois.	136	6	⎛ de montagne, etc., pour canons de 4 rayés (service à terre). . .	A.	Mᵉ canonnier.	136		
id.	id.	id.	id.	137	30	⎜	A.	id.	430		
id.	id.	id.	id.	137	32¹	⎜ d'embarcations, avec châssis, etc., pour obusiers en bronze de 15 c. ⎱ d'embarcations, avec châssis, etc., pour canons de 4 rayés de montagne.	A.	id.	434		
id.	id.	id.	id.	137		**Affûts . . . . .** ⎨ marins . . ⎰ avec roues, esses et sus-bandes, pour canons, canons-obusiers et obusiers.	R.	id.	114		
id.	id.	id.	id.	137	20 à 24	⎜	R.	id.	120		
id.	id.	id.	id.	137	20 à 24	⎜ à semelle et à châssis, pour caronades, etc. . . .	R.	id.	122		
id.	Objet d'armem. et d'assortim. et ustensiles.	id.	id.	190	85¹	⎝ pour le tir des fusées de signaux.	A.	id.	142		
id.	id.	Atel. à fer.	Atel. à fer.	190	85³	**Affûts-tubes** pour lancer les étoiles de signaux.	A.	id.	142		
Hôpitaux.	Pharmacie.	Salle de dépôt.	»	44	1	**Agaric** amadouvier (agaric de chêne).	A.	Chirurgien.	392		
Mouv. du port	Pavillonnerie.	Pavillonnerie.	»	49	100	⎛ à coudre.	A.	Magasinier.	346		
Hôpitaux.	Magasin.	Salle de dépôt.	»	53	27	⎜ à gargousses.	A.	Chirurgien.	386		
Artillerie.	Poudr. et artific.	Artificeur.	»	64	189	**Aiguilles . . .** ⎨ à mortier.	A.	Magasinier.	340		
Mouv. du port	Voilerie.	Voilerie.	»	64	202 et 203	⎜ à ralingue.	A.	Mᵉ de manœuvre.	396		
id.	id.	id.	»	64	204 et 207	⎜ à voiles.	E. A.	id.	396		
id.	id.	id.	»	64	208 et 209	⎝	A.	Magasinier.	340, 346 et 396		
id.	id.	id.	»	64	208 et 209						
Artillerie.	Garniture.	Garniture.	Garniture.	148	1 à 3	⎛ d'amarrage, pour canons, canons-obusiers et obusiers	A.	Mᵉ canonnier.	116		
id.	id.	id.	id.	148	4	**Aiguillettes** ⎨ de brague, pour amarrage à la serre pour d⁰.	A.	id.	116		
						⎜ de capon, pour manœuvre des ancres.	Gréement.	Mᵉ de manœuvre.	42		
						⎝ pour saisir les chandeliers d'espingole. . . .	A.	Mᵉ canonnier.	128		
Const. navales	G. œuvres.	G. œuvres.	G. œuvres.	104	116	**Aiguillots** ⎰ en bronze pour bâtiments.	R.	Mᵉ charpenti⁰.	254		
id.	id.	id.	id.	104	117	de gouvernail. ⎱ en fer pour bâtiments.	R.	id.	254		1

DÉSIGNATION du service où s'opèrent la mise en place, le démontage, les remises et les réparations.	LOCALITÉS OÙ S'OPÈRENT			NUMÉROS D'ORDRE de la NOMENCLATURE		NOMENCLATURE DES MATIÈRES ET OBJETS.		LETTRES de classement. R.a. Entrée en armement. a. Armement. a. Rechange. c. r. Complément de rechange. c. c. Accessoires de coque. a.t. Objets attenant à la coque des embarcations. r. Objets à délivrer pour les passagers.	ARTICLE DU MAÎTRE OU DE L'OFFICIER COMPTABLE auquel l'objet se rapporte.	PAGE du RÈGLEMENT d'armement.	ALLOCATIONS RÉGLEMENTAIRES pour l ... Mois.
	la mise en place, ou les délivrances. Section de magasin ou atelier.	les démontages ou les remises. Atelier.	les réparations. Atelier.	par unité collective.	par unité simple.						
Const. navales	Chal. et canots	Chal. et canots	Chal. et canots	104	2	**Aiguillots** { on fer pour embarcations.	de gouvernail. { en fer sur l'étambot, pour embarcations. .	R.	Mº de manœuvre.	110	
"	"	"	"	104	4			A.T.	id.	110	
Const. navales	Chal. et canots	Chal. et canots	Chal. et canots	133	11	**Ailes** d'hélice. { en bronze.		R.	Mº mécanic.	212	
id.	Machines.	Machines.	Machines.	133	193	{ en fer.		R.	id.	212	
id.	id.	id.	id.	128	1	**Aimants** factices avec boîtes.		A.	Mº de timon.	160	
Hôpitaux.	Pharmacie.	Salle de dépôt.	"	10	4	**Alcool** à 82°5.		A.	Chirurgien.	392	
id.	id.	id.	"	10	15	**Alcoolat** à la menthe.		A.	id.	392	
id.	id.	id.	"	10	33	**Alcoolé** { camphré.		A.	id.	392	
id.	id.	id.	"	10	35	{ à la cannelle.		A.	id.	392	
id.	id.	id.	"	10	36	{ aux cantharides.		A.	id.	392	
id.	id.	id.	"	10	41	{ au colchique (semences).		A.	id.	392	
id.	id.	id.	"	10	43	{ à la digitale.		A.	id.	392	
id.	id.	id.	"	10	48	{ à l'iode.		A.	id.	392	
id.	id.	id.	"	10	54	{ au musc.		A.	id.	392	
id.	id.	id.	"	10	61	{ au quinquina.		A.	id.	392	
id.	id.	id.	"	10	69	{ à la scille.		A.	id.	392	
Const. navales	Machines.	Machines.	Machines.	80	296	**Alcoomètres** ou péso-liqueurs.		A.	Offic. d'admin.	372	
id.	Forges.	Forges.	"	64	7	**Alènes** emmanchées pour cordonniers.		A.	Mº calfat.	286	
id.	id.	id.	Forges.	62	1 à 8	**Alésoirs** { à bois, assortis, pour la mâture.		A.	Mº charpent.	236	
id.	id.	id.	id.	63	1 à 5	{ à métaux.		A.	Mº mécanic.	202	
id.	Menuiserie.	Menuiserie.	Menuiserie.	124	171	**Allonges** { pª tables { en acajou.		A.	Mº de timon.	186	
id.	id.	id.	id.	124	172	{ à manger { en noyer.		A.	id.	186	
id.	id.	id.	id.	124	183	{ ou panneaux pour surtouts de tables à manger, en noyer. .		A.	id.	186	
id.	Machines.	Machines.	"	53	93	**Allumettes** ordinaires pour allumer les lampes.		A.	Magasinier.	342	
Artillerie.	Armurerie.	Armurerie.	Armurerie.	65	172	**Alphabets** { en cuivre découpé.		A.	Mº armurier.	292	
Const. navales	Forges.	Forges.	Forges.	65	184 à 191	{ en poinçons, pour marquer les effets. . .		A.	Magasinier.	332	
Hôpitaux.	Magasin.	Salle de dépôt.	Dét. des hôpit.	3	1	**Amlets** en toile.		A.	Aumônier.	366	
id.	Pharmacie.	id.	"	37	9	**Ammoniaque** liquide.		A.	Chirurgien.	392	
Artillerie.	Objets d'armem. et d'assortim. et ustensiles.	Atel. à fer.	Atel. à fer.	143	26	**Amorçoirs** ou cornes d'amorces { pour canons, canons-obusiers et obusiers.		A.	Mº canonnier.	114	
id.	id.	id.	id.	143	26	{ pour caronades.		A.	id.	124	
						Amures { à deux branches { de flèche en col d'artimon. . .		Gréement.	Mº de manœuvre.	16	
						{ { de flèche en col de grand mât. .		id.	id.	26	
						{ avec croc à palan, pour bout-dehors de foc d'embarcation.		id.	id.	104	
						{ { de grand hunier.		id.	id.	26	
						{ { de petit hunier.		id.	id.	34	
						{ de bonnettes { de grand perroquet.		id.	id.	28	
						{ { de petit perroquet.		id.	id.	36	
						{ { de misaine.		id.	id.	32	
						{ de clin-foc.		id.	id.	40	

DÉSIGNATION du service où s'opèrent les délivrances, la mise en place, le démontage, les remises et les réparations.	LOCALITÉS OÙ S'OPÈRENT			NUMÉROS D'ORDRE de la NOMENCLATURE.		NOMENCLATURE DES MATIÈRES ET OBJETS.		LETTRES déclassement. — n.a. Entrée en armement. A. Armement. s. Rechange. c. n. Complément de rechange. a.-c. Accessoires du cognu. a.v. Objets attenant à la cargue des embarcations. b. Objets à délivrer pour les passagers.	ARTICLE DU MAITRE OU DE L'OFFICIER COMPTABLE auquel l'objet se rapporte.	PAGE du RÈGLEMENT d'armement.	ALLOCATIONS RÉGLEMENTAIRES pour ! 1 Mois.
	la mise en place ou les délivrances.	les démontages ou les remises.	les réparations.	par unité collective.	par unité simple.						
	Section de magasin ou atelier.	Atelier.	Atelier.								
						Amures....	de grand foc { itague............ de { garant....	Gréement.	Mᵉ de manœuvre.	40	
								id.	id.	40	
							de misaine { doubles. (ou fortune de goëlettes). { simples.	id.	id.	30	
								id.	id.	30	
							doubles de grande voile...........	id.	id.	22	
							doubles de grande voile et de misaine.	R.	id.	48	
Mouv. du port	Garniture.	Garniture.	Garniture.	110 bis et 191	1 à 8	Ancres régulières....	enjalées { de bossoirs............ en bois. { de veille.......	A.	id.	88	
id.	Ancres et grapp.	Parc aux ancres et grappins.	Const. navales. Forges.	89	1 à 4			A.	id.	88	
id.	id.	id.	id.	89	1 à 4		de bossoirs........	A.	id.	88	
id.	id.	id.	id.	80	1 à 4		enjalées { de veille...... en fer... { de détroit.........	A.	id.	88	
id.	id.	id.	id.	89	2 à 4			A.	id.	88	
id.	id.	id.	id.	89	1 à 3		à jet................	A.	id.	88	
id.	id.	id.	id.	89	2 à 5		pour chaloupes....	A.	id.	110	
id.	id.	id.	id.	89	3et 6	Annales maritimes (Collection des).	Partie officielle (de 1809 à 1848).......	A.	Offic. command. Chef d'état-maj. général.	408 414	
Major. génér.	Cartes et arch.	Cartes et arch.	ʼ				Partie non officielle (de 1809 à 1848)........	A.	Offic. command. Chef d'état-maj. général.	408 414	
id.	id.	id.	ʼ								
Artillerie.	Armurerie.	Armurerie.	ʼ	167	211	Anneaux...	de battants....	R.	Mᵉ armurier.	300	
Const. navales.	Serrurerie. Machines.	Serrurerie. Machines.	Serrurerie. Machines.	104 104	531 277		à émérillon, pour signaux........ conducteurs, pour chalos de paratonnerre....	A. A.	Mᵉ de timon. Mᵉ charpent.	406 244, 246 et 250	
id.	id.	id.	id.	104	278		en cuivre de jonction, pour id.	A.	id.	244, 246 et 250	
id.	Serrurerie.	Serrurerie.	Serrurerie.	33	145 à 147		sur bouton { à vis à bois......... sphérique... { à vis à l'écrou........	A.C. A.C.	Mᵉ mécanic. id.	190 190	
id.	id.	id.	id.	33	145 à 147			A.	Mᵉ de manœuvre	82	
id.	Forges.	Forges.	Forges.	104	317		ou bagues simples, pour drailles de voiles auriques.	E.A.	id.	84	
id.	id.	id.	id.	104	317		ou bagues simples, pour hamacs......	R.	Mᵉ voilier.	6	
Mouv. du port	Voilerie.	Voilerie.	Voilerie.	104	317			A.	Mᵉ voilier.	274	
Const. navales.	Forges.	Forges.	Forges.	104	322 *		en fer.. { zingué, ou bagues, pour suspensoirs de remorque. { ou cercles, pour maillets de calfats....... { ou boucles en forme de D, pour jarretières, assortis.	A.	Mᵉ de manœuvre	90	
id.	id.	id.	id.	86	22			A.	Magasinier.	338	
Mouv. du port	Voilerie.	Voilerie.	Const. navales. Forges.	104	320			A.	Mᵉ voilier	274	
Const. navales.	Forges.	Forges.		104	321		pour barres de justice...............	A.	Capit. d'armes	156	
id.	Serrurerie.	Serrurerie.	Serrurerie.	33	148		ronds, { à fiches, pour panneaux...... surpitons { à lacets, pour panneaux....... de fer { pour mantelets de sabords......	A.	Magasinier.	354	
id.	id.	id.	id.	33	148			A*	id.	354	
id.	id.	id.	id.	33	148			A*	id.	354	
Major. génér.	Cartes et arch.	Cartes et arch.	ʼ	11	ʼ	Annuaires....	des marées des côtes de France (le plus récent)........	A.	Offic. command. général.	410 415	
id.	id.	id.	ʼ	11	ʼ						
id.	id.	id.	ʼ	ʼ	ʼ		de la marine et des colonies (le plus récent)...........	A.	Offic. command. Chef d'état-maj. général.	408 414	1.

DÉSIGNATION du service où s'opèrent la mise en place, le démontage, les remises et les réparations.	LOCALITÉS OÙ S'OPÈRENT			NUMÉROS D'ORDRE de la NOMENCLATURE		NOMENCLATURE DES MATIÈRES ET OBJETS.	LETTRES d'enclassement. E.A. Entrée en armement. R.A. Rentrée en armement. A. Armement. B. Boulange. C.E. Complément de rechange. A.C. Accessoires de cœur. A.T. Objets attenant à la coque des engins et des embarcations. P. Objets à délivrer pour le montage des passagers.	ARTICLE DU MAÎTRE OU DE L'OFFICIER COMPTABLE auquel l'objet se rapporte.	PAGE du RÈGLEMENT d'armement.	ALLOCATIONS RÉGLEMENTAIRES pour 1 Mois.
	la mise en place ou les délivrances. Section de magasin ou atelier.	les démontages ou les remises. Atelier.	les réparations. Atelier.	par unité collective.	par unité simple.					
Const. navales	G. œuvres.	G. œuvres.	G. œuvres.	65	495 à 498	**Auspects.** façonnés.	E.A.	M⁰ de manœuvre	4	
id.	Chal. et canots.	Chal. et canots.	Chal. et canots.	65	497 et 498		A.	id.	108	
Artillerie.	Objets d'armem. et d'assortim. et ustensiles.	Atel. à bois.	Atel. à bois.	142	75 à 77		A.	M⁰ canonnier	114	
id.	id.	id.	id.	142	75 à 77	ou leviers pour canons, canons-obusiers et obusiers.	R.	id.	122	
id.	id.	id.	id.	142	76 et 77	en bois.	A.	id.	124	
id.	id.	id.	id.	142	76 et 77	pour caronades.	R.	id.	126	
Artillerie.	id.	id.	id.	142	77	n° 3.	A.	id.	132	
Const. navales	Machines.	Machines.	Machines.	130	5, 6, 8 et 9	acoustiques.	A.	M⁰ mécanic.	190	
id.	id.	id.	id.	97	37 ou 38	distillatoires complets.	A.	id.	214	
Subsistances.	Denrées, outils, etc.	Salle de dépôt.	Dét. des subsist.	20	1	Dorny, pour l'examen des farines.	A.	Commis aux vivr.	320	
Const. navales	Perçage.	Perçage.	Perçage.	104	393	**Appareils.** en fer. pour mise à l'eau des canots-tambours.	A.C.	M⁰ charpent.	228	
id.	Machines.	Machines.	Machines.	134	45	pour soulever les arbres des roues.	A.	M⁰ mécanic.	196	
id.	id.	id.	id.	134	50	ou moufles à engrenage pour manœuvrer les roues.	A.	id.	196	
id.	id.	id.	id.	»	»	plongeurs ou scaphandres.	A.	id.	196	
id.	id.	id.	id.	134	44	p' soulever le coussinet extérieur de l'hélice. en bronze.	A.C.	id.	190	
id.	id.	id.	id.	134	47	en fer.	A.C.	id.	190	
id.	id.	id.	id.	134	44	pour soulever l'hélice. en bronze.	A.C.	id.	190	
id.	id.	id.	id.	134	46	en fer.	A.C.	id.	190	
id.	id.	id.	id.	134	49	pour virer l'arbre porte-hélice ou vireur.	A.C.	id.	190	
Mouv. du port	Voilerie.	Voilerie.	Voilerie.	112	11	**Araignées** de hamacs.	E.A.	M⁰ voilier.	6	
id.	id.	id.	id.	112	11		A.	M⁰ voilier.	274	
Const. navales	Forges.	Forges.	Forges.	104	330	**Arceaux** ou potences en fer pour panneaux à escarbilles.	A.C.	M⁰ mécanic.	150	
Artillerie.	Armurerie.	Armurerie.	Armurerie.	65	8	**Arçons** à forer.	A.	M⁰ armurier	202	
Const. navales	Charpentage.	Charpentage.	Charpentage.	87	124	dans les porte-haubans d'artim. pour 2 canots.	A.	M⁰ charpent.	262	
id.	id.	id.	id.	87	124	pour 1 canot.	A.	id.	262	
id.	id.	id.	id.	87	125 et 126	du côté. dans les grands porte-haubans pour 1 canot.	A.	id.	262	
id.	Perçage.	Perçage.	Perçage.	»	»	en bois. de grands bras.	A.C.	id.	212	
id.	Charpentage.	Charpentage.	Charpentage.	104	128	ou jambes de force pour hisser les embarcations au fronteau de dunette.	A.C.	id.	234	
id.	Perçage.	Perçage.	Perçage.	87	129 ou 130	pour ancres de veille des bâtim. à batterie couverte.	A.C.	id.	226	
id.	id.	id.	id.	104	327	de grands bras.	A.	id.	222	
id.	Forges.	Forges.	Forges.	104	326	pour chaînes d'échelles de commandement.	A.C.	id.	232	
id.	id.	id.	id.	104	325	de suspente. de vergue.	A.	M⁰ de manœuvre	82	
id.	Perçage.	Perçage.	Perçage.	104	328	**Arcs-boutants.** en fer. pour échelles de haubans. de mât d'artimon.	A.C.	M⁰ charpent.	218	
id.	id.	id.	id.	104	325	de grand mât.	A.C.	id.	218	
id.	id.	id.	id.	104	325	de mât de misaine.	A.C.	id.	218	
id.	Forges.	Forges.	Forges.	104	323	pour états de bas mâts.	A.	M⁰ de manœuvre	82	
id.	id.	id.	id.	104	324	pour portemanteaux de côté d'embarcations.	A.C.	M⁰ charpent.	262	
id.	Perçage.	Perçage.	Perçage.	104	329	fixés sur les bossoirs, pour remplacer la civadière.	A.C.	id.	290	
id.	Mâture.	Mâture.	Mâture.	78	1 à 13	de beaupré ou de haubans de foc à mâchoire.	A.	id.	242	

DÉSIGNATION du service où s'opèrent les délivrances, la mise en place, le démontage, les remises et les réparations.	LOCALITÉS OÙ S'OPÈRENT — la mise en place ou les délivrances (Section de magasin ou atelier)	les démontages ou les remises (Atelier)	les réparations (Atelier)	NUMÉROS D'ORDRE de la NOMENCLATURE par unité collective	par unité simple	NOMENCLATURE DES MATIÈRES ET OBJETS.	LETTRES de classement.	ARTICLE DU MAÎTRE ou de l'officier comptable auquel l'objet se rapporte.	PAGE du RÈGLEMENT	ALLOCATIONS RÉGLEMENTAIRES pour 1 Mois.
Const. navales	Mâture.	Mâture.	Mâture.	78	1 à 15	de bouspré ou de haubans de foc à croc..........	A.	M⁰ charpent.	242	
id.	id.	id.	id.	78	16 à 30	**Arcs-boutants**.. de martingale...... en bois..........	A.	id.	242	
id.	id.	id.	id.	104	111	en fer..........	A.	id.	242	
id.	id.	id.	id.	77	1 à 17	ferré, ou tangons, pour mât de misaine..........	A.	id.	240	
Artillerie.	Armurerie.	Armurerie.	Armurerie.	171	36	**Ardillons** en cuivre pour boucles de ceinturons..	A.	Cap. d'armes.	154	
Const. navales	Machines.	Machines.	Machines.	53	189	**Ardoises**..........	A.	M⁰ de timon.	166	
Major. génér.	Cartes et arch.	Cartes et arch.	»	60	238²	**Aréomètres** ou pèse-sels en maillechort, dits salinomètres, etc.	A.	M⁰ mécanic.	196	
Const. navales	Machines.	Machines.	Machines.	60	238¹	pour observations météorologiques.	A.	Offic. command.	172	(Pour ordre.)
id.	Peinture.	Peinture.	»	32	32 à 35	**Argile** ou terre réfractaire, pour autels.	A.	M⁰ mécanic.	212	
Artillerie.	Divers.	Divers.	Armurerie.	Divers.	Divers.	**Armes**.. d'abordage..........	A.	Capit. d'armes	150-152	
id.	id.	id.	id.	163	31	de chasse..........	A.	id.	150	
id.	id.	id.	Divers.	163	Divers.	de précision..........	A.	id.	150	
Const. navales	Menuiserie.	Menuiserie.	Menuiserie.	124	21 à 23	**Armoires**.. en bois blanc peint..........	A.	M⁰ de timon.	176	
id.	id.	id.	id.	124	18 à 20	en noyer..........	A.	id.	176	
id.	id.	id.	id.	124	18 à 20	en noyer (peint en acajou)	A.	id.	176	
Artillerie.	Armurerie.	Armurerie.	Voilerie.	167	120¹	**Arrêts** de cylindres pour pistolets revolvers.	R.	M⁰ armurier.	300	
Mouv. du port	Voilerie.	Voilerie.	id.	118	1 à 25	**Artimon** de cape garni.	R.	M⁰ voilier.	268	
id.	id.	id.	id.	118	1 à 25	id.	A.	Comm. aux vivres	326	
Subsistances	Galons, outils, etc.	Salle de dépôt	Dét. des subsist.	21	1	**Asses** de rognage pour tonneliers.	A.	id.	322	
id.	id.	id.	id.	22	31	**Assiettes** en fer battu.	A.	id.	322	
Hôpitaux.	Magasin.	Salle de dépôt.	Dét. des hôpit.	51	1	à extension permanente (avec cointeron, etc.).	A.	Chirurgien.	386	
id.	id.	id.	id.	51	5	en bois.. flexibles.	A.	id.	386	
id.	id.	id.	id.	51	7	simples... pour le bras..	A.	id.	386	
id.	id.	id.	id.	51	6	pour l'avant-bras..	A.	id.	386	
id.	id.	id.	id.	51	8	pour la cuisse et la jambe.....	A.	id.	386	
id.	id.	id.	id.	51	8²	**Attelles**... en fer (gouttières en fil de fer galvanisé)... pour le bras et avant-bras réunis. côté droit..	A.	id.	386	
id.	id.	id.	id.	51	8²	côté gauche..	A.	id.	386	
id.	id.	id.	id.	51	8³	pour l'avant-bras.	A.	id.	386	
id.	id.	id.	id.	51	8³	pour la cuisse côté droit..	A.	id.	386	
id.	id.	id.	id.	51	8³	côté gauche..	A.	id.	386	
id.	id.	id.	id.	51	8⁴	pour la jambe, avec pied..	A.	id.	386	
id.	id.	id.	id.	3	2	en garnies de tulle brodé..	A.	Aumônier.	366	
id.	id.	id.	id.	3	3	batiste... garnies de guipure..	A.	id.	366	
id.	id.	id.	id.	3	4	**Aubes**... en toile..	A.	id.	366	
Const. navales	Charpentage.	Charpentage.	Charpentage.	87	131 à 133	ou bois, pour roues de machines à vapeur..	R.	M⁰ mécanicien.	210	
Artillerie.	Objets d'armem. et d'assortim. et access.	Atel. à bois.	Atel. à bois.	189	1	à fond arrondi, doublées en plomb pour l'apprêté.....	A.	M⁰ canonnier.	162	
Const. navales	Menuiserie.	Menuiserie.	Menuiserie.	87	276	**Auges**.... ou bois. . garnies, pour boulangers..........	A.	Comm. aux vivres	320	
id.	id.	id.	id.	87	278	garnies, pour cuisines.	A.	id.	324	

DÉSIGNATION du service où s'opèrent les délivrances, la mise en place, le démontage, les remises et les réparations.	LOCALITÉS OU S'OPÈRENT			NUMÉROS D'ORDRE de la NOMENCLATURE		NOMENCLATURE DES MATIÈRES ET OBJETS.	LETTRES de classement du matériel. M.A. Entrée en Armement. A. Armement. A. Rechange. C.R. Complément de rechange. A.C. Accessoires de rognures. A.V. Objets attenant à la coque des cantarations. F. Objets à délivrer pour les passagers.	ARTICLE DU MAÎTRE OU DE L'OFFICIER COMPTABLE auquel l'objet se rapporte.	PAGE du RÉGLEMENT	ALLOCATIONS RÉGLEMENTAIRES pour 1 Mois.
	la mise en place ou les délivrances. Section de magasin ou atelier.	les démontages ou les remises. Atelier.	les réparations. Atelier.	par unité collective.	par unité simple.					
Const. navales	Charpentage.	Charpentage.	Charpentage.	»	499 à 501	**Anges**... { en bois. { pour latrines d'équipage.......	A. C.	M⁰ calfat.	281	
id.	.G. œuvres.	G. œuvres.	G. œuvres.	65	499 à 501	{ pour pierres à meule.......	E. A.	M⁰ de manœuvre	6	
id.	id.	id.	id.	65	79	{ en tôle. { pour le charbon.......	A.	M⁰charpentier	262	
id.	Tôlerie.	Tôlerie.	Tôlerie.	99	79	{ pour pierres à meule........	A.	M⁰ mécanicien	306	
id.	id.	id.	id.	99	79		A.	M⁰ armurier.	314	
id.	id.	id.	id.	68	503		A.	M⁰ mécanicien	200	
Mouv. du port	Garniture.	Garniture.	Garniture.	105	1	**Aussières** diverses.....	A.	M⁰ de manœuvre	42	
Const. navales	G. chaudronn.	G. chaudronn.	G. chaudronn.	133	299 ¹	**Autels**... { volants en fonte de fer.	A.	M⁰ mécanicien	196	
Hôpitaux.	Magasin.	Salle de dépôt.	Dét.des hôpit.	6	1	{ en bois de chêne, avec tabernacle et gradins.	A.	Aumônier.	370	
Commissariat	Dét. des armem.	Dét. des armem.	»	125	25	**Avertissement** pour le choix d'un défenseur.	A.	Offic. d'admin.	378	
Const. navales	Tonnellerie.	Tonnellerie.	Tonnellerie.	83	1 à 39	{ dits de galère.............	A.	M⁰ de manœuvre	90	
Mouv. du port	Embarc. de serv.	Embarc. de serv.	Const. navales Tonnellerie.	»	»	**Avirons** { pour chaloupes..........	E. A.	id.	4	
id.	id.	id.	id.	»	»	façonnés. { pour canots.......	E. A.	id.	4	
Const. navales	Tonnellerie.	Tonnellerie.	Tonnellerie.	83	41 à 59	{ à couple.	A.	id.	108	
id.	id.	id.	id.	83	44 à 59		R.	id.	110	
id.	id.	id.	id.	83	50 à 52	{ en pointe.	A.	id.	108	
id.	id.	id.	id.	83	50 à 52	en frêne.	R.	id.	110	
id.	id.	id.	id.	83	55 et 56	{ de queue.	A.	id.	108	
id.	id.	id.	id.	83	55 et 56		R.	id.	110	
Commissariat	Dét. des armem.	Dét. des armem.	»	455	158	**Avis** (imprimé) { de décès ou de disparition....	A.	Offic. d'admin.	378	
				347	47	{ de dette d'après l'arrêté du rôle d'équipage.	A.	id.	378	
				456	196	{ de naissance ou de mort, etc.	A.	id.	378	
Const. navales	Machines.	Machines.	Machines.	128	2	**Axiomètres** { à cadran.	A.	M⁰ timonier.	160	
				128	3	{ de dunette.	A.	id.	160	
Hôpitaux.	Pharmacie.	Salle de dépôt	»	37	32	{ argentique (nitrate d'argent) { cristallisé.	A.	Chirurgien.	392	
id.	id.	id.	»	37	33	{ fondu.	A.	id.	392	
id.	id.	id.	»	37	51	**Azotate**... { bismuthique basique (sous-nitrate de bismuth).	A.	id.	392	
id.	id.	id.	»	37	128	{ mercurique (nitrate acide de mercure).	A.	id.	392	
id.	id.	id.	»	37	186	{ potassique (nitrate de potasse).	A.	id.	392	

B

Artillerie.	Armurerie.	Armurerie.	»	167	334	{ nouveau modèle.	R.	M⁰ Armurier.	306	
id.	id.	id.	»	167	334	de baïonnettes ou viroles { ancien modèle.	R.	id.	306	
Const. navales	G. chaudronn.	G. chaudronn.	G. chaudronn.	133	158	**Bagues**... { en acier pour tubes de chaudières tubulaires.	R.	M⁰ mécanicien	210	
id.	Forges.	Forges.	Forges.	104	322 ¹	{ zingué, p¹ suspension de remorque.	A.	M⁰ de manœuvre	90	
id.	id.	id.	id.	104	347	{ ou	R.	id.	82	
id.	id.	id.	id.	104	347	{ anneaux { simples, pour drailles de voiles auriques.	R.	id.	84	
Mouv. du port	Voilerie.	Voilerie.	Voilerie.	104	347	en fer.	E. A.	M⁰ voilier.	0	
id.	id.	id.	id.	104	347	{ simples, pour hamacs.	R.	M⁰ voilier.	274	
id.	id.	id.	id.	104	347		A.	id.	274	

DÉSIGNATION du service où s'opèrent les délivrances, la mise en place, le démontage, les remises et les réparations.	LOCALITÉS OU S'OPÈRENT			NUMÉROS D'ORDRE de la NOMENCLATURE		NOMENCLATURE DES MATIÈRES ET OBJETS.	LETTRES declassement. R.=A. Entrée en armement. A. Armement. R. Rechange. C. R. Complétement du rechange. A. C. Accessoires de chaque. A. V. Objets contenant à la coque des embarcations. v. Objets à délivrer pour les passagers.	ARTICLES DU MAITRE OU DE L'OUVRIER COMPTABLE auquel l'objet se rapporte.	PAGE du RÈGLEMENT d'arrangement.	ALLOCATIONS RÉGLEMENTAIRES pour 1 Mois.
	la mise en place ou les délivrances. Section de magasin ou atelier.	les démontages ou les remises. Atelier.	les réparations. Atelier.	par unité collective.	par unité simple.					
Artillerie.	Armurerie.	Armurerie.	Armurerie.	63	11	à laver........	A.	Mᵉ armurier.	292	
id.	id.	id.	id.	63	12	à racloir. { pour fusils et mousquetons..........	A.	id.	292	
id.	id.	id.	id.	63	13	pour pistolets..........	A.	id.	292	
id.	id.	id.	»	167	1	de cara-bines.. { modèle 1846............	R.	id.	300	
id.	id.	id.	»	167	1	modèle 1842............	R.	id.	300	
id.	id.	id.	Armurerie.	170	2	de caisses claires..........	A.	Cap. d'armes.	136	
id.	id.	id.	»	167	3	de fusils de marine..........	R.	Mᵉ armurier.	300	
id.	id.	id.	»	167	5	de fusils de rempart..........	R.	id.	300	
id.	id.	id.	»	167	10	de mousquetons de gendarmerie et de marine....	R.	id.	300	
Baguettes.										
id.	id.	id.	»	167	11	de cavalerie et de marine, mod. 1822....	R.	id.	300	
id.	id.	id.	»	167	12	de pisto-lets. { de gendarmerie { mod. 1822, an IX et 1816....	R.	id.	300	
id.	id.	id.	»	167	12	modèle 1842....	R.	id.	300	
id.	id.	id.	»	167	13	de marine.... { modèle 1849....	R.	id.	300	
id.	id.	id.	»	167	14	modèle 1837....	R.	id.	300	
id.	id.	id.	»	167	14	revolvers, complètes....	R.	id.	300	
id.	id.	id.	Armurerie.	170	4	de tambour....	A.	Cap. d'armes.	156	
id.	id.	id.	id.	63	228	ou ramasses, pour passer dans le canal de la baguette.	A.	Mᵉ armurier.	298	
id.	id.	id.	id.	63	14	p' chasser les mandrins destinés à relever les enfoncem. des canons	A.	id.	292	
id.	id.	id.	id.	189	45	tire-balles, pour pistolets de marine............	A.	Capit. d'armes.	154	
Const. navales	P.Chaudronn.	P.Chaudronn.	P.Chaudronn.	99	3	**Baignoires.** en cuivre. { pour bain de corps.....	A.	Mᵉ armurior. Mᵉ calfat.	248	
id.	id.	id.	id.	99	3	pour bain de jambe et de pieds.	A.	Chirurgien.	386	
id.	id.	id.	id.	90	5	en zinc. { pour bain de siége.......	A.	id.	386	
id.	id.	id.	id.	99	118	pour bain de bras......	A.	id.	386	
id.	Tonnellerie.	Tonnellerie.	Tonnellerie.	85	3 à 17	avec couvercle, etc. { pour déposer la viande cuite de l'équipage	A.	Comm. aux vivres.	324	
id.	id.	id.	id.	85	3 à 17	pour les distributions.	A.	id.	320	
id.	P.Chaudronn.	P.Chaudronn.	P.Chaudronn.	99	7	d'aisance inodores, en cuivre.	A.	Chirurgien.	386	
Artillerie.	Affûts.	Atel. à bois.	Atel. à bois.	143	80	**Bailles.** de combat cerclées en fer. { grandes, pour batteries couvertes.	A.	Mᵉ canonnier.	114	
id.	id.	id.	id.	143	81	petites, pour gaillards......	A.	id.	114 et 124	
Const. navales	Tonnellerie.	Tonnellerie.	Tonnellerie.	85	22	de loch....	A.	Mᵉ de timonerie.	164	
id.	id.	id.	id.	85	3 à 17	en bois, { pour filtres à eau.......	A.	Mᵉ de manœuvre.	90	
id.	id.	id.	id.	85	3 à 17	cerclées { pour fontaines de cuisines.....	A.	id.	92	
id.	id.	id.	id.	85	3 à 17	en fer { pour lavage et services divers....	A.	id.	90	
Artillerie.	Armurerie.	Armurerie.	»	167	16	**Baïon-nettes....** modèle 1822 modifié.....	R.	Mᵉ armurier.	300	
id.	id.	id.	»	167	17	modèle 1822......	R.	id.	300	
id.	id.	id.	»	167	19	pour mousquetons, mod. an IX.	R.	Mᵉ armurier.	300	
Mouv. du port	Garniture.	Garniture.	»	53	94	de bruyère, de bouleau, etc...	E.A.	Mᵉ de manœuvre.	8	
id.	id.	id.	»	53	94	**Balais.**	A.	id.	94	
Artillerie.	id.	id.	»	53	95	de millet......	A.	Magasinier.	340	
Mouv. du port	Pavillonnerie.	Pavillonnerie.	Pavillonnerie.	124	225	**Balais..** en crin, pour cheminées.....	A.	Mᵉ de timon.	176	
id.	id.	id.	id.	124	247	p' appar-tements. { en chiendent....	A.	id.	176	
Artillerie.	Garniture.	Garniture.	»	124	246	en crin.........	A.	Mᵉ canonnier.	144	

DÉSIGNATION du service où s'opèrent les délivrances, la mise en place, le démontage, les remises et les réparations.	LOCALITÉS OÙ S'OPÈRENT			NUMÉROS D'ORDRE de la NOMENCLATURE		NOMENCLATURE DES MATIÈRES ET OBJETS.	LETTRES declassement. E.A. Entrée en armement. A. Armement. n. Rechange. c.R. Complément de rechange. A.C. Accessoires de coque. A.V. Objets attenant à la coque des embarcations. v. Objets à délivrer pour les passagers.	ARTICLE DU MAÎTRE OU DE L'OFFICIER COMPTABLE auquel l'objet se rapporte.	PAGE du RÈGLEMENT d'armement.	ALLOCATIONS RÉGLEMENTAIRES pour l	
	la mise en place ou les délivrances. Section de magasin ou atelier.	les démontages ou les remises. Atelier.	les réparations. Atelier.	par unité collective.	par unité simple.						Mois.
Const. navales	Machines.	Machines.	Machines.	60	39 à 41	Balances à fléau en cuivre et coupes en cuivre.	A.	Magasinier.	332		
Subsistances.	Ustensiles, etc.	Salle de dépôt.	Dét. des subsist.	20	2 à 4	en fer et coupes en cuivre.	A.	Commis-ou-vivr.	320		
id.	id.	id.	id.	20	5 à 7	et coupes en fer-blanc.	A.	id.	320		
Const. navales	Machines.	Machines.	Machines.	60	48 à 50	et coupes en tôle.	A.	Magasinier.	332		
Hôpitaux.	Pharmacie.	Salle de dépôt.	Dét. des hôpitaux	70	287	dites à trébuchet, avec leur série de poids dans une boîte.	A.	Chirurgien.	386		
						Balancines à capeler, pour garnitures d'arcs-boutants d'embarcations.	Gréement.	Mᵉ de manœuvre.	44		
						de bouts-dehors avec cosse, pour bonnettes de misaine.	id.	id.	32		
						de gui d'artimon doubles.	id.	id.	12		
						simples.	id.	id.	12		
						de gui de grand mât.	id.	id.	20		
						de vergue barrée.	id.	id.	14		
						de vergue de perroquet de fougue.	id.	id.	14		
						de vergue de perruche.	id.	id.	18		
						de vergue de cacatois du perruche	id.	id.	18		
						de grande vergue.	id.	id.	22		
						de vergue de grand hunier, avec crocs doubles.	id.	id.	24		
						de vergue du grand perroquet.	id.	id.	26		
						de vergue de grand cacatois.	id.	id.	28		
						de vergue de misaine.	id.	id.	30		
						de vergue de petit hunier, avec crocs doubles.	id.	id.	34		
						de vergue de petit perroquet.	id.	id.	36		
						de vergue de petit cacatois.	id.	id.	36		
						pour garnitures de tangons. doubles.	id.	id.	44		
						simples.	id.	id.	44		
Const. navales	Chal. et canots	Chal. et canots	Chal. et canots	68	42 à 44	Baleinières en bois.	A.	id.	98 et 100		
Hôpitaux.	Magasin.	Salle de dépôt.	▸	30	153	Balle d'avoine, pour coussins.	A.	Chirurgien.	386		
Mouv. du port	Pavillonnerie.	Pavillonnerie.	Pavillonnerie.	123	189	Ballons en toile, ou boules pour signaux.	A.	Mᵉ de timon.	166		
Const. navales	Menuiserie.	Menuiserie.	Menuiserie.	87	226 et 227	Bancs de cuisine, ordinaires, avec tiroirs, etc.	A.	Mᵉ charpent.	254		
id.	id.	id.	id.	87	233 à 235	de quart de gaillard d'arrière.	A.C.	id.	239		
id.	id.	id.	id.	87	233 à 235	de gaillard d'avant.	A.C.	id.	239		
Subsistances.	Ustens. et outils	Salle de dépôt.	Dét. des subsist.	24	2	de tonneliers.	A.	Commis-ouvr.	326		
Const. navales	Menuiserie.	Menuiserie.	Menuiserie.	64	240 et 241	de veilleurs.	A.	Mᵉ voilier.	274		
id.	Objets d'armem.	id.	id.	63	15 et 16	d'ouvriers à métaux.	A.	Mᵉ mécanic.	202		
Artillerie.	Objets d'armem.	Atel. à bois.	Atel. à bois.	63	15 et 16		A.	Mᵉ armuric.	292		
id.	et ustensiles.	id.	id.	63	15 et 16		A.	id.	314		
Const. navales	Menuiserie.	Menuiserie.	Menuiserie.	62	16	on établis pour charpentier et menuisier.	A.	Mᵉ charpent.	202		
id.	id.	id.	id.	87	236 et 237	pour la sainte-barbe.	A.	id.	254		
id.	id.	id.	id.	87	230	pour 16- à suspension.	A.	id.	254		
id.	id.	id.	id.	87	231	quipage avec pieds.	A.	id.	254		
Hôpitaux.	Pharmacie.	Salle de dépôt.	Dét. des hôpitaux	48	1	Bandages herniaires doubles pour hommes.	A.	Chirurgien.	386		
id.	id.	id.	id.	48	3	simples pour hommes, pour côté droit.	A.	id.	386		

DÉSIGNATION du service où s'opèrent la mise en place, la mise en place, le démontage, les remises et les réparations.	LOCALITÉS OÙ S'OPÈRENT			NUMÉROS de la NOMENCLATURE		NOMENCLATURE DES MATIÈRES ET OBJETS.	LETTRES de classement. M. A. Entrée au armement. A. Armement. B. Rechange. C. A. Complément de rechange. A. C. Accessoires de compte. A. T. Objets aidtenant à la conque des embarcations. P. Objets à délivrer pour les passagers.	ARTICLE DU MAÎTRE ou de l'OFFICIER COMPTABLE auquel l'objet se rapporte.	PAGE du RÈGLEMENT d'ar- mement.	ALLOCATIONS RÉGLEMENTAIRES pour l Mois.
	la mise en place ou les délivrances. Section de magasin ou atelier.	les démontage ou les remises. Atelier.	les réparations. Atelier.	par unité collective.	par unité simple.					
Hôpitaux.	Pharmacie.	Salle de dépôt.	Dét. des hôpit.	48	3	**Bandages** herniaires simples pour hommes, pour côté gauche	A.	Chirurgien.	386	
Artillerie.	Armurerie.	Armurerie.	Armurerie.	170	23	**Banderoles** en cuir verni pour gibernes de musiciens du bord	A.	Capit. d'armes	188	
Const. navales	Menuiserie.	Menuiserie.	Menuiserie.	87	240 à 242	**Banquettes** à dossier, { pour le poste des malades	A.	M⁰ charpentier	234	
id.	id.	id.	id.	87	240 à 242	en bois blanc . . . . . { pour passagers	A.	id.	234	
						{ de perroquet de fougue	Gréement.	M⁰ de manœuvre	54	
						{ de perruche	id.	id.	56	
						{ de grand hunier	id.	id.	60	
	Baraquettes pour ba-					{ de grand perroquet	id.	id.	62	
	lancines de vergue					{ de grand cacatois	id.	id.	64	
						{ de petit hunier	id.	id.	68	
						{ de petit perroquet	id.	id.	70	
						{ de petit cacatois	id.	id.	70	
Hôpitaux.	Magasin.	Salle de dépôt.	Dét. des hôp.	3	6	**Barettes** . . . { en drap	A.	Aumônier.	386	
id.	id.	id.	id.	3	5	{ en soie	A.	id.	388	
Artillerie.	Affûts.	Atel. à bois.	Atel. à bois.	150	3	{ à bourse	A.	M⁰ canonnier.	142	
Const. navales	Tonnellerie.	Tonnellerie.	Tonnellerie.	84	9	{ à eau ou { ronds	E. A.	M⁰ de manœuvre	90	
id.	id.	id.	id.	84	9	de galère { plats pour embarcations	A.	id.	392	
id.	id.	id.	id.	84	10 à 14	**Barils** . . . . { à huile, à { pour contenir le suif	A.	M⁰ de manœuvre	90	
id.	id.	id.	id.	84	1 à 8	goudron, { pour contenir la chaux, le sable, etc. . .	A.	Magasinier.	334	
id.	id.	id.	id.	84	1 à 8	{ pour contenir le bral	A.	M⁰ calfat.	334	
id.	id.	id.	id.	84	1 à 8	{ pour contenir le goudron	A.	M⁰ de manœuvre	288	
id.	Machines.	Machines.	Machines.	128	4	**Baromètres** { anéroïdes	A.	M⁰ du timon.	94	
Hôpitaux.	Pharmacie.	Salle du dépôt.	Dét. des hôp.	31	1	{ de condenser ou indicateurs du vide, etc. . .	A.	Chirurgien.	100	
Const. navales	Machines.	Machines.	Machines.	134	1	{ marins	A.	M⁰ de timon.	196	
id.	id.	id.	id.	128	5	{ aimantés, dits faisceaux magnétiques. . .	A.	id.	160	
id.	G. chaudronn.	G. chaudronn.	G. chaudronn.	133	205	**Barreaux** { pour grilles de chaudières	R.	M⁰ mécanicien	210	
id.	Tôlerie.	Tôlerie.	Tôlerie.	104	227	{ en fer . { pour grilles de cuisines	A.	id.	214	
id.	G. œuvres.	G. œuvres.	G. œuvres.	87	34 à 41	{ de cabestan, en bois	E. A.	M⁰ de manœuvre	234	
id.	id.	id.	id.	87	34 à 41	{	R.	M⁰ charpentier	254	
id.	id.	id.	id.	104	121	{ à main, en fer, dites de combat . .	A. C.	id.	296	
id.	id.	id.	id.	87	24 à 33	**Barres** . . . { pour bâtiments, { en bois	A. C.	id.	234	
id.	id.	id.	id.	87	24 à 33	{ en fer	R.	id.	296	
id.	id.	id.	id.	104	121	{ du gou- {	R.	id.	254	
Mouv. du port	Forges.	Forges.	Forges.	104	10	{ vernail . { à tire-veille en fer	E. A.	M⁰ de manœuvre	4	
Const. navales	Chal. et canots	Chal. et canots	id.	87	1	{ p' embarcations { en bois	A.	id.	108	
id.	id.	id.	id.	87	1	{	R.	id.	110	
id.	Forges.	Forges.	Forges.	104	8	{ en fer coudées	A.	id.	108	
id.	id.	id.	id.	104	8	{	R.	id.	110	2

DÉSIGNATION du service où s'opèrent les délivrances, la mise en place, le démontage, les remises et les réparations. Section du magasin ou atelier.	LOCALITÉS OU S'OPÈRENT la mise en place ou les remises. Atelier.	les démontages ou les remises. Atelier.	les réparations. Atelier.	NUMÉROS D'ORDRE de la NOMENCLATURE par unité collective.	par unité simple.	NOMENCLATURE DES MATIÈRES ET OBJETS.	LETTRES declassement.	ARTICLE DU MAÎTRE OU DE L'OFFICIER COMPTABLE auquel l'objet se rapporte.	PAGE du RÈGLEMENT d'armement.	ALLOCATIONS RÉGLEMENTAIRES pour 1 l Mois.
Const. navales	G. œuvres.	G. œuvres.	G. œuvres.	87	34 à 41	de guindeau, en bois	A.	Mᵉ charpentier	254	
id.	Mâture.	Mâture.	Mâture.	78	108 à 124	de hune { à capeler { d'artimon	A.	id.	242	
id.	id.	id.	id.	78	108 à 124	de grand mât	A.	id.	246	
id.	id.	id.	id.	78	108 à 124	de misaine	A.	id.	248	
id.	id.	id.	id.	78	Divers.	ordinaires	A.	id.	246	
id.	id.	id.	id.	78	Divers.			id.	248	
id.	id.	id.	id.	78	Divers.	de justice, en fer		Capit. d'armes	156	
id.	Forges.	Forges.	Forges.	104	336	de manœuvre, pᵉ poulies estropées, en cuivre, pᵉ mât d'artimon.	A. C.	Mᵉ charpentier	218	
id.	Perçage.	Perçage.	Perçage.	104	337	de manœuvre, en fer, pour { pour grand mât	A. C.	id.	218	
id.	id.	id.	id.	104	337	poulies estropées. { pour mât de misaine . . .	A. C.	id.	218	
id.	id.	id.	id.			de perroquet d'artimon	A.	id.	244	
id.	Mâture.	Mâture.	Mâture.	78	125 à 144	de grand perroquet	A.	id.	246	
id.	id.	id.	id.	78	125 à 151		C. E.	id.	248	
id.	id.	id.	id.	78	125 à 151		R.	id.	250	
id.	id.	id.	id.	78	125 à 151	de petit perroquet		id.	252	
id.	id.	id.	id.	78	125 à 151		A. C.	id.	254	
id.	Menuiserie.	Menuiserie.	Menuiserie.	87	135	Barres . . . { en bois pour fermeture de sabords et fausses fenêtres. . . :	A.	Mᵉ calfat.	288	
id.	Charpentage.	Charpentage.	Charpentage.	87	135	pour fermetures d'écoutilles, avec crampons, etc. .	A. C.	Mᵉ charpentier	272	
id.	Perçage.	Perçage.	Perçage.	104	338	en fer { pour verrins.	A.	Mᵉ mécanicien	296	
id.	Forges.	Forges.	Forges.	66	10		A.	Mᵉ charpentier	242	
id.	Mâture.	Mâture.	Mâture.	78	64 à 83	traversières inférieures { avant, pour barres de hune d'artimon	A.	id.	242	
id.	id.	id.	id.	78	86 à 105	arrière, pour barres de hune d'artimon	A.	id.	246	
id.	id.	id.	id.	78	64 à 83	avant, pour barres de hune de grand mât.	A.	id.	246	
id.	id.	id.	id.	78	86 à 105	arrière, pour barres de hune de grand mât	A.	id.	248	
id.	id.	id.	id.	78	64 à 83	avant, pour barres de hune de misaine.	A.	id.	248	
id.	id.	id.	id.	78	86 à 105	arrière, pour barres de hune de misaine.	A.	id.	246	
id.	id.	id.	id.	78	64 à 85	traversières ou traversins pour hune de vapeur garnie. { avant, pour hune de grand mât. .	A.	id.	246	
id.	id.	id.	id.	78	86 à 107	arrière, pour hune de grand mât. .	A.	id.	250	
id.	id.	id.	id.	78	64 à 85	avant, pour hune de misaine. . .	A.	id.	250	
id.	id.	id.	id.	78	86 à 107	arrière, pour hune de misaine. . .	A.	id.	280	
id.	Forges.	Forges.	Forges.	66	10	pour verrins en fer	A. C.	Mᵉ mécanicien	193	
id.	Serrurerie.	Serrurerie.	Serrurerie.	33	191	Bascules ou mouvements de sonnettes.	E. A.	Mᵉ de manœuvre	8	
id.	P. chaudronn.	P. chaudronn.	P. chaudronn.	99	10	{ barbe	A.	Magasinier.	334	
id.	id.	id.	id.	99	10		A.	Mᵉ mécanicien	168	
id.	id.	id.	id.	99	12	pour fontaines.	A.	Chirurgien.	388	
id.	id.	id.	id.	99	12		A. C.	Mᵉ calfat.	281	
id.	id.	id.	id.	99	15	en cuivre { pour l'éclairage des soutes à poudre.	A.	Mᵉ canonnier.	144 ter.	
id.	id.	id.	id.	99	15	pour recevoir les égouts d'huile et de suif. . .	A. C.	Mᵉ mécanicien	190	
id.	id.	id.	id.	99	10	pour l'huile (avec crépine pour dépôser les huiliers).	A.	id.	195	
id.	id.	id.	id.	99	13	pour recevoir le pied des pompes de lavage. . . .	A. C.	Mᵉ calfat.	280	
id.	Machines.	Machines.	Machines.	102	80	Bassins		Chirurgien.	386	
Hôpitaux.	Magasin.	Salle de dépôt.	Dét. des hôpit.	80	288	en étain, de commodité.	A. C.	Mᵉ calfat.	280	
Const. navales	P. chaudronn.	P. chaudronn.	P. chaudronn.	104	720	en plomb { pour hublots.	A. C.	id.	280	
id.	id.	id.	id.	104	718	pour urinoirs				
id.	id.	id.	id.	104	701²	ou réservoirs d'eau en tôle zinguée, pour bouteilles, etc. . .	A. C.	id.	280, 281	

DÉSIGNATION du service où s'opèrent les délivrances, la mise en place, le démontage, les remises et les réparations.	LOCALITÉS OÙ S'OPÈRENT			NUMÉROS D'ORDRE de la NOMENCLATURE.		NOMENCLATURE DES MATIÈRES ET OBJETS.	LETTRES de classement. M. a. Rentrée en armement. A. Armement. R. Rechange. C. u. Compbé-nopt de re-change. A. C. Accessoi-res de coque. A.T. Objet ap-tenant à la co-que des em-barcations. P. Objets à dé-livrer pour les ménages.	ARTICLE OU DE L'INVEN-TAIRE COMPTABLE auquel l'objet se rapporte.	PAGE du RÈGLEMENT d'ar-mement.	ALLOCATIONS RÉGLEMENTAIRES pour 1	
	la mise en place, les délivrances. Section de magasin ou atelier.	les démontages ou les remises. Atelier.	les réparations. Atelier.	par unité collective.	par unité simple.		ou de MAÎTRE			1	Mois.
Const. navales	Poulierie.	Poulierie.	Poulierie.	87	500	**Bastagues** avec crocs à palans pour haubans d'embarcations {du grand mât. de mât de misaine} Gréement. id.		M⁰ de manœuvre id.	104 104	
						Bâtards de racage... {de corne de brigantine d'ar- {avec pommes. timon. {sans pommes.	id. id.	id. id.	12 12	
						de corne de grande voile goëlette, avec pommes. de corne de grande voile de cape des goëlettes, avec pommes.	id. id.	id. id.	20 20	
						de corne de brigantine du grand mât (ou corne de grande voile des goëlettes), avec pommes.	id.	id.	30	
						de corne de misaine goëlette, avec pommes.	id.	id.	30	
						de gui d'artimon.	id.	id.	12	
						de gui du grand mât.	id.	id.	20	
						de vergue de perroquet de fougue.	id.	id.	16	
						de vergue de grand hunier, avec pommes et bigots.	id.	id.	24	
						de vergue de petit hunier, avec pommes et bigots.	id.	id.	34	
						pour arcs-boutants de haubans de foc.	id.	id.	38	
Const. navales	Poulierie.	Poulierie.	Poulierie.	87	500	**Bateaux** de loch.	A.	M⁰ de timoner.	164	
Mouv. du port	Pavillonnerie.	Pavillonnerie.	Pavillonnerie.	49	11	**Bâtons** ou thyrses en acajou, pour rideaux et draperies.	A.	id.	178, 180, 182	
Artillerie.	Affûts.	Atel. à bois.	Atel. à bois.	143	82	**Bâts** porte-cuisses à munitions, pour canons de 4 rayés de montagne.	A.	M⁰ canonnier.	136	
id.	Armurerie.	id.	»	167	215	**Battants.** {decrosses {pour fusils de rempart et carabines. {pour mousquetons.	R. B.	M⁰ armurier. id.	300 300	
id.	id.	id.	»	167	216	{de sous-garde pour fusils.	R.	id.	300	
Const. navales	Forges.	Forges.	Forges.	65	192 à 194	**Becs-à-corbin** {ou pinces très- {plates. {fines. {rondes.	A.	M⁰ mécanicien M⁰ armurier. M⁰ mécanicien	202 314 202	
id.	id.	id.	id.	65	192 à 194		A.	M⁰ mécanicien	202	
id.	id.	id.	id.	65	192 à 194		A.	id.	314	
id.	id.	id.	id.	65	192 à 194		A.	id.	292	
Artillerie.	Armurerie.	Armurerie.	Armurerie.	63	19	{pour armuriers, petits, de 0ᵐ16 à 0ᵐ18.	A.	id.	314	
Const. navales	Forges.	Forges.	Forges.	63	20	**Becs-d'âne** {pour armuriers {à tête de fer. {pour détentes.	A.	id.	292	
Const. navales	Armurerie.	Armurerie.	Armurerie.	63	20		A.	M⁰ charpentier	286	
Hôpitaux.	Magasin.	Salle de dépôt.	Dét. des hôpit.	2	1	**Bénitiers** en cuivre argenté, avec goupillon.	A.	Aumônier.	366	
Const. navales	Charpentage.	Charpentage.	Charpentage.	87	136 et 137	**Béquilles** en bois, pour accorer la chaloupe sur les bât. à batterie barbette.	A.	M⁰ charpentier	262	
Mouv. du port.	App. en servic.	App. en servic.	Garniture.	»	»	**Bercins** ou vérines à croc, pour lest, chaînes, etc.	E. A.	M⁰ de manœuvre	4	
Hôpitaux.	Magasin.	Salle de dépôt.	Dét. des hôpit.	80	289	**Biberons** en étain.	A.	Chirurgien.	388	
Const. navales	Menuiserie.	Menuiserie.	Menuiserie.	124	122 à 124	**Bibliothèques...** {en acajou. {en noyer.	A.	M⁰ de timon. id.	176 176	
id.	id.	id.	id.	124	125 à 127		A.	id.	176	
Hôpitaux.	Pharmacie.	Salle de dépôt	»	37	216	**Bicarbonate** sodique (de soude).	P.	Chirurgien.	302	
Const. navales	Menuiserie.	Menuiserie.	Menuiserie.	124	131	**Bidets** en acajou, garnis.	P.	M⁰ de timon.	188	
Subsistances.	Ustens. outils.	Salle de dépôt	Dét. des subs.	22	19	**Bidons** en bois, garnis de leurs ferrures et écussons en cuivre numérotés.	A.	Cᵉ aux vivres.	392	
Artillerie.	Armurerie.	Armurerie.	Armurerie.	63	21	**Bigornes** en fer d'établi {pour armuriers. {pour serrurier et forgeron.	A.	M⁰ armurier. id.	292 292	
Const. navales	Forges.	Forges.	Forges.	63	23		R.		208	
id.	Poulierie.	Poulierie.	Poulierie.	87	63 et 64	**Bigots** de racage.	R.	M⁰ de manœuvre	80	2.

DÉSIGNATION du service où s'opèrent les délivrances, la mise en place, le démontage, les remises et les réparations.	LOCALITÉS OU S'OPÈRENT			NUMÉROS D'ORDRE de la NOMENCLATURE		NOMENCLATURE DES MATIÈRES ET OBJETS.	LETTRES de classement.	ARTICLE DU MAÎTRE ou DE L'OFFICIER COMPTABLE auquel l'objet se rapporte.	PAGE du RÈGLEMENT d'ar...	ALLOCATIONS RÉGLEMENTAIRES pour l Mois.
	la mise en place, les délivrances. Section du magasin ou atelier.	les démontages ou les remises. Atelier.	les réparations. Atelier.	par unité collective.	par unité simple.					
Const. navales	Forges.	Forges.	Forges.	62	27	**Billards** en fer, pour cercler la mâture	A.	M⁰ charpentier	256	
Commissariat.	Dét. des trav.	Dét. des trav.	»	1038	38 et 38 bis	ou feuille de demande et ordre de délivrance en remplacement de consommation	A.	Officier d'adm.	380	
id.	id.	id.	»	1041	41 et 41 bis	de demande et ordre de délivrance, ou remplacement d'objets remis, versés, etc.	A.	id.	380	
id.	id.	id.	»	1023	23	**Billets** . . . de demande à réparer	A.	id.	380	
id.	id.	id.	»	1020	20	de remise de bâtiment	A.	id.	380	
id.	Dét. des arm.	Dét. des arm.	»	326	28	de desti-(collectif (modèle, n° 8)	A.	id.	374	
id.	id.	id.	»	329	29	nation) individuel	A.	id.	374	
Hôpitaux.	Magasin.	Salle de dépôt.	»	2015	15	d'entrée à l'hôpital de la marine	A.	Chirurgien.	386	
id.	id.	id.	»	2014	14	d'entrée à l'hospice civil	A.	id.	386	
Const. navales	Charpentage.	Charpentage.	Charpentage.	87	139	pour enclumes	A.	M⁰ mécanicien	206 et 208	
id.	id.	id.	id.	87	139	**Billots** en bois (pour montres marines	A.	M⁰ armurier.	314	
id.	Menuiserie.	Menuiserie.	Menuiserie.	87	140 et 141	pour couper la viande	A.	M⁰ charpentier	202	
id.	Charpentage.	Charpentage.	Charpentage.	87	138		A.	C⁰ aux vivres	320	
Mouv. du port	Garniture.	Garniture.	»	108	3	**Bitord** gou- (à 2 fils	A.	M⁰ de manœuvre	46	
						dronné, (		Magasinier.	336	
id.	id.	id.	»	108	4	à 3 fils	A.	M⁰ de manœuvre	46	
								Magasinier.	336	
Const. navales	Peinture.	Peinture.	Peinture.	43	207	de céruse	A.	id.	344	
id.	id.	id.	»	43	204	**Blanc** . . . . d'Espagne	A.	id.	340, 354 et 360	
id.	id.	id.	»	43	204	de Meudon	A.	id.	338	
id.	»	»	»	»	»	à échappement, p' bout-dehors de foc d'embarc. . .	A. T.	M⁰ de manœuvre	100	
id.	»	»	»	»	»	à tourniquet, p' bout-dehors de tape-cul d'embarc.	A. T.	id.	100	
Const. navales	Mâture.	Mâture.	Mâture.	104	76	de grande ver- gue	A.	M⁰ charpent'.	246	
id.	id.	id.	id.	104	76	de vergue de	C. R.	id.	248	
id.	id.	id.	id.	104	76	ou cercles exté- grand hunier.	R.	id.	248	
id.	id.	id.	id.	104	76	rieurs (de vergue de mi- saine.	R.	id.	250	
id.	id.	id.	id.	104	76	de vergue de petit hunier.	A.	id.	250	
id.	id.	id.	id.	104	76	en fer. (de bout-dehors.	C. R.	id.	252	
id.	id.	id.	id.	104	76	de grande ver- gue	A.	id.	246	
id.	id.	id.	id.	104	76	ou cercles inté- gue	C. R.	id.	248	
id.	id.	id.	id.	104	76	rieurs (de vergue de mi- saine.	R.	id.	250	
id.	id.	id.	id.	104	76	**Blins**	R.	id.	250	
id.	Porçage.	Porçage.	Porçage.	104	341	d'emplanture pour montants de tente.	A. C.	id.	228	
id.	Mâture.	Mâture.	Mâture.	104	91	ou cercles, pour mâts de clin foc.	A.	id.	242	
id.	id.	id.	id.	104	73	en cuivre, ou cercles de bout-dehors intérieurs, pour vergue de misaine.	A.	id.	230	
Artillerie.	Armurerie.	Armurerie.	Armurerie.	63	26 et 33	**Blocs** . . . . avec leurs broches.	A.	M⁰ armurier.	292	
id.	id.	id.	id.	63	25 '	en fer pour piquer les chiens.	A.	id.	292	
id.	id.	id.	id.	63	26	**Blocs - matrices** en (pour les 6 pans de la noix.	A.	id.	292	
id.	id.	id.	id.	63	25	acier (par le carré de la noix.	A.	id.	292	
Hôpitaux.	Pharmacie.	Salle de dépôt.	»	50	36	**Bocal** en verre, sans couvercle, pour charpie fine, de 25 centilitres.	A.	Chirurgien.	386	

DÉSIGNATION du service où s'opèrent les délivrances, la mise en place, le démontage, les remises et les réparations. / Section de magasin ou atelier.	LOCALITÉS OÙ S'OPÈRENT — la mise en place ou les délivrances. / Atelier.	les démontages ou les remises. / Atelier.	les réparations. / Atelier.	NUMÉROS D'ORDRE de la NOMENCLATURE — par unité collective.	par unité simple.	NOMENCLATURE DES MATIÈRES ET OBJETS.	LETTRES de classement (E. A. Entrée en armement. A. Armement. R. Rechange. C. E. Complément de rechange. A. C. Accessoires de coque. A. T. Objets entrant à la conque des embarcations. P. Objets à délivrer pour les passagers.)	ARTICLE DU NAÎTRE OU DE L'OFFICIER COMPTABLE auquel l'objet se rapporte.	PAGE du RÈGLEMENT d'armement.	ALLOCATIONS RÉGLEMENTAIRES pour 1 ... Mois.
Hôpitaux.	Pharmacie.	Salle de dépôt	»	50	41	**Bocaux** ou flacons en verre à sulfate de quinine............	A.	Chirurgien.	398	
Const. navales	Charpentage.	Charpentage.	»	1, 2 et 16	»	d'arrimage sans écorce............	A.	M° de manœuvre.	90	
id.	Menuiserie.	Menuiserie.	»	62	31 et 32	de bouvets divers............	A.	M° charpent'.	256	
id.	Chal. et can.	Chal. et can.	»	1	»	de chêne courbant............	A.	id.	264	
Subsistances.	Ust., outils, etc.	Salle de dépôt.	Dét. des subsist.	24	5	de colombes............	A.	Com. aux viv.	396	
Const. navales	Menuiserie.	Menuiserie.	»	62	410	de demi-varlope pour mâture............	A.	M° charpent'.	256	
id.	id.	id.	»	63	173	de guêtres............	A.	id.	256	
id.	id.	id.	»	62	215 et 216	de guillaumes............	A.	id.	258	
Subsistances.	Ust., outils, etc.	Salle de dépôt.	Dét. des subsist.	24	11	de jabloires............	A.	Com. aux viv	326	
Const. navales	Menuiserie.	Menuiserie.	»	62	270	de mouchettes............	A.	M° charpent'.	258	
id.	id.	id.	»	62	272, 311 et 319	**Buis** .... de rabots divers............	A.	id.	258	
Artillerie.	Armurerie.	Armurerie.	»	62	311		A.	M° armurier.	298	
Subsistances.	Ust., outils, etc.	Salle de dépôt.	Dét. des subsist.	21	25			Com. aux viv.	326	
Const. navales	Menuiserie.	Menuiserie.	»	62	413	de varlopes............	A.	M° charpent'.	260	
id.	Chal. et can.	Chal. et can.	»	11	29	droit en cabirons. {de frêne............	A.	id.	264	
id.	id.	id.	»	10	20	{d'orme............	A.	id.	264	
id.	id.	id.	»	1	75	{de chêne............	A.	id.	264	
id.	Charpentage.	Charpentage.	Charpentage.	4	75	de chêne en lattes (placées sous le lest pour faciliter l'écoulement des eaux)............	A. C.	id.	232	
Artillerie.	Armurerie.	Armurerie.	Armurerie.	173	344¹	**Bois-type** pour les pièces à la monture de toutes les armes à feu............	P.	M° armurier.	292	
Const. navales	Menuiserie.	Menuiserie.	»	124	254	à brosse, en porcelaine............	P.	M° de timon.	188	
id.	Forges.	Forges.	Forges.	63	27	à furets............	A.	M° mécanic.	292	
Artillerie.	Armurerie.	Armurerie.	Armurerie.	63	27		A.	M° armurier.	292	
id.	Pond. et artif.	Artifices.	Artifices.	152	13¹	à mitrailles, remplies. {pour canons de 4 rayds.	A.	id.	134 et 138	
id.	Mitrailles.	Mitrailles.	Mitrailles.	152	13	{pour espingoles.	E. A.	M° de manœuvre.	8	
Const. navales	Forges.	Forges.	»	130	15	à rasoirs............	A.	Magasinier.	334	
id.	id.	id.	»	130	13	à savon, en porcelaine............	P.	M° de timon.	188	
id.	Menuiserie.	Menuiserie.	»	124	253	aux saintes huiles, à 3 compartiments............	A.	Aumônier.	336	
Hôpitaux.	Magasin.	Salle de dépôt.	Dét. des hôpit.	1	4	de dunette............	A.	M° de timon.	100	
Const. navales	Machines.	Machines.	Machines.	128	10	d'embarcations............	A.	id.	100	
id.	id.	id.	id.	128	10	**Boîtes** .... de roses directes pour compas. {de route. {éclairés par la batterie	A.	id.	162	
id.	id.	id.	id.	128	12	{éclairés sur le pont.	R.	id.	162	
id.	id.	id.	id.	128	11	complètes {de relèvement. rapporteurs.	A.	id.	160	
id.	id.	id.	id.	128	13	de roses renversées pour compas renversé. {dits de vérification.	A.	id.	160	
id.	id.	id.	id.	128	14	{pour chambre.	A.	id.	160	
						pour le secours de noyés............	A.	Chirurgien.	385	
Hôpitaux.	Magasin.	Salle de dépôt.	Dét. des hôp.	47	1	d'appareil............	A.	id.	385	
id.	Pharmacie.	id.	id.	51	9	de couleurs............	A.	Ch. d'ét.-m. gén.	410	
Const. navales	Menuiserie.	Menuiserie.	»	53	203	de mathématiques............	A.	Offic. comm.	411	
Maj. générale.	Observatoire.	Observatoire.	»	3	1					

DÉSIGNATION du service où s'opèrent les délivrances, la mise en place, le démontage, les remises et les réparations.	LOCALITÉS OU S'OPÈRENT — la mise en place ou Ses délivrances (Section du magasin ou atelier)	les démontages ou les remises (Atelier)	les réparations (Atelier)	NUMÉROS D'ORDRE de la NOMENCLATURE — par unité collective	par unité simple	NOMENCLATURE DES MATIÈRES ET OBJETS.	LETTRES de classement	ARTICLE DU MAÎTRE ou DE L'OFFICIER COMPTABLE d'armée auquel l'objet se rapporte.	PAGE du RÈGLEMENT	ALLOCATIONS RÉGLEMENTAIRES pour 1 Mois.
Const. navales	Machines.	Machines.	Machines.	102	82	à air .... du petit cheval.	A.	Mr mécanic.	200	
id.	id.	id.	id.	102	82		A.	id.	200	
id.	id.	id.	id.	102	82	pour manches de refoulement pour pr faire de l'eau.	A.	Mr calfat.	284	
id.	id.	id.	id.	102	82	pompes ... pour l'incendie.	A.	id.	284	
id.	id.	id.	id.	102	82	pr le lavage extérieur ...	A.	id.	284	
id.	id.	id.	id.	102	82	de raccordement en bronze — pour pompe de la cale à vin	A.	Com. aux viv.	324	
id.	id.	id.	id.	102	82	pour tuyaux d'aspiration pour pompes à eau douce de la cale ...	A.	Mr calfat.	284	
id.	id.	id.	id.	102	82	à incendie ...	A.	id.	284	
id.	Menuiserie.	Menuiserie.	Menuiserie.	87	280 à 282	à coulisse pr renfermer les menus ustensiles du plat.	A.	Com. aux viv.	322	
id.	id.	id.	id.	87	283	à levain ...	A.	id.	390	
id.	id.	id.	id.	53	204	à papier ...	A.	Offic. d'admin.	372	
id.	id.	id.	id.	53	204		A.	Comm. d'arh.	402	
id.	id.	id.	id.	53	204		A.	Ch. d'ft.-m. gén.	416	
Artillerie.	Objets d'armem. et d'assortim. et usuels.	Atel. à bois.	Atel. à bois.	87	290	en bois, pour armurier de bord ...	A.	Mr armurier.	292	
Const. navales	Menuiserie.	Menuiserie.	Menuiserie.	87	287 à 289	pour contenir le suif ...	A.	Magasinier.	334	
Subsistances.	Ust., outils, etc.	Salle de dépôt.	Dét. des subs.	22	21	pour contenir une série de poids ...	A.	Com. aux viv.	320, 322	
Const. navales	Menuiserie.	Menuiserie.	Menuiserie.	87	284 à 286	pour montres marines.	A.	Mr charpent.	262	
id.	id.	id.	»	53	191 à 193	pour timbres et tampons ...	A.	Offic. d'admin.	372	
id.	id.	id.	id.	53	191 à 193		A.	Comm. d'arm.	402	
id.	id.	id.	id.	53	191 à 193		A.	Ch. d'ft.-m. gén.	416	
id.	Machines.	Machines.	Machines.	104	848	en bronze à 8 orifices pour robinets de prise d'eau ...	A. C.	Mr calfat.	281	
id.	id.	id.	id.	104	848	pour robinets de tuyaux divers ...	A. C.	id.	281	
id.	Serrurerie.	Serrurerie.	Serrurerie.	104	846	en cuivre pour dômes ...	A. C.	Mr charpent.	284	
Artillerie.	Armurerie.	Armurerie.	Armurerie.	100	23	à 2 compartiments pr renfermer la graisse et le cirage pour l'entretien des fourreaux et des armes ...	A.	Cap. d'armes.	154	
Const. navales	P. chaudronn.	P. chaudronn.	P. chaudronn.	100	16	à émeri ...	A.	Mr armurier.	292	
Hôpitaux.	Magasin.	Salle de dépôt.	Dét. des hôpit.	6	2	à forme cylindrique, pour hosties ...	A.	Aumônier.	370	
Const. navales	P. chaudronn.	P. chaudronn.	P. chaudronn.	100	18	ou étui cylindriq. pr renfermer les feuilles de maîtres ...	A.	Mr de manœuvre.	144	
id.	id.	id.	id.	100	18		A.	Mr de timon.	166	
id.	id.	id.	id.	100	18		A.	Mr mécanic.	190	
id.	id.	id.	id.	100	18		A.	Mr de timon.	288	
id.	id.	id.	id.	100	18	ou étuis cylindriques pour renfermer les feuilles de maîtres ...	A.	Mr armurier.	292	
id.	id.	id.	id.	100	18		A.	Com. aux viv.	322	
id.	id.	id.	id.	100	18		A.	Magasinier.	322	
Hôpitaux.	Pharmacie.	Salle de dépôt.	»	50	290 ?	pour armuriers ...	A.	Chirurgien.	398	
Const. navales	P. chaudronn.	P. chaudronn.	P. chaudronn.	100	21	pour contenir le pain azyme ...	A.	Mr canonnier.	144 ter	
Hôpitaux.	Magasin.	Salle de dépôt.	Dét. des hôpit.	6	2 ?	pour le service des lampes ...	A.	Aumônier.	370	
Const. navales	P. chaudronn.	P. chaudronn.	P. chaudronn.	100	32 ?	pouvant contenir 100 mèches et 4 rondelles pour lampes modér- (1re grandeur)	A.	Mr de timon.	166	
id.	id.	id.	id.	100	22 ?	teur (2e grandeur)	A.	id.	166	
id.	id.	id.	id.	100	22 ?	(3e grandeur)	A.	id.	166	
Hôpitaux.	Pharmacie.	Salle de dépôt.	»	50	290	verni pour renfermer les bandages ...	A.	Chirurgien.	398	

Boîtes (mot de classement central de la colonne Nomenclature)

DÉSIGNATION du service où s'opèrent les délivrances, la mise en place, le démontage, les remises et les réparations. (Section de magasin ou atelier.)	LOCALITÉS OÙ S'OPÈRENT la mise en place ou les délivrances. (Atelier.)	les démontages ou les remises. (Atelier.)	les réparations. (Atelier.)	NUMÉROS D'ORDRE de la NOMENCLATURE par unité collective.	par unité simple.	NOMENCLATURE DES MATIÈRES ET OBJETS.		LETTRES de classement	ARTICLE DU MAÎTRE OU DE L'OFFICIER COMPTABLE auquel l'objet se rapporte	PAGE du RÈGLEMENT d'armement	ALLOCATIONS RÉGLEMENTAIRES pour l... Mois.
Majorité génér.	Cartes et arch.	Cartes et arch.	»	Divers.	Divers.	**Boîtes**	en plomb pour signaux de reconnaissance.	A.	Officier comm.	408	
Artillerie.	Divers.	Divers.	Divers.				garnies pour armuriers de bord.	A.	Mr armurier.	292, 294	
Const. navales	Menuiserie.	Menuiserie.	»	124	255	**Bois** à éponge, en porcelaine	P.	Mr de timon.	188	
Subsistances.	Ustensil., etc.	Salle de dépôt.	Dét. des subs.	21	14	**Bondonnières** ou bosses, pour tonneliers.	A.	Com. aux viv.	326	
Commissariat.	Dét. des trav.	Dét. des trav.	»	1088	88	**Bons** (imprimés). { de délivrance (modèle n° 88)	A.	Offic. d'adm.	380	
id.	Dét. des arm.	Dét. des arm.	»	407	107	{ nominatifs de distribution d'effets d'habillement . .	A.	id.	374	
Hôpitaux.	Magasin.	Salle de dépôt.	Dét. des hôpit.	49	1	**Bonnets** de coton	A.	Chirurgien.	386	
Mouv. du port.	Voilerie.	Voilerie.	Voilerie.	117	141 à 173	de grand hunier	A.	Mr voilier.	276	
id.	id.	id.	id.	117	313 à 344	de grand perroquet	A.	id.	276	
id.	id.	id.	id.	117	1 à 53	(grandes) de misaine.	A.	id.	268	
id.	id.	id.	id.	117	71 à 103	**Bonnettes** { (petites) de misaine.	A.	id.	268	
id.	id.	id.	id.	117	141 à 160	garnies. { (grandes) de petit hunier.	A.	id.	268	
id.	id.	id.	id.	117	275 à 291					
id.	id.	id.	id.	117	313 à 332	(petites) de petit hunier.	A.	id.	268	
					381 à 398					
Const. navales	P. chaudronn.	P. chaudronn.	»	43	170 et 171	**Borate** ou sous-borate sodique ou **Borax**.	A.	Magasinier.	348 et 332	
id.	Charpentage et chal. et can.	Charpentage et chal. et can.	»	1		**Bordages** . { en bois de chêne.	A.	Mr charpent.	254	
id.	id.	id.	»	2		{ en bois de pin.	A.	id.	264	
Commissariat.	Dét. des trav.	Dét. des trav.	»	1094	94	**Bordereau** des billets remis à l'officier d'administration.	A.	Offic. d'adm.	382	
						avec aiguillettes { à baguer, pr drailles, itagues, etc.	Gréement.	Mr de manœuvre.	44	
						en tresse. . . . . { à cosse à un bout, pour haubans.	id.	id.	44	
						à bouton. { fixes, pour câbles, avec aiguillettes . . .	id.	id.	42	
						Mobiles. { pour câbles, avec crocs de bosse et aiguillettes. . .	id.	id.	42	
						{ pour grelins, idem.	id.	id.	42	
						à fouet, avec crocs de bosse, pour manœuvres, etc.	id.	id.	44	
						Bosses . . . { de bout . { pour garnitures d'arcs-boutants d'embarcations. .	id.	id.	44	
						{ pour manœuvres des ancres. . .	id.	id.	42	
Mouv. du port.	Garniture.	Garniture.	Garniture.	109	1	en cordage demi usé.	A.	id.	408	
Const. navales	Forges.	Forges.	Forges.	94 et 133	4 à 10	en serpentère, pour étais et galhaubans.	Gréement.	id.	44	
Mouv. du port	Garniture.	Garniture.	Garniture.	110bis ou 166	1, 2, 3, 9 et 3	pour arrêter les roues	A.	Mécanicien.	196	
Const. navales	Divers.	Divers.	Divers.		1 à 8	**Bosse-debout**.	R.	Mr de manœuvre.	48	
Artillerie.	Divers.	Divers.	Divers.	Divers.		**Bossoirs** ou grues d'embarquement	A.	Mr charpentier.	262.	
	Objets d'armem. et d'assortim. et ustensiles.	Atel. à bois.	Atol. à bois.	143	85	avec grenade, pour espingoles.	A.	Mr canonnier.	140.	
id.	Armurerie.	Armurerie.	Armurerie.	169.	46	**Bouchons** en bois. . . { de carabines, etc., ou de fusils de rempart. . .	A.	id.	150	
id.	id.	id.	id.	169	46		R.	id.	154	
id.	id.	id.	id.	169	46	pour canons. . . { de fusils.	A.	id.	152	
id.	id.	id.	id.	169	46		R.	id.	154	

DÉSIGNATION du service où s'opèrent les délivrances, la mise en place, le démontage, les remises et les réparations.	LOCALITÉS OÙ S'OPÈRENT			NUMÉROS D'ORDRE de la NOMENCLATURE.		NOMENCLATURE DES MATIÈRES ET OBJETS.	LETTRES de classement.	ARTICLE DU MAÎTRE COMPTABLE auquel l'objet sa rapporte.	PAGE du RÈGLEMENT d'ar mement.	ALLOCATIONS RÉGLEMENTAIRES pour 1 Mois.
	la mise en place ou la délivrance. Section de magasin ou atelier.	les démontages ou les remises. Atelier.	les réparations. Atelier.	par unité collective.	par unité simple.					
Artillerie.	Armurerie.	Armurerie.	Armurerie.	169	45	Bouchons. en bois pour canons { de mousquetons	A.	M⁰ canonnier.	152	
id.	id.	id.	id.	169	46	de pistolets de gend⁰ et de marine.	R.	id.	154	
id.	id.	id.	id.	169	46		A.	id.	150	
id.	id.	id.	"	03	28¹	en liége. { pour le nettoiement des armes rayées . . .	A.	M⁰ armurier.	292	
Hôpitaux.	Pharmacie.	Salle de dépôt.	"	56	133	pour bouteilles de 1 litre et au-dessus	A.	Chirurgien.	386	
Const. navales	Perçage.	Perçage.	Perçage.	104	850	on chevilles à boucle simple, pour palans de retraite	A. C.	M⁰ charpentier	234	
id.	id.	id.	id.	104	850¹	en cuivre ou chevilles à deux boucles, pour palans de retraite	A. C.	id.	234	
Artillerie.	Armurerie.	Armurerie.	Armurerie.	171	44	pour ceinturons de marins	A.	Capit. d'armes	154	
id.	"	"	id.	"	"	rivées en dehors, pour balancines	A. T.	M⁰ de manœuvre	100	
Const. navales	Perçage.	Perçage.	Perçage.	104	342	Boucles. en fer. ou chevilles à boucle simple, pour palans de retraite.	A. C.	M⁰ charpentier	234	
id.	id.	id.	id.	104	342¹	ou chevilles à deux boucles, pour palans de retraite.	A. C.	id.	234	
"	"	"	"	"	"	rivées à l'étrave, pour bosses	A. T.	M⁰ de manœuvre	100	
"	"	"	"	"	"	en fer, rivées en dehors. { pour paltes d'embarquement . . .	A. T.	id.	100	
"	"	"	"	"	"	pour balancines	A. T.	id.	100	
Mouv. du port	Voilerie.	Voilerie.	Const. nav. forges	104	320	en forme de D, ou anneaux en fer pour jarretières	A.	M⁰ voilier.	274	
id.	Garniture.	Garniture.	Garniture.	86	24 à 26	Bonées. d'ancre. { en liége, estropées en corde . . .	A.	M⁰ de manœuvre	88	
Const. navales	Tôlerie.	Tôlerie.	Tôlerie.	86	28 à 32	en tôle, pour ancres de bossoirs	A.	id.	88	
Mouv. du port	Garniture.	Garniture.	Garniture.	86	35	de sauvetage, en liége (système Rillotte)	A.	M⁰ de timon.	90	
Const. navales	Tonnellerie.	Tonnellerie.	Tonnellerie.	86	39	de sonde, en liége	A.	id.	162	
id.	P. chaudronn.	P. chaudronn.	P. chaudronn.	103	176	Bougeoirs en cuivre		Chirurgien.	386	
id.	Machines.	Machines.	"	42	3	de cire effilés en rouleaux	A.	Magasinier.	342, 346 et 348	
id.	id.	"	"	42	4	ordinaires, pour services divers.	E. A.	M⁰ de manœuvre	8	
id.	id.	Machines.	"	42	4	Bougies. stéariques	A.	Magasinier.	342, 346 et 348	
id.	id.	id.	"	42	5	pour fanaux-phares.	A.	id.	340	
id.	id.	id.	"	42	5	pour fanaux de signaux et de comb.	A.	id.	342 et 346	
Hôpitaux.	Pharmacie.	Salle de dépôt	Dét. des hôpit.	48	12	on gomme élastique coniques assortis	A.	Chirurgien.	386	
Const. navales	P. chaudronn.	P. chaudronn.	P. chaudronn.	99	21	Bouilloires avec trémie en cuivre pour le suif.	A.	M⁰ mécanicien	196	
id.	id.	id.	id.	99	20	{ de 4 litres . . .		Chirurgien.	386	
id.	id.	id.	id.	99	20	en cuivre étamé ordinaires { de 3 litres . . .	A.	id.	386	
id.	id.	id.	id.	99	20	de 2 litres. . .	A.	id.	386	
Mouv. du port	Pavillonnerie.	Pavillonnerie.	Pavillonnerie.	123	159	cuballon { peintes en blanc pour signaux de remorque .	A.	M⁰ de timon.	166	
Const. navales	id.	id.	id.	123	159	en toile { peintes en noir pour signaux à grande distance.	A.	id.	166	
id.	Forges.	Forges.	Forges.	63	29 et 30	Boules. pour forblantiers		M⁰ mécanicien	204	
id.	id.	id.	id.	63	29 et 30	pour pence renversé, en plomb. . . .	A.	M⁰ armurier.	314	
id.	Machines.	Machines.	Machines.	104	280		A.	M⁰ de timon.	162	
Artillerie.	Bouches à feu et projectiles	Parc aux bou ches à feu.	Parc aux bou ches à feu.	149	1 à 8 et 13	pleins { pour combat	A.	M⁰ canonnier	118, 124 et 128	
id.	id.	id.	id.	149	1 à 8 et 13	pour exercice	A.	id.	118, 124 et 128	
Artillerie.	Poudr. et artific.	Artifices.	Artifices.	150		Boulets. creux { chargés pour combat	A.	id.	118 et 124	
id.	id.	id.	id.	150		pour exercice	A.	id.	118 et 124	
id.	id.	id.	id.	150	20	de 22 centimètres roulants	A.	id.	118	

DÉSIGNATION du service où s'opèrent les délivrances, la mise en place, le démontage, les remises et les réparations.	LOCALITÉS OU S'OPÈRENT — la mise en place ou les délivrances (Section du magasin ou atelier)	les démontages ou les remises (Atelier)	les réparations (Atelier)	NUMÉROS D'ORDRE de la NOMENCLATURE — par unité collective	par unité simple	NOMENCLATURE DES MATIÈRES ET OBJETS.	LETTRES de classement / ARTICLE du maître ou de l'officier comptable auquel l'objet se rapporte	ARTICLE du maître	PAGE du RÈGLEMENT d'armement.	ALLOCATIONS RÉGLEMENTAIRES pour 1 Mois.
						Boulines de grand hunier.	Gréement.	M° de manœuvre	24	
						de grand perroquet.	id.	id.	28	
						de misaine.	id.	id.	30	
						de perroquet de fougue.	id.	id.	16	
						de perruche.	id.	id.	18	
						de petit hunier.	id.	id.	34	
						de petit perroquet.	id.	id.	36	
						doubles, avec harins et suspensoirs, pour grande voile.	id.	id.	22	
Const. navales	Machines.	Machines.	Machines.	133	15	pour diverses boîtes de la machine	R.	M° mécanic.	210	
id.	id.	id.	id.	104	582	en bronze, pour robinets de prise d'eau	A.C.	M° calfat.	281	
id.	id.	id.	id.	104	302	de tuyaux divers	A.C.	id.	281	
id.	G. chaudronn.	G. chaudronn.	G. chaudronn.	133	15	pour tuyautage	R.	M° mécanic.	210	
id.	Machines.	Machines.	Machines.	102	84	en cuivre, avec écrou à oreille, pour soupapes de pompes aspirantes et foulantes, p' épuiser les eaux de la cale	R.	M° calfat.	284	
id.	id.	id.	id.	102	84	pour pompes aspirantes et foulantes pour épuiser les eaux de la cale	R.	id.	284	
id.	id.	id.	id.	104	281	en cuivre rouge, traversiers, avec écrous, pour paratonnerres	A.	M° charpent.	244, 246 et 280	
id.	G. chaudronn.	G. chaudronn.	G. chaudronn.	133	142	d'entretoises p' réparations de chaudières à vapeur	R.	M° mécanic.	210	
id.	Machines.	Machines.	Machines.	133	142	pour diverses boîtes de la machine	R.	id.	210	
id.	G. chaudronn.	G. chaudronn.	G. chaudronn.	133	143	pour tuyautage	R.	id.	210	
id.	Machines.	Machines.	Machines.	133	214a	à crochet, pour roues à aubes, zingués	R.	id.	210	
id.	id.	id.	id.	133	216	à écrou, pour têtes de bielles des principales pièces de la machine	R.	id.	210	
Artillerie.	Armurerie.	Armurerie.	Armurerie.	101	2	avec écrous, pour brides de fronteaux de mire	R.	M° armurier.	310	
Const. navales	G. chaudronn.	G. chaudronn.	G. chaudronn.	104	344	d'assemblage à clavette	A.	M° mécanic.	204	
id.	id.	id.	id.	104	344	à écrou	A.	id.	204	
id.	id.	id.	id.	133	215	**Boulons** d'entretoises, p' réparation de chaudières à vapeur	R.	id.	210	
id.	Machines.	Machines.	Machines.	133	216	pour bâtis	R.	id.	210	
id.	id.	id.	id.	133	216	en fer, pour couvercles de cylindres à vapeur	R.	id.	210	
id.	id.	id.	id.	133	216	de pompes à air	R.	id.	210	
id.	Tôlerie.	Tôlerie.	Tôlerie.	104	344	pour cuisine, assortis, avec écrou	A.	id.	214	
Artillerie.	Armurerie.	Armurerie.	Armurerie.	101	4	pour fronteaux de mire	R.	M° armurier.	310	
id.	id.	id.	id.	101	36	pour hausses de pointage	R.	id.	310	
Const. navales	Machines.	Machines.	Machines.	102	85	pour pompes aspirantes et foulantes, pour épuiser les eaux de la cale	R.	M° calfat.	284	
id.	id.	id.	id.	102	85	en fer à clavette, pour pompes aspirantes, pour le lavage des ponts	R.	id.	286	
id.	id.	id.	id.	102	85	pour pompes à eau douce de la cale	R.	id.	286	
id.	id.	id.	id.	102	85	pour pompes de jardins	R.	id.	286	
id.	id.	id.	id.	102	85	pour pompes d'étambot	R.	id.	284	
id.	id.	id.	id.	102	85	pour pompes d'étrave	R.	id.	284	
id.	id.	id.	id.	102	85	pour pompes aspirantes dites royales	R.	id.	284	
id.	id.	id.	id.			en fer à clavette et à chalumeau pour pompes aspirantes et foulantes, pour épuiser les eaux de la cale	R.	id.	284	
id.	Corderie.	Corderie.		53	19	**Bourre** de coton, ou débris de coton filé	A.	Magasinier.	348	3

DÉSIGNATION du service où s'opèrent les délivrances, la mise en place, le démontage, les remises et les réparations.	LOCALITÉS OÙ S'OPÈRENT			NUMÉROS D'ORDRE de la NOMENCLATURE		NOMENCLATURE DES MATIÈRES ET OBJETS.	LETTRES de classement.	ARTICLE DU MAÎTRE OU DE L'OFFICIER COMPTABLE auquel l'objet se rapporte.	PAGE du RÉGLEMENT d'armement.	ALLOCATIONS RÉGLEMENTAIRES pour 1 Mois.
	la mise en place ou les délivrances. Section de magasin ou atelier.	les démontages ou les remises. Atelier.	les réparations. Atelier.	par unité collective.	par unité simple.					
Hôpitaux.	Magasin.	Salle de dépôt.	Dét. des hôpit.	3	8, 14, 18³ 20 et 24³	**Bourses** pour chasubles de diverses couleurs.	A.	Aumônier.	366 et 367	
Artillerie.	Objets d'armem. et d'assortim., et ustensiles.	Atel. à fer.	Atel. à fer.	143	3	**Boute-feu** mod. de la marine { pour canons, canons-obusiers et obusiers.	A.	M⁰ canonnier.	114	
Artillerie.	id.	id.	Atelier à fer.	143	3	{ pour caronades.	A.	id.	124	
Const. navales.	Machines.	Machines.	Machines.	134	54	en fonte de fer pour contenir le mercure.	A.	Magasinier.	334	
Hôpitaux.	Pharmacie.	Salle de dépôt.	»	50	56	{ de 1 litre.	A.	Chirurgien.	388, 298	
id.	id.	id.	»	50	55	en grès. { de 2 litres.	A.	id.	388, 398	
id.	id.	id.	»	50	54	{ de 3 litres.	A.	id.	398	
id.	id.	id.	»	50	53	{ de 4 litres.	A.	id.	388	
id.	id.	id.	»	50	51	{ de 6 litres.	A.	id.	388	
id.	id.	id.	»	50	74	en verre { de 1 litre.	A.	id.	388	
id.	id.	id.	»	50	74¹	noir non { de 75 centilitres.	A.	id.	388	
id.	id.	id.	»	50	74²	bouchées { de 50 centilitres.	A.	id.	388	
id.	id.	id.	»	50	74³	à l'émeri { de 25 centilitres.	A.	id.	388	
Const. navales.	P. chaudronn. Tôlerie.	P. chaudronn. Tôlerie.	P. chaudronn. Tôlerie.	100	24 et 25	p⁰ huiles { en fer-blanc.	A.	Magasinier.	334	
id.	id.	id.	id.	99	89	et essence. { en tôle.	A.	id.	334	
id.	Divers.	Divers.	Divers.	Divers.	Divers.	pour le commandant, les officiers et l'hôpital.	A. C.	M⁰ calfat.	280	
id.	Divers.	Divers.	Divers.	Divers.	Divers.	pour les aspirants et les maîtres.	A. C.	id.	280	
id.	Serrurerie.	Serrurerie.	Serrurerie.	33	151 à 153	circulaires. { à vis à bois.	A. C.	M⁰ mécanicien.	190	
id.	id.	id.	id.	33	151 à 153	en cuivre { à vis à écrou.	A. C.	id.	190	
Artillerie.	Armurerie.	Armurerie.	Armurerie.	171	50	**Boutons** { doubles, ou à 2 têtes, p⁰ bretelles de fusil et mousqueton. . .	A.	Capit. d'armes.	154	
Const. navales.	Perçage.	Perçage.	Perçage.	104	423	ou crochets en fer p⁰ tire-veilles d'échelles de commandement. . .	A. C.	M⁰ charpent.	226	
id.	Forges.	Forges.	Forges.	92	1 à 18	**Bouts de câbles-chaînes** de 30 mèt. de long, etc., avec leurs manilles, etc.	A.	M⁰ de manœuvre.	88	
id.	id.	id.	id.	94	5 à 9	{ pour ceinture de halage le long du bord. . .	A.	id.	82	
id.	id.	id.	id.	94	5 à 7	{ d'artimon.	A.	id.	82	Pour ordre.
id.	id.	id.	id.	94	4 et 5	p⁰ étais. { de misaine.	A.	id.	82	Pour ordre.
id.	id.	id.	id.	94	4 et 5	{ de grand mât.	A.	id.	82	
»	»	»	»	»	»	{ de grand mât de hune. . .	A.	id.	82	Pour ordre.
»	»	»	»	»	»	{ d'artimon.	A.	id.	82	Id.
»	»	»	»	»	»	pour haubans. { de grand mât.	A.	id.	82	Id.
»	»	»	»	»	»	{ de beaupré.	A.	id.	82	Id.
Const. navales.	Forges.	Forges.	Forges.	94	5 à 9	{ de { brigantine.	A.	id.	82	
id.	id.	id.	id.	94	5 à 8	pour { drisses de mât { grande voile goëlette. .	A.	id.	82	
id.	id.	id.	id.	94	5 à 8	itagues. { de la corne de . { misaine goëlette. . .	A.	id.	82	
id.	id.	id.	id.	94	4 à 7	{ de drisses de basses vergues.	A.	id.	82	
»	»	»	»	»	»	pour pataras du grand mât.	A.	id.	82	Pour ordre.
»	»	»	»	»	»	pour sous-barbes.	A.	id.	82	Id.
Const. navales.	Forges.	Forges.	Forges.	92	15 à 25	**Bouts de grelins-chaînes** de 30 mèt. de long, avec manilles d'assemblage.	A.	id.	90	Id.

DÉSIGNATION du service où s'opèrent les délivrances, la mise en place, le démontage, les remises et les réparations.	LOCALITÉS OÙ S'OPÈRENT — la mise en place ou les délivrances. (Section de magasin ou atelier.)	les démontages ou les remises. (Atelier.)	les réparations. (Atelier.)	NUMÉROS D'ORDRE de la NOMENCLATURE — per unité collective.	per unité simple.	NOMENCLATURE DES MATIÈRES ET OBJETS.	LETTRES de classement. (P.A. Entrée ou armement; A. Armement; R. Rechange; C.R. Complément de rechange; A.C. Accessoires de l'époque; A.T. Objets attenant à la coque des embarcations; P. Objets à délivrer pour les passagers.)	ARTICLE DU MAITRE OU DE L'OFFICIER COMPTABLE auquel l'objet se rapporte.	PAGE du RÈGLEMENT d'armement.	ALLOCATIONS RÉGLEMENTAIRES pour 1 Mois.
Const. navales	Mâture.	Mâture.	Mâture.	77	18 à 45	**Bouts-dehors** de bonnettes de vergues — grandes	A.	Me charpent.	245	
id.	id.	id.	id.	77	18 à 45	de misaine	C. R.	id.	248	
id.	id.	id.	id.	77	18 à 45		A.	id.	250	
id.	id.	id.	id.	77	18 à 45	de grand hunier	R.	id.	252	
id.	id.	id.	id.	77	46 à 73		A.	id.	248	
id.	id.	id.	id.	77	46 à 73	de petit hunier	R.	id.	250	
id.	id.	id.	id.	77	46 à 73		C. R.	id.	252	
id.	id.	id.	id.	79	3 à 20	de foc, pour embarcations	A.	Me de manoeuvre	102	
id.	id.	id.	id.	79	3 à 20		R.	id.	102	
id.	id.	id.	id.	79	24 à 34	de tape-cul pour embarcations	R.	id.	102	
id.	id.	id.	id.	79	24 à 34	de grand foc (ou mâts)	A.	Me charpent.	243	
id.	id.	id.	id.	73	1 à 21	de clin foc	A.	id.	242	
id.	id.	id.	id.	73	43 à 63	de grand foc à flèche de clin foc	A.	id.	242	
id.	id.	id.	id.	73	22 à 42					
Artillerie.	Armurerie.	Armurerie.	*	166	Divers.	**Bouts** en cuivre pour fourreaux de sabre en cuir	R.	Me armurier.	300	
Const. navales.	Menuiserie.	Menuiserie.	Forges, pr la rép. des fers	62	Divers.	**Bouvets** divers	A.	Me charpent.	256	
Artillerie.	Objets d'armem. et d'assortim., et ustensiles.	Armurerie.	Armurerie.	159	87	**Bracelets** en cuir pour lancer les grenades à la main	A.	Cap. d'armes.	154	
id.	Garniture.	Garniture.	Garniture.	148	7 à 18, 21 et 23	**Bragues** pour canons, canons-obusiers et obusiers	A.	Me canonnier.	116	
id.	id.	id.	id.	148	7 à 18, 21 et 23		A.	id.	122	
id.	id.	id.	id.	148	25	en cordage neuf, pour canons de 4 rayés de montagne (courantes)	A.	id.	134	
id.	id.	id.	id.	148	25		A.	id.	136	
id.	id.	id.	id.	148	24	pour obusiers en bronze de 15 c.	A.	id.	132	
id.	id.	id.	id.	148	24		R.	id.	132	
id.	id.	id.	id.	148	26 à 37	en cordage ayant déjà servi, pour canons, canons-obusiers et obusiers	A.	id.	116	
id.	id.	id.	id.	148	40 et 42		A.	id.	124	
id.	id.	id.	id.	148	45 à 49	en cordage neuf, pour caronades (fixes)	R.	id.	128	
id.	id.	id.	id.	148	45 à 49		A.	id.	124	
id.	id.	id.	id.	148	50 à 54	en cordage ayant déjà servi, pour caronades	A.	id.	124	
						Braguet de bout-dehors de grand foc. (V. Chaînes pour braguet, etc.)	Gréement.	Me charpent. Me de manoeuvre.	242	
						de grand mât de hune, avec cosse	id.	id.	22	
						de petit mât de hune, avec cosse	A.	Me calfat.	82	
Const. navales	Calfatage.	Calfatage.	*	40	1	**Brai** gras	A.	id.	288	
id.	id.	id.	*	40	2	sec	A.C.	id.	288	
id.	id.	id.	Calfatage.	129	1	**Braies** de gouvernail	R.	id.	288	
id.	id.	id.	id.	129	1	en cuir, de mâts	A.C.	id.	280	
id.	id.	id.	id.	129	2	ou manchons, pour arbres de roues	A.C.	id.	281	
id.	id.	id.	id.	129	18	en toile; de mâts verticaux	A.	Me voilier.	270	
Mouv. du port	Voilerie.	Voilerie.	Voilerie.	122	7 à 9	**Branches** ou brides du support de baguettes, pour pistolets de marine	R.			
Artillerie.	Armurerie.	Armurerie.	*	167	218		A.	Me armurier.	366	
Hôpitaux.	Magasin.	Salle de dépôt. Dét. des hôpit.	2	3		**Bras** d'antal, en cuivre argenté	Gréement.	Me de manoeuvre.	32	
						de bout-dehors, à patte d'oie, pour bonnettes de misaine	id.	id.	22	
						de vergue de cacatois de perroquet	id.	id.	18	

3.

DÉSIGNATION du service où s'opèrent les délivrances, la mise en place, le démontage, les remises et les réparations.	LOCALITÉS OÙ S'OPÈRENT			NUMÉROS D'ORDRE de la NOMENCLATURE.		NOMENCLATURE DES MATIÈRES ET OBJETS.	LETTRES de classement.	ARTICLE DU MAITRE ou DE L'OFFICIER COMPTABLE auquel l'objet se rapporte.	PAGE du RÉGLEMENT d'armement.	ALLOCATIONS RÉGLEMENTAIRES pour l Mois.
	la mise en place ou les délivrances.	les démontage ou les remises.	les réparations.	par unité collective.	par unité simple.					
	Section de magasin ou atelier.	Atelier.	Atelier.							
						(de grand cacatois	Gréement.	Mº de manœuvre.	28	
						de vergue de perruche	id.	id.	18	
						(de petit cacatois	id.	id.	36	
						(barrée	id.	id.	14	
						grande	id.	id.	22	
						doubles de grand hunier	id.	id.	24	
						de vergue de grand perroquet	id.	id.	26	
						de misaine	id.	id.	20	
						de perroquet de fougue	id.	id.	44	
						Bras..... de petit hunier	id.	id.	34	
						(de petit perroquet	id.	id.	36	
						simples (de grand perroquet	id.	id.	26	
						de vergue (de petit perroquet	id.	id.	36	
						pour garnitures d'arcs-boutants d'embarcations.	id.	id.	44	
						pour (de l'avant	id.	id.	44	
						garnitures de tangons.. (de l'arrière.	id.	id.	44	
Artillerie.	Armurerie.	Armurerie.	Armurerie.	171	4	en (de fusil et de carabine	A.	Capit. d'armes	150 et 155	
id.	id.	id.	id.	171	5	cuir noir de mousqueton	A.	id.	152	
id.	id.	id.	id.	171	6	Bretelles. de caisses de tambour.	A.	id.	156	
id.	Objets d'armem. et d'asserlim., et ensembles.	id.		143	87	supports de limonière d'affûts de canons de 4 rayés de montagne.	A.	Mº canonnier.	138	
id.	id.	id.	id.	143	89	Bricoles. de bout d'essieu pour affûts de canons de 4 rayés de montagne.	A.	id.	138	
id.	id.	id.	id.	143	90	de limonière, pour affûts de canons de 4 rayés de montagne.	A.	id.	138	
id.	Armurerie.	id.		145	91	de logement de hausses, pour canons de 4 rayés de montagne.	A.	id.	134	
								id.	136	
Artillerie.	Armurerie.	Armurerie.	»	167	132	(modèle 1847	R.	Mº Armurier.	300	
id.	id.	id.	»	167	133	d'infanterie. modèle 1840.	R.	id.	300	
id.	id.	id.	»	167	134	(modèle 1822.	R.	id.	300	
id.	id.	id.	»	167	135	de cavalerie. (modèle 1822.	R.	id.	300	
id.	id.	id.	»	167	135	(modèles antérieurs à 1822.	R.	id.	300	
id.	id.	id.	»	167	136	Brides.... (modèle 1847.	R.	id.	300	
id.	id.	id.	»	167	136	de mousqueton modèle 1842.	R.	id.	300	
id.	id.	id.	»	167	137	de noix de gendarmerie (modèle 1825..	R.	id.	300	
id.	id.	id.	»	167	137	et de marine (mod. ant' à 1825	R.	id.	300	
id.	id.	id.	»	167	138	(modèle 1842.	R.	id.	300	
id.	id.	id.	»	167	138	de gendarmerie modèle 1822.	R.	id.	300	
id.	id.	id.	»	167	139	de pistolet... (mod. antérieur à 1822	R.	id.	300	
id.	id.	id.	»	167	139		R.	id.	300	
id.	id.	id.	»	167	140	de marine (modèle 1849.	R.	id.	300	
id.	id.	id.	»	167	141	(modèle 1837.	R.	id.	300	
id.	id.	id.	Armurerie.	161	93	pour platines nouveau modèle.	R.	id.	310	
id.	id.	id.	id.	161	94	d'espingole.... ancien modèle.	R.	id.	310	
id.	id.	id.	id.	161	3	en fer, pour fronteaux de mire.	R.	id.	310	

DÉSIGNATION du service où s'opèrent les délivrances, la mise en place, le démontage, les remises et les réparations.	LOCALITÉS OÙ S'OPÈRENT			NUMÉROS D'ORDRE de la NOMENCLATURE.		NOMENCLATURE DES MATIÈRES ET OBJETS.		LETTRES de classement. E.A. Entrée en armement. A. Armement. R. Rechange. C.R. Complément de rechange. A.C. Accessoires de consig. V.T. Objets appartenant à la consigne des embarcations. C. Objets à délivrer pour les passagers.	ARTICLE DU MAÎTRE ou DE L'OFFICIER COMPTABLE auquel l'objet se rapporte.	PAGE du RÈGLEMENT d'ar- t	ALLOCATIONS RÉGLEMENTAIRES pour l Mots.
	la mise en place ou les délivrances.	les démontages ou les remises.	les réparations.	par unité collective.	par unité simple.						
	Section de magasin ou atelier.	Atelier.	Atelier.								
Artillerie.	Armurerie.	Armurerie.	»	167	218	**Brides.**	(ou branches de supports de baguette pr pistolets de marine, modèle 1837.	R.	Mr armurier.	300	
Mouv. du port.	Voilerie.	Voilerie.	Voilerie.	116	55 à 70 80 et 81		(grande) garnie, pour mât d'artimon.	A.	Mr voilier.	268	
id.	id.	id.	id.	118	55 à 70	**Brigantine.**	(grande) garnie, pour grand mât.	R.	id.	268	
id.	id.	id.	id.	118	71 à 75			A.	id.	268	
id.	id.	id.	id.	118	71 à 75		de cape, garnie.	R.	id.	268	
id.	id.	id.	id.	118	125 à 140			R.	id.	268	
Const. navales	Tôlerie.	Tôlerie.	Tôlerie.	104	229	**Bringuebales** en fer, pour soufflets de forge.		A.	Mr mécanic.	208	
id.	id.	id.	id.	104	229			A.	Mr armurier.	314	
id.	Peinture.	Peinture.	»	52	9		(à main, en pierre molle, pour le nettoiement des ponts.	A.	Magasinier.	338	
id.	id.	id.	»	52	5	**Briques.**	(or- (de 3e classe.	A.	id.	338	
id.	id.	id.	»	52	6		(dinaires (de 4e classe.	A.	id.	338	
id.	id.	id.	»	32	3		réfractaires, pour autels	A.	Mr mécanic.	212	
id.	Serrurerie.	Serrurerie.	Serrurerie.	130	18 et 19		(à rôtir, pour le service des malades.	A.	Commis aux vivr.	336	
Artillerie.	Armurerie.	Armurerie.	Armurerie.	63	35		(à vilebraquins à 4 et à 8 pans.	A.	Mr armurier.	294	
Const. navales	Forges.	Forges.	Forges.	104	165	**Broches.**	ou goupilles en acier pour chaînes.	A.	Mr de manœuvre.	85 et 90	
id.	Serrurerie.	Serrurerie.	Serrurerie.	130	20		pour la viande.	A.	Commis aux vivr.	322	
Artillerie.	Armurerie.	Armurerie.	Armurerie.	63	33		(pour mettre les chiens (à 6 pans.	A.	Mr armurier.	292	
id.	id.	id.	id.	63	33		(au carré.	A.	id.	292	
Const. navales	P. chaudronn.	P. chaudronn.	P. chaudronn.	100	26 et 27	**Brocs** en ferblanc, pour transporter l'huile.		A.	Mr mécanic.	196	
" Artillerie.	Armurerie.	Armurerie.	Armurerie.	65	91		(à armes.	A.	Capit d'arm.	154	
Const. navales	Peinture.	Peinture.	»	65	101 et 102		à laver le pont.	A.	Magasinier.	338 et 348	
Artillerie.	Armurerie.	Armurerie.	Armurerie.	65	116	**Brosses**	à platine.	A.	Mr armurier.	294	
Artillerie et	Garniture	Garniture	»	65	113		(à queue, dites cornards.	A.	Mr canonnier.	142	
Const. navales	et peinture.	et Peinture.						A.	Mr mécanic.	196	
									Offic. d'admin.	372	
id.	Menuiserie.	Menuiserie.	»	53	194		à timbre.	A.	Commis. d'arm.	402	
									Ch. d'él.-m.gén.	416	
id.	G. chaudronn.	G. chaudronn.	G. chaudronn.	134	62		ou têtes d'écouvillons, (en fil de fer.	A.	Mr mécanic.	200	
id.	id.	id.	id.	134	61		pour tubes de chaudière (en fil de cuivre.	A.	id.	200	
id.	id.	id.	id.	134	60		(en crin.	A.	id.	200	
id.	Peinture.	Peinture.	»	65	115		pour (à la chaux.	A.	Magasinier.	338	
id.	id.	id.	»	65	108 à 114		(ou pinceaux.	A.	id.	338 et 348	
Artillerie.	Armurerie.	Armurerie.	Armurerie.	159	88	**Brûle-amorce** de signaux, avec platine.		A.	Mr canonnier.	142	
Const. navales	Tôlerie.	Tôlerie.	Tôlerie.	99	104	**Brûloir** ou cylindre en tôle, pour torréfier le café.		A.	Mr mécanic.	214	
id.	Menuiserie.	Menuiserie.	id.	124	24 à 26		(en acajou.	A.	Mr de limon.	176	
id.	id.	id.	id.	124	27 à 29	**Buffets**	en noyer.	A.	id.	176	
id.	id.	id.	id.	124	30 à 32	d'office.	(en bois blanc peint.	A.	id.	176	
Commissariat.	Dét. des armem.	Dét. des armem.	»	408	108		(de versement d'effets à la division.	A.	Offic. d'admin.	374	
id.	id.	id.	»	»	»	**Bulletin**			Commis° d'arm.	402	
Major. génér.	Cartes et arch.	Cartes et arch.	»	»	»	(imprimé).	officiel de la marine.	A.	Offic. command.	408	
id.	id.	id.	»	»	»				Ch. d'él.-m.gén.	414	
Const. navales	Menuiserie.	Menuiserie.	Menuiserie.	124	140	**Bureaux** ordinaires en bois blanc peint.		A.	Mr de timon.	176	

DÉSIGNATION du service où s'opèrent les délivrances, la mise en place, le démontage, les remises et les réparations.	LOCALITÉS OU S'OPÈRENT			NUMÉROS D'ORDRE de la NOMENCLATURE		NOMENCLATURE DES MATIÈRES ET OBJETS.	LETTRES déclassement...	ARTICLE DU MAÎTRE ou DE L'OFFICIER COMPTABLE auquel l'objet se rapporte.	PAGE du RÈGLEMENT d'ér...	ALLOCATIONS réglementaires pour 1 ... Mois.
	la mise en place ou les délivrances. Section du magasin ou atelier.	les démontages ou les remises. Atelier.	les réparations. Atelier.	par unité collective.	par unité simple.					
Hôpitaux.	Magasin.	Salle de dépôt.	Dét. des hôpit.	2	5	Burettes... en argent et à partie dorées, à bouillie avec anse.........	A.	Aumônier.	366	
Const. navales	P. chaudronn.	P. chaudronn.	P. chaudronn.	99	42 et 43	en cuivre pour machines....		M? mécanicien.	198	
id.	id.	id.	id.	100	82 à 84	ou huiliers { en cuivre pour machines....	E.A.	M? de manœuvre.	6	
id.	id.	id.	id.	100	82 à 84			M? canonnier.	144 ter.	
id.	id.	id.	id.	100	82 à 84			M? de timonerie.	166	
id.	id.	id.	id.	100	82 à 84		A.	M? mécanicien.	198	
id.	id.	id.	id.	100	82 à 84	en fer-blanc.....		M? armurier.	296	
Subsistances.	Ust., outils, etc.	Salle de dépôt.	Dét. des subsist.	22	8	Cabillots oh vivres.			322	
Artillerie.	Garniture.	Garniture.	Garniture.	174	16 à 19	avec roulet en bronze, pour machifités à achiler et démonter les bouches à feu....	A.	M? canonnier.	140	
Const. navales	Poulierie.	Poulierie.	.	65	198	Burins { en bois....	R.A.	M? de manœuvre.	4	
id.	id.	id.	.	65	198	ou épissoirs en bois.....	A.	M? voilier.	275	
id.	id.	id.	Poulierie.	65	198	pour ouvriers à métaux, assortis.....	A.	M? mécanicien.	294	
id.	Forges.	Forges.	Forges.	63	39 à 41		A.	M? armurier.	294	
Artillerie.	Armurerie.	Armurerie.	Armurerie.	63	39 à 41					

C

DÉSIGNATION	la mise en place. Section du magasin ou atelier.	les démontages. Atelier.	les réparations. Atelier.	par unité collective.	par unité simple.	NOMENCLATURE DES MATIÈRES ET OBJETS.	LETTRES	ARTICLE	PAGE	ALLOCATIONS
						Cabans et saisines d'ancres de veille....	Gréement.	M? de manœuvre.	42	
Const. navales	G. œuvres.	G. œuvres.	G. œuvres.	80	1 à 11	à couronne à empreinte { à deux cloches indépendantes...	A.C.	M? charpentier.	228	
id.	id.	id.	id.	80	12 à 20	à une cloche...	A.C.	id.	228	
id.	id.	id.	id.	80	21 à 23	Cabestans { à une cloche...	A.C.	id.	228	
id.	id.	id.	id.	80	22	à une cloche pour frégate de 3e rang, établis à l'AR de la batterie basse des vaisseaux à vapeur pour la manœuvre des embossures....	R.	id.	228	
id.	Poulierie.	Poulierie.	Poulierie.	87	66	de capelage où à estrope.....	A.	M? de timon.	104	
id.	id.	id.	id.	87	66	de tournage { de manœuvres, assortis...	A. et R.	M? de mâtureries	82	
id.	id.	id.	id.	87	67 et 68	Cabillots { ou chevillots pour hunes...	A. et R.	id.	82	
id.	id.	id.	id.	87	67	en fer, de manœuvre ou de tournage.....	A.	id.	82	
id.	Forges.	Forges.	Forges.	104	347	en cuivre, de manœuvre ou de tournage.....	A.	id.	82	
id.	id.	id.	id.	104	384					
Mouv. du port	Garniture.	Garniture.	Garniture.	105	2	Câbles { de mouillage.....	A.	id.	42	
id.	id.	id.	id.	105	2	de touage.....	A.	id.	42	
Const. navales	Forges.	Forges.	Forges.	92	1 à 18	Câbles-chaînes (liens de 30 m. de long, avec leurs manilles d'assemblage).	A.	id.	88	
Mouv. du port	Garniture.	Garniture.	Garniture.	105	3	Câblots d'embarcation en chanvre de 100 ou de 75 m. de longueur.	A.	id.	105	
Const. navales	Forges.	Forges.	Forges.	92	23 à 25	Câblots-chaînes de 120 ou de 90 m. de longueur.	A.C.	M? charpentier.	108	
Mouv. du port	Mouv. génér.	Mouv. génér.	Mouv. génér.	1	75	Cabrions { en bois de chêne.....	A.C.	M? charpentier.	220	
Const. navales	Charpentage.	Charpentage.		1	75	pour liure.....	Pour ordre.	M? de manœuvre.	82	
Mouv. du port	Voilerie.	Voilerie.	Voilerie.	116	1 à 20	Cacatois { de perruche, garni.....	A.	M? voilier.	276	
id.	id.	id.	id.	116	1 à 43	(grand), garni.....	A.	id.	276	
id.	id.	id.	id.	116	1 à 45	(petit), garni.....	A.	id.	276	

DÉSIGNATION du service où s'opèrent les délivrances, la mise en place, le démontage, les remises et les réparations.	LOCALITÉS OÙ S'OPÈRENT			NUMÉROS D'ORDRE de la NOMENCLATURE		NOMENCLATURE DES MATIÈRES ET OBJETS.	LETTRES de classement	ARTICLE DU MAÎTRE OU DE L'OFFICIER COMPTABLE auquel l'objet se rapporte.	PAGE du RÈGLEMENT d'armement.	ALLOCATIONS RÉGLEMENTAIRES pour 1 ... Mois.
	la mise en place ou les délivrances. Section de magasin ou atelier.	les démontages ou les remises. Atelier.	les réparations. Atelier.	par unité collective.	par unité simple.					
Artillerie	Objets d'armement d'assortim. et ustensiles.	Atel. à fer.	Atel. à fer.	147	1	**Cache-mèche** en cuivre..........	A.	M° canonnier.	140	
Const. navales	Menuiserie.	Menuiserie.	»	53	195	**Cachets** à la cire.............		Offic. d'admin.	372	
id.	id.	id.	»	53	195		A.	Comm. d'arm.	402	
id.	id.	id.	»	53	195			Ch. d'él. m. pln.	416	
id.	Charpentage.	Charpentage.	Charpentage.	87	158	**Cadastres** ou coins en bois, pour arrimage..........	A.C.	M° charpentier	232	
id.	P. chaudronn.	P. chaudronn.	Serrurerie.	32	46	**Cadenas** { de cuivre, pour fermeture de faneaux...........	A.	M° canonnier.	144 ter.	
id.	id.	id.	id.	32	46		E.A.	M° de manœuvre	6	
id.	Serrurerie.	Serrurerie.	id.	32	46	de fer..........	A.	M° canonnier.	144 ter.	
id.	id.	id.	id.	32	44 à 46			Magasinier.	338	
Mouv. du port	Pavillonnerie.	Pavillonnerie.	Pavillonnerie.	125	»	**Cadres** { en coutil...........	A.C.	M° de timon.	176	
Const. navales	Charpentage.	Charpentage.	Charpentage.	»	»	en planches, entre les caisses à eau.	A.C.	M° charpentier	232	
Mouv. du port	Voilerie.	Voilerie.	Voilerie.	125	2	pour officiers et maîtres..........	A.	M° voilier.	270	
id.	id.	id.	id.	125	2	en hamac à l'anglaise garnis { pour transport des malades....	A.	id.	270	
id.	id.	id.	id.	125	2	de leur carré, en toile, { pour le service des malades pendant le mauvais temps.	A.	id.	270	
Const. navales	P. chaudronn.	P. chaudronn.	P. chaudronn.	102	36 à 38	**Cafetières** dites du Levant. { de 1 litre...........	A.	Chirurgien.	388	
						de 0,75 centilitres..........			242	
id.	Menuiserie.	Menuiserie.	Menuiserie.	87	294 à 293	de 0,50 centilitres..........	A.	M° charpentier	246	
id.	id.	id.	id.	87	291 à 293	**Cages** { à drisses de huniers, en bois.			270	
id.	id.	id.	id.	87	291 à 293	en bois, à compartiments et à démonter, p' poules, canards, etc.	A.C.	id.	232	
id.	id.	id.	id.	87	294 à 302					
Mouv. du port	Voilerie.	Voilerie.	Voilerie.	122	13	**Cagnards** en toile...........	A.	Offic. command.	410	
Major. génér.	Cartes et arch.	Cartes et arch.	»	»	»	**Cahiers** pour les observations des montres marines.	A.	M° charpentier	246 et 280	
Const. navales	Mâture.	Mâture.	Mâture.	78	152	de hune de vapeur, en bois.	A.C.	M° mécanicien	191	
id.	Serrurerie.	Serrurerie.	Serrurerie.	104	349	au panneau au-dessus de la cuisine, aux écoutilles servant de passage.	A.C.	M° mécanicien	191	
id.	id.	id.	id.	104	349	**Caillebotis** { aux panneaux, au tuyaux du four et de la cuisine, aux panneaux ou claire-voie, au-dessus des machines et des chaudières.	A.C.	id.	191	
id.	Perçage.	Perçage.	Perçage.	104	349	en fer. { pour les jardins........	A.C.	M° charpentier	228	
id.	id.	id.	id.	104	349	ou grillages { pour panneaux à escarbilles.....	A.C.	id.	228	
id.	P. chaudronn.	P. chaudronn.	T. chaudronn.	104	632	en cuivre, pour soutes aux poudres.........	A.C.	M° mécanicien	191	
Artillerie	Poudr. et artific.	Artifice.	Atel. à fer.	146	7 à 9	remplies de poudre de guerre { pour combat... { pour exercice à projectiles...	A.	M° canonnier.	120	
id.	id.	id.	id.	146	7 à 9	**Caisses** à poudre en cuivre pour contenir les gargousses { pour combat... pour exercice à projectiles... { pour canons, canons-obusiers et obusiers.	A.	id.	120	
id.	id.	id.	id.	146	7 à 9	remplies de poudres de qualité inférieure { pour exercice à poudre... { pour canons-obusiers..	A.	id.	120	
id.	id.	id.	id.	146	7 à 9	pour salves et saluts...	A.	id.	120	
id.	id.	id.	id.	146	7 à 9	remplies de poudre de guerre { pour combat... pour exercice à projectiles... { pour caronades...	A.	id.	126	
id.	id.	id.	id.	146	7 à 9		A.	id.	126	

DÉSIGNATION du service où s'opèrent les délivrances, la mise en place, le démontage, les remises et les réparations.	LOCALITÉS OÙ S'OPÈRENT			NUMÉROS D'ORDRE de la NOMENCLATURE		NOMENCLATURE DES MATIÈRES ET OBJETS.		LETTRES de classement.	ARTICLE DU MAÎTRE ou de l'ouvrier COMPTABLE auquel l'objet se rapporte.	PAGE du RÈGLEMENT d'armement.	ALLOCATIONS RÉGLEMENTAIRES pour 1... Mois.
	la mise en place ou les délivrances. Section de magasin ou atelier.	les démontages ou les remises. Atelier.	les réparations. Atelier.	par unité collective.	par unité simple.						
Artillerie.	Poudr. et artific.	Artifices.	Atel. à fer.	146	7 à 9	remplies de poudre de qualité inférieure	pour exercice à poudre....	A.	Mⁱ canonnier.	126	
id.	id.	id.	id.	146	7 à 9	pour salves et saluts. pour caronades.		A.	id.	126	
id.	id.	id.	id.	146	9	pour contenir les fusées des boulets creux et obus d'exercice..		A.	id.	120,126	
id.	id.	id.	id.	146	9	pour contenir les fusées des grenades d'exercice....		A.	Capit. d'armes.	154	
id.	id.	id.	id.	146	9	pour contenir les gargousses remplies de poudre de qualité inférieure pour exercices à poudre.		A.	Mⁱ canonnier.	130	
id.	id.	id.	id.	146	9	pour contenir les gargousses remplies de poudre de guerre pour combat et exercice.		A.	id.	130	
id.	id.	id.	id.	146	9	pᵉ contenir les grenades de combat.		A.	Cap. d'armes.	154	
id.	id.	id.	id.	146	9	pour contenir la poudre d'amorce à bord des vaisseaux et frégates.		A.	Mⁱ canonnier.	120,126	
id.	id.	id.	id.	146	9	nº 3. pour contenir les gargousses et les sachets remplis de poudre de guerre pᵉ combat et pᵉ exercice à projectiles. d'obusiers de 18 centimètres.		A.	id.	132	
id.	id.	id.	id.	146	9	de canons de 4 rayés, etc.		A.	id.	136,138	
id.	id.	id.	id.	146	9	à poudre en cuivre. pour contenir les gargousses et les sachets remplis de poudre de qualité inférieure pour exercice à poudre. d'obusiers de 18 centimètres..		A.	id.	132	
id.	id.	id.	id.	146	9	de canons de 4 rayés, etc.		A.	id.	136	
id.	id.	id.	id.	146	9	pour flambeaux de signaux....		A.	id.	142	
id.	id.	id.	id.	146	9	pour fusées de signaux....		A.	id.	142	
id.	id.	id.	id.	146	9	pour munitions des armes à feu portatives....		A.	Cap. d'armes.	150	
id.	id.	id.	id.	146	9¹	pour capsules....		A.	id.	156	
id.	id.	id.	id.	146	9¹	pour contenir les capsules....		A.	Mⁱ canonnier.	130	
id.	id.	id.	id.	146	9¹	nº 4. pour contenir les fusées des grenades d'exercice....		A.	Cap. d'armes.	154	
id.	id.	id.	id.	146	9¹	pᵉ contenir les étoupilles à frictions.		A.	Mⁱ canonnier.	120,126, 132,136 et 138	
id.	id.	id.	id.	146	9¹	pour contenir la poudre d'amorce à bord des corvettes, etc....		A.	id.	120,126	
id.	Armurerie.	Armurerie.	Armurerie.	170	1	claires garnies....		A.	Capit. d'armes	156	
id.	id.	id.	id.	170	3	de tambour (militaire), garnies....		A.	id.	156	
Hôpitaux.	Magasin.	Salle de dépôt.	Dét. des hôpit.	47	2	d'instruments de chirurgie....		A.	Chirurgien.	388	
id.	id.	id.	id.	47	4	(demi) d'instruments de chirurgie, nouveau modèle....		A.	id.	388	

Caisses....

DÉSIGNATION du service où s'opèrent les délivrances, la mise en place, le démontage, les remises et les réparations.	LOCALITÉS OU S'OPÈRENT			NUMÉROS D'ORDRE de la NOMENCLATURE		NOMENCLATURE DES MATIÈRES ET OBJETS.	LETTRES de classement. N. A. Rentré en armement. A. Armement. R. Rechange. C. A. Complément de rechange. A.-C. Accessoires de acquisition. A.-V. Objets attenant à la coque des embarcations. P. Objets à délivrer pour les passagers.	ARTICLE DU MAÎTRE OU DE L'OFFICIER COMPTABLE auquel l'objet se rapporte.	PAGE du RÈGLEMENT d'armement.	ALLOCATIONS RÉGLEMENTAIRES pour l Mois.
	la mise en place ou les délivrances.	les démontages ou les remises.	les réparations.	par unité collective.	par unité simple.					
	Section de magasin ou atelier.	Atelier.	Atelier.							
Const. navales	Menuiserie.	Menuiserie.	Menuiserie.	87	306 à 308	à compartiments { on nécessaire contenant tous les effets du barbier. . . . . . pour renfermer les chasubles et le linge.	A. E.A.	Magasinier. M⁰ de manœuvre	334 8	
Hôpitaux.	Magasin.	Salle de dépôt.	Dét. des hôp.	6	3		A.	Aumônier.	370	
Artillerie.	Objets d'armem. et d'assortim. et ustensiles.	Atel. à bois.	Atel. à bois.	146	39	à coulisse pour contenir les pièces d'armes. . . .	A.	M⁰ armurier.	294	
id.	Affûts.	id.	id.	146	12¹	à munitions pour le service à terre des canons de 4 rayés de montagne, etc.	A.	M⁰ canonnier.	138	
id.	Armurerie.	Armurerie.	Armurerie.	87	329	disposés pour renfermer les instruments de musique.	A.	Cap. d'armes.	138	
id.	objets d'armem. et d'assortim.	Atel. à bois.	Atel. à bois.	146	16	pour boîtes à mitraille d'espingoles.	A.	M⁰ canonnier.	130	
id.	Poud. et artif.	Artifices.	id.	146	19-21 à 24 et 28		A.	id.	114	
id.	id.	id.	id.	146	19-21 à 24 et 28		A.	id.	120	
id.	id.	id.	id.	146	19-21 à 24 et 28		R.	id.	122	
id.	id.	id.	id.	146	19-21 à 24 et 28	en bois. { creux de combat, etc.	A.	id.	124	
id.	id.	id.	id.	146	19-21 à 24 et 28	pour boulets. . . {	A.	id.	126	
id.	id.	id.	id.	146	19-21 à 24 et 28		R.	id.	126	
id.	Objets d'armem. et d'assortim. et ustensiles.	Atel. à bois.	id.	146	17	d'espingoles.	A.	id.	130	
id.	Poud. et artif.	Artifices.	id.	146	32	pour chemises à feu.	A.	id.	142	
id.	id.	id.	id.	146	33	pour fusées de bouées de sauvetage. . . .	A.	id.	142	
id.	id.	id.	id.	146	38	pour grenades d'exercice. . . .	A.	id.	154	
id.	id.	id.	id.	146	23	Caisses. . . { pour l'arrimage dans les soutes { des obus de 15 centimètres . . .	A.	id.	132	
id.	id.	id.	id.	146	29¹	des obus oblongs de 4	A.	id.	136, 138	
id.	id.	id.	id.	146	29¹	des boîtes à mitraille de 4	A.	id.	136	
id.	id.	id.	id.	146	23	pour obus de 15 centimètres.	A.	id.	130	
Const. navales	P. chaudronn.	P. chaudronn.	P. chaudronn.	100	40 à 57	en fer-blanc { pour huile, pour distribution journalière.	A.	Com. aux viv.	322	
id.	id.	id.	id.	100	40 à 57	pour huile, suif et peinture.	A.	Magasinier.	334	
id.	id.	id.	id.	100	40 à 57		E.A.	M⁰ de manœuvre	6	
id.	Tôlerie.	Tôlerie.	Tôlerie.	99	91 à 93	en tôle. { à biscuit et à légumes.	A.	Com. aux viv.	322	
id.	id.	id.	id.	96	81 à 46	à eau de litres.	A.	M⁰ de manœuvre	99	
id.	id.	id.	id.	96	37 et 38	à eau, tronquées pour légumes.	A.	Com. aux viv.	322	
id.	id.	id.	id.	99	94 à 99	pour huile, suif et peinture. . . .	A.	Magasinier.	334	
id.	Menuiserie.	Menuiserie.	Menuiserie.	87	331 à 333	Caissons. . . en bois. { à pavillons.	A.	M⁰ de timon.	170	4
id.	id.	id.	id.	87	344	pour contenir les menus-outils. . . .	A.	M⁰ mécanicien	196	

DÉSIGNATION du service où s'opèrent les délivrances, la mise en place, le démontage, les remises et les réparations.	LOCALITÉS OU S'OPÈRENT			NUMÉROS de la NOMENCLATURE		NOMENCLATURE DES MATIÈRES ET OBJETS.			LETTRES de classement. E. A. Entrée en armement. A. Armement. R. Rechange. C. R. Complément de rechange. A. C. Accessoires de corps. A. T. Objets attenant à la coque des embarcations. P. Objets à délivrer pour les passagers.	ARTICLE DU MAÎTRE OU DE L'OFFICIER COMPTABLE auquel l'objet se rapporte.	PAGE du RÈGLEMENT d'armement.	ALLOCATIONS RÉGLEMENTAIRES pour l Mois.
	la mise en place ou les délivrances. Section de magasin ou atelier.	les démontages ou les remises. Atelier.	les réparations. Atelier.	par unité collective.	par unité simple.							
Const. navales	Chal. et canots	Chal. et canots	Chal. et canots	87	3		pour embarcations . . .	mobiles ferrés fermant à clef	A.	Mᵉ de manœuvre	108	
id.	id.	id.	id.	87	330			pour renfermer les outils du calfat.	A.	id.	110	
»	»	»	»	0	»	en bois. . .		fermant à clef (sous les bancs de la chambre).	A.T.	id.	100	
Const. navales	Menuiserie.	Menuiserie.	Menuiserie.	87	334 à 336	Caissons. . . .	pour poste des aspirants.	A.	Mᵉ de timon.	176	
id.	Tôlerie.	Tôlerie.	Tôlerie.	99	101		en tôle pour contenir la consommation journalière de charbon.	A.	Mᵉ mécanicien	214	
Hôpitaux.	Magasin.	Salle de dépôt.	Dét. des hôpit.	49	2	Caleçons, en toile de coton.			A.	Chirurgien.	388	
Artillerie.	Armurerie	Armurerie.	Armurerie.	173	347		de gâchettes.	A.	Mᵉ armurier.	294	
id.	id.	id.	id.	173	348	Calibres. . .	de noix.	A.	id.	294	
Const. navales	Machines.	Machines.	Machines.	95	418		en fer pour pompes.	A.	Mᵉ calfat.	286	
Hôpitaux.	Magasin.	Salle de dépôt.	Dét. des hôp.	1	2	Calices, à pied évasé, en argent et à parties dorées.			A.	Aumônier.	366	
Mouv. du port	App. en service.	App. en service.	Garniture.	»	»		de bas mâts.		E.A.	Mᵉ de manœuvre	4	
							de bas mâts.	pendeurs, etc. . .	Gréement.	id.	40	
						Caliornes. .		estropes, etc. .	id.	id.	40	
								garants. . . .	id.	id.	40	
							de braguet-garants.		id.	id.	40	
Hôpitaux.	Pharmacie.	Salle de dépôt.	»	26	15		pour lever les ancres.		id.	id.	42	
Mouv. du port	Pavillonnerie.	Pavillonnerie.	Pavillonnerie.	124	92	Camphre (huile volatile concrète).			A.	Chirurgien.	392	
id.	id.	id.	id.	124	93	Canapés en acajou, recouverts.	en brocatelle de soie. . .	A.	Mᵉ de timon.	176	
id.	id.	id.	id.	124	97		en damas de laine. . . .	A.	id.	176	
id.	id.	id.	id.	124	98	Canapés-lits en acajou, recouverts. . . .	en brocatelle de soie. . .	A.	id.	176	
							en damas de laine. . . .	A.	id.	175	
						Candelettes avec pendeurs et garants	pour mât de perroquet de fougue.	Gréement.	Mᵉ de timon.	14	
							pour grand mât de hune. . .	id.	id.	22	
							pour petit mât de hune. . .	id.	id.	32	
Const. navales	Poulierie.	Poulierie.	Poulierie.	87	501	Canettes de loch, avec leurs aiguilles.			A.	Mᵉ du timon.	464	
id.	Tonnellerie.	Tonnellerie.	Tonnellerie.	83	29 à 31	Caques à pompes, en bois, ou seaux pour pompes.			A.	Mᵉ calfat.	286	
Artillerie.	Bouches à feu et projectiles	Parc aux bouches à feu.	Parc aux bouches à feu.	135	»		canons-obusiers et obusiers en fonte de fer.	A.	Mᵉ canonnier.	114	
id.	id.	id.	id.	136	64	Canons. . . .	de 4 rayés de montagne, en bronze. . .	A.	id.	134, 136	
Const. navales	Chal. et canots	Chal. et canots	Chal. et canots	68	23 à 28		de commandant.	A.	Mᵉ de manœuvre	98 et 100	
id.	id.	id.	id.	68	23 à 30		de service.	A.	id.	98 et 100	
id.	id.	id.	id.	68	12 à 21		(grands).	A.	id.	98 et 100	
id.	id.	id.	id.	68	23 à 30	Canots. . .	majors.	A.	id.	96 et 100	
id.	G. chaudronn.	G. chaudronn.	G. chaudronn.	68	37 à 41		tambours. . . . . . { en bois. . . .	A.	id.	98 et 100	
id.	id.	id.	id.	68	57ᵉ à 41ᵛ		en tôle. . . .	A.	id.	98 et 100	
Mouv. du port	Emb. de servit.	Emb. de servit.	Const. navales Chal. et canots	»	»		garnis de leurs bancs de nage, etc. . .	E.A.	id.	4	
Const. navales	Forges.	Forges.	Forges.	Divers.	Divers.	Cantonnières-chaînes ou traversières-chaînes.			A.	id.	88	

DÉSIGNATION du service où s'opèrent les délivrances, la mise en place, le démontage, les remises et les réparations.	LOCALITÉS OÙ S'OPÈRENT			NUMÉROS D'ORDRE de la NOMENCLATURE		NOMENCLATURE DES MATIÈRES ET OBJETS.	LETTRES de classement.	ARTICLE DU MAÎTRE OU DE L'OFFICIER comptable auquel l'objet se rapporte.	PAGE du RÈGLEMENT d'armement.	ALLOCATIONS RÉGLEMENTAIRES pour l... Mois.
	la mise en place ou les délivrances. Section de magasin ou atelier.	les démontages ou les remises. Atelier.	les réparations. Atelier.	par unité collective.	par unité simple.					
Hôpitaux.	Pharmacie.	Salle de dépôt.	id.	50	323	**Cabules** pour seringues en étain droites.	A.	Chirurgien.	390	
id.	id.	id.	»	50	324	à clystère courbes.	A.	id.	390	
id.	id.	id.	»	50	325	en buis.	A.	id.	390	
id.	id.	id.	»	50	326	en gomme élastique droites.	A.	id.	390	
id.	id.	id.	»	50	327	courbes.	A.	id.	390	
id.	id.	id.	»	50	329	pour seringues à pansements, dites à poitrine, en étain, droites.	A.	id.	392	
Hôpitaux.	Pharmacie.	Salle de dépôt.	Dét. des hôpit.	49	3	**Capons** avec garants et aiguillettes, pour manœuvre des ancres.	Gréement.	M⁰ de manœuvre	42	
Mouv. du port	Pavillonnerie.	Pavillonnerie.	Pavillonnerie.	122	45 et 46	**Capotes** en étoffe de laine.	A.	Chirurgien.	388	
id.	id.	id.	id.	122	44	à capuchon en toile forte.	A.	M⁰ voilier.	270	
id.	Voilerie.	Voilerie.	Voilerie.	122	22 à 24	en drap.	A.	id.	270	
id.	id.	id.	id.	122	41	**Capots** coniques, p⁰ dessus de cheminée de bâtim. à vapeur.	A.	M⁰ mécanicien	196	
						coniques, pour dessus de tuyaux à vapeur d'échappement.	A.	id.	196	
id.	id.	id.	id.	122	14 et 15	d'axiomètres.	A.	M⁰ voilier.	270	
id.	id.	id.	id.	122	16 à 18	de cabestans.	A.	id.	270	
id.	id.	id.	id.	122	19 à 21	de claires-voies.	A.	id.	270	
id.	id.	id.	id.	122	25 à 27	en toile, de dôme d'échelle.	A.	id.	270	
id.	id.	id.	id.	122	28 à 30	d'habitacles.	A.	id.	270	
id.	id.	id.	id.	122	31	de panneaux sans claire-voie, au-dessus des machines.	A.	M⁰ mécanicien	196	
				122		de pompes à incendie.	A.	M⁰ voilier.	270	
id.	id.	id.	id.	122	32 à 34	de roue double.	A.	id.	270	
id.	id.	id.	id.	122	35 à 37	de gouvernail simple.	A.	id.	270	
id.	id.	id.	id.	122	38 à 40	en tôle, pour soufflets de forges.	A.	M⁰ mécanicien	208	
Const. navales	Tôlerie.	Tôlerie.	Tôlerie.	104	230	en tôle, pour soufflets de forges.	A.	M⁰ armurier.	314	
id.	id.	id.	id.	104	230	ou couvercles, en bois, pour les trous des passages de chaînes.	A.	M⁰ charpentier	254	
id.	G. œuvres.	G. œuvres.	G. œuvres.	87	160	**Caps de mouton** pour haubans. d'artimon.	Gréement.	M⁰ de manœuvre	52	
						de grand mât.	id.	id.	54	
						de mât de perroquet de fougue.	id.	id.	56	
						de grand mât da hune.	id.	id.	60	
						de mât de misaine.	id.	id.	64	
						de petit mât de hune.	id.	id.	66	
						pour galhaubans de flèche fixes. pour mât de grand perroquet et flèche.	id.	id.	62	
						pour mât de petit perroquet.	id.	id.	68	
						Caps de mouton à corde. de mât de perroquet de fougue.	id.	id.	54	
						de mât de perruche et flèche.	id.	id.	56	
						de grand mât de hune.	id.	id.	60	
						pour galhaubans fixes. de flèche de perroquet du grand mât de hune.	id.	id.	60	
						de mât de grand perroquet et flèche.	id.	id.	62	
						de petit mât de hune.	id.	id.	66	

4.

DÉSIGNATION du service où s'opèrent les délivrances, la mise en place, le démontage, les remises et les réparations. Section du magasin ou atelier.	LOCALITÉS OÙ S'OPÈRENT			NUMÉROS D'ORDRE de la NOMENCLATURE		NOMENCLATURE DES MATIÈRES ET OBJÈTS.			LETTRES de classement. ARTICLE du maître ou de l'officier comptable auquel l'objet se rapporte.	PAGE du RÉGLEMENT d'armement.	ALLOCATIONS réglementaires pour I ... Mois.
	la mise en place ou les délivrances.	les démontages ou les remises.	les réparations. Atelier.	par unité collective.	par unité simple.						
							pour galhaubans fixes	de flèche de perroquet du petit mât de hune...	Gréement.	M⁰ de manœuvre	66
								pour mât de petit perroquet...	id.	id.	68
							pour pataras..	de grand mât...	id.	id.	56
						à corde.		de mât de misaine...	id.	id.	64
Const. navales	Poulierie.	Poulierie.	Poulierie.	82	15 à 21 et 1 à 14		pour galhaubans fixes à flèche de mât de petit perroquet...		A.	id.	68
id.	id.	id.	id.	82	15 à 21 et 1 à 14		assortis...		R.	id.	78
id.	id.	id.	id.	82	29 à 34	à latte.	pour haubans de hune...		R.	id.	78
id.	id.	id.	id.	82	29 à 32		pour haubans de mât de perroquet de fougue...		A.	id.	54
id.	id.	id.	id.	82	29 à 34		pour haubans de grand mât de hune...		A.	id.	60
id.	id.	id.	id.	82	29 à 34		pour haubans de petit mât de hune...		A.	id.	66
id.	id.	id.	id.	82	19 à 25	**Caps de mouton**	pour haubans.	du mât d'artimon...	A.	id.	52
id.	id.	id.	id.	82	15 à 28			du grand mât...	A.	id.	56
id.	id.	id.	id.	82	15 à 28			du mât de misaine...	A.	id.	64
id.	id.	id.	id.	82	19 à 22			du mât de perroquet de fougue...	A.	id.	54
id.	id.	id.	id.	82	15 à 18			du mât de perruche et flèche...	A.	id.	56
id.	id.	id.	id.	82	15 à 26			du grand mât de hune...	A.	id.	60
id.	id.	id.	id.	82	15 à 28			de flèche de perroquet du grand mât de hune...	A.	id.	60
						ferrés.	pour galhaubans fixes.	de mât de grand perroquet et flèche...	A.	id.	62
id.	id.	id.	id.	82	15 à 20			de petit mât de hune...	A.	id.	66
id.	id.	id.	id.	82	15 à 28			de flèche de perroquet du petit mât de hune...	A.	id.	66
id.	id.	id.	id.	82	15 à 21			de mât de petit perroquet...	A.	id.	68
id.	id.	id.	id.	82	15 à 18		pour galhaubans de flèche fixes.	de mât de grand perroquet et flèche...	A.	id.	62
								de mât de petit perroquet...	A.	id.	68
id.	id.	id.	id.	82	15 à 18		pour pataras.	de grand mât...	A.	id.	56
id.	id.	id.	id.	82	15 à 28			de mât de misaine...	A.	id.	64
id.	id.	id.	id.	82	15 à 28		assortis...		R.	id.	78
Artillerie.	Poudr. et artific.	Artifices.	»	156	5		de chasse...		A.	Capit. d'armes	150
id.	id.	id.	»	156	2	**Capsules...**	nouveau modèle	pour espingoles...	A.	M⁰ canonnier.	150
id.	id.	id.	»	156	2			pour fusils, mousquetons, etc...	A.	Capit. d'armes	150, 152 et 154
id.	id.	id.	»	156	2	de guerre.		pour pistolets, etc...	A.	id.	150
id.	id.	id.	»	156	3		ancien modèle pour pistolets de marine (mod. 1847).		A.	id.	150
id.	Objets d'armem. et d'assortim. et ustensiles.	Garniture.	Garniture.	147	3	**Capuchons** en toile, pour faisceaux d'armes...			A.	id.	156
id.	Armurerie.	Armurerie.	Armurerie.	103	1¹ ou 2¹	**Carabines** à percussion transformées, avec sabres-baïonnettes...			A.	id.	150
Const. navales	Menuiserie.	Menuiserie.	»	124	257	**Carafes** en cristal...			P.	M⁰ de timon.	188

DÉSIGNATION du service où s'opèrent les délivrances, la mise en place, le démontage, les remises et les réparations.	LOCALITÉS OÙ S'OPÈRENT			NUMÉROS D'ORDRE de la NOMENCLATURE		NOMENCLATURE DES MATIÈRES ET OBJETS.	LETTRES de classement. E. A. Entrée en armement. A. Armement. B. Rechange. C. B. Complément de rechange. A. C. Accessoires de coque. A. T. Objets attenant à la coque des embarcations. P. Objets à délivrer pour les passagers.	ARTICLE DU MAÎTRE ou DE L'OFFICIER COMPTABLE auquel l'objet se rapporte.	PAGE du RÈGLEMENT d'armement.	ALLOCATIONS RÉGLEMENTAIRES pour l l Mois.
	la mise en place ou les délivrances. Section de magasin ou atelier.	les démontages ou les remises. Atelier.	les réparations. Atelier.	par unité collective.	par unité simple.					
Hôpitaux.	Pharmacie.	Salle de dépôt.	»	37	190	**Carbonate** potassique (de potasse).	A.	Chirurgien.	392	
Artillerie.	Poudr. et artific.	Artifices.	Artifices.	186	74	**Carcasses** munies de leurs chemises à feu, avec crochet.	A.	Mᵉ canonnier.	142	
						de grand foc.	Gréement.	Mᵉ de manœuvre.	40	
						d'azure { de brigantine d'artimon.	id.	id.	12	
						{ de brigantine du grand mât.	id.	id.	20	
						boulines { de perroquet de fougue.	id.	id.	16	
						{ de grande voile.	id.	id.	22	
						{ fausses de grande voile.	id.	id.	22	
						{ de grand hunier.	id.	id.	24	
						{ de misaine.	id.	id.	32	
						{ fausses de misaine.	id.	id.	32	
						{ de petit hunier.	id.	id.	34	
						de côté. { d'artimon de cape.	id.	id.	14	
						{ de brigantine de cape.	id.	id.	20	
						{ de brigantine d'artimon.	id.	id.	12	
						{ de grande voile goëlette.	id.	id.	20	
						{ de misaine goëlette.	id.	id.	30	
						Cargues. d'étran- { à itague de brigantine d'artimon.	id.	id.	12	
						gloir. . { d'artimon de cape.	id.	id.	14	
						{ de grande voile goëlette.	id.	id.	20	
						{ de misaine goëlette.	id.	id.	30	
						de flèche { d'artimon.	id.	id.	16	
						en cul. { du grand mât.	id.	id.	26	
						fonds. avec { de perroquet de fougue.	id.	id.	10	
						itagues, mar- { de grande voile.	id.	id.	22	
						gouillets, etc.. { de grand hunier.	id.	id.	24	
						{ de misaine.	id.	id.	32	
						{ de petit hunier.	id.	id.	34	
						à patte d'oie. { de perruche.	id.	id.	18	
						{ de grand perroquet.	id.	id.	18	
						{ de petit perroquet.	id.	id.	36	
						doubles. { de perroquet de fougue.	id.	id.	16	
						{ de grande voile.	id.	id.	22	
						{ de grand hunier.	id.	id.	24	
						{ de misaine.	id.	id.	32	
						{ de petit hunier.	id.	id.	34	
						pointe. de perruche.	id.	id.	18	
						de cacatois de perruche.	id.	id.	18	
						de grand perroquet.	id.	id.	28	
						de grand cacatois.	id.	id.	28	
						de petit perroquet.	id.	id.	36	
						de petit cacatois.	id.	id.	38	
						simples de petit hunier.	id.	id.	34	
Commissariat	Dét. des armem.	Dét. des armem.	»	375	75	**Carnet** (imprimé). { de caisse (mod. nᵒ 49).	A.	Offic. d'admin.	374	
id.	id.	id.	»	376	76	{ de dépôt pour fonds privés (mod. 50).	id.	id.	374	

DÉSIGNATION du service où s'opèrent les délivrances, la mise en place, le démontage, les remises et les réparations.	LOCALITÉS OÙ S'OPÈRENT			NUMÉROS D'ORDRE de la NOMENCLATURE		NOMENCLATURE DES MATIÈRES ET OBJETS.	LETTRES de classement. E. A. Entrée en armement. A. Armement. A. Rechange. C. A. Complément de rechange. A. C. Accessoires de coque. A×? Objets attenant à la coque des embarcations. F. Objets à délivrer pour les passagers.	ARTICLE DE MAÎTRE OU DE L'OFFICIER COMPTABLE auquel l'objet se rapporte.	PAGE du RÈGLEMENT d'armement.	ALLOCATIONS RÉGLEMENTAIRES pour l Mois.
	la mise en place ou les délivrances. Section de magasin ou atelier.	les démontages ou les remises. Atelier.	les réparations. Atelier.	par unité collective.	par unité simple.					
Artifices.	Bouches à feu et Projectiles.	Parc aux Bouches à feu	Parc aux Bouches à feu	135	19 à 23	**Caronades** en fonte de fer.	A.	M⁰ canonnier.	122	
Const. navales	Forges.	Forges.	»	61	1 à 6	**Carreaux** . . {en acier.	A.	M⁰ mécanic.	204	
id.	id.	id.	»	61	1 à 6		A.	M⁰ armurier.	314	
id.	Peinture.	Peinture.	»	52	10 à 12	ordinaires, en terre cuite.	A.	Magasinier.	338	
Artillerie.	Garniture.	Garniture.	Garniture.	148	57 à 60	à ciseau pour monter les boulets dans les batteries et sur les gaillards.	A.	M⁰ canonnier.	140	
						{de vergue de grand hunier.	Gréement.	M⁰ de manœuvre.	24	
						de boût- {de vergue de petit hunier.	id.	id.	34	
						dehors, {doubles. . . {de grande vergue.	id.	id.	22	
						{de vergue de misaine.	id.	id.	30	
						{simples de vergue de misaine.	id.	id.	30	
						doubles, pour décharger la chaloupe.	id.	id.	42	
						Cartahus . . {du {de perroquet de fougue.	id.	id.	16	
						{chapeau {de grande voile.	id.	id.	22	
						{avec {de grand hunier.	id.	id.	24	
						{crocs à {de misaine.	id.	id.	32	
						{palans {de petit hunier.	id.	id.	34	
						du linge, avec fonets et margouillets.	id.	id.	44	
						pour le service ordinaire des hunes.	id.	id.	44	
Artillerie.	Garniture.	Garniture.	Garniture.	148	57 à 60	de verrines, pour monter les caisses à boulets creux des soutes dans les batteries.	A.	M⁰ canonnier.	142	
Const. navales	Forges.	Forges.	Forges.	94	4 à 10	pour cheminées de bâtiments à vapeur, en chaîne. .	A.	M⁰ mécanicien.	196	
id.	id.	id.	id.	94	4 à 10	p¹ panneaux à escarbilles en {chaîne.	A.	id.	198	
Mouv. du port	Garniture.	Garniture.	Garniture.	110 bis.	113	{cordage.	A.	id.	198	
id.	App. en serv.	App. en serv.	id.	»	»	pour tête de mâts et usages divers.	E. A.	M⁰ de manœuvre.	4	
Major. génér.	Cartes et arch.	Cartes et arch.	»	Divers.	Divers.	**Cartes** et ouvrages.	A.	Offic. comm.	412	
Const. navales	Machines.	Machines.	»	53	131 à 133	**Carton** {en pâte.	A.	Magasinier.	300	
Hôpitaux.	Pharmacie.	Salle de dépôt.	»	56	7	{pour divers usages.	A.	Chirurgien.	388	
id.	Magasin.	id.	Dép. des hôpitaux	5	1	**Carton d'autel.** {pour dimanches et fêtes. . . .	A.	Aumônier.	368	
id.	id.	id.	id.	5	2	{pour deuil.	A.	id.	368	
Artillerie.	Poudr. et artific.	Artifices.	»	154	1¹	pour carabines transformées.	A.	Capit. d'armes.	190	
id.	id.	id.	»	154	7	pour fusils à percussion. {de marine.	A.	id.	132	
id.	id.	id.	»	154	8	{de dragon. . . .	A.	id.	132	
id.	id.	id.	»	154	5	pour fusils de rempart.	A.	id.	190	
id.	id.	id.	»	154	10	**Cartouches** pour mousqueton de gendarmerie et de marine à percussion.	A.	id.	154	
id.	id.	id.	»	154	12	à balles. pour pistolets à percussion de gendarmerie.	A.	id.	150	
id.	id.	id.	»	154	13	pour pistolets {modèle 1849 et 1837.	A.	id.	150	
id.	id.	id.	»	154	11	à percussion de marine. {modèle 1852, transformés. . . .	A.	id.	150	
id.	id.	id.	»	154	18	pour pistolets-revolvers.	A.	id.	190	

DÉSIGNATION du service où s'opèrent les délivrances, la mise en place, le démontage, les remises et les réparations.	LOCALITÉS OÙ S'OPÈRENT — la mise en place ou les délivrances. (Section de magasin ou atelier.)	les démontages ou les remises. (Atelier.)	les réparations. (Atelier.)	NUMÉROS D'ORDRE de la NOMENCLATURE — par unité collective.	par unité simple.	NOMENCLATURE DES MATIÈRES ET OBJETS.	LETTRES de classement.	ARTICLE DU MAÎTRE OU DE L'OFFICIER COMPTABLE auquel l'objet se rapporte.	PAGE du RÈGLEMENT d'armement.	ALLOCATIONS RÉGLEMENTAIRES pour 1 Mois.
Artillerie.	Poud. et artif.	Artifices.	»	154	24	**Cartouches** à poudre, pour fusils de marine, de dragons, etc., et pour carabines, transformées.	A.	Cap. d'armes.	150	
id.	id.	id.	»	154	24	pour fusils à percussion { de marine, de dragons, etc.	A.	id.	152	
id.	id.	id.	»	154	24	{ pour le salut du pavillon.	A.	id.	152	
id.	id.	id.	»	154	23	pour fusils de rempart.	A.	id.	190	
id.	id.	id.	»	154	26	pour mousquetons de gendarmerie et de marine à percussion.	A.	id.	154	
id.	id.	id.	»	154	28	pour pistolets { de gendarmerie et de marine modèle 1849 et 1837.	A.	id.	150	
id.	id.	id.	»	154	27	percussion. { de marine modèle 1822.	A.	id.	150	
Majorité générale	Cartes et arch.	Cartes et arch.	»	45	63	**Casernets.** de bord et journal météorologique à l'usage de la marine militaire.	A.	Offic. commn.	412	
Commissariat.	Dét. des subsist.	Dét. des subsist.	»	645	45	de cambuse.	A.	Offic. d'admin.	382	
id.	id.	id.	»	606	6	pour l'enregistrement des fournitures journalières.	A.	Offic. comm.	409	
Majorité générale	Cartes et arch.	Cartes et arch.	»	38 A.	18 A.	bâtiments à voiles.	A.	id.	409	
id.	id.	id.	»	38 B.	18 B.	bâtiments à vapeur.	A.	id.	409	
id.	id.	id.	»	40	20 A.	de la machine.	A.	id.	409	
Const. navales	P. chaudronn.	P. chaudronn.	P. chaudronn.	99	57	**Casseroles** en fer battu, pour le service des malades.	A.	Com. aux viv.	326	
Majorité générale	Cartes et arch.	Cartes et arch.	»	11	210 et 254	**Catalogue** des cartes et plans du dépôt de la marine et supplément.	A.	Offic. comm.	413	
id.	id.	id.	»	11	210 et 254			Ch. d'ét.-m. gén.	415	
id.	id.	id.	»	15	9	**Catéchisme** du mécanicien et du marin à vapeur, du commandant Pâris.	A.	Offic. comm.	410	
Commissariat.	Dét. des arm.	Dét. des arm.	»	1	1	**Cédules....** à témoin (modèle n° 13).	A.	Offic. d'adm.	380	
id.	id.	id.	»	129	29	pour l'audience { sans taxe.	A.	id.	378	
id.	id.	id.	»	130	30	{ avec taxe.	A.	id.	378	
id.	id.	id.	»	110	10	pour l'information { sans taxe.	A.	id.	378	
id.	id.	id.	»	111	11	{ avec taxe.	A.	id.	378	
Mouv. du port.	Garniture.	Garniture.	Garniture.	112	23 et 24	**Ceintures....** en cordage demi-usé, ou défenses pour embarcations.	Gréement.	Mtre de manœuvre.	106	
						de halage avec cosses.	id.	id.	44	
						de hamacs, garnies de hanets.	A.	id.	44	
Artillerie.	Armurerie.	Armurerie.	Armurerie.	171	9	**Ceinturons** complets en cuir noir pour armes marins { pour armes de précision.	A.	Cap. d'armes.	130	
id.	id.	id.	id.	171	9	pour armes d'abordage.	A.	id.	152	
id.	id.	id.	id.	171	9	pour fusils à percussion.	A.	id.	152	
id.	id.	id.	id.	171	9	pour mousquetons.	A.	id.	152	
Const. navales	P. chaudronn.	P. chaudronn.	P. chaudronn.	103	81	**Cercles....** d'abat-jour, pour lampes modérateur.	A.	Mtre de timon.	184	
id.	Mâture.	Mâture.	Mâture.	104	77	de mâts { en cuivre rouge pour cabillots de tournage du mât d'artimon.	A.	Mtre charpentier.	240	
id.	id.	id.	id.	104	82	à charnières pour tentes à deux rouets de bronze { au mât du grand mât.	A.	id.	240	
id.	id.	id.	id.	104	82	{ au mât d'artimon.	A.	id.	240	
id.	id.	id.	id.	104	82	{ au mât de misaine.	A.	id.	240	
id.	id.	id.	id.	104	78	en fer à charnières et { pour cabillots de tournage. { au grand mât.	A.	id.	240	
id.	id.	id.	id.	104	78	{ au mât de misaine.	A.	id.	240	
id.	id.	id.	id.	104	80	à douille { pour support du corne. { au grand mât.	A.	id.	240	
id.	id.	id.	id.	104	80	{ au mât de misaine.	A.	id.	240	

DÉSIGNATION du service où s'opèrent les délivrances, la mise en place, le démontage, les remises et les réparations.	LOCALITÉS OÙ S'OPÈRENT — la mise en place ou les délivrances. (Section de magasin ou atelier.)	les démontages ou les remises. (Atelier.)	les réparations. (Atelier.)	NUMÉROS D'ORDRE de la NOMENCLATURE — par unité collective.	par unité simple.	NOMENCLATURE DES MATIÈRES ET OBJETS.	LETTRES de classement en armement.	ARTICLE DU MAÎTRE OU DE L'OFFICIER COMPTABLE auquel l'objet se rapporte.	PAGE du RÈGLEMENT d'armement.	ALLOCATIONS RÉGLEMENTAIRES pour 1 Mois.
Const. navales	Mâture.	Mâture.	Mâture.	104	85	de mâts en fer pour trelin-gage. { au mât d'artimon	A.	Mᵉ charpent.	240	
id.	id.	id.	id.	104	86	au grand mât.	A.	id.	240	
id.	id.	id.	id.	104	86	au mât de misaine.	A.	id.	240	
Major. génér.	Observatoire.	Observatoire.	»	3	14	de réflexion.	A.	Officier comm.	411	
Const. navales	Tonnellerie.	Tonnellerie.	Tonnellerie.	87	73 à 76	en bois pour voiles auriques.	A.	Mᵉ de manœuvre.	82	
id.	Serrurerie.	Serrurerie.	Serrurerie.	104	356	en cuivre à charnière et à vis de sorrage pour braies de mâts verticaux.	A.C.	Mᵉ calfat.	280	
id.	Forges.	Forges.	Forges.	66	22	ou anneaux en fer pour raillets de calfat.	A.	Magasinier.	338	
id.	Mâture.	Mâture.	Mâture.	104	91	ou blins en fer pour mât de clin-foc.	A.	Mᵉ charpent.	242	
id.	id.	id.	id.	104	75	intérieurs, en cuivre, pour vergue de misaine.	A.	id.	250	
id.	id.	id.	id.	104	76	ou blins de bout-dehors — intérieurs — pour grande vergue.	A.	id.	246	
id.	id.	id.	id.	104	76	pour vergue de grand hunier.	C.R.	id.	248	
id.	id.	id.	id.	104	76	pour vergue de misaine.	R.	id.	248	
id.	id.	id.	id.	104	76	en fer — pour vergue de grand hunier.	A.	id.	250	
id.	id.	id.	id.	104	76	pour vergue de petit hunier.	R.	id.	252	
id.	id.	id.	id.	104	76	Cercles	C.R.	id.	252	
id.	id.	id.	id.	104	76	extérieurs — pour grande vergue.	A.	id.	246	
id.	id.	id.	id.	104	76	pour vergue de misaine.	C.R.	id.	248	
id.	id.	id.	id.	104	76		R.	id.	252	
id.	Forges.	Forges.	Forges.	104	350	ou liens, en fer pour jas d'ancre.	R.	id.	254	
id.	Machines.	Machines.	Machines.	133	345	ou secteur en fonte de fer pᵗ garniture des pistons des cylindres.	R.	Mᵉ mécanic.	210	
id.	id.	id.	id.	133	144	pour presser les garnitures — en cuivre rouge.	A.	id.	196	
id.	id.	id.	id.	133	228ᵗ	métalliques des pistons. en fer.	A.	id.	196	
Major. génér.	Cartes et arch.	Cartes et arch.	»	58	36	de bonne conduite et de capacité — pour officiers mariniers.	A.	Offic. comm.	409	
id.	id.	id.	»	59	37	pour quartiers-maîtres et marins.	A.	id.	409	
id.	id.	id.	»	327	27	modèle 7 du décret du 5 juin 1859.	A.	id.	409	
Commissariat.	Dét. des arm.	Dét. des arm.	»	432	132	d'activité.	A.	Offic. d'admin.	380	
id.	id.	id.	»	2043	43	Certificats — de visite par le conseil de santé.	A.	id.	380	
id.	Dét. des trav.	Dét. des trav.	»	1087	87	de réception de matières et d'objets provenant d'envoi. { feuille.	A.	id.	382	
id.	id.	id.	»	1087	87	demi-feuille.	A.	id.	382	
Major. génér.	Cartes et arch.	Cartes et arch.	»	1393	93	de visite des bouches à feu et armes portatives à bord des bâtiments de l'État.	A.	Ch. d'ét.-m. gén.	414	
id.	Observatoire.	Observatoire.	»	3	27	d'arpenteur avec leurs fiches.	A.	Offic. comm.	411	
Const. navales	G. œuvres.	G. œuvres.	G. œuvres.	94	1	de __ en cuivre rouge forgé pour sauvegarde de gouvernail.	A.C.	Mᵉ charpentier.	226	
id.	Mâture.	Mâture.	Mâture.	94	4 à 10	Chaînes — en fer avec manilles (bouts de) — de __ à échappement pour braguet.	A.	id.	242	
id.	Forges.	Forges.	Forges.	94	5 à 9	pᵗ ceinture de hissage le long du bord	A.	Mᵉ de manœuvre.	82	
id.	id.	id.	id.	94	5 à 7	pour dormant (à patte d'oie).	A.	id.	82	
»	»	»	»	»	»	pour étais d'artimon. — pour réunir les bouts de l'état.	A.	id.	82	Pour ordre.
»	»	»	»	»	»	pour collier avec pendeur.	A.	id.	82	Pour ordre.

DÉSIGNATION du service où s'opèrent les délivrances, la mise en place, le démontage, les remises et les réparations.	LOCALITÉS OU S'OPÈRENT			NUMÉROS D'ORDRE de la NOMENCLATURE		NOMENCLATURE DES MATIÈRES ET OBJETS.	LETTRES de classement.	ARTICLE DU MAÎTRE OU DE L'OFFICIER COMPTABLE auquel l'objet se rapporte.	PAGE du RÈGLEMENT d'armement.	ALLOCATIONS RÉGLEMENTAIRES pour 1) Mois.
	la mise en place ou les délivrances. Section de magasin ou atelier.	les démontages ou les remises. Atelier.	les réparations. Atelier.	par unité collective.	par unité simple.					
Const. navales	Forges.	Forges.	Forges.	94	4 et 5	de grand mât. { pour dormant. . / pour réunir les bouts des étais. / p^r colliers, avec pendeurs . . .	A.	M^e de manœuvre	82	(Pour ordre.)
»	»	»	»	»	»	pour étais (bouts de). de misaine, pour dormant (sur le beaupré).	A.	id.	82	
Const. navales	Forges.	Forges.	Forges.	94	4 et 5	de grand mât { pour réunir les bouts des étais. de hune. . . . . { p^r colliers, avec pendeurs. . .	A.	id.	82	(Pour ordre.)
»	»	»	»	»	»	en fer avec manilles d'artimon. { pour réunir les bouts de hau-bans. p^r colliers, avec pendeurs. .	A.	id.	82	(Pour ordre.)
»	»	»	»	»	»	pour haubans (bouts de). . . . de beaupré, pour compléter les haubans. .	A.	id.	82	(Pour ordre.)
»	»	»	»	»	»	de grand mât. { pour réunir les bouts de hau-bans. . . . p^r colliers, avec pendeurs.	A.	id.	82	(Pour ordre.)
Const. navales	Forges.	Forges.	Forges.	94	8 à 9	p^r itagues (bouts de). de drisse de mât { brigantine. . . . de la corne de. { grande voile goélette. . . misaine goëlette. . .	A.	id.	82	
id.	id.	id.	id.	94	4 à 7	de drisses de basses vergues.	A.	id.	82	
»	»	»	»	»	»	pour pataras du grand mât { pour réunir les bouts de pataras. (bouts de) { pour colliers, avec pendeurs. .	A.	id.	82	(Pour ordre.)
»	»	»	»	»	»	(bouts de), pour sous-barbes, pour compléter les sous-barbes. .	A.	id.	82	(Pour ordre.)
Const. navales	Perçage.	Perçage.	Perçage.	104	199	de haubans. . . . . . . { de mât d'artimon. . . .	A.C.	M^e charpent.	248	
id.	Forges.	Forges.	Forges.	104	199		R.	id.	242	
id.	Perçage.	Perçage.	Perçage.	104	199	de grand mât.	A.C.	id.	248	
id.	Forges.	Forges.	Forges.	104	199	de misaine.	R.	id.	242	
id.	Perçage.	Perçage.	Perçage.	104	199	de toisine.	A.C.	id.	220	
id.	Forges.	Forges.	Forges.	104	199	pour arrêter les roues.	A.	M^e mécanicien	196	
id.	id.	id.	id.	94	4 à 10	pour cartahus. . . . . . { de chaloupe. . . . de panneaux à escarbilles. .	A.	id.	196	
id.	id.	id.	id.	94	4 à 10		A.	id.	198	
id.	id.	id.	id.	94	4 à 10	pour conducteurs, pour panneaux à escarbilles. .	A.C.	M^e charpent.	198	
id.	Perçage.	Perçage.	Perçage.	104	199	pour galhaubans fixes. . . . { de hune d'artimon.	R.	id.	222	
id.	Perçage.	Perçage.	Perçage.	104	199		A.C.	id.	244	
id.	Forges.	Forges.	Forges.	104	199	de hune de grand mât.	R.	id.	248	

Chaînes en fer . . . .

DÉSIGNATION du service où s'opèrent les délivrances, la mise en place, le démontage, les remises et les réparations.	LOCALITÉS OU S'OPÈRENT			NUMÉROS D'ORDRE de la NOMENCLATURE		NOMENCLATURE DES MATIÈRES ET OBJETS.	LETTRES de classement.	ARTICLE DU MAÎTRE COMPTABLE auquel l'objet se rapporte.	PAGE du RÈGLEMENT s'y référant.	ALLOCATIONS RÉGLEMENTAIRES pour l Mois.
	la mise en place ou les délivrances. Section de magasin ou atelier.	les démontages ou les remises. Atelier.	les réparations. Atelier.	par unité collective.	par unité simple.					
Const. navales	Perçage.	Perçage.	Perçage.	104	199	Chaînes... pour gal-haubans fixes de hune de misaine..........	A.C.	Mᵉ charpent.	224	
id.	id.	id.	id.	104	199	étranglés... de hune d'artimon.....	A.C.	id.	222	
id.	id.	id.	id.	104	199	de hune de grand mât.....		id.	222	
id.	id.	id.	id.	104	139	de hune de misaine.....		id.	224	
id.	Forges.	Forges.	Forges.	94	7 et 8	pour grappins d'abordage... à main.....	A.	Mᵉ de manœuvre	88	
id.	id.	id.	id.	94	5 à 7	pour bouts de vergues.....	A.	id.	88	
id.	id.	id.	id.	94	9	pour chaloupe et grand canot.....	A.	id.	90	
id.	id.	id.	id.	94	4 à 6	pour haubans... de beaupré.....	A.	Mᵉ mécanicien	198	
id.	id.	id.	id.	94	4 à 10	de cheminée.....	A.	Mᵉ de manœuvre	84	
id.	id.	id.	id.	94	5 à 8	pour haubans de minot.....	R.	id.	84	
id.	id.	id.	id.	94	N à 8	pour livre de beaupré.....	A.C.	Mᵉ charpent.	220	
Mouv. du port	Mouv. génér.	Mouv. génér.	Mouv. génér.	94	B à 10	pour mouilleurs, ou bosse-chaînes.....	A.	Mᵉ de manœuvre	88	
Const. navales	Forges.	Forges.	Forges.	94	4 à 8	pour passer dans les anguillers sous la machine..	A.	Mᵉ mécanicien	196	
id.	id.	id.	id.	94		pour sauvegarde du gouvernail.....	A.C.	Mᵉ charpentier	226	
id.	G. œuvres.	G. œuvres.	G. œuvres.	94	4 à 10	pour sous-barbes.....	A.	Mᵉ de manœuvre	84	
id.	Forges.	Forges.	Forges.	94	4 et 5	pour suspentes de vergue.....	A.	id.	84	
Const. navales	Mâture.	Mâture.	Mâture.	94	4 à 10	de vergues de mât d'artimon.....	A.	Mᵉ charpent.	244	
id.	id.	id.	id.	94	4 à 10	de grand mât.....	A.	id.	246	
id.	id.	id.	id.	94	4 à 10	de mât de misaine.....	A.	id.	250	
id.	Perçage.	Perçage.	Perçage.	94	4 à 10	pour suspension d'échelle du commandement..	A.C.	Mᵉ de manœuvre	232	
id.	Forges.	Forges.	Forges.	94	5 à 9	pour traversières.....		Mᵉ charpent.	88	
id.	Machines.	Machines.	Machines.	104	283	en fil de laiton, pour paratonnerre.....	A.	id.	244	
id.	id.	id.	id.	104	283			id.	248	
id.	id.	id.	id.	104	283			Magasinier.	302	
Artillerie.	Armurerie.	Armurerie.	»	107	143	Chaînettes.. de fusils et carabines.....	R.	Mᵉ armurier.	300	
id.	id.	id.	»	107	144	de mousquetons et pistolets de cavalerie.....	R.	id.	300	
id.	id.	id.	»	107	145	de gendarmerie.....	R.	id.	300	
id.	id.	id.	»	107	145	de pistolets de marine... modèle 1849.....	R.	id.	300	
id.	id.	id.	»	107	145	modèle 1837.....	R.	id.	300	
id.	id.	id.	Armurerie.	107	223	de supports de baguettes, pour pistolets de marine, mod. 1849.	R.	id.	302	
Mouv. du port	Pavillonnerie.	Pavillonnerie.	Pavillonnerie.	161	95	pour platines d'espingoles.....	A.	Mᵉ de timon.	810	
id.	id.	id.	id.	124	102	Chaises... en acajou, recouvertes. en brocatelle de soie.....	A.	id.	176	
id.	id.	id.	id.	124	103	en damas de laine.....	A.	id.	176	
id.	id.	id.	id.	124	107	en merisier, foncées. en paille fine.....	A.	id.	176	
id.	App. en servic.	App. en servic.	Garniture.	124	105	en rotin.....	A.	id.	176	
Const. navales	G. chaudronn.	G. chaudronn.	G. chaudronn.	»	»	en sangle.....	E.A.	Mᵉ de manœuvre	4	
Mouv. du port	Emb. de servit.	Emb. de servit.	Const. navales	68	53	Chalans de débarquement, en tôle d'acier.....	A.	id.	98 et 100	
Const. navales	Chal. et canots	Chal. et canots	Chal. et canots	»	»	garnie de ses bancs de nage.....	E.A.	id.	4	
id.	G. chaudronn.	G. chaudronn.	G. chaudronn.	68	4 à 10	Chaloupe... en bois.....	A.	id.	98 et 100	
Mouv. du port	Garniture.	Garniture.	Garniture.	112	2	en tôle.....	A.	id.	98	
						Chalut garni, de 7 à 10 mètres de longueur.....	A.	id.	90	

DÉSIGNATION du service où s'opèrent les délivrances, la mise en place, le démontage, les routées et les réparations.	LOCALITÉS OU S'OPÈRENT			NUMÉROS D'ORDRE de la NOMENCLATURE		NOMENCLATURE DES MATIÈRES ET OBJETS.	LETTRES de classement.	ARTICLE DU MAÎTRE OU DE L'OFFICIER COMPTABLE auquel l'objet se rapporte.	PAGE du RÈGLEMENT	ALLOCATIONS RÉGLEMENTAIRES pour 1
	la mise en place ou les délivrances.	les démontages ou les remises.	les réparations.	par unité collective.	par unité simple.				d'ar-noment.	Mois.
	Section de magasin ou atelier.	Atelier.	Atelier.							
Const. navales	Perçage.	Perçage.	Perçage.	104	353	à 2 fourches, pour supporter les vergues amenées.	A. C.	M^e charpentier	232	
id.	id.	id.	id.	104	353	de bastingages, à lisses doubles	A. C.	id.	228	
id.	id.	id.	id.	104	354	de beaupré, à coit	A. C.	id.	228	
id.	Mâture.	Mâture.	Mâture.	104	96	d'artimon.	A.	id.	244	
id.	id.	id.	id.	104	96	de hune. de grand mât.	A.	id.	246	
id.	id.	id.	id.	104	96	de misaine.	A.	id.	290	
id.	Perçage.	Perçage.	Perçage.	104	303	de poulaine, à lisses simples	A. C.	M^e mécanicien	228	
id.	Tôlerie.	Tôlerie.	Tôlerie.	104	236	de bringuebale de soufflets de forge.	A.	M^e armurier.	208	
id.	id.	id.	id.	104	236	ou supports. pour fourneaux à roulis.	A.	M^e mécanicien	314	
id.	Forges.	Forges.	Forges.	104	233		A.	M^e dotimon.	214	
id.	Serrurerie.	Serrurerie.	Serrurerie.	104	353	pour cadres.	A.	M^e dotimon.	176	
id.	Perçage.	Perçage.	Perçage.	104	356	pour échelles de commandement.	A. C.	M^e charpent.	222	
Artillerie.	Armurerie.	Armurerie.	Armurerie.	137	34	pour espingoles.	A.	M^e canonnier.	128	
Const. navales	Perçage.	Perçage.	Perçage.	104	357	avec pomme, pour garde-corps du poste des sentinelles dans les porte-haubans.	A. C.	M^e charpentier	232	
id.	id.	id.	id.	104	357	à écrou, pour garde-corps des tambours et du pont des tambours.	A. C.	id.	232	
id.	id.	id.	id.	104	357	pour garde-corps des écoutilles du pont et des batteries.	A. C.	id.	232	
id.	Serrurerie.	Serrurerie.	Serrurerie.	104	360	Chandeliers... en cuivre, pour tringles plates de la lisse du fronteau de dunette et des lisses des écoutilles voisines de l'habitacle.	A. C.	id.	232	
Hôpitaux.	Magasin.	Salle de dépôt.	Dét. des hôpit.	2	10	ou flambeaux. en cuivre argenté.	A.	Aumônier.	366	
id.	id.	id.	id.	2	12	bronzé.	A.	id.	366	
Const. navales	Serrurerie.	Serrurerie.	Serrurerie.	33	200	ou supports. en cuivre.	A.	M^e charpentier	262	
id.	id.	id.	id.	33	499	pour claires-voies. en fer.	A.	id.	262	
id.	Menuiserie.	Menuiserie.	Menuiserie.	87	570	tournés, ou montants en bois, pour la lisse de l'entourage du panneau, près de l'habitacle.	A. C.	id.	234	
id.	Charpentage.	Charpentage.	Charpentage.	87	145	pour charniers.	A.	Com. aux viv.	90	
id.	id.	id.	id.	87	145	pour drômes.	A. C.	M^e charpent.	372	
id.	id.	id.	id.	87	146	en bois pour embarcations.	A.	M^e charpent.	232	
id.	id.	id.	id.	87	147 à 149	pour filtres.	A.	M^e démasqueur.	232	
id.	id.	id.	id.	87	145	Chantiers...	A. C.	M^e charpent.	90	
id.	Perçage.	Perçage.	Perçage.	104	368	en fer, pour embarcations.	A.	M^e charpent.	232	
id.	Corderie.	Corderie.	»	35	7 à 10	Chanvre peigné en 2e brin.	A.	Magasinier.	348	
id.	Forges.	Forges.	Forges.	82	245 à 247	de grand mât de hune.	A.	M^e de manœuvre	60	
id.	id.	id.	id.	82	245 à 247	p^r guinderesses. de petit mât de hune.	A.	id.	66	
id.	id.	id.	id.	82	245	pour retours divers.	A.	id.	76	
id.	id.	id.	id.	82	238 et 239	à rouet de bronze.... pour à bride.	R.	id.	78	
id.	id.	id.	id.	82	240 à 243	Chapes en fer. itague et hunier sans bride.	R.	id.	78	
id.	Poulierie.	Poulierie.	Poulierie.	82	248 à 250	à rouleau de galac, pour tournevire.	A.	id.	74	
id.	Machines.	Machines.	Machines.	104	284	en cuivre, pour flèches de paratonnerres.	A.	id.	244, 246 et 250	3.

DÉSIGNATION du service où s'opèrent les délivrances, la mise en place, le démontage, les remises et les réparations.	LOCALITÉS OÙ S'OPÈRENT la mise en place ou les délivrances (Section de magasin ou atelier)	les démontages ou les remises (Atelier)	les réparations (Atelier)	NUMÉROS D'ORDRE de la NOMENCLATURE par unité collective	par unité simple	NOMENCLATURE DES MATIÈRES ET OBJETS.	LETTRES declassement.	ARTICLE DU MAÎTRE OU DE L'OFFICIER COMPTABLE auquel l'objet se rapporte.	PAGE du RÈGLEMENT	ALLOCATIONS RÉGLEMENTAIRES pour 1 Mois.
						Chapes pour draille de grand foc...	Gréement.	Mᵉ de manœuvre	72	
						pour itagues de drisse de vergue de perroquet de fougue...	id.	id.	54	
						de drisse de vergue de grand hunier...	id.	id.	66	
						de drisse de vergue de petit hunier...	id.	id.	68	
Const. navales	P. chaudronn.	P. chaudronn.	»	46	7 et 8	**Charbon** de bois.	A.	Mᵉ mécanic.	212	
id.	Machines.	Machines.	»	48	1	de terre, en roche.	A.	id.	212	
id.	Forges.	Forges.	»	47	1 à 3	de terre menu, pour forge.	A.	Mᵉ armurier.	316	
id.	Serrurerie.	Serrurerie.	Serrurerie.	33	52 à 54	**Charnières** larges de fer...	A.C.	Mᵉ mécanic.	190	
id.	id.	id.	id.	33	55 à 57	de cuivre...	A.C.	id.	190	
id.	id.	id.	id.	33	32 à 40	ordinaires à ailes de fer...	A.C.	id.	190	
id.	id.	id.	id.	33	41 à 51	de cuivre...	A.C.	id.	190	
id.	id.	id.	id.	33	58 et 59	à gond de fer...	A.C.	id.	190	
id.	id.	id.	id.	33	60 et 61	de cuivre...	A.C.	id.	190	
id.	id.	id.	id.	33	195	percés sur une aile de fer...	A.C.	id.	191	
id.	id.	id.	id.	33	196	ou cache-entrées de serrures de cuivre...	A.C.	id.	191	
id.	Tonnellerie.	Tonnellerie.	Tonnellerie.	85	32 à 42	**Charniers** à eau, garnis avec siphons en bois et saçoirs en bois de diverses grandeurs...	E.A.	Mᵉ de manœuvre.	90	
id.	id.	id.	id.	85	32 à 42	de 13 litres...	A.	Mᵉ mécanic.	4	
id.	id.	id.	id.	85	42	de 25 litres...	A.	id.	196	
id.	id.	id.	id.	85	41	avec couvercle fermant à clef, pᵣ dessaler la viande...	A.	Cᵉ aux vivres.	196	
id.	id.	id.	id.	85	32 à 42	ou foudres pour recevoir le vin de la distribution journalière, etc.	A.	id.	326	
id.	id.	id.	id.	85	32 à 42	en tôle garnis.	A.	Mᵉ mécanicien	322	
id.	Tôlerie.	Tôlerie.	Tôlerie.	99	102	en tôle garnis.	A.	Mᵉ mécanicien	190	
Hôpitaux.	Pharmacie.	Salle de dépôt.		46	4	**Charpie** fine...	A.	Chirurgien.	388	
id.	id.	id.		46	3	ordinaire...	A.	id.	388	
Const. navales	Forges.	Forges.	Forges.	63	42	**Chasses** pour forges.	A.	Mᵉ mécanicien	208	
id.	id.	id.	id.	63	42	ou chassoirs, pour tonneliers.	A.	Mᵉ armurier.	314	
Subsistances.	Ustensiles, etc.	Salle de dépôt.	Dét. des subsist.	21	3		A.	Cᵉ aux vivres.	326	
Artillerie.	Objets d'armem. et d'assortim. et ustensiles.	Atel. à bois.	Atel. à bois.	159	5 et 6	**Chasse-fusées** en bois, pour obus et boulets creux...	A.	Mᵉ canonnier.	142	
id.	Armurerie.	Armurerie.	Armurerie.	63	220	**Chasse-noix** ou pousse-goupilles.	A.	Mᵉ armurier.	294	
Const. navales	Menuiserie.	Menuiserie.	Menuiserie.	87	372 à 377	**Châssis** en bois, pour claires-voies, en cuivre...	A.C.	Mᵉ charpent'.	242	
id.	id.	id.	id.	87	378 à 383	avec grillage en fer...	A.C.	id.	238	
id.	Machines.	Machines.	Machines.	118	85	de la glace supérieure du compas de rouf...	R.	Mᵉ de timon.	162	
id.	id.	id.	id.	128	86	en cuivre, divisé, du compas de dunette...	R.	id.	162	
id.	id.	id.	id.	128	87	de la glace supér. du compas de relèvement et du compas rapporteur...	R.	id.	162	
Subsistances.	Ust., outils, etc.	Salle de dépôt.	Dét. des subsist.	21	3	**Chassoirs** ou chasses, pour tonneliers.	A.	Cᵉ aux viv.	326	
Hôpitaux.	Magasin.	id.	id.	3	3	**Chasubles** complètes blanches et rouges.	A.	Aumônier.	366	
id.	id.	id.	id.	3	18	doubles en moires, brodées blanches et vertes.	A.	id.	366	
id.	id.	id.	id.	3	13	en soie vertes et jaunes.	A.	id.	367	
id.	id.	id.	id.	3	19	violettes et noires.	A.	id.	367	
id.	id.	id.	id.	3	24	simples, un damas pur soie, garnies en galons de soie blanche, etc.	A.	id.	367	

DÉSIGNATION du service où s'opèrent les délivrances, la mise en place, le démontage, les remises et les réparations.	LOCALITÉS OÙ S'OPÈRENT			NUMÉROS D'ORDRE de la NOMENCLATURE		NOMENCLATURE DES MATIÈRES ET OBJETS.	LETTRES de classement. E.a. Entrée en armement. A. Armement. R. Rechange. C. a. Complément de rechange. A.c. Approvisionné de coque. A.T. Objets attenant à la coque des embarcations. r. Objets à délivrer pour les passagers.	ARTICLE DU MAÎTRE OU DE L'OFFICIER COMPTABLE auquel l'objet se rapporte.	PAGE du RÈGLEMENT d'armement.	ALLOCATIONS RÉGLEMENTAIRES pour l Mois.
	la mise en place ou les délivrances. Section de magasin ou atelier.	les démontages ou les remises. Atelier.	les réparations. Atelier.	par unité collective.	par unité simple.					
Mouv. du port	Ancres et grapp.	Parc aux ancres	Const. navales	104	411	**Chattes** ou crocs en fer à 3 branches	A.	M⁰ de manœuvre	88	
Const. navales	G. chaudronn.	G. chaudronn.	G. chaudronn. Forges.	132	1	à corneaux . . . { en cuivre	A.C.	M⁰ mécanic.	190	
id.	id.	id.	id.	132	2	{ en tôle	A.C.	id.	190	
id.	id.	id.	id.	132	3	en cuivre	A.C.	id.	190	
id.	id.	id.	id.	132	4	à vapeur, complè-tes... { tubulaires. { en tôle . . . { à tubes de cuivr.	A.C.	id.	190	
id.	id.	id.	id.	132	5	{ à tubes de fer. .	A.C.	id.	190	
id.	id.	id.	id.	132	6	**Chaudières** { diverses.	A.C.	id.	190	
id.	Tôlerie.	Tôlerie.	Tôlerie.	98	8 à 13	{ d'équipage, étamées.	E.A.	M⁰ de manœuvre	4	
id.	id.	id.	id.	98	14	en tôle. { avec pieds, pour canots détachés.	A.	Comm. aux vivres	326	
id.	G. œuvres.	G. œuvres.	G. œuvres.	82	45	**Chaumards** à rouet ou galoches en bois, sous la sto-barbe, p⁰ retours de drosses.	A. C.	M⁰ charpent.	326	
id.	Peinture.	Peinture.	»	52	21	**Chaux** ordinaire, éteinte { pour travaux de peinture	A.	Magasinier.	338	
id.	id.	id.	»	52	22	{ pour travaux de maçonnerie. .	A.	id.	338	
id.	Tôlerie.	Tôlerie.	Tôlerie.	124	215	{ en cuivre. . . .	A.	M⁰ de timon.	176	
id.	id.	id.	id.	124	216 et 217	calori-fères. { en tôle	A.	id.	176	
id.	P. chaudronn.	P. chaudronn.	»	103	154	{ pour lampes modérateur.	A.	Magasinier.	346	
id.	id.	id.	»	103	154	en cristal { pour lampes solaires.	E.A.	M⁰ de manœuvre	6	
id.	id.	id.	»	103	154	**Cheminées**	A.	Magasinier.	342, 348	
id.	id.	id.	P. chaudronn.	103	82	en cuivre pour dégagement de la fumée des lampes de soutes à poudre.	A.	M⁰ canonnier	144 1er.	
id.	id.	id.	»	103	155	ou verres pour quinquets.	A.	Magasinier.	348	
Artillerie.	Armurerie.	Armurerie.	Armurerie.	145	10	pour aspingoles, adaptés sur la pièce.	A.	M⁰ canonnier.	128	
id.	id.	id.	id.	167	75	pour fusils, carabines, mousquetons et pistolets.	R.	M⁰ armurier.	302	
id.	id.	id.	id.	167	75	pour pistolets de marine, modèle 1837, modifié.	R.	id.	302	
id.	id.	id.	Armurerie.	145	10,	pour platines d'aspingoles.	R.	id.	310	
Const. navales	Perçage.	Perçage.	Perçage.	104	167	**Chemins** de fer pour linguets de câbles-chaînes.	A. C.	M⁰ charpent.	226	
Hôpitaux.	Magasin.	Salle de dépôt.	Dét. des hôpitaux	49	4	**Chemises** en toile blanche, pour malades . . .	A.	Chirurgien.	388	
Const. navales	Charpentage.	Charpentage.	Charpentage.	1	75	**Chêne** en lattes placées sous le lest pour faciliter l'écoulement des eaux. . . .	A. C.	Capit⁰ d'arm.	156	
Artillerie	Armurerie.	Armurerie.	Armurerie.	170	28	**Chevalets** en fer, doubles pour caisses de tambour . . .	A.	M⁰ de timon.	186	
Const. navales	Menuiserie.	Menuiserie.	»	87	692	en bois pour tables à roulis.	A.			
id.	G. œuvres.	G. œuvres.	G. œuvres.	104	128	**Chevilles** . . . { à boucle { dites de cervelle, pour barre de gouvernail. .	A.C.	M⁰ charpent.	226	
id.	Perçage.	Perçage.	Perçage.	104	371	{ p⁰ amarrage à la serre par le gretin.	A. C.	id.	234	
id.	id.	id.	id.	104	342	{ à boucle simple { en fer. . . .	A. C.	id.	234	
id.	id.	id.	id.	104	330	en fer. { ou boucle. { pour palans de retraite. { en cuivre. .	A. C.	id.	234	
id.	id.	id.	id.	104	342	{ à 2 boucles pour { en fer. . . .	A. C.	id.	234	
id.	id.	id.	id.	104	330	{ palans de re-traite. { en cuivre. .	A. C.	id.	234	
id.	Forges.	Forges.	Forges.	104	380	à goujons.	R.	id.	264	

DÉSIGNATION du service où s'opèrent les délivrances, la mise en place, le démontage, les remises et les réparations.	LOCALITÉS OÙ S'OPÈRENT : la mise en place ou les délivrances. (Section de magasin ou atelier.)	les démontages ou les remises. (Atelier.)	les réparations. (Atelier.)	NUMÉROS D'ORDRE de la NOMENCLATURE par unité collective	par unité simple	NOMENCLATURE DES MATIÈRES ET OBJETS.	LETTRES de classement.	ARTICLE DU MAITRE OU DE L'OFFICIER COMPTABLE auquel l'objet se rapporte.	PAGE du RÈGLEMENT d'armement.	ALLOCATIONS RÉGLEMENTAIRES pour l ... Mois.
Const. navales	Perçage.	Perçage.	Perçage.	104	370 à 373	dans les ponts et murailles { à boucle	A. C.	Mᵉ charpent.	228	
id.	id.	id.	id.	104	377	à cosse	A. C.	id.	228	
id.	id.	id.	id.	104	383	à œillet	A. C.	id.	228	
»	»	»	»	»	»	ou essieux pour rouleaux d'étrave et d'étambot	A. T.	Mᵉ de manœuvre	100	
Const. navales	Forges.	Forges.	Forges.	104	384	pour bittes (pailles de bittes)	A.	id.	90	
id.	Perçage.	Perçage.	Forges.	104	200	pour chaînes de haubans d'artimon	A. C.	Mᵉ charpent.	218	
id.	Forges.	Perçage.	Forges.	104	200		R.	id.	242	
id.	Perçage.	Perçage.	Perçage.	104	200	pour chaînes de haubans { de grand mât	A. C.	id.	218	
id.	Forges.	Forges.	Forges.	104	200		R.	id.	242	
id.	Perçage.	Perçage.	Perçage.	104	200	de misaine	A. C.	id.	220	
id.	Forges.	Forges.	Forges.	104	200		R.	id.	242	
id.	Perçage.	Perçage.	Perçage.	104	200	de hune d'artimou	A. C.	id.	222	
id.	Forges.	Forges.	Forges.	104	200	pour chaînes de galaubans fixes et étranglés { de grand mât de hune	R.	id.	244	
id.	Perçage.	Perçage.	Perçage.	104	200		A. C.	id.	222	
id.	Forges.	Forges.	Forges.	104	200		R.	id.	248	
id.	Perçage.	Perçage.	Perçage.	104	200	de hune de misaine	A. C.	id.	224	
»	»	»	»	»	»	pour davier d'embarcations	A. T.	Mᵉ de manœuvre	100	
Const. navales	Forges.	Forges.	Forges.	104	382	pour jas d'ancre	R.	Mᵉ charpent.	254	
id.	id.	id.	id.	104	384	pour tours à bitord	A.	Mᵉ de manœuvre	84	
Artillerie.	Armurerie.	Armurerie.	»	167	145	d'infanterie { modèle 1853	R.	Mᵉ armurier.	302	
id.	id.	id.	»	167	146	modèle 1842	R.	id.	302	
id.	id.	id.	»	167	147	transformés, modèle 1822	R.	id.	302	
id.	id.	id.	»	167	148	de cavalerie, transformés { modèle 1829	R.	id.	302	
id.	id.	id.	»	167	148	modèle antérieur à 1822	R.	id.	302	
id.	id.	id.	»	167	149	modèle 1853	R.	id.	302	
id.	id.	id.	»	167	149	modèle 1842	R.	id.	302	
id.	id.	id.	»	167	150	de mousquetons de gendarmerie et de marine, transformés { mod. 1825	R.	id.	302	
id.	id.	id.	»	167	150	mod. antérieur à 1825	R.	id.	302	
id.	id.	id.	»	167	151	modèle 1842	R.	id.	302	
id.	id.	id.	»	167	152	de gendarmerie transformés { modèle 1822	R.	id.	302	
id.	id.	id.	»	167	152	modèle antér. à 1822	R.	id.	302	
id.	id.	id.	»	167	153	de pistolets de marine { modèle 1849	R.	id.	302	
id.	id.	id.	»	167	153	modèle 1837	R.	id.	302	
id.	id.	id.	»	167	153	mod. 1837, modifié	R.	id.	302	
id.	id.	id.	Armurerie.	167	153¹	revolvers	R.	id.	302	
id.	id.	id.	»	161	96	pour platines d'espingoles	R.	id.	310	
Subsistances.	Débau., scell., etc.	Salle de dépôt.	Dét. des subsist.	21	4	pour tonneliers	A.	Commis aux vivr.	326	

Chevilles en fer ...

Chiens ...

DÉSIGNATION du service où s'opèrent les délivrances la mise en place, le démontage, les remises et les réparations.	LOCALITÉS OU S'OPÈRENT la mise en place ou les délivrances. (Section de magasin ou atelier.)	les démontages ou les remises. (Atelier.)	les réparations. (Atelier.)	N° par unité collective.	N° par unité simple.	NOMENCLATURE DES MATIÈRES ET OBJETS.	LETTRES de classement	ARTICLE DU NAVIRE OU DE L'OFFICIER COMPTABLE auquel l'objet se rapporte.	PAGE du RÈGLEMENT d'art.	ALLOCATIONS RÉGLEMENTAIRES pour 1 ... Mois.
Artillerie.	Armurerie.	Armurerie.	Armurerie.	63	205	cuivre découpé..	A.	Mr armurier.	294	
id.	id.	id.	id.	65	222	**Chiffres** poinçons { de 6mm de hauteur.	A.	id.	294	
id.	id.	id.	id.	65	223	(série de) en.. en acier { de 3mm de hauteur.	A.	id.	294	
Const. navales	Forges.	Forges.	Forges.	65	216 à 223	ordinaire { pour marquer les effets..	A.	Magasinier.	332	
Hôpitaux.	Pharmacie.	Salle de dépôt.	»	37	191	**Chlorate** potassique..	A.	Chirurgien.	394	
Const. navales	P. chaudronn.	P. chaudronn.	»	43	77 et 78	**Chlorhydrate** ammonique, ou sel ammoniac..	A.	Magasinier.	380	
Hôpitaux.	Pharmacie.	Salle de dépôt	»	37	148	morphique (hydrochlorate de morphine)..	A.	Chirurgien.	354	
id.	id.	id.	»	21	2	**Chloroforme.**	A.	id.	394	
id.	id.	id.	»	37	131	**Chlorure** mercureux à la vapeur..	A.	id.	394	
id.	id.	id.	»	37	134	mercuriel..	A.	id.	394	
Const. navales	Mâture.	Mâture.	Mâture.	78	181 à 212	de { en bois..	A.	Mr charpent.	242	
id.	id.	id.	id.	104	98	beaupré { en fer..	A.	id.	242	
id.	id.	id.	id.	78	154 à 173	d'artimon..	A.	id.	242	
id.	id.	id.	id.	78	213 à 232	**Chouquets** de hune d'artimon..	A.	id.	244	
id.	id.	id.	id.	78	154 à 180	de mâts { grands..	A.	id.	246	
id.	id.	id.	id.	78	213 à 237	grands de hune..	A.	id.	246	
id.	id.	id.	id.	78	154 à 180	de misaine..	C.R.	id.	248	
id.	id.	id.	id.	78	213 à 237	de misaine..	A.	id.	250	
id.	id.	id.	id.	78	213 à 237	de petit mât de hune..	R.	id.	250	
Maj. générale.	Observatoire.	Observatoire.	Observatoire.	1	2	**Chrono-** à suspension..	A.	Offic. command.	410	
id.	id.	id.	id.	1	6	**mètres..** complexes, pour observations..	A.	id.	410	
Hôpitaux.	Magasin.	Salle de dépôt	Dét. des hôpit.	1	4	**Ciboire** en argent..	E.A.	Aumônier.	366	
Const. navales	G. œuvres.	G. œuvres.	Forges.	05	508	**Cigognes** ou manivelles en fer, pour pierres à meules..		Mr de manœuvre	6	
id.	id.	id.	id.	65	508		A.	Mr mécanicien	200	
id.	id.	id.	id.	65	508			Mr charpent.	262	
Artillerie.	Armurerie.	Armurerie.	id.	53	106	**Cirage** pour l'entretien des fourreaux en cuir..		Magasinier.	360	
Commissariat.	Dét. des subsist.	Dét. des subsist.	»	»	»	du 27 octobre 1843 sur le casernet de cambuse..	A.	Officier d'adm.	372	
id.	id.	Perçage.	Perçage.	175	79'	**Circulaires** en fer, pour affûts à pivot..	A.C.	Comm. d'arm.	402	
Const. navales	Perçage.	Perçage.	Perçage.	175	79'			Mr charpentier	234	
Hôpitaux.	Pharmacie.	Salle de dépôt	»	43	6	**Cire** blanche..	A.	Chirurgien.	394	
Const. navales	Forges.	Forges.	Forges.	63	46	**Cisailles** { pour chaudronniere..		Mr mécanic.	204	
id.	id.	id.	id.	63	46	pour armurier.		Mr armurier.	314	
id.	id.	id.	id.	63	47 à 49			Mr mécanicien	204	
id.	id.	id.	id.	63	47 à 49	pour ferblantiers..	A.	Mr armurier.	298	
id.	id.	id.	id.	63	56 et 57			Mr mécanicien	204	
id.	id.	id.	id.	63	56 et 57	à tête de fer..	A.	Mr armurier.	346	
Artillerie.	Armurerie.	Armurerie.	Armurerie.	63	55	coudées de 5mm..	A.	id.	296	
id.	id.	id.	id.	93	53	{ do 30mm..	A.	id.	294	
id.	id.	id.	id.	63	53	pour armuriers { droits moyens do 25mm..	A.	id.	294	
id.	id.	id.	id.	63	53	**Ciseaux** à bois.. { et petits do 20mm..	A.	id.	294	
id.	id.	id.	id.	63	54	de 15mm..	A.	id.	296	
id.	id.	id.	id.	63	54	de 10mm..	A.	id.	296	
Const. navales	Forges.	Forges.	Forges.	62	59 à 61	pour menuisiers..	A.	Mr charpent.	256	

DÉSIGNATION du service où s'opèrent les délivrances, la mise en place, le démontage, les remises et les réparations.	LOCALITÉS OÙ S'OPÈRENT			NUMÉROS D'ORDRE de la NOMENCLATURE		NOMENCLATURE DES MATIÈRES ET OBJETS.	LETTRES de classement.	ARTICLE DU MAÎTRE OU DE L'OFFICIER COMPTABLE auquel l'objet se rapporte.	PAGE du RÈGLEMENT d'armement.	ALLOCATIONS RÉGLEMENTAIRES pour 1 Mois.
	la mise en place, ou les délivrances. Section de magasin ou atelier.	les démontages ou les remises. Atelier.	les réparations. Atelier.	par unité collective.	par unité simple.					
Const. navales	Forges.	Forges.	Forges.	02	62 et 63	à dalots.	A.	Mᵉ charpentⁱ.	256	
id.	id.	id.	id.	103	184		E.A.	Mᵉ démanœuvre.	6	
id.	id.	id.	id.	103	184	à émécher les lampes.		Mᵉ canonnier.	144 fer.	
id.	id.	id.	id.	103	184		A.	Mᵉ de timon.	166	
id.	id.	id.	id.	103	184			Mᵉ mécanicien	196	
id.	id.	id.	id.	62	80			Mᵉ charpent.	256	
id.	id.	id.	id.	63	80	à froid.	A.	Mᵉ calfat.	286	
id.	id.	id.	id.	63	63			Mᵉ armurier.	316	
id.	id.	id.	id.	63	62 et 63	à mastiquer, pour machines à vapeur. . . .	A.	Mᵉ mécanicien	204	
id.	id.	id.	id.	62	81 à 83	à mâture, assortis.	A.	Mᵉ charpentier	256	
id.	id.	id.	id.	62	103 à 108	à tête de fer pour perceurs. . . .	A.	id.	256	
id.	id.	id.	id.	64	9	de lingère.	A.	Magasinier.	332	
Artillerie.	Objets d'arment. et d'assortim. et ustensiles.	Atel. à fer.	Atel. à fer.	159	14	en cuivre, pour l'usage des soutes aux poudres. . .	A.	Mᵉ canonnier.	142	
Const. navales	Forges.	Forges.	Forges.	130	22	pour couper les cheveux.	E. A.	Mᵉ de manœuvre	8.	
id.	id.	id.	id.	130	22	pour couper le cuir.	A.	Magasinier.	334	
id.	id.	id.	id.	64	9	pour nettoyer les chaudières, en fer. . .	A.	Mᵉ calfat.	286	
id.	id.	id.	id.	134	64		A.	Mᵉ mécanicien	200	
id.	Menuiserie. Serrurerie.	Menuiserie. Serrurerie.	Menuiserie. Serrurerie.	87	Divers.	Claires-voles. { en bois avec grillages, etc. . . .	A.C.	Mᵉ charpent.	232	
id.				104	571	en cuivre pour la galerie des bâtiments à 1 batterie . .	A.C.	id.	230	
Artillerie.	Armurerie.	Armurerie.	Armurerie.	170	12	à clefs ou à pistons, dites bugles ou si bémol . .	A.	Cap. d'armes.	156	
id.	id.	id.	id.	170	11	d'ordonnance	A.	id.	156	
id.	id.	id.	id.	170	5	Clairons. { chroma- { en mi bémol, aigu.	A.	id.	156	
id.	id.	id.	id.	170	6	tiques { en si bémol, contralto. . . .	A.	id.	156	
id.	id.	id.	id.	170	7	{ en si bémol, alto.	A.	id.	156	
id.	id.	id.	id.	170	8	dits { en si bémol, baryton. . . .	A.	id.	156	
id.	id.	id.	id.	170	9	saxhorns { en si bémol, basses à 4 cylindres. .	A.	id.	156	
id.	id.	id.	id.	170	10	{ en mi bémol, contre-basse. . .	A.	id.	156	
Const. navales	Machines.	Machines.	Machines.	133	24	{ de bâche.	C.R.	Mᵉ mécanic.	212	
id.	id.	id.	id.	133	23	en { de condenseur.	C.R.	id.	212	
id.	id.	id.	id.	133	25	bronze { de piston de pompe à air. . .	C.R.	id.	212	
id.	id.	id.	id.	102	1	en caoutchouc, { de bâche. . . .	R.	id.	210	
id.	id.	id.	id.	102	1	ou garnitures de clapets { de condenseur. .	R.	id.	210	
id.	id.	id.	id.	102	1	pour machines à vapeur. { de pompe à air. .	R.	id.	210	
id.	P. chaudronn.	P. chaudronn.	P. chaudronn.	104	572	Clapets. { à contre-poids, pour bouteilles. . .	A.C.	Mᵉ calfat.	280	
id.	Machines.	Machines.	Machines.	102	106	pour fermer le tuyau de refoulement à l'extérieur du bâtiment, pour pompes de la cale. .	R.	id.	284	
id.	id.	id.	id.	102	98 à 100	en cuivre { pᵉ pompes aspirantes dites royales.	R.	id.	284	
id.	id.	id.	id.	102 et 103		recouverts { pᵉ pompes d'étrave. . .	R.	id.	284	
id.	id.	id.	id.	102 et 103		en caoutchouc. { pᵉ pompes d'étambot. .	R.	id.	284	
id.	id.	id.	id.	102 et 103		{ pᵉ pompes de jardins . .	A.C.	id.	286	
id.	G. chaudronn.	G. chaudronn.	G. chaudronn.	104	388	en fer, pour dalots.	R.	id.	280	
id.	id.	id.	id.	104	388		A.	id.	288	
Artillerie.	Armurerie.	Armurerie.	Armurerie.	170	13	Clarinettes { (grandes), en si bémol. . . .	A.	Capit. d'armes	158	
id.	id.	id.	id.	170	14	{ (petites), en mi bémol. . .	A.	id.	158	

DÉSIGNATION du service où s'opèrent les délivrances, la mise en place, le démontage, les remises et les réparations.	LOCALITÉS OÙ S'OPÈRENT			NUMÉROS D'ORDRE de la NOMENCLATURE.		NOMENCLATURE DES MATIÈRES ET OBJETS.	LETTRES doublement. — R. A. Entrés en armement. a. Armement. a. Rechange. c. a. Complément de rechange. A. c. Accessoires de caaque. A.T. Objets appartenant à la caaque des embarcations. v. Objets à délivrer pour les passagers.	ARTICLE DU MAITRE OU DE L'OFFICIER COMPTABLE auquel l'objet se rapporte.	PAGE du RÈGLEMENT d'armement.	ALLOCATIONS RÉGLEMENTAIRES pour 1 — 1 Mois.
	la mise en place ou les délivrances. Section de magasin ou atelier.	les démontages ou les remises. Atelier.	les réparations. Atelier.	par unité collective.	par unité simple.					
Artillerie.	Ferrures.	Atel. à fer.	Atel. à fer.	160	202	**Clavettes** { de pivot d'affûts de caronades..........	R.	Mᵉ canonnier.	126	
Const. navales.	G. chaudronn.	G. chaudronn.	G. chaudronn.	104	389	en fer. { d'anstage..........	A.	Mᵉ mécanic.	202	
id.	Machines.	Machines.	Machines.	65	224	à douille assorties..........	A.	id.	196	
id.	id.	id.	id.	65	228 à 229	à marteau, dites à l'anglaise, assorties..........	A.	Mᵉcharpentier Mᵉ calfat.	196 286	
id.	Forges.	Forges.	Forges.	68	230	à rochet..........	A.	Mᵉ mécanic.	204	
Subsistances.	Ust., outils, etc.	Salle de dépôt	Dét. des subs.	22	22	à vin. { en bois	A.	Com. aux viv.	322	
id.	id.	id.	id.	22	2 et 2	{ en cuivre	A.	id.	322	
Const. navales.	P. chaudronn.	P. chaudronn.	P. chaudronn.	103	184¹	d'arrêt pour lampes modérateur.	A.	Mᵉ de timon.	184	
Artillerie.	Armurerie.	Armurerie.	Armurerie.	169	47	de cheminées..........	A.	Cap. d'armes.	154	
id.	id.	id.	id.	169	47		A.	Mᵉ armurier.	290	
Const. navales	Mâture.	Mâture.	Mâture.	104	102			Mᵉ charpent.	244	
id.	id.	id.	id.	104	102	{ pour mât de hune d'artimon ou de perroquet de fougue.		Mᵉ charpent.	244	
id.	id.	id.	id.	104	102	{ pour mât de perroquet d'artimon ou de perruche à flèche.....	A.	id.	244	
id.	id.	id.	id.	104	102	ordinaires en fer { pour grand mât de hune.....	C.R.	id.	248	
id.	id.	id.	id.	104	102	{ pour mât de grand perroquet à flèche.	A.	id.	246	
id.	id.	id.	id.	104	102	{ pour petit mât de hune	R.	id.	282	
id.	id.	id.	id.	104	102	{ pour mât de petit perroquet à flèche.	A.	id.	290	
id.	id.	id.	id.	104	100	de mâts... { pour mât de hune d'artimon ou de perroquet de fougue.	A.	id.	244	
id.	id.	id.	id.	104	100	**Clefs**..... { à levier ou à bascule en fer { pour mât de perroquet d'artimon ou de perruche à flèche.....	A.	id.	244	
id.	id.	id.	id.	104	100	{ pour grand mât de hune.	A.	id.	246	
id.	id.	id.	id.	104	100	{ pour mât de grand perroquet à flèche.	A.	id.	280	
id.	id.	id.	id.	104	100	{ pour petit mât de hune.......	A.	id.	280	
id.	id.	id.	id.	104	100	{ pour mât de petit perroquet à flèche.	A.	id.	280	
id.	Machines.	Machines.	Machines.	133	27	de robinets, en bronze.....	A.C.	Mᵉ calfat.	281	
Artillerie.	Ferrures.	Atelier à fer.	Atel. à fer.	65	232 à 234	doubles, assorties, pour serrer les écrous des affûts et des brides de frouteaux de mire.	A.	Mᵉ canonnier.	144	
	Poudr. et artific.	Artifices.	id.	139	15 à 18	en cuivre { pour ouvrir les caisses à poudre.	A.	id.	142	
Const. navales.	Forges.	Forges.	Forges.	104	575 et 576	{ pour panneaux des soutes à poudre.....	A.	Mᵉ charpent.	262	
id.	Tôlerie.	Tôlerie.	Tôlerie.	104	239	oo tourne-à-gauche pour caisses à eau....	A.	Mᵉ de manœuvre	90	
id.	Forges.	Forges.	Forges.	104	390 et 391	en fer { pour panneaux....	A.	Mᵉ mécanic.	198	
id.	id.	id.	id.	104	390 et 391	{ pour pompes....	A.	Mᵉcharpentier	262	
id.	Machines.	Machines.	Machines.	65	419		A.	Mᵉ calfat.	236	
	id.	id.	id.	65	235 à 237	pour serrer les écrous, { simples..........	A.	Mᵉ mécanic.	198	
	id.	id.	id.	65	232 à 234	assorties. { doubles..........	A.	id.	198	
Artillerie.	Armurerie.	Armurerie.	Armurerie.	173	365	pour cheminées d'espingoles..........	A.	Mᵉ canonnier.	144	
id.	id.	id.	id.	173	365		A.	Mᵉ armurier.	290	6

DÉSIGNATION du service où s'opèrent les délivrances, la mise en place, le démontage, les remises et les réparations.	LOCALITÉS OU S'OPÈRENT			NUMÉROS D'ORDRE de la NOMENCLATURE		NOMENCLATURE DES MATJÈRES ET OBJETS.	LETTRES de classement.	ARTICLE DU MAITRE OU DE L'OFFICIER COMPTABLE auquel l'objet se rapporte.	PAGE du RÉGLEMENT d'armement.	ALLOCATIONS RÉGLEMENTAIRES pour 1 Mois.
Section de magasin ou atelier.	la mise en place ou les délivrances.	les démontages ou les remises.	les réparations.	par unité collective.	par unité simple.					
Artillerie.	Ferrures.	Atel. à fer.	Atel. à fer.	173	366	**Clefs** pour écrous de vis de pointage d'affûts de caronades.	A.	Mᵉ canonnier.	144	
Mouv. du port	Voilerie.	Voilerie.	Voilerie.	119	1 à 20	**Clin-foe**, garni.	A.	Mᵉ voilier.	268	
Const. navales	Machines.	Machines.	Machines.	130	11	**Cloches** { à plongeur.	A.	Mᵉ de manœuvre.	90	
id.	Serrurerie.	Serrurerie.	Serrurerie.	104	578	{ en bronze.	A.	Mᵉ de timonier.	166	
id.	Charpentage.	Charpentage.	Forges.	29	1 à 4	{ à bordages.	A.	Magasinier.	354	
id.	id.	id.	id.	29	11	de cuivre { à doublage.	A.	id.	358	
id.	id.	id.	id.	29	4. 8 et 10	{ pour réparations de canots.	A.	id.	354	
id.	id.	id.	id.	30	2	{ de 11 à 14 c.	A.	id.	354	
id.	id.	id.	id.	30	2	à bordages { de 17 à 18 c.	A.	id.	354	
id.	id.	id.	id.	30	1 à 4	{ assortis pour le bordé extérieur.	A.	id.	354	
id.	id.	id.	id.	30	6	{ de 45ᵐᵐ.	A.	id.	354	
id.	id.	id.	id.	30	6	à bordages { de 65 à 70ᵐ.	A.	id.	354	
id.	id.	id.	id.	30	6	de pont ou à tige { de 80.	A.	id.	354	
id.	id.	id.	id.	30	6	pyramidale { de 100.	A.	id.	354	
id.	id.	id.	id.	30	27 à 36	{ à tête rabattue à lattes pᵗ clapets.	A.	id.	358	
id.	id.	id.	id.	30	27 à 36	à la mécanique, { pour écouvillons.	A.	id.	340	
id.	id.	id.	id.	30	27 à 36	{ pour lattes.	A.	id.	362	
id.	id.	id.	id.	30		{ à mantelets de sabords.	A.	id.	354	
id.	id.	id.	id.	30	24	**Clous** { de fer { à mangères, à tête ronde et plate.	A.	id.	358	
id.	id.	id.	id.	80		{ assortis, pour portes, fenêtres, serrures.		id.	392	
id.	id.	id.	id.	30		à pentures { pour canots.	A.	id.	354	
id.	id.	id.	id.	30		{ pour vaisseaux.	A.	id.	392	
id.	id.	id.	id.	30	23	à plomb, à tête rabattue.	A.	id.	358	
id.	id.	»	»	30	13 ou 27 à 36	à pompes, pour plaquer les pièces à vin.	E.A.	Mᵉ de manœuvre.	8	
id.	id.	Charpentage.	Forges.	30	13 et 16	à toquets.	A.	Magasinier.	354	
id.	id.	id.	id.	30	13	à tête ronde et rabattue, de 60ᵐᵐ de longueur, et au-dessus.	A.	id.	360	
id.	id.	id.	id.	30	12 et 13	pour guipons.	A.	id.	358	
Artillerie.	Ferrures.	Atel. à fer.	Atel. à fer.	33	283	à crochet ou crochets pour suspension. (Voir *Crochets*).	A. et R.	Mᵉ canonnier.	140	
Id.	id.	id.	id.	174	51	pour enclouer les bouches à feu.	A.	id.	140	
Const. navales	Forges.	Forges.	Forges.	63	65	**Clouyères** pour armuriers.	A.	Mᵉ mécanic.	208	
Major. génér.	Cartes et arch.	Cartes et arch.	»	»	»	{ français (Recueil complet des). . . .	A.	Offic. command.	408	
id.	id.	id.	»	»	»	{		Ch. d'ét.-m. gén.	414	
Commissariat	Dét. des armem.	Dét. des armem.	»	»	»	{		Offic. d'admin.	372	
id.	id.	id.	»	»	»	**Codes** { de justice maritime.	A.	Commis⁰ d'arm.	402	
Major. génér.	Cartes et arch.	Cartes et arch.	»	»	»	{		Offic. command.	408	
id.	id.	id.	»	14	11	{		Ch. d'ét.-m. gén.	414	
id.	id.	id.	»	14	11	{ de signaux complet.	A.	Offic. command.	410	
id.	id.	id.	»	87	382	{		Ch. d'ét.-m. gén.	415	
Const. navales	Menuiserie.	Menuiserie.	Menuiserie.	87	382	**Coffres** à papier.	A.	Offic. d'admin.	372	
id.	id.	id.	id.	87	382	{		Commis. d'arm.	402	
id.	id.	id.	id.			{		Ch. d'ét.-m. gén.	416	

DÉSIGNATION du service où s'opèrent les délivrances, la mise en place, le démontage, les remises et les réparations.	LOCALITÉS OU S'OPÈRENT la mise en place ou les délivrances. Section de magasin ou atelier.	les démontages ou les remises. Atelier.	les réparations. Atelier.	NUMÉROS D'ORDRE de la NOMENCLATURE par unité collective.	par unité simple.	NOMENCLATURE DES MATIÈRES ET OBJETS.	LETTRES de classement.	ARTICLE DU MAÎTRE OU DE L'OFFICIER COMPTABLE auquel l'objet se rapporte.	PAGE du RÈGLEMENT d'armement.	ALLOCATIONS RÉGLEMENTAIRES pour 1 Mois.
Const. navales	Menuiserie.	Menuiserie.	Menuiserie.	87	343 à 347	Coffres. pour armes (sur la dunette)	A.	M⁰ᵉ charpentier	262	
id.	id.	id.	id.	87	353	pour le transport des fonds	A.	Officier d'adm.	372	
id.	id.	id.	id.	87	353	télégraphiques	A.	M⁰ᵉ de timon.	170	
id.	id.	id.	id.	87	356 à 358	Coffre-fort en bois formant à trois clefs (caisse du conseil d'administration).	A.	Offic. d'adm.	372	
Artillerie.	Objets d'armem. et d'assortim. et ustensiles.	Garniture.	Garniture.	147	5 à 7	pour couvrir la volée. des canons, canons-obusiers et obusiers	A.	M⁰ᵉ canonnier.	116	
id.	id.	id.	id.	147	10 à 14	des caronades.	A.	id.	124	
id.	id.	id.	id.	147	9¹	des canons et obusiers, n° 6.	A.	id.	134	
id.	id.	id.	id.	147	15¹	des obusiers de 15 c., n° 4.	A.	id.	132	
id.	id.	id.	id.	147	17 à 20	Coiffes en toile peinte. pour découvillons. de canons, canons-obusiers et obusiers.	A.	id.	116	
id.	id.	id.	id.	147	21¹	de canons de 4 rayés de montagne.	A.	id.	134	
id.	id.	id.	id.	147	22 à 26	de caronades.	A.	id.	124	
id.	id.	id.	id.	147	24	des obusiers de 15 c.	A.	id.	132	
id.	id.	id.	id.	147	28	d'espingoles.	A.	id.	122	
id.	id.	id	id.	147	29 et 30	pour vis de pointage de caronades	A.	id.	124	
id.	Affûts.	Atel. à bois.	Atel. à bois.	143	5	d'arrêt d'affûts marins, pour canons, canons-obusiers et obusiers.	A.	id.	114	
id.	id.	id.	id.	143	5		R.	id.	122	
id.	id.	id.	id.	143	8 à 10	pour canons, canons-obusiers et obusiers.	R.	id.	122	
id.	id.	id.	id.	143	8 à 10		A.	id.	124	
id.	id.	id.	id.	143	12 à 16	de mire d'affûts marins. pour caronades.	A.	id.	126	
id.	id.	id.	id.	143	12 à 16		R.	id.	130	
id.	id.	id.	id.	143	10	pour obusiers de 15 c.	A.	id.	132	
id.	id.	id.	id.	143	10		R.	id.	134	
id.	id.	id.	id.	143	11¹	pour canons de 4 rayés de montagne.	A.	id.	136	
id.	id.	id.	id.	143	11¹		R.	id.	128	
id.	id.	id.	id.	143	17	de mire à T, pour chandeliers d'espingoles	R.	id.	130	
id.	id.	id.	id.	143	17		A.C.	id.		
Const. navales	Charpentage.	Charpentage.	Charpentage.	87	138	ou cadastres, pour arrimage.	A.C.	M⁰ᵉ charpent.	232	
id.	id.	id.	id.	87	157	Coins. pour emplantures. de mât d'artimon.	A.C.	id.	218	
id.	id.	id.	id.	87	157	de grand mât.	A.C.	id.	218	
id.	id.	id.	id.	87	157	de mât de misaine.	A.C.	id.	220	
id.	id.	id.	id.	87	157	de mât de beaupré.	A.C.	id.	220	
id.	id.	id.	id.	87	156	en bois. pour étambrais. de mât d'artimon.	A.C.	id.	218	
id.	id.	id.	id.	87	156	de grand mât.	A.C.	id.	218	
id.	id.	id.	id.	87	156	de mât de misaine.	A.C.	id.	220	
id.	id.	id.	id.	87	156	de mât de beaupré.	A.C.	id.	220	
id.	id.	id.	id.	87	155	de gouvernail.	A.C.	id.	226	
id.	Charpentage.	Charpentage.	Charpentage.	87	683	pour fermetures de sabords	A.	M⁰ᵉ charpentier	288	
id.	Forges.	Forges.	Forges.	65	238 à 240	en fer.	A.	Commis aux tr⁰	396	
id.	id.	id.	id.	65	238 à 240	en fer à fendre.	A.	M⁰ᵉ calfat.	286	
id.	id.	id.	id.	62	115	doubles, ou pataras à manche de fer.	A.	M⁰ᵉ mécanicien	191	
id.	Serrurerie.	Serrurerie.	Serrurerie.	33	299	Cointivières ou équerres. de fer.	A.C.			
id.	id.	id.	id.	33	300	de cuivre.	A.C.	id.	191	
id.	Peinture.	Peinture.	»	43	360 à 362	Colle forte	A.	Magasinier.	338 et 354	6.

DÉSIGNATION du service où s'opèrent les délivrances, la mise en place, le démontage, les remises et les réparations.	LOCALITÉS OÙ S'OPÈRENT			NUMÉROS D'ORDRE de la NOMENCLATURE.		NOMENCLATURE DES MATIÈRES ET OBJETS.	LETTRES de classement.	ARTICLE DU MAÎTRE OU DE L'OFFICIER COMPTABLE auquel l'objet se rapporte.	PAGE du RÈGLEMENT d'armement.	ALLOCATIONS RÉGLEMENTAIRES pour 1 Mois.
	la mise en place ou les délivrances. Section de magasin ou atelier.	les démontages ou les remises. Atelier.	les réparations. Atelier.	par unité collective.	par unité simple.					
Maj. générale	Cartes et arch.	Cartes et arch.	»	7	9 et 11	complet des cartes du *Board of Trade*.	A.	Off. command.	412	
id.	id.	id.	»	»	»	Collection { do de lecture.	A.	Magasin.	334	
id.	id.	id.	»	»	»	{ tableaux pour la dictée ou l'ardoise. . . .	A.	id.	334	
Const. navales	Perçage.	Perçage.	Perçage.	133	319	Collerettes en fonte de fer pour trous d'hommes. . . .	A.C.	Me charpent.	230	
Mouv. du port	Garniture.	Garniture.	Garniture.			avec cosses, etc., pour étais de misaine. . . .	Gréement.	Me de manœuvre	28	
Artillerie.	Armurerie.	Armurerie.	Armurerie.	147	32	brisés pour espingoles. { en fer. . . .	A.	Me canonnier.	140	
id.	id.	id.	id.	147	31	{ en cuivre. . .	A.	id.	140	
id.	id.	id.	id.	171	13	de tambours en cuir noir.	A.	Capit. d'armes	156	
id.	id.	id.	id.	170	31	Colliers . . . ou baudriers pour caisses claires. . . .	A.	id.	156	
Const. navales	Tôlerie.	Tôlerie.	Tôlerie.	104	241	{ à double char- nière pr tuyaux { de cuisine. . .	A.C.	Me mécanicien.	191	
id.	id.	id.	id.	104	241	{ de four. . .	A.C.	id.	191	
id.	Perçage.	Perçage.	Perçage.	104	397	{ à charnière, pour épontilles. . .	A.C.	Me charpent.	228	
id.	id.	id.	id.	104	367	{ d'étrave, à rouleau pour roît de foc. . .	A.C.	id.	229	
id.	id.	id.	id.	104	396	pour mâts de pavillon de bâtiment. . .	A.C.	id.	229	
»	»	»	»	»	»	en fer . . . pour mâts de flamme d'embarcations.	A.T.	Me de manœuvre	100	
»	»	»	»	»	»	pour mâts de pavillon d'embarcations.	A.T.	id.	100	
»	»	»	»	»	»	pour grands mâts d'embarcations.	A.T.	id.	100	
»	»	»	»	»	»	pour bout-dehors de tapc-cul d'embarcations.	A.T.	id.	100	
»	»	»	»	»	»	pour mâts de misaine d'embarcations.	A.T.	id.	100	
»	»	»	»	»	»	pour bout-dehors de foc d'embarcations.	A.T.	id.	100	
»	»	»	»	»	»	à émerillon pour aviron de queue des embarcations. .	A.T.	id.	100	
Subsistances	Ust., outils, etc.	Salle de dépôt.	Dét. des subs.	21	5	Colombes pour tonnelier. { bois.	A.	Ce aux vivres.	326	
id.	id.	id.	id.	21	6	{ fers.	A.	id.	326	
Const. navales	P. chaudronn.	P. chaudronn.	P. chaudronn.	104	380	Colonnes en cuivre ou conduits de drosse de gouvernail.	A.	Me de timon.	164	
id.	Perçage.	Perçage.	Perçage.	104	168	Cols de cygne, en fer, pour linguets de câbles-chaînes.	A.C.	Me charpentier	226	
Commissariat	Dét. des arm.	Dét. des arm.	Dét. des arm.	115	13	Commission rogatoire (Modèle n° 10, série A).	A.	Offe. d'admin.	378	
Const. navales	Menuiserie.	Menuiserie.	Menuiserie.	124	1 et 2	Commodes en acajou.	A.	Me de timon.	178	
id.	id.	id.	id.	124	8 et 9	Commodes-secrétaires { en noyer. . . .	A.	id.	178	
id.	id.	id.	id.	124	8 et 9	{ en noyer (Peint en acajou). . .	A.	id.	178	
id.	Machines.	Machines.	Machines.	65	241	{ à coulisse, ou double décimètre à pied. . .	A.	Me mécanic.	204	
id.	id.	id.	id.	128	20	{ d'embarcations de 0,14. . .	A.	Me de timon.	160	
id.	id.	id.	id.	128	18	de relèvement. . .	A.	id.	160	
id.	id.	id.	id.	128	16	de route. . .	R.	id.	162	
id.	Serrurerie.	Serrurerie.	Serrurerie.	33	66	Compas . . . de table à jou. { de fer. . .	A.C.	Me mécanic.	191	
Major. génér.	Observatoire.	Observatoire.	»	33	67	{ de cuivre. . .	A.C.	id.	191	
Const. navales	Observatoire.	Observatoire.	»	5	6	en bois, à vergos et garnitures de cuivre. . .	A.	Offe. command.	411	
id.	Forges.	Forges.	Forges.	65	249 et 251	à ressort, ordinaire. . .	A.	Me mécanic.	204	
id.	id.	id.	id.	65	261	dits d'épaisseur à ressort. . .	A.	id.	204	
id.	id.	id.	id.	65	271	en fer . . . dits d'épaisseur { pour tourneurs. . .	A.	id.	204	
id.	id.	id.	id.	68	269 et 270	{ façon maître de danse. . .	A.	id.	204	
id.	id.	id.	id.	65	265 et 266	avec arc et vis de pression.	A.	id.	204	
Subsistances	Ust., outils, etc.	Salle de dépôt.	Dét. des subs.	21	8		A.	Comm. aux vivres	320	

DÉSIGNATION du service où s'opèrent les délivrances, la mise en place, le démontage, les remises et les réparations. (Section de magasin ou atelier.)	LOCALITÉS OÙ S'OPÈRENT la mise en place ou les délivrances. (Atelier.)	les démontages ou les remises. (Atelier.)	les réparations. (Atelier.)	N° D'ORDRE par unité collective	N° D'ORDRE par unité simple	NOMENCLATURE DES MATIÈRES ET OBJETS.	LETTRES de classement	ARTICLE DU MAÎTRE OU DE L'OFFICIER COMPTABLE auquel l'objet se rapporte.	PAGE du RÈGLEMENT d'armement.	ALLOCATIONS RÉGLEMENTAIRES pour 1 Mois.
Const. navales	Forges.	Forges.	Forges.	63	254 et 253	Compas — droits, à pointes d'acier.		Mr mécanic.	204	
Artillerie.	Armurerie.	Armurerie.	Forges.	65	254 et 255		A.	Mr armurier.	296 et 316	
Const. navales	Forges.	Forges.	Forges.	63	254 et 255	en fer — droits.		Mr charpentier	236	
id.	id.	id.	id.	65	254 et 225			Mr calfat.	386	
Subsistances.	Ustensil., etc.	Salle de dépôt	Dét. des subs.	21	7			Com. aux viv.	326	
Const. navales	Forges.	Forges.	Forges.	65	236 à 260	courbes.		Mr charpent.	236	
id.	id.	id.	id.	65	236 à 260		A.	Mr calfat.	286	
Artillerie.	Armurerie.	Armurerie.	Armurerie.	65	156 à 260			Mr armurier.	296	
Const. navales	Machines.	Machines.	Machines.	128	17	Compas pour habitacles — de lunette.	A.	Mr de timon.	160	
id.	id.	id.	id.	128	16	de route, éclairés sur le pont.	A.	id.	160	
id.	id.	id.	id.	128	18	de route, éclairés par la batterie.	A.	id.	162	
id.	id.	id.	id.	128	19	rapporteurs de 0,20.	A.	id.	160	
id.	id.	id.	id.	128	21	renversé — de 0,25, dits de vérification.	A.	id.	160	
id.	id.	id.	id.	128	22	de 0,14, pour chambre.	A.	id.	160	
id.	id.	id.	id.	128	23	Compensateurs en fer doux.	A.	id.	160	
Commissariat.	Dét. des arm.	Dét. des arm.	»	392	92	Compte courant sommaire de l'habillement (mod. n° 64).	A.	Offic. d'adm.	374	
Const. navales	Machines.	Machines.	Machines.	134	4	Compteurs sans horloge pour machines.	A.	Mr mécanicien	196	
Commissariat.	Dét. des arm.	Dét. des arm.	»	145	45	Conclusions du commissaire impérial.	A.	Offic. d'adm.	378	
Const. navales	P. chaudronn.	P. chaudronn.	P. chaudronn.	104	380	Conduits de drosse de gouvernail, ou colonnes en cuivre.	A.	Mr de timon.	164	
Maj. générale.	Cartes et arch.	Cartes et arch.	»	13	1	Connaissance des temps (imprimé) — sans additions.	A.	Offic. command.	410	
id.	id.	id.	»	13	1		A.	Ch. d'ét.-m. gén.	415	
id.	id.	id.	»	13	2	avec additions.	A.	Offic. command.	410	
id.	id.	id.	»	13	2		A.	Ch. d'ét.-m. gén.	415	
Const. navales	Forges.	Forges.	Forges.	63	68	Consciences ou plastrons.	A.	Mr mécanicien	202	
Artillerie.	Armurerie.	Armurerie.	Armurerie.	676	76		A.	Mr armurier.	296	
Commissariat.	Dét. des subsist.	Dét. des subsist.	»	48	7	Consommations journalières de l'eau et des combustibles à bord (mod. 14).	A.	Offic. d'adm.	382	
Hôpitaux.	Pharmacie.	Salle de dépôt	»	62	448	Constricteur de l'urètre.	A.	Chirurgien.	388	
Const. navales	Menuiserie.	Menuiserie.	Forges.	62	326	Contre-fers — de demi-varlopes.	A.	Mr charpent.	206	
id.	id.	id.	id.	62	415	de rabots ordinaires.	A.	id.	268	
id.	id.	id.	id.	62		de varlopes.	A.	id.	415	
id.	Perçage.	Perçage.	Perçage.	104	487	Contre-plaques de pitons de plat-bord pour affûts de caronades.	A. C.	id.	236	
id.	Charpentage.	Charpentage.	Forges.	29	18	Contre-rivets de cuivre pour les embarcations.	A.	Magasinier.	354	
id.	Forges.	Forges.	id.	62	125 et 126	Contre-rivoirs pour tonneliers.	A.	Mr charpentier	256	
Commissariat.	Dét. des arm.	Dét. des arm.	»	481	181	Contrôle imprimé — annuel, des officiers militaires sans troupe, employés militaires, etc.	A.	Offic. d'adm.	376	
id.	id.	id.	»	481	181		A.	Comm. d'arm.	402	
id.	id.	id.	»	482	182	des officiers, sous-officiers, soldats et enfants de troupe.	A.	Offic. d'adm.	376	
id.	id.	id.	»	482	182		A.	Comm. d'arm.	402	
id.	id.	id.	»	358	58	nominatif pour les détachements de marins.	A.	Offic. d'adm.	374	
id.	id.	id.	»	128	28	Convocation imprimé — (modèle n° 19, série A).	A.	id.	378	
id.	id.	id.	M.	151	51	d'un conseil de justice (mod. n° 7, série B).	A.	id.	378	
						des juges (mod. n° 16).	A.	id.	380	
Const. navales	P. chaudronn.	P. chaudronn.	P. chaudronn.	99	29	Coquemars en cuivre.	A.	Commis aux vivr.	320	
id.	id.	id.	id.	99	39		A.	Chirurgien.	388	

DÉSIGNATION du service où s'opèrent les délivrances, la mise en place, le démontage, les remises et les réparations.	LOCALITÉS OÙ S'OPÈRENT			NUMÉROS D'ORDRE de la NOMENCLATURE.		NOMENCLATURE DES MATIÈRES ET OBJETS.			LETTRES de classement. *A.A.* Entrée en armement. *A.* Armement. *R.* Rechange. *C.R.* Complément de rechange. *A.C.* Accessoires de coque. *A.G.* Objets attenants à la coque des embarcations. *P.* Objets à délivrer pour les passagers.	ARTICLE DU MAÎTRE OU DE L'OFFICIER COMPTABLE auquel l'objet se rapporte.	PAGE du RÈGLEMENT d'armement.	ALLOCATIONS RÉGLEMENTAIRE pour l' l Mois.
	la mise en place, ou les délivrances. Section de magasin ou atelier.	les démontages ou les remises. Atelier.	les réparations. Atelier.	par unité collective.	par unité simple.							
Mouv. du port	Garniture.	Garniture.	»	106	15 à 26	blancs, pour garants de palans	de barre	A.	Mᵉ de timon.	164	
id.	id.	id.	»	106	15 à 26		de drosse	A.	id.	164	
id.	id.	id.	»	106	15 à 26			R.	id.	164	
id.	id.	id.	»	109	1	demi-usés	pour bosses, serpenteaux, limons d'échelle, etc.	A.	Mᵉ de manœuvre.	48	
id.	id.	id.	»	109	1		pour l'arrimage et services divers	E.A.	id.	8	
id.	id.	Garniture.	»	109	1		pour service ordinaire	A.	Mᵉ canonnier.	142	
id.	id.	id.	»	109	1		pour tire-veilles de 90ᵐᵐ	A.	Magasinier.	346	
id.	id.	id.	Garniture.	106	1 à 8	Cordages	ayant 200 mètres de longueur pour manœuvres courantes	de 145ᵐᵐ	R.	Mᵉ de manœuvre.	48
id.	id.	id.	id.	106	1 à 8			de 135	R.	id.	48
id.	id.	id.	id.	106	1 à 8			de 130	R.	id.	48
id.	id.	id.	id.	106	1 à 8			de 125	R.	id.	48
id.	id.	id.	id.	106	1 à 8			de 125	R.	id.	48
id.	id.	id.	id.	106	1 à 8			de 120	R.	id.	48
id.	id.	id.	id.	106	1 à 8			de 115	R.	id.	48
id.	id.	id.	id.	106	1 à 8			de 110	R.	id.	48
id.	id.	id.	id.	106	1 à 8			de 105	R.	id.	48
id.	id.	id.	id.	106	1 à 8			de 100	R.	id.	50
id.	id.	id.	id.	106	1 à 8			de 95	R.	id.	50
id.	id.	id.	id.	106	1 à 8			de 90	R.	id.	50
id.	id.	id.	id.	106	1 à 8			de 85	R.	id.	50
id.	id.	id.	id.	106	1 à 8			de 80	R.	id.	50
id.	id.	id.	id.	106	1 à 8			de 75	R.	id.	50
id.	id.	id.	id.	106	1 à 8			de 70	R.	id.	50
id.	id.	id.	id.	106	1 à 8			de 65	R.	id.	50
id.	id.	id.	id.	106	1 à 8			de 60	R.	id.	50
id.	id.	id.	id.	106	1 à 8			de 55	R.	id.	50
id.	id.	id.	»	106	6 et 7	goudronnés 1ᵉʳ brin	en fils fins de 6 à 7ᵐᵐ et au-dessous.	une ou deux fois commis (ayant 200 mètres de longueur, pour manœuvres courantes)	de 50ᵐᵐ	A.	Magasinier.	336
id.	id.	id.	»	106	6 et 7				de 45	A.	id.	336
id.	id.	id.	»	106	6 et 7				de 40	A.	id.	336
id.	id.	id.	»	106	6 et 7				de 35	A.	id.	336
id.	id.	id.	»	106	8			en quarantainiers (ayant 100 mèt. de longueur)	de 50ᵐᵐ	A.	id.	336
id.	id.	id.	»	106	8				de 45	A.	id.	336
id.	id.	id.	»	106	8				de 40	A.	id.	336
id.	id.	id.	»	106	8				de 35	A.	id.	336
id.	id.	id.	»	106	8				de 30	A.	id.	336
id.	id.	id.	»	106	4		en fils gros de 8 à 9ᵐᵐ et au-dessus	de 40ᵐᵐ	A.	Mᵉ de manœuvre.	46
id.	id.	id.	»	106	4		en quarantainier	de 35	A.	id.	46
id.	id.	id.	»	106	4			de 30	A.	id.	46
id.	id.	id.	»	106	5		en ralingues	de 142 à 145ᵐᵐ de circonférence.	A.	Magasinier.	356
id.	id.	id.	»	106	5			de 125 à 135 id.	A.	id.	356
id.	id.	id.	»	106	5			de 102 à 115 id.	A.	id.	356
id.	id.	id.	»	106	5			de 74 à 85 id.	A.	id.	356
id.	id.	id.	»	106	5			de 65 à 70 id.	A.	id.	356
id.	id.	id.	»	106	5			de 41 à 50 id.	A.	id.	356
id.	id.	id.	»	106	1 à 8		en pièces pour embarcations	A.	Mᵉ de manœuvre.	106

DÉSIGNATION du service où s'opèrent les délivrances, la mise en place, le démontage, les remises et les réparations.	LOCALITÉS OÙ S'OPÈRENT			NUMÉROS D'ORDRE de la NOMENCLATURE		NOMENCLATURE DES MATIÈRES ET OBJETS.	LETTRES de classement. E. A. Entrée en armement. A. Armement. a. Rechange. c. a. Complément de rechange. A. c. Accessoires de coque. A. T. Objets attenant à la coque des embarcations. P. Objets à délivrer pour les passagers.	ARTICLE DU MAÎTRE OU DE L'OFFICIER COMPTABLE auquel l'objet se rapporte.	PAGE du RÈGLEMENT d'armement.	ALLOCATIONS RÉGLEMENTAIRES pour 1 Mois.
	la mise en place ou les délivrances. Section de magasin ou atelier.	les démontages ou les remises. Atelier.	les réparations. Atelier.	par unité collective.	par unité simple.					
Artillerie.	Garniture.	Garniture.	»	106		Cordages { goudronnés { pour garants des palans de côté et de retraite. { des pièces des gaillards.	R.	Mⁿ canonnier.	122	
id.	id.	id.	»	106		{ { des pièces des batteries couvertes.	R.	id.	122	
id.	id.	id.	»	106		{ en pièces { pour itagues des sabords.	R.	id.	142	
id.	id.	id.	»	106		{ { pour palanquins de sabords.	E.A.	Mⁿ de manœuvre.	142	
Mouv. du port.	id.	Garniture.	»	109	2	{ vieux pour fourrures.	A.	id.	46, 94	8 2 fois
Const. navales	Charpentage.	Charpentage.	Charpentage.	53	34 à 36	Cordeaux à ligner.	A.	Mⁿ charpent.	256	
Mouv. du port	Pavillonnerie.	Pavillonnerie.	Pavillonnerie.	49	23	{ de sonnettes { en laine.	A.	Mⁿ de timon.	178, 180 et 182	
id.	id.	id.	id.	49	22	{ { en soie.	A.	id.	178, 180	
id.	id.	id.	id.	49	26	de suspension pour plateaux { en laine.	A.	id.	184	
id.	id.	id.	id.	49	25	{ à roulis. { en soie.	A.	id.	184	
Artillerie.	Poudr. et artific.	Artifices.	»	49	108	Cordons. { en bourre de soie, pour ligature de gargousses.	A.	Magasinier.	340	
id.	Armurerie.	Armurerie.	Armurerie.	171	14	{ ou dragonnes en cuir noir, pour sabres d'abordage.	A.	Cap. d'armes.	132	
Hôpitaux.	Magasin.	Salle de dépôt	Dét. des hôpit.	3	80	{ pour aubes, avec glands.. { en fil.	A.	Aumônier.	367	
id.	id.	id.	id.	3	49	{ { en soie.	A.	id.	367	
Artillerie.	Armurerie.	Armurerie.	Armurerie.	170	32	{ pour clairons.	A.	Capit. d'armes.	186	
Const. navales	P. chaudronn.	P. chaudronn.	P. chaudronn.	104	581	Corneaux { en cuivre { pour bouteilles { du commandant, des officiers et de l'hôpital.	A.C.	Mⁿ calfat.	280	
id.	id.	id.	id.	104	581	{ { { des aspirants et des maîtres.	A.C.	Mⁿ calfat.	280	
id.	id.	id.	id.	104	581	{ { pour latrines pour l'équipage.	A.C.	id.	281	
id.	Tôlerie.	Tôlerie.	Tôlerie.	104	709	{ ou manchons en tôle pour l'embarquement du charbon.	A.	Mⁿ mécanicien	200	
id.	P. chaudronn.	P. chaudronn.	»	51	53 à 55	{ à lanternes.	A.	Magasinier.	360	
Artillerie.	Objets d'armem. et d'assortim. et accessoires.	Atel. à fer.	Atel. à fer.	143	26	{ d'amorce ou amorçoirs { pour canons, canons-obusiers et obusiers.	A.	Mⁿ canonnier.	114	
id.	id.	id.	id.	143	26	{ { pour caronades.	A.	id.	124	
Const. navales	Mâture.	Mâture.	Mâture.	77	94 à 102	Cornes. { d'artimon ou de brigantine de cape.	A.	Mⁿ charpent.	240	
id.	id.	id.	id.	77	81 à 102	{ de brigantine. { d'artimon.	A.	id.	240	
id.	id.	id.	id.	77	87 à 102	{ { de grand mât.	A.	id.	240	
id.	id.	id.	id.	77	94 à 102	{ { de cape de grand mât.	A.	id.	240	
id.	id.	id.	id.	77	114 à 122	{ de grande voile goëlette. { à ferrures.	A.	id.	240	
id.	id.	id.	id.	77	114 à 122	{ { à mâchoire.	A.	id.	240	
id.	id.	id.	id.	77	112 à 122	{ de misaine goëlette. { à ferrures.	A.	id.	240	
id.	id.	id.	id.	77	112 à 122	{ { à mâchoire.	A.	id.	240	
Mouv. du port	Pavillonnerie.	Pavillonnerie.	Pavillonnerie.	123	37 et 38	Cornette de commandement, ou guidon français.	A.	Mⁿ de manœuvre	108	
Hôpitaux.	Pharmacie.	Salle de dépôt		80	228¹	Cornet { en carton de M. Reynaud, pour inhalation de chloroforme.	A.	Chirurgien.	388	
Const. navales	Machines.	Machines.	Machines.	130	89¹	{ à bouquin en corne pour signaux de brume.	A.	Mⁿ de timon.	106	
Artillerie.	Armurerie.	Armurerie.	Armurerie.	170	15	Cornets à pistons.	A.	Cap. d'armes.	188	

DÉSIGNATION du service où s'opèrent les délivrances, la mise en place, le démontage, les remises et les réparations.	LOCALITÉS OÙ S'OPÈRENT			NUMÉROS D'ORDRE de la NOMENCLATURE.		NOMENCLATURE DES MATIÈRES ET OBJETS.	LETTRES de classement. E.A. Entrée en armement. A. Armement. R. Rechange. C.R. Comment de rechange. A.C. Accessoires de coque. A.Y. Objets entanal à la coque des embarcations. P. Objets à délivrer pour les passagers.	ARTICLE DU MAÎTRE OU DE L'OFFICIER COMPTABLE auquel l'objet se rapporte.	PAGE du RÈGLEMENT d'armement.	ALLOCATIONS RÉGLEMENTAIRES pour 1 Mois.
	la mise en place ou les délivrances. Section du magasin ou atelier.	les démontages ou les remises. Atelier.	les réparations. Atelier.	par unité collective.	par unité simple.					
Hôpitaux.	Magasin.	Salle de dépôt.	Dét. des hôpit.	4	1	**Corporaux** en batiste............	A.	Aumônier.	367	
Const. navales.	Forges.	Forges.	Forges.	63	403¹ à 403⁹	**Corps** de filières à coussinets ou tourne-à-gauche...........	A.	Mᵉ mécanicien.	204	
id.	id.	id.	id.	104	583	en cuivre { simples non soudées............	A.	Mᵉ armurier.	345	
Mouv. du port.	Voilerie.	Voilerie.	Const. navales. Forges.	104	582	{ soudées pour embarcations............	R.	Mᵉ du timon.	104	
Const. navales.	Forges.	Forges.	Forges.	104	400	doubles, en fer, à émérillon............	R.	Mᵉ de manœuvre	108	
id.	id.	id.	id.	104	401	baguées en fer............	R.	id.	80	
id.	id.	id.	id.	104	402	en fer à cheval............	R.	id.	80	
id.	id.	id.	id.	104	398 à 402	en fer, assorties, pour gréement............	R.	id.	80	
Mouv. du port.	Garniture.	Garniture.	»	104	398 à 402	en fer, assorties, sans destination spéciale............	A.	id.	46	
						en fer pour rubans de suspension de tables et bancs d'équipage.	Gréement.	id.	46	
						Cosses ... { pour balancines. { de vergue de perruche...... { de vergue de grand cacatois.... { de vergue de petit cacatois....	id.	id.	56	
							id.	id.	64	
							id.	id.	70	
						pour galhaubans de flèche { de mât de grand perroquet et flèche. { de mât de petit perroquet....	id.	id.	68	
							id.	id.	68	
						pour saisines des embarcations............	id.	id.	76	
Const. navales.	Forges.	Forges.	Forges.	104	399	{ non soudées à grande ouverture.......	R.	id.	80	
id.	id.	id.	id.	104	399	{ non soudées à petite ouverture, à grand diamètre, etc.	R.	id.	80	
id.	id.	id.	id.	104	399	simple { non soudées de manœuvre............	A.	Mᵉ du timon.	164	
id.	id.	id.	id.	104	398	en fer { soudées, assorties pour embarcations...........	R.	Mᵉ de manœuvre	108	
id.	id.	id.	id.	104	398 et 399	{ de ridage sur le hauban de cheminée............	A.	Mᵉ mécanicien	198	
Artillerie.	Ferrures.	Atel. à fer.	Atel. à fer.	104	398 et 399	{ pour épisser le hauban de sabords............	A.	id.	198	
					398 et 399	{ pour étagues de sabords............	R.	Mᵉ canonnier.	142	
Const. navales.	Calfatage.	Calfatage.	»	53	39	cardé, ou en roms, pour calfater la mâture............	A.	Magasinier.	338	
Hôpitaux.	Pharmacie.	Salle de dépôt.	»	46	4	**Coton**.....	A.	Chirurgien.	388	
Const. navales.	P. chaudronn.	P. chaudronn.	»	53	40	filé pour { de godets de graissage et pour petits presse-étoupe.	A.	Magasinier.	348	
id.	id.	id.	»	53	40	mèches { de lampes de mineur............	A.	id.	348	
id.	Menuiserie.	Menuiserie.	Menuiserie.	124	79	{ en acajou............	A.	Mᵉ du timon.	178	
id.	id.	id.	id.	124	80	**Couchettes** { en noyer............	A.	id.	178	
id.	id.	id.	id.	124	81	{ en bois blanc............	A.	id.	178	
id.	Serrurerie.	Serrurerie.	Serrurerie.	124	82ᵃ	**Couchettes** ou lits en fer zingué............	A.	id.	184	
id.	P. chaudronn.	P. chaudronn.	P. chaudronn.	104	584	**Coulisses** en cuivre de drosse de gouvernail............	A.	id.	164	
Artillerie.	Objets d'armem. et d'assortim. et ustensiles.	Atel. à fer.	Atel. à fer.	139	19	**Coupelles** en cuivre pour les poudres............	A.	Mᵉ canonnier.	142	
Const. navales.	Tôlerie.	Tôlerie.	Tôlerie.	130	23	**Coupe-pâte** en tôle............	A.	Commis aux vivr.	320	
Subsistances.	Ust., outils, etc.	Salle de dépôt.	Dét. des subsist.	21	38	**Couperets** de bouchers............	A.	id.	320	
Const. navales.	Serrurerie.	Serrurerie.	Serrurerie.	33	68 à 70	**Couplets** { de fer............	A.C.	Mᵉ mécanicien	191	
				33	71 à 73	{ de cuivre............	A.C.	id.	191	
id.	G. œuvres.	G. œuvres.	G. œuvres.	104	585	**Courbes** en cuivre pour support de roue du gouvernail............	A.	Mᵉ charpent.	254	
Mouv. du port.	Pavillonnerie.	Pavillonnerie.	Pavillonnerie.	126	1	**Courtes-pointes** en indienne pour lits d'hôpital............	A.	Chirurgien.	388	

DÉSIGNATION du service où s'opèrent les délivrances, la mise en place, le démontage, les remises et les réparations.	LOCALITÉS OÙ S'OPÈRENT			NUMÉROS D'ORDRE de la NOMENCLATURE		NOMENCLATURE DES MATIÈRES ET OBJETS.	LETTRES de classement. c.a. Entrée en armement. A. Armement. a. Rhabillage. c. n. Complément de rechange. A. c. Accessoires de coupe. A.F. Objets attenant à la charge des embarcations. P. Objets à délivrer pour les passagers.	ARTICLE DU MAÎTRE OU DE L'OFFICIER COMPTABLE auquel l'objet se rapporte.	PAGE du RÈGLEMENT d'armement.	ALLOCATIONS RÉGLEMENTAIRES pour I	
	la mise en place ou les délivrances.	les démontages ou les remises.	les réparations.	par unité collective.	par unité simple.					I	Mois.
	Section de magasin ou atelier.	Atelier.	Atelier.								
Hôpitaux.	Pharmacie.	Salle de dépôt.	»	50	64	**Courtines** en verre de 25 à 15 centilitres............	A.	Chirurgien.	388		
Const. navales.	Forges.	Forges.	Forges.	65	272 à 276	en acier pour filières...............	A.	M⁰ armurier.	316		
id.	Machines.	Machines.	Machines.	133	41	intérieurs pour arbres de couche...........	C.R.	M⁰ mécanicien	212		
id.	id.	id.	id.	133	44	pour arbres / extérieurs..........	R.	id.	210		
id.	id.	id.	id.	133	44	d'hélice \ intérieurs...........	R.	id.	210		
id.	id.	id.	id.	133	50	**Coussinets** en bronze pour bielles de pompes à air.	R.	id.	210		
id.	id.	id.	id.	133	47	pour grandes \ de tête ou de bouton de manivelles.	R.	id.	210		
id.	id.	id.	id.	133	48	bielles ou bielles \ de pied ou de bielles de manivelles.	R.	id.	210		
						de manivelles.					
id.	id.	id.	id.	133	44¹	extérieurs garnis de guïac. \ en bronze.........	R.	id.	210		
id.	id.	id.	id.	133	329¹	\ en fonte de fer.........	R.	id.	210		
id.	Charpentage.	Charpentage.	Charpentage.	87	189	d'accore en bois pour embarcations........	A.	M⁰ charpent.	202		
Artillerie.	Affûts.	Atel. à bois.	Atel. à bois.	143	28 à 30	**Coussins...** d'affûts marins...............	A.	M⁰ canonnier.	114		
id.	Pavillonnerie.	Pavillonnerie.	Pavillonnerie.	143	28 et 30	\	R.	id.	122		
Mouv. du port.	id.	id.	id.	126	3	pour coissons recouverts. \ en brocatelle de soie.	A.	M⁰ de timon.	175		
				126	4	\ en damas de laine.	A.	id.	178, 180 et 182		
Const. navales.	Forges.	Forges.	Forges.	68	293 à 295	à 2 manches ou planes courbes pour tonneliers.......	A.	M⁰ charpent.	258		
id.	id.	id.	id.	64	107	à démastiquer.................	A.	M⁰ armurier.	298		
id.	id.	id.	id.	64	106	à mastiquer.................	A.	id.	298		
Subsistances.	Peinture.	Peinture.	Peinture.	64	109 à 111	**Couteaux...** à ramasser................	A.	Magasinier.	332		
id.	Ust., outils, etc.	Salle de dépôt.	Dét. des subsist.	21	39	de bouchers................	A.	Com. aux viv.	320		
id.	id.	id.	id.	21	9	de tonneliers à 2 mains........	A.	id.	320		
id.	id.	id.	id.	22	32	pour boîte à plat.............	A.	id.	322		
Const. navales	P. chaudronn.	P. chaudronn.	P. chaudronn.	99	58	de casseroles, en fer battu........	A.	M⁰ charpent.	326		
id.	G. œuvres.	G. œuvres.	G. œuvres.	87	160	ou capots, en bois pour les trous de passage des chaînes.	A.	M⁰ voilier.	284		
id.	Machines.	Machines.	Machines.	133	330	**Couvercles** en fonte / de cylindre à vapeur.......	C.R.	M⁰ mécanic.	212		
id.	Forçage.	Forçage.	Forçage.	133	333	de fer. \ pour trous d'homme........	A.C.	M⁰ charpent.	230		
Subsistances.	Ust., outils, etc.	Salle de dépôt.	Dét. des subsist.	22	Divers.	**Couverts** complets (type anglais)........	A.	Com. aux viv.	322		
Mouv. du port.	Pavillonnerie.	Pavillonnerie.	Pavillonnerie.	125	7	en coton pour officiers...........	A.	M⁰ de timon.	184		
Const. navales.	Calfatage.	Calfatage.	Calfatage.	129	6	en cuir pour tiare de beaupré.......	A.C.	M⁰ calfat.	280		
Mouv. du port.	Pavillonnerie.	Pavillonnerie.	Pavillonnerie.	125	3	en laine blanche pour officiers.......	P.	id.	188		
id.	id.	id.	id.	125	4	**Couvertures...** / pour hamacs d'équipage.	E.A.	M⁰ de manœuvre	6		
id.	id.	id.	id.	125	4		A.	M⁰ voilier.	274		
id.	id.	id.	id.	125	4		R.	id.	274		
id.	id.	id.	id.	125	5	en laine \		M⁰ de timon.	184		
id.	id.	id.	id.	125	5	gris-beige / pour malades......	A.	M⁰ voilier.	274		
id.	id.	id.	id.	125	6	\ pour passagers........	A.	M⁰ voilier.	274		
Artillerie.	Objets d'armem. et d'assortim., et ustensiles.	Atel. à fer.	Atel. à fer.	143	101	**Couvre-platine** en plomb pour espingoles.....	A.	M⁰ canonnier.	128		
Const. navales	Tonnellerie.	Tonnellerie.	Tonnellerie.	85	52	**Crachoirs** en bois, cerclés en fer.........	A.	M⁰ de manœuvre	90		7

DÉSIGNATION du service où s'opèrent les délivrances, la mise en place, le démontage, les remises et les réparations.	LOCALITÉS OU S'OPÈRENT			NUMÉROS D'ORDRE de la NOMENCLATURE		NOMENCLATURE DES MATIÈRES ET OBJETS.	LETTRES de classement.	ARTICLE DU MAITRE OU DE L'OFFICIER COMPTABLE auquel l'objet se rapporte	PAGE du RÈGLEMENT d'armement.	ALLOCATIONS RÉGLEMENTAIRES pour 1 Mois.
	la mise en place ou les délivrances. Section de magasin ou atelier.	les démontages ou les remises. Atelier.	les réparations. Atelier.	par unité collective.	par unité simple.					
Const. navales	Peinture.	Peinture.	»	43	204	Craie............	A.	Magasinier.	362	
id.	Serrurerie.	Serrurerie.	Serrurerie.	33	241	en cuivre..........	A.	id.	346	
id.	Forges.	Forges.	Forges.	33	240	assorties..........	A.C.	M° charpent°.	334	
id.	Perçage.	Perçage.	Perçage.	104	406	pour manilles de bragues de caronades..	R.	id.	234	
id.	Forges.	Forges.	Forges.	104	408	en fer / pour filets d'abordage..	R.	M° de manœuvre.	82	
id.	id.	id.	id.	104	408	id.	R.	id.	84	
id.	id.	id.	id.	104	408	pour filières d'enverguro et de ris..	A.	id.	82	
id.	id.	id.	id.	104	408	pour palanquins de sabords..	R.	id.	84	
Artillerie.	Ferrures.	Atel. à fer.	Atel. à fer.	100	235	pour travailler le mâture..	A.	M° canonnier.	138	
Const. navales	Forges.	Forges.	Forges.	62	134	Crampes..	A.	M° charpentier	296	
id.	Menuiserie.	Menuiserie.	Menuiserie.	33	241	ou crampons de cuivre à vis pour fixer le surtout du buffet et des tables à manger...	A.	M° de timon.	176 et 186	
id.	id.	id.	Forges.	86	97	pour scies de long..	A.	M° charpentie'	260	
id.	Serrurerie.	Serrurerie.	Serrurerie.	33	305 à 307	ou gâches non encloison- / à patte... / de fer..	A.C.	M° mécanicien	191	
id.	id.	id.	id.	23	308	nées, pour serrures, ver- / de cuivre.	A.C.	id.	191	
id.	id.	id.	id.	33	305 à 307	rous, etc... / à pointe. / de fer..	A.C.	id.	191	
id.	id.	id.	id.	23	308	Crampons.. / de cuivre.	A.C.	id.	191	
id.	Menuiserie.	Menuiserie.	Menuiserie.	33	241	ou crampes de cuivre à vis, pour fixer le surtout du buffet et des tables à manger...	A.	M° de timon.	176 et 186	
id.	G. œuvres.	G. œuvres.	G. œuvres.	104	392	Crapaudines en cuivre pour supports de roues de gouvernail...	A.	M° charpent.	254	
id.	Peinture.	Peinture.	»	52	214	Crayons. / blancs..........	A.	Magasinier.	348	
id.	Machines.	Machines.	»	53	213	d'ardoise..........	A.	id.	346	
id.	id.	id.	Machines.	102	422	en cuivre, pour tuyaux / à incendie.	A.	M° calfat.	284	
id.	id.	id.	id.	102	422	d'aspiration pour pompes.. / à eau douce de la cale.	A.	id.	284	
id.	P. chaudronn.	P. chaudronn.	P. chaudronn.	133	147	en cuivre / pour hublots........	A.C.	id.	280	
id.	Machines.	Machines.	Machines.	133	147	rouge / pour prise d'injection..	A.C.	id.	281	
id.	P. chaudronn.	P. chaudronn.	P. chaudronn.	133	147	Crépines. / pour écoulement des eaux de la dunette.	A.C.	id.	281	
id.	Forges.	Forges.	Forges.	58	10 à 13	à double noix.....	A.	M° mécanic.	198	
id.	id.	id.	id.	58	14 à 16	Crics / simples......	A.	M° charpent.	198	
id.	id.	id.	id.	58	14 à 16		E.A.	M° démanœuvre.	4	
id.	id.	id.	id.	65	415	à main, pour chaînes..	A.	id.	88	
id.	id.	id.	id.	65	416	à ressort ou de ceinture, pour haches d'abordage.	R.	M° armurier.	301	
Artillerie.	Armurerie.	Armurerie.	»	168	437	d'établi..........	R.	M° charpent.	256	
Const. navales	Armurerie.	Armurerie.	Forges.	62	136		R.	M° armurier.	302	
Artillerie.	Armurerie.	Armurerie.	»	167	232	mod. 1849.	R.	id.	302	
id.	id.	id.	»	167	232	mod. 1837 modifié.	R.	id.	302	
id.	id.	id.	»	167	232	Crochets. / de ceinture, / mod. 1837..	R.	id.	302	
id.	id.	id.	»	167	234	pour pistolets de marine / mod. 1816 et 1822..	R.	id.	302	
id.	id.	id.	»	167	234	mod. an IX...	R.	id.	302	
Const. navales	Serrurerie.	Serrurerie.	Serrurerie.	33	273	montés sur platine, de cuivre, pour suspensions de lampes...	A.	M° mécanic.	214	
id.	id.	id.	id.	104	495	à écrou, pour les cloisons en fer...	A.	id.	198	
Artillerie.	Armurerie.	Armurerie.	Armurerie.	174	61	en fer, / à vis / de fusils...	A.	Cap. d'armes.	152	
id.	id.	id.	id.	174	62	pour suspension / de pistolets...	A.	id.	150	

DÉSIGNATION du service où s'opèrent les délivrances, la mise en place, le démontage et les réparations.	LOCALITÉS OÙ S'OPÈRENT			NUMÉROS D'ORDRE de la NOMENCLATURE		NOMENCLATURE DES MATIÈRES ET OBJETS.	ARTICLES de classement.	ARTICLE DU MAÎTRE COMPTABLE auquel l'objet se rapporte.	PAGE du RÈGLEMENT d'armement.	ALLOCATIONS RÉGLEMENTAIRES pour 1
	la mise en place ou les délivrances. Section de magasin ou atelier.	les démontages ou les remises. Atelier.	les réparations. Atelier.	par unité collective.	par unité simple.					Mois.
Const. navales	G. chaudronn.	G. chaudronn.	G. chaudronn.	63	91	d'abatage.	A.	Me mécanic.	202	
id.	Perçage.	Perçage.	Perçage.	104	423	ou boutons pr tire-veille d'échelle de commandement.	A.C.	Me charpent¹.	228	
id.	Serrurerie.	Serrurerie.	Serrurerie.	33	282	ou gonds à vis et à patte, pour recevoir en abord les	A.	id.	254	
id.	id.	id.	id.	33	282	bancs et tables d'équipage.	R.	id.	254	
id.	id.	id.	id.	31	91 à 94	pour les cloisons en bois.	A.	Me mécanic.	198	
id.	id.	id.	id.	31	91 à 94	pour sceau à incendie.	A.	Me calfat.	288	
Artillerie.	Ferrures.	Atel. à fer.	Atel. à fer.	31	91 à 94	pour suspendre les fanaux d'éclairage des batteries et de l'entrepont.				
id.	id.	id.	id.	31	91 à 94	ouverts à vis à bois... pour suspension des fanaux de combat, etc.	A.	Me canonnier.	144 ter	
Const. navales	Serrurerie.	Serrurerie.	Serrurerie.	31	91 à 94	pour suspension des bancs et tables d'équipage.	A.	Me charpentier	140	
id.	id.	id.	id.	31	91 à 94		A.	id.	254	
id.	id.	id.	id.	31	91 à 94	pour hamacs.	A.	id.	254	
id.	id.	id.	id.	31	91 à 94		R.	id.	254	
Artillerie.	Ferrures.	Atel. à fer.	Atel. à fer.	33	283	des sacs à étoupilles.	A.	Me canonnier.	140	
id.	id.	id.	id.	33	283	en fer.. clous à crochet pour suspension des gargoussiers.	R.	id.	140	
id.	id.	id.	id.	33	283	des boute-fou.	A.	id.	140	
id.	id.	id.	id.	33	283		R.	id.	140	
id.	id.	id.	id.	33	283	des halles de combat.	A.	id.	140	
id.	id.	id.	id.	33	283	des paquets de mitraille.	A.	id.	140	
id.	id.	id.	id.	33	283		R.	id.	140	
Const. navales	Forges.	Forges.	Forges.	133	239	pour arrêter les roues.	A.C.	Me mécanic.	196	
id.	Perçage.	Perçage.	Perçage.	104	423	pour échelles de commandement.	A.C.	Me charpent.	228 et 232	
id.	Forges.	Forges.	Forges.	104	424	de hublots.	A.	Me calfat.	288	
id.	Serrurerie.	Serrurerie.	Serrurerie.	104	424	pour fermeture de faux sabords.	A.	Magasinier.	354	
id.	id.	id.	id.	33	264 à 265	de panneaux.	A.	id.	354	
id.	Forges.	Forges.	Forges.	104	424	de sabords, etc.	A.	Me calfat.	288	
id.	G. chaudronn.	G. chaudronn.	G. chaudronn.	134	68	Crochets.. pour fourneaux de chaudières.	A.	Me mécanic.	202	
Artillerie.	Ferrures.	Atel. à fer.	Atel. à fer.	174	55 et 56	des écouvillons, refouloirs, cuillers, etc.	A.	Me canonnier.	140	
id.	id.	id.	id.	174	59	pour suspension de levier de pointage à embrasse.	A.	id.	140	
id.	id.	id.	id.	174	60	de leviers de pointage à gonds.	A.	id.	140	
Const. navales	P. chaudronn.	P. chaudronn.	P. chaudronn.	33	284	en fil de fer, pour écussons.	A.	Me armurier.	296	
id.	Serrurerie.	Serrurerie.	Serrurerie.	33	286	ou crocs de cuivre à roulis à double charnière, pour hamacs.	A.	Me timonier.	176	
Mouv. du port	Voilerie.	Voilerie.	»	64	213	de voilier.	A.	Me voilier.	274	
Const. navales	Serrurerie.	Serrurerie.	Serrurerie.	33	246 à 250	plats... de fer.	A.C.	Me mécanicien	191	
id.	id.	id.	id.	33	251 à 253	de cuivre.	A.C.	id.	191	
id.	id.	id.	id.	33	255 à 265	ronds de fer	A.C.	id.	191	
id.	id.	id.	id.	33	266 à 271	sur piton en cuivre.	A.C.	id.	191	
id.	Forges.	Forges.	Forges.	104	394	en cuivre à palans.	A.	Me de timon.	184	
id.	id.	id.	id.	104	413	Crocs.. en fer à callorne, assortis.	R.	Me de manœuvre.	80	7.
id.	Perçage.	Perçage.	Perçage.	114	414¹	à canon, pour palans de côté.	A.C.	Me charpentier	234	

DÉSIGNATION du service où s'opèrent les délivrances, la mise en place, le démontage, les remises et les réparations. — Section de magasin ou atelier.	LOCALITÉS OÙ S'OPÈRENT la mise en place ou les délivrances. Atelier.	les démontages ou les remises. Atelier.	les réparations. Atelier.	NUMÉROS de la NOMENCLATURE par unité collective.	par unité simple.	NOMENCLATURE DES MATIÈRES ET OBJETS.	LETTRES de classement.	ARTICLE DU MAÎTRE ou DE L'OFFICIER COMPTABLE auquel l'objet se rapporte.	PAGE du RÈGLEMENT d'armement.	ALLOCATIONS RÉGLEMENTAIRES pour 1 Mois.
Const. navales	Forges.	Forges.	Forges.	104	414¹	à canon, pour palans de côté	R.	M^r charpentier	264	
id.	id.	id.	id.	104	422	à col allongé, pour panneaux à escarbilles	A.	M^e mécanicien	198	
id.	id.	id.	id.	104	417	à émérillon, pour palans	R.	M^e de manœuvre	80	
id.	id.	id.	id.	104	419	à palans, assortis	A.	M^e de timon.	164	
id.	id.	id.	id.	104	419	à palans, pour embarcations	R.	M^e de manœuvre	106	
id.	Perçage.	Perçage.	Perçage.	104	420	à talon, pour machines à monter et à démonter les bouches à feu	A.C.	M^e charpent.	234	
Mouv. du port	Ancres et grapp.	Parc aux ancres et grappins.	Const. navales. Forges.	104	411	à trois branches, ou chattes	A.	M^e de manœuvre	88	
»	»	»	»	»	»	d'amure, pour embarcations	A.T.	id.	100	
Const. navales	Forges.	Forges.	Forges.	104	412	**Crocs** en fer.. de bosse.. à petite cosse	R.	id.	80	
id.	id.	id.	id.	104	412	à grande cosse	R.	id.	80	
id.	id.	id.	id.	104	412	assorti pour embarcations	R.	id.	106	
Artillerie.	Ferrures.	Atel. à fer.	Atel. à fer.	104	412	de bosse avec cosse, pour palanquins doubles des sabords	R.	M^e canonnier.	142	
id.	id.	id.	id.	104	412	pour poulies des palans de côté et de retraite	R.	id.	122	
Const. navales	Forges.	Forges.	Forges.	104	416	doubles.. à petite cosse	R.	M^e de manœuvre	80	
id.	id.	id.	id.	104	416	à grande cosse	R.	id.	80	
id.	id.	id.	id.	104	244	pour chaudières d'équipage	E.A.	Commis auxilier.	396	
id.	id.	id.	id.	104	244	pour pompes	A.	M^e calfat.	286	
id.	Machines.	Machines.	Machines.	65	420	ou crochets de cuivre à rouets à double charnière, pour hamacs	A.	M^e de timon.	176	
Mouv. du port	Serrurerie.	Serrurerie.	»	33	286	ou crochets de voiliers	A.	M^e voilier.	274	
Hôpitaux.	Voilerie.	Voilerie.	Dét. des hôp.	64	213	**Croix** en cuivre argenté	A.	Aumônier.	366	
id.	Magasin.	Salle de dépôt.	id.	2	15	de 0,45 à 0,80 de hauteur	A.	id.	366	
id.	id.	id.	id.	2	16	de 0,70 de hauteur, pour cérémonies funèbres	A.	id.	366	
id.	id.	id.	id.	2	17	**Crucifix** en cuivre doré, pour l'administration des malades	A.	id.	366	
Subsistances.	Ust., outils, etc.	id.	Dét. des subs.	22	3¹	**Cuillers** à bouche, en fer battu	A.	C^e aux vivres.	322	
Hôpitaux.	Magasin.	id.	Dét. des hôp.	50	204	à bouche, en fer battu et étamé	A.	Chirurgien.	388	
Subsistances.	Ust., outils, etc.	id.	Dét. des subs.	22	3⁴	à soupe, en fer battu	A.	C^e aux vivres.	322	
Const. navales	P. chaudronn.	P. chaudronn.	P. chaudronn.	63	99	en cuivre pour le suif	A.	M^e mécanic.	198	
id.	Forges.	Forges.	Forges.	63	95 et 96	un fer, à fondre le plomb	A.	M^e armurier.	298	
id.	P. chaudronn.	P. chaudronn.	P. chaudronn.	99	95 et 96		E.A.	M^e mécanicien	198	
id.	id.	id.	id.	99	59	en fer battu, pour chaudières d'équipage	A.	Com. aux viv.	393	
Artillerie.	Objets d'arm. et d'arrestis., et matosq.	Atel. à fer.	Atel. à fer.	142	1 à 7¹	ou lanternes sur hampe simple, pour canons, canons-obusiers et obusiers	A.	M^e canonnier.	114	
id.	id.	id.	id.	142	8 à 12	pour caronades	A.	id.	124	
id.	id.	id.	id.	142	13	mod. de la marine, pour obusiers en bronze de 15 c.	A.	id.	130	
id.	id.	id.	id.	142	14	avec tire-bourre sur la même hampe, pour espingole	A.	id.	128	
Const. navales	Forges.	Forges.	Forges.	134	67	ou pelles à manche de fer, pour nettoyer les chaudières	A.	M^e mécanicien	200	
id.	id.	id.	id.	62	138	pour brayer les ponts	A.	M^e calfat.	286	
Hôpitaux.	Magasin.	Salle de dépôt.	Dét. des hôp.	2	20	pour encensoir, avec chainette en cuivre argenté	A.	Aumônier.	366	
Const. navales	Forges.	Forges.	Forges.	62	145 et 146	ou pelles à manche de fer	A.	M^e de manœuvre	90	
id.	id.	id.	id.	62	145 et 146	pour pots à brai	A.	M^e calfat.	286	

DÉSIGNATION du service où s'opèrent les délivrances, la mise en place, le démontage, les remises et les répartitions.	LOCALITÉS OU S'OPÈRENT			NUMÉROS D'ORDRE de la NOMENCLATURE.		NOMENCLATURE DES MATIÈRES ET OBJETS.	LETTRES de classement. E.-a. Entrée en armement. a. Armement. b. Rechange. c. Complément de rechange. a. c. Accessoires de coque. a.v. Objets attenant à la coque des embarcations. r. Objets à délivrer pour les passagers.	ARTICLE DU MAÎTRE OU DE L'OUVRIER COMPTABLE auquel l'objet se rapporte.	PAGE du RÈGLEMENT d'armement.	ALLOCATIONS RÉGLEMENTAIRES pour l... Mois.
	la mise en place ou les délivrances.	les démontages ou les remises.	les réparations.	par unité collective.	par unité simple.					
	Section de magasin ou atelier.	Atelier.	Atelier.							
Const. navales	Forges.	Forges.	»	130	31	Cuirs.... { à rasoirs..........	E.A.	Mᵉ de manœuvre	8	
id.	id.	id.	»	130	31	de bœuf { supérieur corroyé pour pompes.........	A.	Magasinier.	334	
id.	Calfatage.	Calfatage.	»	50		{ pour réparations de mangères........	A.	id.	358	
id.	id.	id.	»	50			A.	id.	358	
id.	id.	id.	»	50		de vache { gris, pour soufflets de forge........	A.	id.	348	
id.	id.	id.	»	50		{ dit vache molle, pour garnitures d'avirons...	A.	id.	358	
id.	id.	Calfatage.	»	50	4	de vache................	E.A.	Mᵉ de manœuvre	8	
id.	id.	id.	»	50	4	en croûte { de veau.........	A.	Magasinier.	338	
id.	id.	id.	»	50	6	{ de veau...............	A.	id.	338	
id.	id.	id.	»	50	6	{ ou à couvre, de veau, pour la barre de gouvernail.	A.	id.	346	
id.	id.	id.	»	50		forts, en bandes pour réteaux............	A.	id.	338	
Mouv. du port	Voileris.	Voileris.	»	50		pour garniture des ralingues.........	A.	id.	358	
Const. navales	Machines.	Machines.	Machines.	97	10 à 25 ou 37 ou 38	Cuisines.... { distillatoires ou appareils distillatoires complets.....	A.	Mᵉ mécanicien.	214	
id.	Tôlerie.	Tôlerie.	Tôlerie.	97	1 à 9	{ pour l'équipage, complètement garnies.....	A.	id.	214	
id.	id.	id.	id.	97	30 à 35	{ spéciales, pour le commandant et l'état-major...	A.	id.	214	
Artillerie.	Armurerie.	Armurerie.	Armurerie.	171	15	Cuissières de tambour, en cuir noir.	A.	Cap. d'armes.	156 2 fois	
Const. navales	Calfatage.	Calfatage.	Calfatage.	24	2	Cuivre.... { laiton... { à doublage en feuilles neuves, pour garnir le pont sont adossés.	A.C.	Mᵉ calfat.	280	
id.	P. chaudronn.	P. chaudronn.	»	23	10	{ au-dessous des cheminées du commandant et de l'état-major et la partie des cloisons auxquelles elles	A.	Magasinier.	348, 352	
id.	Calfatage.	Calfatage.	»	24	1	{ en planches..... { pour doublage.	A.	id.	358	
id.	id.	id.	»	24	1	{ pour garantir les rides du fou.	A.	id.	358	
id.	id.	id.	Calfatage.	24	1	{ garnissant le pont au-dessous de la forge.	A.C.	Mᵉ mécanicien.	191	
id.	id.	id.	id.	24	1	{ pour parois extérieures des soutes à poudre.....	A.C.	id.	191	
id.	id.	id.	»	24	1	{ à doublage en feuilles neuves { pour garnir le passage du beaupré sur l'étrave.	A.C.	Mᵉ calfat.	280	
id.	id.	id.	»	24	1	{ pour garnir le pont au-dessous des cuisines, des fourneaux à roulis et du four.	A.C.	id.	280	
id.	id.	id.	id.	24	1	{ rouge... { pour garnir les trous de jaumière du gouvernail.	A.C.	id.	280	
id.	Forges.	Forges.	»	23	2	{ en barres........	A.	Magasinier.	348	
id.	G. chaudronn.	G. chaudronn.	G. chaudronn.	133	157 à 163	{ en bouts de tuyaux confectionnés, etc....	A.	id.	348	
id.	P. chaudronn.	P. chaudronn.	»	23	5	{ en planches.... { assortie de 1ᵐᵐ à 3ᵐᵐ d'épaisseur.	A.	id.	358	
id.	id.	id.	»	23	5	{ pour tuyaux et ustensiles.	A.	id.	348	
Artillerie.	Armurerie.	Armurerie.	Armurerie.	63	100	Curettes ou polissoirs en bois tendre pour l'entretien des armes...	A.	Capit. d'armes	154	
id.	id.	id.	id.	161	43 à 49	Curseurs.... { de hausses marines { en bois, pour bouches à feu destinées à tirer au delà de 6 encablures.............	A.	Mᵉ canonnier.	114	
id.	id.	id.	id.	161	12 à 44	{ en fer...............	R.	Mᵉ armurier.	310	
id.	id.	id.	»	167	100	{ de hausses, pour carabines transformées.......	R.	id.	302	
id.	id.	id.	Armurerie.	161	49¹	{ porte-crans de mire, pour hausses de canons de 4 rayés de montagne..............	R.	id.	310	

DÉSIGNATION du service où s'opèrent les délivrances, la mise en place, le démontage, les remises et les réparations.	LOCALITÉS OÙ S'OPÈRENT			NUMÉROS D'ORDRE de la NOMENCLATURE		NOMENCLATURE DES MATIÈRES ET OBJETS.	LETTRES de classement.	ARTICLE DU MAÎTRE ou de l'officier comptable auquel l'objet se rapporte.	PAGE du RÈGLEMENT d'armement.	ALLOCATIONS RÉGLEMENTAIRES pour l Mois.
	la mise en place ou les délivrances. Section de magasin ou atelier.	les démontages ou les remises. Atelier.	les réparations. Atelier.	par unité collective.	par unité simple.					
Hôpitaux.	Magasin.	Salle de dépôt.	Dét. des hôpit.	1	5	**Custode** en argent avec tige, renfermant les saintes huiles	A.	Aumônier.	366	
Const. navales.	P. chaudronn.	P. chaudronn.	P. chaudronn.	104	597	en cuivre, pour bouteilles	A.C.	Me calfat.	280	
id.	id.	id.	id.	124	266	**Cuvettes** . . . . { avec boîte et soupape, pour sièges d'aisances	A.C.	id.	280	
id.	Menuiserie.	Menuiserie.	»	124	203	en porce-laine. { pour bidets	P.	Me de timonerie.	188	
id.	id.	id.	»	124	279	{ pour pots à eau	P.	id.	188	
id.	Charpentage.	Charpentage.	»	87	699	en bois, ou tampons pour recouvrir la tête des clous	A.	Magasinier.	354	
id.	P. chaudronn.	P. chaudronn.	P. chaudronn.	99	35	en cuivre à courant d'air pour chauffer les bains	A.	Chirurgien.	388	
Hôpitaux.	Pharmacie.	Salle de dépôt.	Dét. des hôpit.	50	293	en fer-blanc pour renfermer la charpie fine	A.	id.	398	
Artillerie.	Armurerie.	Armurerie.	Armurerie.	63	101	fondus, en cuivre rouge, pour enlever les bavures dans l'âme des canons rayés	A.	Me armurier.	294	
Const. navales.	Tôlerie.	Tôlerie.	Tôlerie.	89	104	ou brûloirs en tôle, pour torréfier le café	A.	Me mécanicien.	214	
Artillerie.	Poud. et artif.	Artifices.	Atel. à fer.	146	88	ou tube en fer-blanc pour renfermer les fusées de bouées de sauvetage	A.	Me canonnier.	142	
id.	Armurerie.	Armurerie.	Armurerie.	173	351	vérificateurs pour carabines, fusils, mousquetons et pistolets . .	A.	Me armurier.	294	

D

DÉSIGNATION	la mise en place ou les délivrances.	les démontages ou les remises.	les réparations.	par unité collective.	par unité simple.	NOMENCLATURE DES MATIÈRES ET OBJETS.	LETTRES.	ARTICLE.	PAGE.	ALLOCATIONS.
Const. navales.	P. chaudronn. et calfatage.	P. chaudronn. et calfatage.	P. chaudronn. et calfatage.	104	726	**Dalots** en plomb, en garniture en plomb, divers	A.C.	Me calfat.	281	
»	»	»	»	»	»	**Dames** en fer pour paumoyage et pour avirons de queue	A.T.	Me de manœuvre.	100	
»	»	»	»	»	»	**Daviers** (mobiles) en bois, avec rouet, pour embarcations	A.T.	id.	100	
Artillerie.	Objets d'armem. et d'assortim. et ustensiles.	Atel. à fer.	Atel. à fer.	143	36	**Davier**	A.	Me canonnier.	114	
id.	id.	id.	id.	143	36	**Débouchoirs** pour fusées d'obus . . . . { à balles pour canons de 12, n{os} 2 et 3	B.	id.	129	
id.	id.	id.	id.	143	36¹	{	B.	id.	134, 136	
id.	id.	id.	id.	143	36¹	{ oblongs	B.	id.	136	
Const. navales.	Corderie.	Corderie.	»	33	19	**Débris** de coton filé ou bourre de coton	A.	Magasinier.	348	
id.	Menuiserie.	Menuiserie.	»	60	241	**Décimètre** (double) en bois d'une seule pièce	A.	Me charpent.	358	
Commissariat.	Dét. des arm.	Dét. des arm.	»	150	50	**Décision** du conseil de révision (modèle n° 6, série II)	A.	Offic. d'admin.	378	
id.	id.	id.	»	2004	4	{ de délégation d'officier	A.	id.	380	
id.	id.	id.	»	144	44	**Déclaration** . . . . . . { qu'il n'y a pas lieu d'informer	A.	id.	378	
id.	id.	id.	»	1733	33	{ tenant lieu de procuration admissible pour tous les paiements à faire par l'établissement des invalides.	A.	id.	380	
id.	id.	id.	»	496	196	**Décompte** provisoire de libération (modèle n° 50)	A.	Comm. d'armée.	402	
id.	id.	id.	»	496	196			Offic. d'adm.	372	
id.	id.	id.	»	»	»	{ du 15 août 1831, sur le service à bord des bâtiments de la flotte.	A.	Comm. d'armée.	402	
Major{té} génér{ale}	Cartes et arch.	Cartes et arch.	»	»	»	{ du 1er octobre 1834, sur les indemnités de route et de séjour.		Ch. d'ét.-m. gén.	414	
Commissariat.	Dét. des semen.	Dét. des semen.	»	»	»	**Décret** . . . . { du 19 octobre 1835, sur la solde et les accessoires de la solde.	A.	Offic. d'admin.	372	
id.	id.	id.	»	»	»	{ du 23 janvier 1858, sur les armuriers militaires de la marine. .	A.	id.	372	

DÉSIGNATION du service où s'opèrent les délivrances, la mise en place, le démontage, les remises et les réparations.	LOCALITÉS OU S'OPÈRENT			NUMÉROS D'ORDRE de la NOMENCLATURE		NOMENCLATURE DES MATIÈRES ET OBJETS.	LETTRES de classement. E.-A. Entrée ou armement. A. Armement. B. Barbange. C. R. Complément de rechange. A.-C. Accessoires de casque. A.-V. Objets attenant à la vague des embarcations. P. Objets à délivrer pour les passagers.	ARTICLE DU MAÎTRE OU DE L'OFFICIER COMPTABLE auquel l'objet se rapporte.	PAGE du RÈGLEMENT d'armement.	ALLOCATIONS RÉGLEMENTAIRES pour l Mois.
	la mise en place ou les délivrances. Section de magasin ou atelier.	les démontages ou les remises. Atelier.	les réparations. Atelier.	par unité collective.	par unité simple.					
Commissariat	Dét. des arm.	Dét. des arm.	»	»	»	du 5 juin 1856, sur l'organisation du personnel des équipages de la flotte....	A.	Offic. d'adm.	372	
Major. génér°.	Cartes et arch.	Cartes et arch.	»	»	»			Offic. comm.	408	
Commissariat	Cartes et arch.	Cartes et arch.	»	»	»			Comm. d'arm.	402	
Major. génér°.	Cartes et arch.	Cartes et arch.	»	»	»			Ch. d'ét.-m. gén.	414	
Commissariat	Dét. des arm.	Dét. des arm.	»	»	»	du 11 août 1856, portant règlement sur la solde, les revues, l'administration et la comptabilité des équipages de la flotte, avec la collection des modèles....	A.	Offic. d'adm.	372	
id.	id.	id.	»	»	»			Comm. d'arm.	402	
				»	»			Offic. comm.	408	
				»	»			Ch. d'ét.-m. gén.	414	
Commissariat	Dét. des arm.	id.	»	»	»	du 3 décembre 1856, sur le service intérieur dans les divisions des équipages de ligne.	A.	Offic. d'adm.	372	
id.	id.	Cartes et arch.	»	»	»			Comm. d'arm.	402	
Major. génér°.	Cartes et arch.	id.	»	»	»			Offic. comm.	408	
id.	id.		»	»	»			Ch. d'ét.-m. gén.	414	
Commissariat	Dét. des arm.	Dét. des arm.	»	»	»	**Décret...** du 23 août 1861, relatif aux différentes positions des bâtiments de la marine impériale, et règlement concernant l'armement, les essais, l'entretien et la conservation des bâtiments à voile et à vapeur de la flotte (1re partie, composition des équipages).	A.	Offic. d'adm.	372	
id.	id.	id.	»	»	»			Comm. d'arm.	402	
Major. génér°.	Cartes et arch.	Cartes et arch.	»	»	»			Offic. comm.	408	
id.	id.	id.	»	»	»			Ch. d'ét.-m. gén.	414	
Commissariat	Dét. des arm.	Dét. des arm.	»	»	»	du 20 mai 1857, relatif aux différentes positions des bâtiments de la marine impériale, et règlement concernant la composition des équipages, l'armement, les essais, l'entretien et la conservation des bâtiments à voile et à vapeur de la flotte.	A.	Offic. d'adm.	372	
Major. génér°.	Cartes et arch.	id.	»	»	»			Comm. d'arm.	408	
id.	id.	id.	»	»	»			Ch. d'ét.-m. gén.	414	
id.	id.	id.	»	»	»	du 28 mai 1858, sur les feux que les navires de l'État et du commerce doivent porter pendant la nuit et par temps de brume....	A.	Offic. comm.	408	
Artillerie.	Objets d'armem. et d'assortim.	Atel. à bois.	Atel. à bois.	143	110 à 121	**Défenses...** { pour hausse et fronteau de mire, pour canons, canons-obusiers et obusiers	A.	M° canonnier.	114	
id.	id.	id.	id.	143	122 à 126	en bois. { pour hausse, percuteur et fronteau de mire, pour caronade.	A.	id.	124	
Mouv. du port	Garniture.	Garniture.	Garniture.	112	23 et 24	en cordage, pour embarcations.	A.	M° de manœuvre	100	
id.	Voilerie.	Voilerie.	Voilerie.	122	59 à 61	en toile peinte, fourrée d'étoupe, pour embarcation.	A.	id.	108	
Artillerie.	Armurerie.	Armurerie.	Divers.	143	44¹	à vilebrequin.	A.	M° canonnier.	140	
id.	Objets d'armem. et d'assortim., et ustensiles.	Atel. à fer.	Atel. à fer.	143	44¹	**Dégor-** { ordinaires.	A.	id.	134 et 136	Pour ordre.
id.	id.	id.	id.	143	44¹	**geoirs...** de campagne, mod. 1858, pour canons de 4 rayés { du montagne. à vrille.	R.	id.	136	
id.	id.	id.	id.	143	44²		A.	id.	134	
id.	id.	id.	id.	143	44³		A.	id.	136	Pour ordre.
id.	id.	id.	id.	143	37 et 38	{ pour canons, canons-obusiers ou obusiers.	A.	id.	114	
id.	id.	id.	id.	143	37 et 38	modèle de la marine ordinaires. { pour caronades.	R.	id.	122	
id.	id.	id.	id.	143	37 et 38	{ pour obusiers en bronze de 45 c.	A.	id.	124	
id.	id.	id.	id.	143	37 et 38		R.	id.	130	
id.	id.	id.	id.	143	39	{ pour canons, canons-obusiers et obusiers.			114	
						à vrille. { pour caronades.	A.	id.	124	
						{ pour obusiers en bronze de 15 c.			130	
id.	Armurerie.	Armurerie.	Armurerie.	143	40	**Dégorgeoirs-mèches** à vilebrequin.	A.	M° canonnier.	140	
id.	id.	id.	id.	143	40		R.	id.	142	

DÉSIGNATION du service où s'opèrent les délivrances, la mise en place, le démontage, les remises et les réparations. (Section de magasin ou atelier.)	LOCALITÉS OU S'OPÈRENT			NUMÉROS D'ORDRE de la NOMENCLATURE		NOMENCLATURE DES MATIÈRES ET OBJETS.	LETTRES de classement	ARTICLE du MAÎTRE OU DE L'OFFICIER COMPTABLE auquel l'objet se rapporte.	PAGE du RÈGLEMENT	ALLOCATIONS RÉGLEMENTAIRES pour 1 ! Mois.
	la mise en place ou les délivrances. Atelier.	les démontages ou les remises. Atelier.	les réparations. Atelier.	par unité collective.	par unité simple.					
Commissariat.	Dét. des arm.	Dét. des arm.	»	404	104	**Demande** d'effets d'habillement à embarquer.	A.	Offic. d'adm.	374	
id.	id.	id.	»	613	13	d'un complément de vivres de campagne.	A.	id.	382	
Const. navales.	G. œuvres.	G. œuvres.	G. œuvres.	87	211 et 212	**Demi-tampons** ou tampons d'écubiers cannelés, en bois, pour câbles-chaînes.	A.	Mᵉ calfat.	288	
id.	Menuiserie.	Menuiserie.	»	62	416	**Demi-** bois.	A.	Mᵉ charpentier	296	
id.	id.	id.	Forges.	62	417	**varlopes.** fers.	A.	id.	236	
id.	id.	id.	id.	62	418	contre-fers.	A.	id.	256	
id.	Machines.	Machines.	Machines.	87	700	**Dents** en bois pour roues d'engrenage.	R.	Mᵉ mécanicien	210	
Commissariat.	Dét. des arm.	Dét. des arm.	»	G.	G.	**Désignation** des juges (modèle n° 11).	A.	Offic. d'adm.	380	
Artillerie.	Armurerie.	Armurerie.	»	167	294	de rempart et carabines, mod. 1843.	R.	Mᵉ armurier.	302	
id.	id.	id.	»	167	295	pour fusils.. et carabines transformées, modèle 1822.	R.	id.	302	
id.	id.	id.	»	167	296	modèle 1822.	R.	id.	302	
id.	id.	id.	»	167	298	pᵗ mousqueton de gendar- mod. 1842. . . .	R.	id.	302	
id.	id.	id.	»	167	299	merie et de marine.. mod. 1822. . . .	R.	id.	302	
id.	id.	id.	»	167	297	de cavalerie. mod. 1822.	R.	id.	302	
id.	id.	id.	»	167	297	**Détentes..** mod. antérieur à 1822. .	R.	id.	302	
id.	id.	id.	»	167	300	pour de gendarmerie. mod. 1842. . . .	R.	id.	302	
id.	id.	id.	»	167	301	pistolets mod. 1822 et mod. antérieurs à 1822.				
id.	id.	id.	»	167	302	de marine. mod. 1849. . . .	R.	id.	302	
id.	id.	id.	»	167	303	mod. 1837. . . .	R.	id.	302	
id.	id.	id.	Armurerie.	161	101	pour platines d'espingoles.	R.	id.	101	
Hôpitaux.	Magasin.	Salle de dépôt.	Dét. des hôpit.	4	3	**Devants d'autel.** en soie noire, avec croix blanche.	A.	Aumônier.	367	
id.	id.	id.	id.	4	2¹	en soie blanche, avec galon.	A.	id.	367	
id.	id.	id.	id.	4	2	en soie jaune, avec croix blanche.	A.	id.	367	
Major. génér.	Cartes et arch.	Cartes et arch.	»	4365 et 4366	65 et 66	**Devis** d'armement et de campagne, etc. . . . . • . .	A.	Offic. comm.	409	
Hôpitaux.	Pharmacie.	Salle de dépôt.	»	27	2	**Dextrine.**	A.	Chirurgien.	394	
Const. navales	Peinture.	Peinture.	Peinture.	64	114	**Diamants** pour couper les glaces.	A.	Mᵉ armurier.	298	
id.	Machines.	Machines.	Machines.	128	24	**Différenciomètres** complets.	A.	Mᵉ de timon.	160	
id.	Poulierie.	Poulierie.	Poulierie.	87	78	**Disques** en bois pour manœuvres dormantes.	A.	Mᵉ de manœuvre	82	
id.	id.	id.	id.	87	78		R.	id.	84	
Artillerie.	Objets d'armem. et d'assortim. et d'ustensiles.	Armurerie.	Armurerie.	143	45		A.	Mᵉ canonnier.	114	
id.	id.	id.	id.	143	45	pour canons, canons-obusiers et obusiers. . . .	R.	id.	122	
id.	id.	id.	id.	• 143	45	**Doigtiers,** pour caronades.	R.	id.	124	
id.	id.	id.	id.	143	45	modèle de la marine. . . pour obusiers en bronze de 15 c.	R.	id.	126	
id.	id.	id.	id.	143	45		R.	id.	130	
id.	id.	id.	id.	143	45	pour canons de 4 rayés de montagne.	A.	id.	134	
id.	id.	id.	id.	143	45		Pour ordre.	id.	136	
»	»	»	»	»	»				136	
Const. navales	Chal. et canots	Chal. et canots	Chal. et canots	87	9	**Dossiers** en bois blanc peint, pour embarcations.	A.	Mᵉ de manœuvre	108	

DÉSIGNATION du service où s'opèrent les délivrances, la mise en place, le démontage, les remises et les réparations. — Section de magasin ou atelier.	LOCALITÉS OÙ S'OPÈRENT — la mise en place ou les délivrances. Atelier.	les démontages ou les remises. Atelier.	les réparations. Atelier.	NUMÉROS D'ORDRE de la NOMENCLATURE — par unité collective.	par unité simple.	NOMENCLATURE DES MATIÈRES ET OBJETS.	LETTRES de classement. E.A. Entrée en armement. A. Armement. R. Rachange. C.A. Complément de rechange. A.C. Accessoires de coque. A.T. Objets alloués à la cargue des embarcations. P. Objets à délivrer pour les passagers.	ARTICLE DU MAÎTRE OU DE L'OFFICIER COMPTABLE auquel l'objet se rapporte.	PAGE du RÈGLEMENT d'armement.	ALLOCATIONS RÉGLEMENTAIRES pour 1 Mois.
Const. navales — id.	Tôlerie. Calfatage.	Tôlerie. Calfatage.	Tôlerie. Calfatage.	20 24	4 à 3e 1	**Doublages..** pour parois extérieurs des soutes à poudre.... { en tôle zinguée, de 1mm d'épaisseur.	A.C.	Mé mécanic.	191	
						en cuivre rouge, à doublage, en feuilles noires (du côté où sont placés les fanaux)......	A.C.	id.	191	
id.	Tôlerie.	Tôlerie.	Tôlerie.	20	1 à 3	pour parois intérieures des soutes à charbon, en tôle.....	A.C.	id.	191	
id.	Menuiserie.	Menuiserie.	»	60	244	**Doubles décimètres** en bois d'une seule pièce.	A.	Mé charpent.	238	
Artillerie.	Armurerie.	Armurerie.	Armurerie.	171	14	**Dragonnes** ou cordons en cuir noir pour sabres d'abordage.	A.	Capit° d'arm.	152	
Const. navales.	Forges.	Forges.	Forges.	104	304	**Dragues** en fer pour la pêche.	A.	Mé de manœuvre	90	
						Drailles. { avec aiguillette de trinquette.	Grésement.	id.	38	
						de clin-foc.	id.	id.	40	
						de { Draille.	id.	id.	40	
						grand foc { Garant.	id.	id.	40	
Mouv. du port — id.	Pavillonnerie. id.	Pavillonnerie. id.	Pavillonnerie. id.	123 125	9 8	**Draps** de lit.. { en toile, pour malades.	A.	Chirurgien.	388	
						en toile fine, pour officiers.	P.	Mé de timon.	188	
Hôpitaux.	Magasin.	Salle du dépôt	Dét. des hôpit.	4	5	**Drap** mortuaire en laine noire avec croix blanches en soie.	A.	Aumônier.	367	
Artillerie.	Armurerie.	Armurerie.	Armurerie.	53	268	**Drap vieux.**	A.	Cap. d'armes	154	
Mouv. du port — id. — id. — id.	Pavillonnerie. id. id. id.	Pavillonnerie. id. id. id.	Pavillonnerie. id. id. id.	126 126 126 126	7 7 8 8	**Draperies.** { de fenêtres, cloisons, lits, etc. { en brocatelle de soie, avec crête, etc.		Mé de timonor.	178 180	
						en damas de laine, avec crête assortie.	A.	id.	178 180	
id.	id.	id.	id.	126	8	en damas de laine, avec crête assortie.	A.	id.	182	
						{ de tapecul.			104	
						Drisses. { à flagues, pr embarcations. { de grand mât.	Grésement.	Mé de manœuvre	104	
						du misaine.	id.	id.	104	
						de basses vergues.	id.	id.	40	
						de { grand hunier.	id.	id.	26	
						du grand perroquet.	id.	id.	28	
						de bonnettes { de misaine. { d'en dedans.	id.	id.	32	
						d'en dehors.	id.	id.	32	
						de petit hunier.	id.	id.	34	
						de petit perroquet.	id.	id.	36	
						de clin-foc.	id.	id.	40	
						de flamme et de pavillons pour chaloupes.	id.	id.	106	
						de flèche en cul.. { d'artimon.	id.	id.	16	
						de grand mât.	id.	id.	26	
						de mât. { de corne de brigantine d'artimon.	id.	id.	12	
						de corne de brigantine du grand mât.	id.	id.	20	
						de corne de grande voile goëlette.	id.	id.	20	
						de corne de misaine goëlette.	id.	id.	30	
						de pic. { de corne de brigantine d'artimon.	id.	id.	12	
						de corne de brigantine de grand mât.	id.	id.	20	8

DÉSIGNATION du service où s'opèrent les délivrances, la mise en place, le démontage, les remises et les réparations.	LOCALITÉS OÙ S'OPÈRENT			NUMÉROS D'ORDRE de la NOMENCLATURE		NOMENCLATURE DES MATIÈRES ET OBJETS.	LETTRES de classement ou armement	ARTICLE DU MAÎTRE ou DE L'OFFICIER COMPTABLE auquel l'objet se rapporte.	PAGE du RÈGLEMENT d'armement.	ALLOCATIONS RÉGLEMENTAIRES pour l	
	la mise en place ou les délivrances. Section de magasin ou atelier.	les démontages ou les remises. Atelier.	les réparations. Atelier.	par unité collective.	par unité simple.						Mois.
Const. navales / Artillerie.	G. chaudronn. Objets d'armem. et d'assortim. et autres.	G. chaudronn. Atel. à bois.	G. chaudronn. Atel. à bois.	134 / 142	61 à 63 / 56^1	pour tubes de chaudières	A.	Mᵉ mécanicien / Mᵉ canonnier.	200 / 134 et 136		
id.	id.	id.	id.	142	56^1	**Écouvillons** garnis en crin, mod. de la guerre, avec refouloir sur la même hampe, de montagne, pour canons de 4 rayés	A.	id.	136		
id.	id.	id.	id.	142	40	garnis en peau de mouton, avec refouloir de la même hampe, pour espingoles	A.	id.	128		
id.	id.	id.	id.	142	40		R.	id.	130		
id.	id.	id.	id.	142	41	modèle de la marine, sur hampe de corde, pour obusiers de 22 c. n° 1	A.	id.	114		
id.	id.	id.	id.	142	42 à 44	avec refouloirs pour canons	A.	id.	114		
id.	id.	Atel. à far.	Atel. à for.	142	74^1	**Écouvillons-cuillers** garnis en peau de mouton, avec refouloir sur la même hampe, pour canons de 12	A.	id.	114		
id.	id.	id.	id.	142	74^1		R.	id.	122		
id.	id.	id.	id.	142	74^2 à 74^6	pour caronades	A.	id.	124		
id.	id.	id.	id.	142	74^a à 74^c		R.	id.	125		
id.	id.	id.	id.	142	74^7	pour obusiers en bronze de 15 c.	A.	id.	130		
id.	id.	id.	id.	142	74^7		R.	id.	132		
id.	id.	id.	id.	142	57 à 63,64, 71 à 73^1	sur hampe simple, pour canons, canons-obusiers et obusiers	A.	id.	114		
id.	id.	id.	id.	142	57 à 62,64, 71 à 73^1		R.	id.	122		
Const. navales	Machines.	Machines.	Machines.	104	604	**Écrous** on bronze, pour robinets divers	A.C.	Mᵉ calfat.	281		
Artillerie.	Ferrures.	Atel. à for.	Atel. à for.	160	324 à 333	en fer, à 6 pans pour boulons d'assemblage	R.	Mᵉ canonnier.	120		
id.	id.	id.	id.	160	313 à 318	carrés, pour chevilles	R.	id.	120		
id.	id.	id.	id.	160	308 à 312	ronds, pour chevilles et pitons de croupière	A.	id.	120		
Const. navales	Perçage. Forges.	Perçage. Forges.	Perçage. Forges.	104	431	de pitons de plat-bord, pour affûts de caronades	A.C.	Mᵉ charpent.	236		
Hôpitaux.	Magasin. Pharmacie.	Salle de dépôt.	Dét. des hôpit.	50	98	**Écuelles** en étain, à oreille	A.	Chirurgien.	388		
id.	id.	id.	id.	50	98	en grès, pour parfums	A.	id.	388		
Const. navales	P. chaudronn.	P. chaudronn.	P. chaudronn.	99	60	**Écumoires** en fer battu	E.A.	Mᵉ de manœuvre	4		
id.	id.	id.	id.	33	295	**Écussons** on plaques en fer noir, chiffrés	A.	Mᵉ armurier.	296		
id.	id.	id.	id.	33	295	non chiffrés	A.	id.	296		
id.	Peinture.	Peinture.	Peinture.	64	116	**Égrisoirs** de vitriers	A.	id.	298		
Hôpitaux.	Pharmacie.	Salle de dépôt		18	3	**Élæocéréolé** simple (cérat)	A.	Chirurgien.	394		
Mouv. du port	App. en serv.	App. en serv.	Garniture.	»	»	à pièces, assorties	E.A.	Mᵉ de manœuvre / Gréement.	4		
						de pièces de 4		id.	44		
						de pièces de 2		id.	44		
						de tierçons		id.	44		
						Élingues doubles, courtes, pour grands palans de bouts de vergue		id.	40		
						pour petits palans de bout de vergue		id.	42		
						doubles, longues, pour grands palans de bout de vergue		id.	40		
						pour grands palans d'étai		id.	40		
						d'embarquement, pour chaloupes et grands canots		id.	106		

DÉSIGNATION en service où s'opèrent les délivrances, la mise en place, le démontage, les remises et les réparations.	LOCALITÉS OÙ S'OPÈRENT			NUMÉROS D'ORDRE de la NOMENCLATURE		NOMENCLATURE DES MATIÈRES ET OBJETS.	LETTRES d'classement. a. a. Entrée en armement. b. Armement. h. Rechange. c. u. Complément de rechange. a. C. Accessoires de coque. a. T. Objets allouant à la coque des embarcations. e. Objets à délivrer pour les passagers.	ARTICLE DU MAITRE OU DE L'OFFICIER COMPTABLE auquel l'objet se rapporte.	PAGE du RÈGLEMENT d'arrmement	ALLOCATIONS RÉGLEMENTAIRES pour 1 Mois.
	la mise en place, les délivrances. Section de magasin ou atelier.	les démontages ou les remises. Atelier.	les réparations. Atelier.	par unité collective.	par unité simple.					
						Élingues. { pour ancres.. { de bosseoir................	Grément.	Mᵉ de manœuvre.	42	
						{ à jet.	id.	id.	42	
Mouv. du port	Garniture.	Garniture.	Garniture..	148	63 à 67	{ pour l'embarquement et le débarquement des bouchos à feu..	A.	Mᵉ canonnier.	140	
Const. navales	Mâture.	Mâture.	Mâture.	78	42 à 64	**Élongis** pour barres de hune....... { d'artimon...	A.	Mᵉ charpentᵗ.	242	
id.	id.	id.	id.	78	42 à 53	{ de grand mât..	A.	id.	246	
id.	id.	id.	id.	78	42 à 63	{ de misaine..	A.	id.	248	
Mouv. du port	Emb. deservit.	Emb. deservit	Const. navales Chal. et cau.	»	»	**Embarcations** diverses.................	E.A.	Mᵉ de manœuvre.	4	
Const. navales	Chal. et canots	Chal. et canots	Chal. et can.	68	Divers.		A.	id.	98, 100	
»	»	»	»	»	»	**Emblèmes** en bois, sculptés, pour embarcations (étoiles, etc.)....	A.T.	Mᵉ charpent.	100	
Const. navales	Chal. et canots	Chal. et canots	Chal. et can.	87	10		A.	Mᵉ charpent.	264	
id.	Machines.	Machines.	Machines.	130	6	**Embouchures** en bois, pour appareils acoustiques.............	A.C.	Mᵉ mécanicien	190	
Mouv. du port	Pavillonnerie.	Pavillonnerie.	Pavillonnerie.	49	44	**Embrasses** avec glands { en soie,..	A.	Mᵉ de timon.	178, 180	
id.	id.	id.	»	49	43	{ en laine ..	A.	id.	178, 180	
id.	id.	id.	»	49	45	{ en coton.	A.	id.	178, 180, 182, 184	
Const. navales	Machines.	Machines.	»	53	4	**Éméri** { en pierre ou en roche.	A.	Magasinier.	360	
id.	id.	id.	»	53	5	{ en poudre.	A.	id.	348, 362	
id.	Forges.	Forges.	Forges.	104	169	**Émérillons** { d'affourche, en fer, pour chaînes..	A.	Mᵉ de manœuvre.	88	
id.	id.	id.	id.	104	305	{ en fer, pour la pêche.	A.	id.	90	
Hôpitaux.	Magasin.	Salle de dépôt.	»	7	1	**Encens** en grains ou en poudre.	A.	Aumônier.	370	
id.	id.	id.	Dét. des hôpit.	»	18	**Encensoirs** en cuivre argenté, avec chaînes.	A.	Mᵉ mécanicien	306	
Const. navales	Forges.	Forges.	Forges.	63	110	**Enclumes** en fer.	A.	Mᵉ armurier.	208	
id.	id.	id.	id.	63	110			Offic. d'admin.	312	
id.	Menuiserie.	Menuiserie.	»	53	196	**Encre** à timbre, noire (fiole) ..	A.	Commisᵉ d'arm.	402	
id.	id.	id.	»	53	196			Ch. d'él.-m. gén.	416	
id.	id.	id.	»	53	196	**Enrayures** pour canons de 4 rayés de montagne.	A.	Mᵉ canonnier.	138	
Artillerie.	Garniture.	Garniture.	Garniture.	148	69	**Enseignes** ou pavillons français (voir *Pavillons*)	A.	Mᵉ de timon.	168	
Mouv. du port	Pavillonnerie.	Pavillonnerie.	Pavillonnerie.	123	Divers.		E.A.	Mᵉ de manœuvre	4	
Const. navales	Tonnellerie.	Tonnellerie.	Tonnellerie.	85	33 à 85	**Entonnoirs** { en bois, avec douille en cuivre, de litres.		id.	90	
id.	id.	id.	id.	85	33 à 35	{ en cuivre pour les poudres..	A.	Mᵉ canonnier.	142	
Artillerie.	Objets d'armem. et d'assortim.	Atel. à fer.	Atel. à fer.	109	21	{ assortis.........	A.	Comm. aux vivres	322	
Subsistances.	Ust., outils, etc.	Salle de dépôt.	Dét. des subsist.	22	4 à 6	{ de 30 centilitres.	A.	Chirurgien.	388	
Hôpitaux.	Magasin.	id.	Dét. des hôpitaux	50	296	{ grands..	A.	Mᵉ de timon.	166	
Const. navales	P. chaudronn.	P. chaudronn.	P. chaudronn.	100	72	{ en fer- blanc..} { moyens..	A.	Magasinier.	332	
id.	id.	id.	id.	100	72			Mᵉ de timon.	106	
id.	id.	id.	id.	100	73		A.	Magasinier.	332	
id.	id.	id.	id.	100	73	{ petits...		Mᵉ de timon.	106	
id.	id.	id.	id.	100	74		A.	Magasinier.	332	
id.	id.	id.	id.	100	74	{ en verre fort, de 50 centilitres.		Chirurgien.	388	
Hôpitaux.	Pharmacie.	Salle de dépôt.	Dét. des hôpitaux	50	300	{ en fer..	A.C.	Mᵉ mécanicien	191	
Const. navales	Serrurerie.	Serrurerie.	Serrurerie.	33	295	**Entrées** de clefs de serrures...... { en cuivre { laminé.	A.C.	id.	191	
id.	id.	id.	id.	33	297	{ fondu..	A.C.	id.	191	
id.	id.	id.	id.	33	298					

DÉSIGNATION du service où s'opèrent les délivrances, la mise en place, le démontage, les remises et les réparations.	LOCALITÉS OU S'OPÈRENT			NUMÉROS D'ORDRE de la NOMENCLATURE		NOMENCLATURE DES MATIÈRES ET OBJETS.	LETTRES de classement. N. A. Entrée en armement. A. Armement. R. Rechange. C. E. Complément en rechange. A. C. Accessoires de coque. A. V. Objets attenant à la coque. E. Barnacles. P. Objets à délivrer pour les passagers.	ARTICLE DU MAÎTRE OU DE L'OFFICIER COMPTABLE auquel l'objet se rapporte.	PAGE du RÉGLEMENT d'armement.	ALLOCATIONS RÉGLEMENTAIRES pour 1 1 Mois.
	la mise en place, les délivrances. Section de magasin ou atelier.	les démontages ou les remises. Atelier.	les réparations. Atelier.	par unité collective.	par unité simple.					
Const. navales	P. chaudronn.	P. chaudronn.	P. chaudronn.	»	»	{de la cuvette des bouteilles du commandant, etc., en tôle zinguée.	A.C.	M⁰ calfat.	280	
Hôpitaux.	Magasin.	Salle de dépôt.	Dél. des hôp.	6	6	Enveloppes {en coton croisé, couleur rouille ou autre couleur... {pour chandeliers ou flambeaux.. {pour croix et crucifix...... {pour pierres d'autel......	A.	Aumônier.	370	
id.	id.	id.	id.	6	7		A.	id.	370	
id.	id.	id.	id.	6	8		A.	id.	370	
Artillerie.	Objets d'armem. et d'assortim. et ustensiles.	Garniture.	Garniture.	147	33	{en toile peinte, pour espingoles............	A.	M⁰ canonnier.	128	
Hôpitaux.	Magasin.	Salle de dépôt.	»	53	37	Épingles............	A.	Chirurgien.	388	
Artillerie.	Armurerie.	Armurerie.	Armurerie.	160	49	{pour armes à percussion............	A.	Capit. d'armes	150 2 fois / 152 2 fois	
id.	Objets d'armem. et d'assortim. et ustensiles.	Atel. à fer.	Atel. à fer.	143	47	Épinglettes {N° 1, pour canons, canons-obusiers et obusiers........	A.	M⁰ canonnier.	114	
id.	id.	id.	id.	143	47	{N° 1, pour caronades............	A.	id.	124	
id.	id.	id.	id.	143	48	{id.	A.	id.	128	
id.	id.	id.	id.	143	48	{N° 2, pour espingoles............	R.	id.	130	
Const. navales	Forges.	Forges.	Forges.	65	281 à 283	Épissoirs {en fer............	E.A.	M⁰ de manœuvre	4	
id.	id.	id.	id.	65	281 à 283		A.	id.	82	
id.	id.	id.	id.	65	281 à 283	{en fer, petits, pour embarcations........	A.	M⁰ canonnier.	144	
id.	id.	id.	id.	65	282¹ et 283	{ou burins en bois........	A.	M⁰ de manœuvre	108	
id.	Poulierie.	Poulierie.	Poulierie.	65	279 et 280		A.	M⁰ voilier.	274	
Mouv. du port.	Garniture.	Garniture.	»	53	80	Éponges {communes............	A.	Magasinier.	338,348	
Hôpitaux.	Pharmacie.	Salle de dépôt.	»	56	94	{fines............	A.	Chirurgien.	388	
Const. navales	Mâture.	Mâture.	Mâture.	78	240 à 248	Époutilles {en bois pour chouquet. {de mât d'artimon. {de grand mât {de mât de misaine.	A.	M⁰ charpent.	240	
id.	id.	id.	id.	78	240 à 248		A.	id.	240	
id.	id.	id.	id.	78	240 à 248		A.	id.	240	
id.	Charpentage.	Charpentage.	Charpentage.	87	169	{en bois, tournées, pour bâtiments........	A.C.	id.	228	
id.	Perçage.	Perçage.	Perçage.	104	435	Éprouvettes {en fer. {fixes, près des cuisines et du four. {à charnières.	A.C.	id.	228	
id.	id.	id.	id.	104	435		A.C.	id.	228	
Subsistances.	Ust., outils, etc.	Salle de dépôt.	Dél. des subs.	22	17	Éprouvettes ou sondes à vin en fer-blanc.	A.	Comm. aux vivres	324	
Const. navales	P. chaudronn.	P. chaudronn.	P. chaudronn.	100	110	{diverses en cuivre............	A.	Magasinier.	334	
id.	Machines.	Machines.	Machines.	104	608	{à chapeau............	A.	M⁰ de timon.	160	
Artillerie.	Armurerie.	Armurerie.	Armurerie.	65	288 à 296	en acier. {simples............	A.	M⁰ mécanicien	204	
Const. navales	Machines.	Machines.	Machines.	65	289		A.	M⁰ armurier.	295	
Artillerie.	Armurerie.	Armurerie.	Armurerie.	65	285 à 287	Équerres {en bois............	A.	M⁰ mécanic.	204	
Const. navales	Menuiserie.	Menuiserie.	Menuiserie.	65	286	{en fer, pour charpentier.	A.	M⁰ armurier.	296	
id.	Forges.	Forges.	Forges.	65	287	{(fausses) en bois.	A.	M⁰ charpent.	296	
id.	Menuiserie.	Menuiserie.	Menuiserie.	65	307 et 308	ou coutinières. {de fer. {de cuivre.	A.C.	id.	236	
Artillerie.	Serrurerie.	Serrurerie.	Serrurerie.	33	299		A.C.	M⁰ mécanic.	191	
id.	id.	id.	id.	33	300		A.C.	id.	191	
Artillerie.	Garniture.	Garniture.	Garniture.	148	61	Erseaux pour cartahus............	A.	M⁰ canonnier.	140	
Mouv. du port.	App. en service.	App. en service.	»	»	»	Erses diverses............	E.A.	M⁰ de manœuvre	4	
Const. navales	G. œuvres.	G. œuvres.	G. œuvres.	62	155	Escabeaux ou garde-fers, pour calfats.	A.	M⁰ calfat.	286	
id.	Poulierie.	Poulierie.	Poulierie.	87	309	Escopes à main............	A.	M⁰ de manœuvre	108	

DÉSIGNATION du service où s'opèrent les délivrances, la mise en place, le démontage, les remises et les réparations.	LOCALITÉS OÙ S'OPÈRENT la mise en place ou les délivrances. Section de magasin ou atelier.	les démontages ou les remises. Atelier.	les réparations. Atelier.	NUMÉROS D'ORDRE de la NOMENCLATURE par unité collective.	par unité simple.	NOMENCLATURE DES MATIÈRES ET OBJETS.	LETTRES déclassement.	ARTICLE DU MAÎTRE OU DE L'OFFICIER COMPTABLE auquel l'objet se rapporte.	PAGE du RÈGLEMENT d'armement.	ALLOCATIONS RÉGLEMENTAIRES pour 1 Mois.
Const. navales	Serrurerie.	Serrurerie.	Serrurerie.	33	107	Espagnolettes { de fer	A.C.	Me mécanic.	191	
id.	id.	id.	id.	33	108	de cuivre	A.C.	id.	191	
id.	Mâture.	Mâture.	»	9	1 à 7	Espars bruts { pour mâts de chaloupes et de grands canots	R.	Me charpentier	262	
id.	id.	id.	»	9	1 à 7	pour mâts et vergues de petites embarcations	R.	id.	262	
Artillerie.	Armurerie.	Armurerie.	Armurerie.	136	9	Espingoles en bronze	A.	Me canonnier.	128	
Maj. générale.	Cartes et arch.	Cartes et arch.	»	11	82	Essai sur les ouragans et les tempêtes	A.	Offic. command.	410	
Const. navales	Peinture.	Peinture.	»	41	24	Essence de térébenthine	A.	Magasinier.	338, 340 et 348	
Artillerie.	Ferrures.	Atelier à fer.	Atel. à fer.	160	360 et 361	Esses en fer, d'essieux d'affûts marins	R.	Me canonnier	120	
id.	Affûts.	Atel. à bois.	Atel. à bois.	162	96, 97, 99 et 100	Essieux... ferrés p' affûts { à 4 roues { de devant	R.	id.	120	
id.	id.	id.	id.	162	101 à 104	de derrière	R.	id.	120	
id.	id.	id.	id.	162	95 à 98 et 100	à échantignolles	R.	id.	120	
»	»	»	»	»	»	ou chevilles en fer pour rouleaux d'élève et d'étambot	R.	Me de manœuvre	100	
Mouv. du port	App. en service.	App. en service.	Garniture.	»	73 et 74	à pattes pour futailles	E.A.	id.	4	
Artillerie.	Garniture.	Garniture.	id.	148	»	de fusée d'essieu, pour mettre à la serre	A.	id.	116	
Mouv. du port	id.	id.	id.	110 bis ou 106	1 à 8	Estropes... pour garnitures de vergues { de grand hunier { de roulis, avec cosses	R.	id.	48	
id.	id.	id.	id.	110 bis ou 106	1 à 8	avec cosses, p' empointures d'envergures	R.	id.	48	
id.	id.	id.	id.	110 bis ou 106	1 à 8	pour bras, avec cosses	R.	id.	48	
id.	id.	id.	id.	110 bis ou 106	1 à 8	pour balancines, avec cosses	R.	id.	48	
id.	id.	id.	id.	110 bis ou 106	1 à 8	de petit hunier { de roulis, avec cosses	R.	id.	48	
id.	id.	id.	id.	110 bis ou 106	1 à 8	avec cosses, p' empointures d'envergures	R.	id.	48	
id.	id.	id.	id.	110 bis ou 106	1 à 8	pour bras, avec cosses	R.	id.	48	
id.	id.	id.	id.	110 bis ou 106	1 à 8	pour balancines avec cosses	R.	id.	48	
						à cosse, pour apparaux de chaloupe { de grand mât (bas)	Gréement.	id.	18	
						de grande vergue	id.	id.	28	
						de mât de misaine	id.	id.	30	
						de vergue de misaine	id.	id.	30	
						à cosses ou avec cosses... { pour balancines { de vergue de grand hunier	id.	id.	24	
						de vergue de petit hunier	id.	id.	34	
						pour bras. { de grande vergue	id.	id.	22	
						de vergue du misaine	id.	id.	30	
						de vergue de petit hunier	id.	id.	34	
						pour drisses. { de grande vergue	id.	id.	22	
						de vergue de misaine	id.	id.	30	

DÉSIGNATION du service où s'opèrent les délivrances, la mise en place, le démontage, les remises et les réparations.	LOCALITÉS OÙ S'OPÈRENT			NUMÉROS D'ORDRE de la NOMENCLATURE		NOMENCLATURE DES MATIÈRES ET OBJETS.	[classement]	ARTICLE DU MAITRE OU DE L'OFFICIER COMPTABLE auquel l'objet se rapporte.	PAGE du RÈGLEMENT d'art... moment.	ALLOCATIONS RÉGLEMENTAIRES pour l... Mois.
	la mise en place ou les délivrances. Section de magasin ou atelier.	les démontages ou les remises. Atelier.	les réparations. Atelier.	par unité collective.	par unité simple.					

Estropes — à cosses ou avec cosses :

Nomenclature des matières et objets	Classement	Article	Page
pour empointures d'envergures — de vergue de perroquet de fougue.	Grément	M° de manœuvre	14
de vergue de perruche.	id.	id.	18
de vergue de cacatois de perruche.	id.	id.	18
de grande vergue.	id.	id.	22
de vergue de grand hunier.	id.	id.	24
de vergue de grand perroquet.	id.	id.	26
de vergue de grand cacatois.	id.	id.	28
de vergue de misaine.	id.	id.	30
de vergue de petit hunier.	id.	id.	34
de vergue de petit perroquet.	id.	id.	36
de vergue de petit cacatois.	id.	id.	36
pour étais — de perruche et de cacatois de perruche de grand mât.	id.	id.	18
de grand perroquet et de grand cacatois (mât de misaine).	id.	id.	28
de mât de misaine, en fer, baguées.	id.	id.	28
de tête de mât de misaine.	id.	id.	28
de flêche de perroquet du petit mât de hune (pour ridage).	id.	id.	32
pour guides — de grands palans d'étai.	id.	id.	40
de petits palans d'étai.	id.	id.	42
pour haubans de beaupré.	id.	id.	38
pour hisser la chaloupe.	id.	id.	38
pour l'écoute — du gui d'artimon.	id.	id.	12
d'artimon du gui du grand mât.	id.	id.	20
pr mât de corde — de grande voile goëlette.	id.	id.	20
de misaine goëlette.	id.	id.	30
pour palans de roulis — de mât de perroquet de fougue.	id.	id.	14
de grand mât (bas).	id.	id.	18
de grande vergue.	id.	id.	22
de grand mât de hune.	id.	id.	22
de mât de misaine.	id.	id.	28
de vergue de misaine.	id.	id.	30
de petit mât de hune.	id.	id.	32
pour vergues de flêche en cul d'artimon.	id.	id.	16
avec margouillets — pour étai du grand mât de hune au capelage de misaine.	id.	id.	28
pour faux étai du grand mât de hune.	id.	id.	28
avec margouillets et aiguillettes, pr étais de flêche — de perroquet du grand mât de hune.	id.	id.	24
de grand perroquet et flêche.	id.	id.	26
pour étais de mât de grand perroquet et flêche.	id.	id.	26
pour galhaubans de flêche — de perruche et flêche d'artimon.	id.	id.	16
de petit perroquet.	id.	id.	36

DÉSIGNATION du service où s'opèrent les délivrances, la mise en place, le démontage, les remises et les réparations.	LOCALITÉS OU S'OPÈRENT			NUMÉROS D'ORDRE de la NOMENCLATURE		NOMENCLATURE DES MATIÈRES ET OBJETS.	LETTRES de classement. — a. Enlevé en armement. b. Armement. c. a. Complément de rechange. c. c. Autres effets de rechange. a. v. Objets attenant à la construction des réclamations. e. Objets à délivrer pour les passagers.	ARTICLE DE MAÎTRE OU DE L'OFFICIER COMPTABLE auquel l'objet se rapporte.	PAGE du RÈGLEMENT d'arrimement.	ALLOCATIONS RÉGLEMENTAIRES pour 1 Mois.
	la mise en place ou les délivrances. Section de magasin ou atelier.	les démontages ou les remises. Atelier.	les réparations. Atelier.	par unité collective.	par unité simple.					
						Estropes. avec margouillets et aiguillettes { étranglés { de mât de perroquet de fougue	Gréement.	Mᵉ de manœuvre	14	
						de mât de perruche et flèche d'artimon	id.	id.	16	
						pour galhaubans { de grand mât de hune	id.	id.	24	
						de mât de grand perroquet et flèche	id.	id.	20	
						de flèche de mât et flèche	id.	id.	32	
						de petit mât de hune	id.	id.	30	
						de mât de petit perroquet	id.	id.	16	
						pour mât de perruche et flèche d'artimon				
						à patte d'oie, avec cosse et burin, pour caliornes de bas mât	id.	id.	40	
						de la moque, pour étai de perroquet de fougue, etc.	id.	id.	18	
						de moque de sous-barbe, avec aiguillettes	id.	id.	38	
						de ronlis avec cosse. { pour vergue barrée	id.	id.	14	
						pour vergue de perroquet de fougue	id.	id.	14	
						pour vergue de grand hunier	id.	id.	24	
						pour vergue de petit hunier	id.	id.	34	
						doubles avec cosse. { pour baleineines de gui d'artimon	id.	id.	12	
						pour drosse de vergue barrée	id.	id.	14	
						pour vergue de perruche	id.	id.	18	
						pour drisses avec cosse { pour vergue de cacatois de perruche	id.	id.	18	
						pour vergue de grand perroquet	id.	id.	26	
						en quatre { pour vergue de grand cacatois	id.	id.	28	
						pour vergue de petit cacatois	id.	id.	36	
						pour vergue de petit perroquet	id.	id.	36	
						pour vergue de flèche en cul du grand mât	id.	id.	26	
						pour bras { de grande vergue	id.	id.	22	
						de vergue de misaine	id.	id.	30	
						pour pattes à funailles, en fer	id.	id.	44	
						pour embarcations garnies de bossoir, etc.. { pour mât de tape-cul	id.	id.	104	
						pour grand mât	id.	id.	104	
						pour mât de misaine	id.	id.	104	
						pour l'embarquement et le débarquement des bouches à feu.. { de culasse	A.	id.	140	
						de volée	A.	id.	140	
Artillerie.	Garniture.	Garniture.	Garniture.	148	71 et 72	**Établis ou bancs.** d'ouvriers à métaux	A.	Mᵉ mécanicien	202	
id.	id.	id.	id.	148	75 et 76		A.	202 et 214	
Const. navales	Menuiserie.	Menuiserie.	Menuiserie.	53	15 et 16		A.	Mᵉ mécanicien	202 et 214	
Artillerie.	Objets d'armem. et d'assortim. Atel. à bois.	Atel. à bois.	Atel. à bois.	53	15 et 16		A.	Mᵉ armurier.	202 et 214	
Const. navales.	Menuiserie. Menuiserie.	Menuiserie.	Menuiserie.	62	16	pour charpentiers et menuisiers	A.	Mᵉ charpent.	202	
						Étuis avec aiguillettes { de bas mât d'artimon	Gréement.	Mᵉ de manœuvre	12	
						de mât de perroquet de fougue	id.	id.	14	
						de grand mât (bas)	id.	id.	18	
						de mât (bas) de misaine	id.	id.	24	9

DÉSIGNATION du service où s'opèrent les délivrances, la mise en place, le démontage, les remises et les réparations.	LOCALITÉS OÙ S'OPÈRENT			NUMÉROS de la NOMENCLATURE		NOMENCLATURE DES MATIÈRES ET OBJETS.	LETTRES de classement.	ARTICLE DU MAÎTRE OU DE L'OFFICIER COMPTABLE auquel l'objet se rapporte.	PAGE du RÈGLEMENT d'armement.	ALLOCATIONS RÉGLEMENTAIRES pour l... Mois.
	la mise en place ou les délivrances. Section de magasin ou atelier.	les démontages ou les remises. Atelier.	les réparations. Atelier.	par unité collective.	par unité simple.					
						Étais de flèche { de mât de perruche et flèche.	Gréement.	M° de manœuvre	16	
						de flèche de perroquet du grand mât de hune.	id.	id.	24	
						de mât de grand perroquet et flèche.	id.	id.	26	
						de flèche de perroquet du petit mât de hune.	id.	id.	32	
						de mât de petit perroquet.	id.	id.	36	
						de mât de flèche d'artimon.	id.	id.	16	
						de mât de perruche et flèche.	id.	id.	16	
						de grand mât de hune.	id.	id.	22	
						de mât de grand perroquet et flèche.	id.	id.	26	
						de petit mât de hune.	id.	id.	32	
						de mât de petit perroquet.	id.	id.	34	
						de tangage, avec aiguillettes et pour bas mât de misaine.	id.	id.	28	
						de tête, pour goëlettes, etc., de bas mât (grand).	id.	id.	48	
Mouv. du port	Garniture.	Garniture.	Garniture.	110 bis ou 106	1 à 8	de mât de hune.	R.	id.	48	
id.	id.	id.	id.	110 bis ou 106	1 à 8	de mât de perroquet.	R.	id.	48	
Const. navales	Perçage.	Perçage.	Perçage.	104	174 et 175	**Étalingures** en fer, mobiles ou à échappement, pour chaînes.	A.C.	M° charpentier	226	
Mouv. du port	Pavillonnerie.	Pavillonnerie.	»	39	1	**Étamine** à grande laize, blanche, bleue, jaune et rouge.	A.	Magasinier.	346	
Artillerie.	Armurerie.	Armurerie.	Armurerie.	63	117	**Étampes** (doubles) pour relever les enfoncements des canons.	A.	M° armurier.	296	
Const. navales	Forges.	Forges.	Forges.	63	115	en fer.	A.	M° mécanicien	208	
Commissariat.	Dét. des arm.	Dét. des arm.	»	578	278	**États (imprimés)** constatant { la perte au change.	A.	Comm. d'adm. Comm. d'arm.	402	
id.	id.	id.	»	579	279	le bénéfice sur le change.	A.	Offic. d'adm. Comm. d'arm.	402	
Maj. générale	Cartes et arch.	Cartes et arch.	»	63	41	des approvisionnements existant à bord.	A.	Offic. command.	409	
Commissariat.	Dét. des arm.	Dét. des arm.	»	339	39	d'effectif { pour la solde des équipages.	A.	Offic. d'adm.	374	
id.	id.	id.	»	374	374	pour servir au paiement des équipages.	A.	id.	382	
id.	id.	id.	»	348	48	des effets délivrés pendant le trimestre.	A.	id.	382	
id.	id.	id.	»	577	277	des fournitures faites d'après marché.	A.	Commis. d'arm.	404	
id.	id.	id.	»	577	277	des journées de malades et des frais de sépulture.	A.	Offic. d'adm.	382	
id.	id.	id.	»	575	275		A.	Commis. d'arm.	404	
Hôpitaux.	Magasin.	Salle de dépôt.	»	»	»	des malades à bord le.	A.	Chirurgien.	388	
Commissariat.	Dét. des arm.	Dét. des arm.	»	618	18	des mouvements à bord et des rations de campagne consommées.	A.	Offic. d'adm.	382	
id.	id.	id.	»	354	54	et mouvements { titre.	A.	id.	374	
id.	id.	id.	»	354	54	Intercalaire.	A.	id.	374	
id.	id.	id.	»	379	79	des mutations, matriculaires { feuille.	A.	id.	374	
id.	id.	id.	»	379	79	Intercalaire.	A.	id.	374	
id.	id.	id.	»	60	38	survenues dans l'état-major d'un bâtiment.	A.	Ch. d'él.-m.-gén	414	
Major. génér.	Cartes et arch.	Cartes et arch.	»	60	38	de paiement des primes, pour les exercices du tir.	A.	Offic. d'adm.	374	
Commissariat.	Dét. des arm.	Dét. des arm.	»	340	40	de proposition d'avancement { pour officiers mariniers.	A.	id.	374	
id.	id.	id.	»	331	31	pour mécaniciens et chauffeurs.	A.	id.	374	
id.	id.	id.	»	332	32	de remise à la caisse des gens de mer.	A.	id.	380	
id.	id.	id.	»	1710	40					

DÉSIGNATION du service où s'opèrent les délivrances, la mise en place, le démontage ; les remises et les réparations.	LOCALITÉS OÙ S'OPÈRENT			NUMÉROS D'ORDRE de la NOMENCLATURE		NOMENCLATURE DES MATIÈRES ET OBJETS.	LETTRES de classement. E. A. Entrée ou armement. A. Armement. E. Echange. C. C. Comptée ment de re-change. A. C. Accessoi-res du coque. A. T. Objets ar-timant à la co-que des em-barcations. P. Objets à dé-livrer pour les passagers.	ARTICLE DU MAÎTRE OU DE L'OFFICIER COMPTABLE auquel l'objet se rapporte.	PAGE du RÈGLEMENT d'ar-mement.	ALLOCATIONS RÉGLEMENTAIRES pour 1 Mois.
	la mise en place ou les délivrances.	les démontages ou les remises.	les réparations.	par unité collective.	par unité simple.					
	Section de magasin ou atelier.	Atelier.	Atelier.							
Commissariat.	Dét. des trav.	Dét. des trav.	»	1090	90	de répartition entre les divers bâtiments des matières et objets provenant d'envoi.	A.	Comm. d'arm.	402	
id.	Dét. des arm.	Dét. des arm.	»	354	254	de situation d'équipage.	A.	Offic. d'adm.	388	
id.	id.	id.	»	576	276	des sommes payées pour dépenses faites sur conventions verbales.	A.	Comm. d'arm.	404	
id.	id.	id.	»	576	276	de versement de bâtiment à bâtiment.	A.	Offic. d'adm.	382	
id.	id.	id.	»	1086	86	émargé pour la solde des officiers.	A.	id.	374	
Major. génér.	Cartes et arch.	Cartes et arch.	»	397	97	général de la marine anglaise.	A.	Ch. d'él. en. gén.	414	
Commissariat.	Dét. des arm.	Dét. des arm.	»	460¹	160¹	Etats (imprimés) . . des canonniers brevetés proposés pour la classe supé-rieure.	A.	Offic. d'adm.	376	
id.	id.	id.	»	360	60	des marins admis à la haute paye.	A.	id.	374	
id.	id.	id.	»	313	213	des marins ayant droit à la haute paye de rengagement.	A.	id.	376	
id.	id.	id.	»	514	214	nominatif des marins qui font ou ont fait partie, etc. (modèle C).	A.	id.	375	
id.	id.	id.	»	338	38	de paiement pour les officiers.	A.	id.	374	
id.	id.	id.	»	339	59	de paiements faits pendant le mois.	A.	id.	376	
id.	id.	id.	»	572	272	pour servir { de la solde des officiers.	A.	id.	382	
id.	id.	id.	»	373	273	au paiement . . { du traitement de table.	A.	id.	382	
id.	id.	id.	»	1092	92	mensuel des recettes et des dépenses.	A.	id.	382	
id.	id.	id.	»	581	284 B	récapitulatif des dépenses effectuées en pays étrangers.	A.	Comm. d'arm.	404	
id.	id.	id.	»	581	284 B					
Const. navales	Forges.	Forges.	Forges.	63	118 à 120	Etaux . . . . { à agrafe.	A.	Mᵉ mécanicien	204	
id.	id.	id.	id.	63	118 à 120		A.	Mᵉ armurier.	316	
id.	id.	id.	id.	63	121 à 123	à main.	A.	Mᵉ mécanicien	204	
Artillerie.	Armurerie.	Armurerie.	Armurerie.	63	122		A.	Mᵉ armurier.	296	
Const. navales	Forges.	Forges.	id.	63	121 à 123		A.	Mᵉ mécanicien	204	
id.	id.	id.	id.	63	124	à pied.	A.	Mᵉ armurier.	296	
Artillerie.	Armurerie.	Armurerie.	Armurerie.	63	124		A.		316	
Const. navales	Forges.	Forges.	Forges.	63	124		A.	Chirurgien.	384	
Hôpitaux.	Pharmacie.	Salle de dépôt.	»	21	6	Ether sulfurique à 56°.	A.			
Artillerie.	Poudr. et artific.	Artifices.	Artifices.	156	801	Etoiles de signaux.	A.	Mᵉ canonnier.	142	
Hôpitaux.	Magasin.	Salle de dépôt.	Dét. des hôpit.	3	9, 15, 18³		A.	Aumônier.	366	
					21 et 24³	pour chasubles de diverses couleurs.	A.	id.	367	
id.	id.	id.	id.	3	9, 15, 18³	Etoles . . . pastorales doubles en moire { jaune et noire, brodées en soie.	A.	id.	367	
					21 et 24³	{ blanche et rouge.	A.	id.	367	
id.	id.	id.	id.	3	54		A.	id.	367	
id.	id.	id.	id.	3	51¹	forte. { rouge et noire, brodées en soie.	A.	id.	367	
id.	id.	id.	id.	3	52	{ violette et noire.	A.	id.	367	
					52¹					
Const. navales	P. chaudronn.	P. chaudronn.	P. chaudronn.	99	38	Etouffoirs en cuivre.	A.	Com. aux viv.	320	
id.	Corderie.	Corderie.	»	36	4	{ blanche.	A.	Magasinier.	348, 352	
Hôpitaux.	Pharmacie.	Salle de dépôt.	»	36	100	Etoupe { fine.	A.	Chirurgien.	388	
Const. navales	Calfatage.	Calfatage.	»	36	2	noire tournée en manoque.	A.	Mᵉ calfat.	288	
Artillerie.	Poudr. et artific.	Artifices.	Artifices.	156	9 et 10	Etoupilles fulminantes à friction, pour { en plume, modèle de la marine.	A.	Mᵉ canonnier.	118, 126 132	
id.	id.	id.	id.	156	9	bouches à feu. { en cuivre, modèle de la guerre.	A.	id.	134 138	9.

DÉSIGNATION du service où s'opèrent les délivrances, la mise en place, le démontage, les remises et les réparations.	LOCALITÉS OU S'OPÈRENT			NUMÉROS D'ORDRE de la NOMENCLATURE		NOMENCLATURE DES MATIÈRES ET OBJETS.	LETTRES de classement	ARTICLE du MAÎTRE OU DE L'OFFICIER COMPTABLE auquel l'objet se rapporte.	PAGE du RÈGLEMENT d'armement.	ALLOCATIONS RÉGLEMENTAIRES pour 1 Mois.
	la mise en place ou les délivrances. Section de magasin ou atelier.	les démontages ou les remises. Atelier.	les réparations. Atelier.	par unité collective.	par unité simple.					
Mouv. du port	Garniture.	Garniture.	Garniture.	110 bis ou 106	»	**Étriers** — avec cosses, pour garnitures des vergues { de grand hunier,......	R.	M⁰ de manœuvre	48	
id.	id.	id.	id.	110 bis ou 108	1 à 8	de petit hunier..........	R.	id.	48	Pour ordre.
	»	»	»	»	1 à 8	de sous-barbe, en fer.	A.	id.	84	
Const. navales	Perçage.	Perçage.	Perçage.	104	201	{ pour chaînes de haubans { d'artimon	A.C.	M⁰ charpentier	218	
id.	Forges.	Forges.	Forges.	104	201	de grand mât.	R.	id.	248	
id.	Perçage.	Perçage.	Perçage.	104	201	de misaine.	A.C.	id.	242	
id.	Forges.	Forges.	Forges.	104	201	en fer { pour chaînes de galhaubans de hune fixes { d'artimon	A.C.	id.	220	
id.	Perçage.	Perçage.	Perçage.	104	201	de grand mât.	R.	id.	242	
id.	Forges.	Forges.	Forges.	104	201	de misaine.	A.C.	id.	222	
id.	Perçage.	Perçage.	Perçage.	104	201	pour chaînes de galhaubans de hune étranglés { d'artimon	A.C.	id.	244	
id.	id.	id.	id.	104	201	de grand mât.	A.C.	id.	222	
id.	id.	id.	id.	104	201	de misaine.	A.C.	id.	224	
id.	id.	id.	id.	104	439	pour chaîne de sous-barbe, en fer.	A.C.	id.	220	
id.	id.	id.	id.	104	611	de beaupré avec boulon { en cuivre.	A.C.	id.	220	
						pour sauvegarde de gouvernail.	Gréement.	M⁰ de manœuvre	46	
						Étuis — avec cosses { pour vergue barrée.	id.	id.	14	
						pour vergue de perroquet de fougue.	id.	id.	14	
						pour vergue de perruche.	id.	id.	18	
						pour vergue (grande).	id.	id.	22	
						pour vergue de grand hunier.	id.	id.	24	
						pour vergue de grand perroquet.	id.	id.	28	
						pour vergue de misaine.	id.	id.	30	
						pour vergue de petit hunier.	id.	id.	34	
						pour vergue de petit perroquet.	id.	id.	36	
Const. navales	Menuiserie.	Menuiserie.	Forges.	66	106	pour scies de long, en fer	A.	id.	260	
Hôpitaux.	Magasin.	Salle de dépôt.	Dét. des hôpit.	6	9	à compartiments, pour renfermer le calice, la patène, etc.	A.	Aumônier.	370	
Const. navales	P. chaudronn.	P. chaudronn.	P. chaudronn.	100	75		E.A.	M⁰ de manœuvre	4	
id.	id.	id.	id.	100	75			id.	90	
id.	id.	id.	id.	100	75			M⁰ canonnier.	144	
id.	id.	id.	id.	100	75	cylindriques en fer-blanc, pour renfermer les feuilles de maîtres		M⁰ de timon.	148	
id.	id.	id.	id.	100	75			M⁰ de timon.	166	
id.	id.	id.	id.	100	75		A.	M⁰ mécanicien.	196	
id.	id.	id.	id.	100	75			M⁰ calfat.	288	
id.	id.	id.	id.	100	75			M⁰ armurier.	292	
id.	id.	id.	id.	100	75			Magasinier.	322	
Hôpitaux.	Pharmacie.	Salle de dépôt.	»	80	300	en bois, pour sparadraps.	A.	Chirurgien.	398	
Artillerie.	Armurerie.	Armurerie.	Armurerie.	170	38	en cuir, pour bugles.	A.	Capit. d'armes	156	
id.	Objets d'armem. et d'assortim. et ustensiles.	Garniture.	Garniture.	170	40	en toile, pour caisses de tambour.	A.	id.	156	

DÉSIGNATION du service où s'opèrent les délivrances, la mise en place, le démontage, les remises et les réparations.	LOCALITÉS OU S'OPÈRENT			NUMÉROS D'ORDRE de la NOMENCLATURE		NOMENCLATURE DES MATIÈRES ET OBJETS.	LETTRES de classement. n. A. Entrée en armement. A. Armement. b. Rechange. c. n. Complément de rechange. A. C. Accessoires de coque. A. T. Objets attenant à la coque des embarcations. p. Objets à délivrer pour les passagers.	ARTICLE DU MAÎTRE OU DE L'OFFICIER COMPTABLE auquel l'objet se rapporte.	PAGE du RÈGLEMENT d'armement.	ALLOCATIONS RÉGLEMENTAIRES pour 1 1 Mois.
	la mise en place ou les délivrances.	les démontages ou les remises.	les réparations.	par unité collective.	par unité simple.					
	Section de magasin ou atelier.	Atelier.	Atelier.							
Mouv. du port	Voilerie.	Voilerie.	Voilerie.	122	63 à 72	pour chaloupes.	A.	M⁰ voilier.	272	
id.	id.	id.	id.	122	73 à 82	pour canots.	A.	id.	272	
id.	id.	id.	id.	122	83 à 85	pour baleinières.	A.	id.	272	
id.	id.	id.	id.	122	86 à 88	pour youyous.	A.	id.	272	
id.	id.	id.	id.	122	94 à 96	pour trompes à aérer la cale, par les écoutilles.	A.	id.	270	
id.	id.	id.	id.	122	94 à 96	par les sabords.	A.	id.	272	
id.	id.	id.	id.	122	90	pour envelopper les bas mâts des bâtiments à vapeur, mât d'artimon.	A.	id.	270	
id.	id.	id.	id.	122	90	grand mât.	A.	id.	270	
id.	id.	id.	id.	122	97 à 104	pour envelopper les vergues des bâtim. à vapeur, vergue barrée.	A.	id.	276	
id.	id.	id.	id.	122	97 à 104	vergue de hunier d'artimon, etc.	A.	id.	276	
id.	id.	id.	id.	122	97 à 104	basse vergue.	A.	id.	276	
id.	id.	id.	id.	122	97 à 104	vergue de grand hunier.	A.	id.	276	
id.	id.	id.	id.	122	140	en toile.. d'artimon de cape.	A.	id.	270	
id.	id.	id.	id.	122	106 à 111	de brigantine de cape.	A.	id.	270	
id.	id.	id.	id.	122	106 à 111	de brigantine (grande).	A.	id.	270	
id.	id.	id.	id.	122	140	de flèche en cul, d'artimon.	A.	id.	270	
id.	id.	id.	id.	122	140	de grand mât.	A.	id.	270	
id.	id.	id.	id.	122	134 à 139	pour voiles de bâtiments, en vergue. de grande voile goëlette.	A.	id.	270	
id.	id.	id.	id.	122	134 à 139	de misaine goëlette.	A.	id.	270	
id.	id.	id.	id.	122	105	de grande bonnette de misaine.	A.	id.	270	
id.	id.	id.	id.	122	105	de petite bonnette de misaine.	A.	id.	270	
id.	id.	id.	id.	122	105	de bonnettes de petit-perroquet.	A.	id.	270	
id.	id.	id.	id.	122	112 à 117	de triquelle.	A.	id.	270	
id.	id.	id.	id.	122	112 à 117	de petit foc.	A.	id.	270	
id.	id.	id.	id.	122	112 à 117	de grand foc.	A.	id.	270	
id.	id.	id.	id.	122	112 à 117	de faux foc.	A.	id.	270	
id.	id.	id.	id.	122	112 à 117	de clin-foc.	A.	id.	270	
id.	id.	id.	id.	122	105	de bonnettes de grand hunier.	A.	id.	276	
id.	id.	id.	id.	122	105	de bonnette de grand perroquet.	A.	id.	270	
id.	id.	id.	id.	122	105	de grande bonnette de petit hunier.	A.	id.	270	
id.	id.	id.	id.	122	105	de petite bonnette de petit hunier.	A.	id.	270	
id.	id.	id.	id.	122	142 à 147	pour voiles et tentes d'embarcations.	A.	M⁰ voilier.	108	
id.	id.	id.	id.	122	141	en toile demi-usée pour voiles des bâtiments, en soute. d'artimon de cape.	A.	M⁰ voilier.	270	
id.	id.	id.	id.	122	141	de brigantine de cape.	R.	id.	274	
id.	id.	id.	id.	122	141	de brigantine (grande).	A.	id.	270	
id.	id.	id.	id.	122	141	de grande voile carrée.	A.	id.	272	
id.	id.	id.	id.	122	141	de grande voile goëlette.	A.	id.	272	
id.	id.	id.	id.	122	141	de misaine carrée.	A.	id.	272	
id.	id.	id.	id.	122	141	de misaine goëlette.	A.	id.	272	
id.	id.	id.	id.	122	141	de pouillouse.	A.	id.	272	
id.	id.	id.	id.	122	141	de petit foc.	A.	id.	272	
id.	id.	id.	id.	122	141	de grand foc.	A.	id.	272	
id.	id.	id.	id.	122	141	de hunier d'artimon ou perroquet de fougue.	A.	id.	276	
id.	id.	id.	id.	122	141	de perroquet d'artimon ou perruche.	A.	id.	276	

Étuis.

DÉSIGNATION du service où s'opèrent les délivrances, la mise en place, le démontage, les remises et les réparations.	LOCALITÉS OU S'OPÈRENT — la mise en place ou les délivrances. (Section de magasin ou atelier.)	les démontages ou les remises. (Atelier.)	les réparations. (Atelier.)	NUMÉROS D'ORDRE de la NOMENCLATURE — par unité collective.	par unité simple.	NOMENCLATURE DES MATIÈRES ET OBJETS.	LETTRES de classement.	ARTICLE DU MARINE OU DE L'OFFICIER COMPTABLE auquel l'objet se rapporte.	PAGE du RÈGLEMENT d'armement.	ALLOCATIONS RÉGLEMENTAIRES pour 1 Mois.
Mouv. du port	Voilerie.	Voilerie.	Voilerie.	122	141	**Étuis** en toile demi-usée pour voiles des bâtiments en soute { de grand hunier	A.	Me voilier.	276	
id.	id.	id.	id.	122	141	de grand perroquet	A.	id.	276	
id.	id.	id.	id.	122	141	de petit hunier	A.	id.	276	
id.	id.	id.	id.	122	141	de petit perroquet	A.	id.	276	
Major. génér.	Cartes et arch.	Cartes et arch.	»	»	»	**Exemplaires** de l'*Arithmétique* de Bézout, avec notes de Reynard	A.	Magasinier.	334	
id.	id.	id.	»	»	»	de la *Morale en action*, pour la lecture générale	A.	id.	334	
id.	id.	id.	»	»	»	de la vie { de Jean-Bart	A.	id.	334	
id.	id.	id.	»	»	»	de Duguay-Trouin	A.	id.	334	
id.	id.	id.	»	»	»	de Duguesne	A.	id.	334	
Commissariat.	Dét. des arm.	Dét. des arm.	»	450	130	**Expédition authentique** d'un acte { de naissance	A.	Officier d'adm.	378	
id.	id.	id.	»	451	131	de décès	A.	id.	378	
id.	id.	id.	»	452	132	de { mod. n°s 2, 4 et 5.	A.	id.	378	
Major. génér.	Cartes et arch.	Cartes et arch.	»	12	»	**Explanations** and sailing directions, de Maury	A.	Offic. command.	412	
id.	id.	id.	»	11	241	**Explications** et usage des wind and current charts.	A.	id.	412	
Hôpitaux.	Pharmacie.	Salle de dépôt	»	22	5	**Extrait** de belladone	A.	Chirurgien.	394	
id.	id.	id.	»	22	10	de cachou purifié	A.	id.	394	
id.	id.	id.	»	22	45	d'opium purifié (extrait gommeux)	A.	id.	394	
id.	id.	id.	»	22	48	(mou) de quinquina	A.	id.	394	
id.	id.	id.	»	22	51	de ratanhia.	A.	id.	394	
id.	id.	id.	»	22	52	de réglisse.	A.	id.	394	
Commissariat.	Dét. des subsist.	Dét. des subsist.	»	640	40	du cahier de visite à bord	A.	Offic. d'adm.	382	
id.	Dét. des arm.	Dét. des arm.	»	134	34	de jugement { pour le domaine.	A.	id.	378	
id.	id.	id.	»	135	35	de condamnation.	A.	id.	378	
id.	id.	id.	»	136	36	exécutoire d'acquittement ou d'absolution.	A.	id.	378	
id.	Dét. des trav.	Dét. des trav.	»	Q.	Q.	du jugement (mod. n° 20).	A.	id.	380	
id.	id.	id.	»	»	»	de l'instruction du 1er octobre 1854, sur la comptabilité des matières.	A.	Comm. d'arm.	372	
Major. génér.	Cartes et arch.	Cartes et arch.	»	»	»		A.	Offic. comm.	408	
Commissariat.	Dét. des arm.	Dét. des arm.	»	2002	2	du *Manuel financier*, de Blanchard, etc.	A.	Comm d'arm.	404	
id.	id.	id.	»	»	»	de matricule ou de rôle d'équipage.	A.	Offic. d'adm.	380	
Const. navales	Forges.	Forges.	Forges.	104	176	**Extrémités** de chaînes en fer, à émérillon, pour chaînes	A.	Me de manœuvre	88 et 90	

F

| Artillerie. | Armurerie. | Atel. à bois. | Atel. à bois. | 147 | 34 | **Faisceaux** d'armes, en bois. | A. | Cap. d'armes. | 156 | |
| Const. navales | P. chaudronn. | P. chaudronn. | P. chaudronn. | 103 | 28 à 32 | **Fanal** en fer-blanc, vitré, rectangulaire, avec grillage. | E.A. | Me de manœuvre | 6 | |

DÉSIGNATION du service où s'opèrent les délivrances, la mise en place, le démontage, les remises et les réparations.	LOCALITÉS OÙ S'OPÈRENT — la mise en place ou les délivrances. Section de magasin ou atelier.	les démontages ou les remises. Atelier.	les réparations. Atelier.	NUMÉROS D'ORDRE de la NOMENCLATURE par unité collective.	par unité simple.	NOMENCLATURE DES MATIÈRES ET OBJETS.	LETTRES de classement.	ARTICLE DU MAÎTRE OU DE L'OFFICIER COMPTABLE auquel l'objet se rapporte.	PAGE du RÈGLEMENT d'armement.	ALLOCATIONS RÉGLEMENTAIRES pour l... Mois.
Const. navales	P. chaudronn.	P. chaudronn.	P. chaudronn.	103	4	de signaux et de combat lenticulaires..	A.	M° canonnier.	144 ter	
							R.	M° de timon.	144 ter	
id.	Machines.	Machines.	Machines.	103	1	pour compas { d'embarcations.	A.	M° de timon.	160	
id.	id.	id.	id.	103	1	de relèvement.	A.	id.	160	
id.	id.	id.	id.	103	1	rapporteurs.	A.	id.	160	
id.	id.	id.	id.	103	2	pour habitacles { de dunette éclairés sur le pont.	A.	id.	160	
id.	id.	id.	id.	103	2	de route éclairés sur le pont.	A.	id.	160	
id.	id.	id.	id.	103	5 à 20	de route éclairé par la batterie.	A.	id.	162	
id.	P. chaudronn.	P. chaudronn.	P. chaudronn.	103	5 à 8 et 13 à 16	(grands), vitrés à glaces, avec grillages, pour lampes à puits des soutes à poudre.	A.	M° canonnier.	144	Article annulé. (V. Lampe modérateur.)
id.	id.	id.	id.	103	5 à 20	vitrés à glaces, pour postes des aspirants et des chirurgiens.	A.	id.	144	
id.	id.	id.	id.	103	4	**Fanaux**... de signaux lenticulaires.	R.	M° de timon.	164	
id.	id.	id.	id.	103	4	clairs, portatifs, pour services divers.	A.	M° canonnier	144 ter	
id.	id.	id.	id.	103	24	clairs, vitrés en corne ou en toile métallique.	A.	M° mécanicien	198	
id.	id.	id.	id.	103	24	en cuivre / en fer-blanc	E.A.	M° de manœuvre	6	
id.	id.	id.	id.	103	24	sourds, ou lanternes garnies de toile métallique.	A.	M° canonnier.	144 ter	
id.	id.	id.	id.	103	27		A.	M° de timon.	164	
id.	id.	id.	id.	103	27		A.	M° mécanicien	198	
id.	id.	id.	id.	103	26	de poupe.	A.	M° de timon.	164	
id.	id.	id.	id.	103	28 à 32 et 39 et 40	(grands), vitrés à glaces, avec grillages, pour lampes des postes divers.	A.	M° canonnier.	144 ter	
id.	id.	id.	id.	103	28 à 42	vitrés à glaces.	A.	Connus aux vivr.	322	
id.	id.	id.	id.	103	23	**Fanaux-phares** pour fanaux de hune à verres blancs.	A.	M° de timon.	164	
id.	id.	id.	id.	103	23	en cuivre de 112° 30' d'amplitude (1) { pour à verres blancs.	A.	id.	164	
id.	id.	id.	id.	103	23	feux de position { à verres rouges.	A.	id.	164	
id.	id.	id.	id.	103	23	à verres verts.	A.	id.	164	
	Charpentage.	Charpentage.	Charpentage.	»	»	**Vargues** des sabords de batterie basse.	A.C.	M° charpentier	236	
Mouv. du port	Garniture.	»	Garniture.	112	26	**Fauberts**.	E.A.	M° de manœuvre	8	
id.	id.		Garniture.	112	26		A.	id.	116 et 124	
Artillerie.	id.		Garniture.	112	26	**Fausses amures** avec crocs à palans.	Grément	M° de manœuvre	44	
Const. navales	Menuiserie.	Menuiserie.	Menuiserie.	65	307 et 308	**Fausses balancines** de basses vergues, avec cosse.	A.	M° charpentier	236	
id.	id.	id.	id.	87	558 et 559	**Fausses équerres** en bois.	A.C.	id.	234	
id.	id.	id.	id.	87	560 et 561	**Fausses fenêtres** { de bouteilles, en bois.	A.C.	id.	234	
id.						de poupe, en bois.	A.C.	id.	234	
id.	id.	id.	id.	87	632	**Fausses portes** de bouteilles, en bois.	A.C.	id.	234	
Mouv. du port	Pavillonnerie.	Pavillonnerie.	Pavillonnerie.	124	10	**Fauteuils** { en brocatelle de soie.	A.	M° de timon.	178	
id.	id.	id.	id.	124	111	en damas laine.	A.	id.	178	
id.	Menuiserie.	Menuiserie.	Menuiserie.	87	245	on sièges en bois pour les blessés.	A.	M° charpentier	234	
Mouv. du port	Pavillonnerie.	Pavillonnerie.	Pavillonnerie.	124	115	**Fauteuils Voltaire** en acajou, recouverts en moquette veloutée.	A.	M° de timon.	178	

(1) Voir la note D du *Règlement d'armement*, pag. 465, pour les fanaux-phares de 225° d'amplitude.

DÉSIGNATION du service où s'opèrent les délivrances, la mise en place, le démontage, les remises et les réparations.	LOCALITÉS OÙ S'OPÈRENT			NUMÉROS D'ORDRE de la NOMENCLATURE		NOMENCLATURE DES MATIÈRES ET OBJETS.	LETTRES de classement.	ARTICLE DU MAÎTRE OU DE L'OFFICIER COMPTABLE auquel l'objet se rapporte.	PAGE du RÈGLEMENT.	ALLOCATIONS RÉGLEMENTAIRES pour 1 Mois.
	la mise en place ou les délivrances. Section de magasin ou atelier.	les démontages ou les remises. Atelier.	les réparations. Atelier.	par unité collective.	par unité simple.					
						Faux bâtards de racage..............	Gréement.	Mᵉ de manœuvre.	16, 24, 34	
						Faux bras. { de basses vergues....... { doubles....	id.	id.	44	
						simples....	id.	id.	44	
						{ de vergues de hune. { doubles....	id.	id.	44	
						simples....	id.	id.	44	
						Faux étai. { de grand mât de hune..........	id.	id.	22	
						{ de petit mât de hune..........	id.	id.	32	
Mouv. du port	Voilerie.	Voilerie.	Voilerie.	119	111 à 139	**Faux foc** garni.................	A.	Mᵉ voilier.	268	
						Faux grands bras de grande vergue.......	Gréement.	Mᵉ de manœuvre	22	
Mouv. du port	Garniture.	Garniture.	Garniture.	110 bis ou 106	1 à 8	{ de grand hunier.	R.	id.	48	
id.	id.	id.	id.	110 bis ou 106	1 à 8	{ pour garnitures de vergues. { de petit hunier.	R.	id.	48	
						Faux marchepieds de vergue de perroquet de fougue.	Gréement.	id.	14	
						de vergue de grand hunier...........	id.	id.	34	
						de vergue de petit hunier...........	id.	id.	16	
						avec crocs à palans de perroquet de fougue....	id.	id.	26	
						Faux palanquins. { de grand hunier { doubles........	id.	id.	26	
						{ simples et à croc......	id.	id.	26	
						{ de petit hunier { doubles........	id.	id.	34	
						{ simples et à croc......	id.	id.	34	
Const. navales	Charpentage.	Charpentage.	Charpentage.	87	180 ou 193	**Faux sabords** ou mantelets de sabords brisés, en bois, sans vitrage. { pour les batteries.	A.C.	Mᵉ charpent.	236	
id.	id.	id.	id.	87	180 ou 193	{ pour les gaillards et les dunettes.	A.C.	id.	236	
id.	Menuiserie.	Menuiserie.	Menuiserie.	87	180 ou 193	avec partie { pour les batteries.	A.C.	id.	236	
id.	id.	id.	id.	87	180 ou 193	supérieure vitrée { sous la dunette.......	A.C.	id.	236	
							A.C.	id.	226	
id.	G. œuvres.	G. œuvres.	G. œuvres.	104	134	**Fémelots** de gouvernail, en bronze, pour bâtiments...........	R.	id.	254	
id.	id.	id.	id.	104	134	{ pour bâtiments.	A.C.	id.	226	
id.	id.	id.	id.	104	135	en fer. { pour embarcations.	R.	Mᵉ de manœuvre	110	
id.	id.	id.	id.	104	135	sur l'étambot, pour embarcations.	A.T.	id.	110	
id.	Chal. et canots	Chal. et canots	Chal. et canots	104	43		R.	id.	110	
Const. navales	Chal. et canots	Chal. et canots	Chal. et canots	104	45	**Fer-blanc.** brillant. { grand modèle............	A.	Magasinier.	360	
id.	P. chaudronn.	P. chaudronn.	»	22	1	{ petit modèle............	A.	id.	360	
id.	id.	id.	»	22	2	terne. { grand modèle............	E.A.	Mᵉ de manœuvre	8	
id.	id.	id.	»	22	3	{ petit modèle............	A.	Magasinier.	348, 360	
id.	id.	id.	»	22	4	de gouvernail. { pour bâtiments....	A.T.	Mᵉ charpentier	254	
id.	G. œuvres.	G. œuvres.	G. œuvres.	104	Divers	{ pour embarcations....	R.	Mᵉ de manœuvre	110	
Const. navales	Chal. et canots	Chal. et canots	Chal. et canots	104	Divers	**Ferrures** de mantelets de pavois des gaillards et de la poulaine..	A.C.	Mᵉ charpent.	236	
id.	Perçage.	Perçage.	Perçage.	»	442	en fer, pour arcs-boutants de grands bras......	A.C.	id.	228	
id.	id.	id.	id.	104	»	{ pour recevoir { hautes............	A.C.	id.	228	
id.	id.	id.	id.	104	»	{ les grues d'embarquement. { basses......	A.C.	id.	228	

DÉSIGNATION du service où s'opèrent les délivrances, la mise en place, le démontage et les réparations.	LOCALITÉS OU S'OPÈRENT — la mise en place ou les délivrances. (Section de magasin ou atelier.)	les démontages ou les remises. (Atelier.)	les réparations. (Atelier.)	NUMÉROS D'ORDRE de la NOMENCLATURE — par unité collective.	par unité simple.	NOMENCLATURE DES MATIÈRES ET OBJETS.	LETTRES de classement.	ARTICLE du MAITRE ou DE L'OFFICIER COMPTABLE auquel l'objet se rapporte.	PAGE du RÈGLEMENT d'armement.	ALLOCATIONS RÉGLEMENTAIRES pour 1 Mois.
Const. navales	P. chaudronn.	P. chaudronn.	P. chaudronn.	»	»	**Ferrures..** { relatives à l'artillerie, pour embarcations	A.T.	Mº de manœuvre	100	
id.						{ pour soulever la couverture des bouteilles.	A.C.	Mº calfat.	280	
id.	Perçage.	Perçage.	Perçage..	104	203	de haubens... d'artimon....	A.C.	Mº charpent.	218	
id.	Forges.	Forges.	Forges.	104	203	de grand mât.	R.	id.	242	
id.	Perçage.	Perçage.	Perçage.	104	203	de misaine...	A.C.	id.	243	
id.	Forges.	Forges.	Forges.	104	203	en fer, pour chaînes... fixes de hune... d'artimon...	R.	id.	220	
id.	Perçage.	Perçage.	Perçage.	104	203	de grand mât.	A.C.	id.	242	
id.	Forges.	Forges.	Forges.	104	203	de misaine...	R.	id.	232	
id.	Perçage.	Perçage.	Perçage.	104	203	de galhauban, étran-glés de hune... d'artimon...	A.C.	id.	244	
id.	Forges.	Forges.	Forges.	104	203	de grand mât.	R.	id.	222	
id.	Perçage.	Perçage.	Perçage.	104	203	de misaine...	A.C.	id.	248	
id.	Forges.	Forges.	Forges.	104	203	à cheval...	A.C.	id.	224	
id.	Perçage.	Perçage.	Perçage.	104	203	d'artimon....	A.C.	id.	229	
id.	id.	id.	id.	104	203	de grand mât.	A.C.	id.	222	
id.	id.	id.	id.	104	203	de misaine...	A.C.	id.	234	
id.	G. chaudronn.	G. chaudronn.	G. chaudronn.	63	267	ou pieds, pour extraire les bagues des tubes de chau-dières....	A.	Mº mécanic.	206	
id.	Forges.	Forges.	Forges.	63	125 et 126			id.	204	
id.	G. chaudronn.	G. chaudronn.	id.	63	125 et 126	à souder....	A.	Mº armurier.	298 et 316	
id.	G. chaudronn.	G. chaudronn.	»	19	10	d'angle, supérieurs, en cornières....	A.	Magasinier.	348	
id.	Menuiserie.	Menuiserie.	Forges.	62	33 à 38	de bouvets....	A.	Mº charpent.	256	
id.	id.	id.	id.	62	33 à 38		R.	id.	260	
id.	Forges.	Forges.	id.	62	138 à 160	**Fers....** de calfats { dits becs à corbin....	A.	Mº calfat.	286	
id.	id.	id.	id.	62	161	{ à clous....	A.	id.	286	
id.	id.	id.	id.	62	165	{ d'onbliers....	A.	id.	286	
id.	id.	id.	id.	62	162	{ à dents ou à pied de cochon.	A.	id.	286	
id.	id.	id.	id.	62	164	{ doubles....	A.	id.	286	
id.	id.	id.	id.	62	163	{ simples....	A.	id.	286	
id.	id.	id.	id.	62	166 à 168	{ taillants....	A.	id.	286	
id.	id.	id.	id.	62	169 et 170	{ travaillants....	A.	id.	286	
id.	id.	id.	id.	104	306	de chalat....	A.	Mº de manœuvre	90	
Subsistances.	Ustens. outils.	Salle de dépôt.	Dét. des subs.	21	6	de colonnes....	A.	Commis aux vivr.	326	
Const. navales	Menuiserie.	Menuiserie.	Forges.	62	417	de demi-vanlopes....	E.A.	Mº charpent.	296	4
Mouv. du port	Emb. de servit.	Emb. de servit.	id.	»	»	de galfe, à deux croissants....	A.	Mº de manœuvre	108	
Const. navales	Forges.	Forges.	id.	104	47		R.	id.	110	
id.	id.	id.	id.	104	47	de galères....	A.	Mº charpent.	296	
id.	Menuiserie.	Menuiserie.	id.	62	174	de guillaumes....	R.	id.	260	
id.	id.	id.	id.	62	217 et 218	de jablières, pour tonneliers....		Com. aux vivr.	326	
id.	id.	id.	id.	62	217 et 218	de mouchettes....	A.	Mº charpent.	258	208
Subsistances	Ustensiles,etc.	Salle de dépôt	Dét. des subs.	21	12					
Const. navales	Menuiserie.	Menuiserie.	Forges.	62	271					
id.	id.	id.	id.	62	312 à 325 et 273		A.	Com. aux vivr.	326	
Subsistances.	Ustensil., etc.	Salle de dépôt	Dét. des subs.	21	26	de rabots....		Mº armurier.	298	
Artillerie.	Armurerie.	Armurerie.	Armurerie.	62	312 à 325 et 273					
Const. navales	Menuiserie.	Menuiserie.	Forges.	62	312 à 325		R.	Mº charpent.	260	20

DÉSIGNATION du service où s'opèrent les délivrances, la mise en place, le démontage, les remises et les réparations.	LOCALITÉS OU S'OPÈRENT			NUMÉROS D'ORDRE de la NOMENCLATURE		NOMENCLATURE DES MATIÈRES ET OBJETS.	LETTRES de classement. R.A. Entrée en armement. A. Armement. R. Rechange. C.R. Complément de rechange. A.C. Accessoires de coque. A.T. Objets appartenant à la coque des embarcations. R. Objets à délivrer pour les passagers.	ARTICLE DU MAÎTRE OU DE L'OFFICIER COMPTABLE auquel l'objet se rapporte.	PAGE du RÈGLEMENT d'armement.	ALLOCATIONS RÉGLEMENTAIRES pour 1 Mois.
	la mise en place, les délivrances. Section de magasin ou atelier.	les démontages ou les remises. Atelier.	les réparations. Atelier.	par unité collective.	par unité simple.					
Const. navales	Menuiserie.	Menuiserie.	Menuiserie.	62	414	de varlopes.	A.	M⁰ᵉ charpentier	260	
id.	id.	id.	id.	62	414	en limaille porphyrisée.	R.	id.	260	
Hôpitaux.	Pharmacie.	Salle de dépôt.	»	37	994	fouillard.	A.	Chirurgien.	394	
Subsistances.	Dist., ouills, etc.	id.	»	25	30		A.	Com. aux viv.	328	
Const. navales	Forges.	Forges.	»	19	6 à 8 et 11	**Fers.** à clous.	A.	Magasinier.	382	
id.	id.	id.	»	19	6 à 8	supérieurs en barres. carrés.	A.	id.	382	
id.	id.	id.	»	19	6 à 8	plats.	A.	id.	382	
id.	id.	id.	»	19	6 à 8	ronds.	A.	id.	382	
id.	id.	id.	»	19	6 à 8	assortis suivant la machine.	A.	id.	348	
id.	G. chaudronn.	G. chaudronn.	»	19	10	en cornières. pour réparations des bâtiments en fer.	A.	id.	382	
id.	id.	id.	»	19	10	pour réparation des canots en fer.	A.	id.	382	
Commissariat	Dét. des arm.	Dét. des arm.	»	361	64	**Feuille.** d'appel, pour servir aux revues d'effectif.	A.	⁰Offic. d'adm.	376	
id.	id.	id.	»	362 B	62 B	de journée et son annexe (service à la mer).	A.	id.	376	
id.	id.	id.	»	362 B	62 B	libre. intercalaire pour officiers.	A.	id.	376	
id.	id.	id.	»	362 B	62 B	intercalaire pour marins.	A.	id.	376	
id.	id.	id.	»	362 B	62 B	intercalaire pour traitement de table.	A.	id.	376	
id.	id.	id.	»	342	212	individuelle, pour servir à constater le paiement des allocations attribuées au titre de la dotation de l'armée	A.	id.	378	
id.	Dét. des subs.	Dét. des subs.	»	614	14	des mouvements à bord.	A.	Comm. d'armée.	404	
id.	Dét. des arm.	Dét. des arm.	»	2074	74	de registre pour la comptabilité des divers chapitres.	A.	Offic. d'adm.	376	
id.	id.	id.	»	398	98	mensuelle de paiement pour marins.	A.	id.	382	
id.	id.	id.	»	2073	73	pour demande ou réclamation.	A.	Comm. d'armée.	404	
Hôpitaux.	Pharmacie.	Salle de dépôt.	»	2073	73	imprimée, pour cahiers de visite.	A.	Chirurgien.	388	
id.	id.	id.	»	23	12	**Feuilles.** de datura stramonium.	A.	id.	394	
id.	id.	id.	»	23	38	de séné (et follicules).	A.	id.	394	
id.	id.	id.	»	23	41	de thé.	A.	id.	394	
						Feux de conserve ou flambeaux de signaux. (Voir l'article *Flambeaux*.)				
Const. navales	Serrurerie.	Serrurerie.	Serrurerie.	33	74 à 76	**Fiches** (à mortaise) en fer.	A.C.	M⁰ᵉ mécanicien	191	
Mouv. du port	Pavillonnerie.	Pavillonnerie.	»	49	112 à 120	à coudre.	A.	Magasinier.	346	
Hôpitaux.	Magasin	Salle de dépôt.	»	83	46	à coudre de Rennes.	A.	Chirurgien.	388	
Artillerie.	Poudr. et artific.	Artifices.	»	96	123	à gargousses, en laine.	A.	Magasinier.	340	
Mouv. du port	Voilerie.	»	»	108	5, 7 à 9	à voiles, blanc.	E.A.	M⁰ᵈᵉ manœuvre	8	
		Voilerie.	»	108	5, 7 à 9		A.	Magasinier.	338, 340 346 et 330	
Const. navales	Serrurerie.	Serrurerie.	»	28	24 à 28	**Fil.** de fer. assorti.	A.	id.	348 et 332	
id.	id.	id.	»	28	26	non recuit. fin.	A.	id.	300	
id.	id.	id.	»	28	27	moyen.	A.	id.	300	
id.	id.	id.	»	28	17 et 18	de laiton assorti.	A.	id.	348	
id.	id.	id.	»	28	17	clair, pour épinglettes.	A.	id.	300	
id.	id.	id.	»	28	17 et 18	pour sonnettes.	A.C.	M⁰ᵉ mécanic.	193	
id.	Calfatage.	Calfatage.	»	49	121	pour cordonniers et bourreliers.	A.	Magasinier.	358	

DÉSIGNATION du service où s'opèrent les délivrances, la mise en place, le démontage, les remises et les réparations.	LOCALITÉS OÙ S'OPÈRENT			NUMÉROS D'ORDRE de la NOMENCLATURE		NOMENCLATURE DES MATIÈRES ET OBJETS.	LETTRES déclassement. D.A. Entrée ou armement. A. Armement. a. Rechange. C.A. Complément de rechange. A.C. Accessoires de coque. A.T. Objets attenant à la coque des embarcations. P. Objets à délivrer pour les passagers.	ARTICLE DU MAÎTRE OU DE L'OFFICIER COMPTABLE auquel l'objet se rapporte.	PAGE du RÈGLEMENT d'armement.	ALLOCATIONS complémentaires pour l mois.
	la mise en place ou les délivrances.	les démontages ou les remises.	les réparations.	par unité collective.	par unité simple.					
	Section de magasin ou atelier.	Atelier.	Atelier.							
Mouv. du port	Garniture.	Garniture.	Garniture.	112	27	**Filets** blancs, pour contenir l'étoupe............	A.	Magasinier.	334	
id.	id.	id.	id.	110 bis	113	d'abordage..........	A.	Mᵉ de manœuvre	44	
id.	id.	id.	id.	110 bis	113	de casse-tête..........	A.	id.	44	
id.	id.	id.	id.	110 bis	113	de muraille..........	A.	Mᵉ mécanic.	44	
Const. navales	Forges.	Forges.	Forges.	65	Divers.	à coussinets..........	A.	Mᵉ mécanic.	204	
id.	id.	id.	id.	65	Divers.	et tarauds pour la cheminée.........	A.	Mᵉ armurier.	316	
Artillerie.	Armurerie.	Armurerie.	Armurerie.	173	243	pour les vis de platine et luguettes....	A.	id.	294	
id.	id.	id.	id.	173	278	pour garniture de vergues. (Voir *Garnitures de vergues*.)....	R.	Mᵉ de manœuvre	48	
Mouv. du port	Garniture.	Garniture.	Garniture.	110 bis et 100	1 à 8					
						Filières à pommes pour gui d'artimon...........	Gréement.	id.	12	
						pour gui du grand mât.........	id.	id.	20	
						pour vergue de perruche........	id.	id.	18	
						pour vergue de cacatois de perruche...	id.	id.	18	
						pour vergue de grand perroquet....	id.	id.	20	
						pour vergue de petit perroquet....	id.	id.	36	
						pour vergue de petit cacatois.....	id.	id.	36	
						avec cosses et ridés d'envergure pʳ vergue de perroquet de fougue..	id.	id.	14	
						pour vergue (grande)......	id.	id.	22	
						pour vergue de grand hunier...	id.	id.	24	
						pour vergue de grand cacatois..	id.	id.	28	
						pour vergue de misaine.....	id.	id.	30	
						pour vergue de petit hunier...	id.	id.	34	
						de ris, avec garcettes et cabillots pʳ vergue de perroquet de fougue..	id.	id.	14	
						pour vergue (grande)......	id.	id.	22	
						pour vergue de grand hunier...	id.	id.	24	
						pour vergue de misaine.....	id.	id.	30	
						pour vergue de petit hunier...	id.	id.	34	
						pour hastingages de faux-pont.....	id.	id.	44	
						sur le pont......	id.	id.	44	
						pour hamacs.............	id.	id.	44	
						pour tentes.............	id.	id.	44	
Const. navales	Forges.	Forges.	Forges.	65	317 à 319	**Filtres** simples..............	A.	Mᵉ mécanicien	204	
id.	id.	id.	id.	65	317 à 319		A.	Mᵉ armurier.	316	
id.	Tonnellerie.	Tonnellerie.	Tonnellerie.	85	66 à 75	**Filtres** en bois, à double courant........	A.	Mᵉ de manœuvre	90	
Hôpitaux.	Pharmacie.	Salle de dépôt.	»	30	126⁷	à ouverture ordinaire de.. 15 millilitres...	A.	Chirurgien.	398	
id.	id.	id.	»	30	126⁶	3 centilitres..	A.	id.	398	
id.	id.	id.	»	30	126⁵	6..........	A.	id.	398	
id.	id.	id.	»	30	126⁴	12..........	A.	id.	398	
id.	id.	id.	»	30	126³	bouchés à l'émeri.. 25..........	A.	id.	398	
id.	id.	id.	»	30	126²	50..........	A.	id.	398	
id.	id.	id.	»	30	126¹	**Flacons** en cristal, carré, à étiquettes vitrifiées à large ouverture de.. 1 litre....	A.	id.	398	
id.	id.	id.	»	30	126¹⁰	à large ouverture de.. 15 millilitres...	A.	id.	398	
id.	id.	id.	»	30	126⁹	3 centilitres..	A.	id.	398	
id.	id.	id.	»	30	126¹⁶	non bouchés à l'émeri (avec bouchons de liége). à ouverture ordinaire de.. 12 centilitres..	A.	id.	398	
id.	id.	id.	»	30	126¹⁵	25........	A.	id.	398	
id.	id.	id.	»	30	126¹⁴	60........	A.	id.	398	10.

DÉSIGNATION du service où s'opèrent les délivrances, la mise en place, le démontage, les remises et les réparations.	LOCALITÉS OÙ S'OPÈRENT			NUMÉROS D'ORDRE de la NOMENCLATURE		NOMENCLATURE DES MATIÈRES ET OBJETS.	LETTRES de déclassement. R.A. Entrée en armement. A. Armement. R. Rechange. C.R. Complément de rechange. A.C. Accessoires de coque. A.V. Objets attenant à la coque des embarcations. P. Objets à délivrer pour les passagers.	ARTICLE DU MAÎTRE OU DE L'OFFICIER COMPTABLE auquel l'objet se rapporte.	PAGE du RÈGLEMENT d'armement.	ALLOCATIONS RÉGLEMENTAIRES pour 1 ... Mois.
	la mise en place ou les délivrances. Section de magasin ou atelier.	les démontages ou les remises. Atelier.	les réparations. Atelier.	par unité collective.	par unité simple.					
Hôpitaux.	Pharmacie.	Salle de dépôt.	»	50	126 44	à étiquettes vitrifiées, non bouchés à l'émeri, en cristal, carrés, avec bouchons de liège à ouverture ordinaire, de 1 litre 20 centilitres.	A.	Chirurgien.	398	
id.	id.	id.	»	50	126 47	à large ouverture de 3 centilitres...	A.	id.	398	
id.	id.	id.	»	50	126 46	6.....	A.	id.	398	
id.	id.	id.	»	50	126 45	12.....	A.	id.	398	
id.	id.	id.	»	50	126 44	25.....	A.	id.	398	
id.	id.	id.	»	50	126 43	50.....	A.	id.	398	
id.	id.	id.	»	50	126 42	90.....	A.	id.	398	
id.	id.	id.	»	50	126 44'	1 litre.....	A.	id.	398	
id.	id.	id.	»	50	100	1 litre 20 centil... bouchés à l'émeri, à ouverture ordinaire, de 25 centilitres.	A.	id.	388	
Const. navales	Menuiserie.	Menuiserie.	»	124	267	en cristal, pour garniture de toilette...	P.	Mᵉ de timon.	188	
Hôpitaux.	Pharmacie.	Salle de dépôt.	»	50	41	ou bocaux en verre à sulfate de quinine.	A.	Chirurgien.	398	
Artillerie.	Poudr. et artill.	Artifices.	Artifices.	156	82	**Flambeaux**. de signaux, ou feux de conserve.	A.	Mᵉ canonnier.	142	
Hôpitaux.	Magasin.	Salle de dépôt.	Dét. des hôpit.	2	10	ou chandeliers. en cuivre argenté...	A.	Aumônier.	366	
id.	id.	id.	id.	2	12	bronzés.	A.	id.	366	
Mouv. du port	Pavillonnerie.	Pavillonnerie.	Pavillonnerie.	123	34	**Flammes**. de messe.	A.	Mᵉ de timon.	160	
id.	id.	id.	id.	123	26	de signaux d'armée (du nº 1 au nº 8). grande série.	A.	id.	170	
id.	id.	id.	id.	123	27	petite série.	A.	id.	170	
id.	id.	id.	id.	123	28	de signaux télégraphiques.. pour bâtiments.	A.	id.	170	
id.	id.	id.	id.	123	29	pour embarcations.	A.	id.	170	
id.	id.	id.	id.	123	30	de signaux de la langue universelle.	A.	id.	172	
id.	id.	id.	id.	123	1	françaises. nº 1.	A.	id.	168	
id.	id.	id.	id.	123	2	nº 2.	A.	id.	168	
id.	id.	id.	id.	123	3	nº 3.	A.	id.	168	
id.	id.	id.	id.	123	4	nº 4.	A.	id.	168	
id.	id.	id.	id.	123	5	nº 5.	A.	id.	168	
id.	id.	id.	id.	123	6	nº 6.	A.	id.	168	
id.	id.	id.	id.	123	7	nº 7.	A.	id.	168	
id.	id.	id.	id.	123	7 à 10	pour embarcations.	A.	Mᵉ de manœuvre	108	
id.	id.	id.	id.	123	11, 14, 17 20 ou 23	étrangères. nº 1.	A.	Mᵉ de timon.	168	
id.	id.	id.	id.	123	12, 15, 18 21 ou 24	nº 2.	A.	id.	168	
id.	id.	id.	id.	123	13, 16, 19 22 ou 25	nº 3.	A.	id.	168	
Const. navales	Machines.	Machines.	Machines.	104	287	**Flèches** en cuivre de paratonnerres.	A.	Mᵉ charpentier.	244, 246 et 250	
Mouv. du port	Voilerie.	Voilerie.	Voilerie.	118	315 à 337	**Flèche-en-cul**. d'artimon, garni.	A.	Mᵉ voilier.	276	
id.	id.	id.	id.	118	289 à 299	de grand mât, garni.	A.	id.	276	
Hôpitaux.	Pharmacie.	Salle de dépôt.	»	24	4	**Fleurs**. de camomille.	A.	Chirurgien.	394	
id.	id.	id.	»	24	25	de tilleul.	A.	id.	394	
Artillerie.	Armurerie.	Armurerie.	Armurerie.	170	17	**Flûtes** (petites) en ré bémol.	A.	Capit. d'armes	158	

DÉSIGNATION du service où s'opèrent les délivrances, la mise en place, le démontage, les remises et les réparations.	LOCALITÉS OU S'OPÈRENT			NUMÉROS D'ORDRE de la NOMENCLATURE		NOMENCLATURE DES MATIÈRES ET OBJETS.	LETTRES de classement. R.a Entrée en armement. A. Armement. n. Rechange. c.n. Complément de rechange. A.C. Accessoires de rechange. A.rs Objets attenant à la coque des embarcations. P. Objets à délivrer pour les passagers.	ARTICLE DU MAITRE OU DE L'OFFICIER COMPTABLE auquel l'objet se rapporte.	PAGE du RÈGLEMENT d'armement	ALLOCATIONS RÉGLEMENTAIRES pour 1 1 Mois.
	la mise en place ou les délivrances.	les démontages ou les remises.	les réparations.	par unité collective.	par unité simple.					
	Section du magasin ou atelier.	Atelier.	Atelier.							
Mouv. du port	Voilerie.	Voilerie.	Voilerie.	120	17 à 23	**Foc.....** d'artimon de cape sur corne, ou grande voile goëlette de cape garnie............	A.	M° voilier.	268	
id.	id.	id.	id.	121	2 à 24	garni pour embarcations diverses............	A.	M° de manœuvre	108	
Const. navales	Forges.	Forges.	Forges.	104	307	**Foënes** en fer, pour la pêche............	A.	id.	92	
id.	P. chaudronn.	id.	P. chaudronn.	99	39	**Fontaines...** à suif s'applique contre les chaudières....} en cuivre.....	A.	M° mécanicien	198	
id.	id.	id.	id.	99	108	en tôle.....	A.	id.	198	
id.	Tonnellerie.	Tonnellerie.	Tonnellerie.	85	76 et 77	en bois, d'applique, pour les cuisines.....	A.	M° de manœuvre	92	
id.	P. chaudronn.	P. chaudronn.	P. chaudronn.	99	39	en cuivre.....	A.	Chirurgien.	388	
id.	id.	id.	id.	99	39	en cuivre, pour la consommation journalière de l'huile.....	A.	M° mécanic.	198	
Artillerie.	Armurerie.	Armurerie.	Armurerie.	63	131²	**Forets** à téton, pour évider la tête des chiens.....	M° armurier.		294	
id.	id.	id.	id.	63	131¹	pour les trous de goupilles.....	A.	id.	298	
Const. navales	Forges.	Forges.	Forges.	63	128 et 129		A.	M° mécanic.	303 et 204	
Artillerie.	Armurerie.	Armurerie.	Armurerie.	63	128 et 129	pour percer les métaux, assortis.....	A.	M° armurier.	296	
Const. navales	Tôlerie.	Tôlerie.	Tôlerie.	57	4 à 9	**Forges** du système Enfer............		M° mécanic.	208	
id.	id.	id.	id.	57	4 à 9	de bord.. ordinaires............	A.	M° armurier.	314	
id.	id.	id.	id.	57	1 à 3			M° mécanic.	208	
id.	id.	id.	id.	57	1 à 3		A.	M° armurier.	314	
Mouv. du port	Voilerie.	Voilerie.	Voilerie.	113	69 à 101	**Fortune** des goëlettes, ou misaine carrée garnie.....	A.	M° voilier.	268	
id.	id.	id.	id.	113	69 à 101		R.	id.	268	
Const. navales	Tonnellerie.	Tonnellerie.	Tonnellerie.	85	32 à 42	**Foudres** pour recevoir le vin de la distribution journalière, etc...	A.	C° aux vivres.	322	
						Fouets.... avec cosse p¹ guinderesse } de mât de flèche d'artimon....	Gréement.	M° de manœuvre	16	
						de mât de perruche et flèche....	id.	id.	16	
						de mât de grand perroquet et flèche.	id.	id.	26	
						de mât de petit perroquet.....	id.	id.	36	
						pour de perroquet de fougue....	id.	id.	16	
						de grande voile....	id.	id.	22	
						avec margouillets } cargues fonds. de grand hunier....	id.	id.	24	
						de misaine....	id.	id.	32	
						de petit hunier....	id.	id.	34	
						pour cerclures du linge.....	id.	id.	44	
Subsistances.	Ust., outils, etc.	Salle de dépôt.	Dét. des subsist.	22	61	**Fourchettes** en fer battu.....	A.	Com. aux viv.	322	
Const. navales	id.	Machines.	Tôlerie.	128	25	pour baromètres marins.....	A.	M° de timon.	160	
id.	Tôlerie.	Machines.	Tôlerie.	104	245	**Fourgous** en fer pour fours.....	A.	Com. aux viv.	326	
id.	P. chaudronn.	P. chaudronn.	P. chaudronn.	97	39 à 44	**Fourneaux** à rôtis en cuivre.....	A.	M° mécanicien	214	
id.	Tôlerie.	Tôlerie.	Tôlerie.	99	110	en tôle, pour brûloir à torréfier le café.	A.	id.	214	
Artillerie.	Armurerie.	Armurerie.	Armurerie.	108	46	complets en tôle d'acier, de sabres-baïonnettes (modèles 1842 et 1840)............	R.	M° armurier.	302	
id.	id.	id.	id.	171	16 et 17	**Fourreaux** en cuir, de baïonnettes, garnis } pour fusils.....	R.	Cap. d'armes.	454	
id.	id.	id.	id.	171	16 et 17		A.	id.	132	
id.	id.	id.	id.	171	16 et 17	pour mousquetons.....	A.	id.	134	
id.¹	id.	id.	id.	171	16 et 17		R.	id.	134	
Const. navales	Tôlerie.	Tôlerie.	Tôlerie.	97	46 à 51	**Fours** garnis de leurs portes............	A.	C° aux vivres.	330	
Artillerie.	Armurerie.	Armurerie.	Armurerie.	63	135¹	**Fraises** pointues pour le logement des têtes de vis.....	A.	M° armurier.	296	
id.	id.	id.	id.	63	135	pour évider la tête des chiens.....	A.	id.	294	

DÉSIGNATION du service où s'opèrent les délivrances, la mise en place, le démontage, ou les réparations.	LOCALITÉS OÙ S'OPÈRENT			NUMÉROS D'ORDRE de la NOMENCLATURE		NOMENCLATURE DES MATIÈRES ET OBJETS.	LETTRES de classement.	ARTICLE ou DE L'OFFICIER COMPTABLE auquel l'objet se rapporte.	PAGE du RÈGLEMENT d'armement.	ALLOCATIONS RÉGLEMENTAIRES pour l Mois.
	la mise en place ou les délivrances.	les démontages ou les remises.	les réparations.	par unité collective.	par unité simple.		E.A. Entrée en armement. A. Armement. R. Rechange. C.R. Complément de rechange. A.C. Accessoires de coque. A.T. Objets attenant à la coque des embarcations. P. Objets à délivrer pour les passagers.			
	Section du magasin ou atelier.	Atelier.	Atelier.							
Const. navales	G. œuvres.	G. œuvres.	G. œuvres.	104	137	**Frelus** en fer de gouvernail.	A.C.	Mᵉ charpentᵗ.	226	
id.	Calfatage.	Calfatage.	»	48	19 et 20	**Frise** en bandes, de 13 à 15 centimètres, pour sabords et hublots. . . .	A.	Magasinier.	338	
Artillerie.	Armurerie.	Armurerie.	Armurerie.	145	24 à 27 et 45 à 49	de tire complète avec boulon et clavette, etc. { pour canons, canons-obusiers et obusiers. . . . . . . pour caronades.	A.	Mᵉ canonnier.	114	
id.	id.	id.	id.	145			A.	id.	122	
id.	id.	id.	id.	145	34	pour obusiers en bronze de 13 c. .	A.	id.	130	
Const. navales	Charpentage.	Charpentage.	Charpentage.	87	171	**Fronteaux..** en bois { pour bastingages.	A.C.	Mᵉcharpentier	230	
id.	Menuiserie.	Menuiserie.	Menuiserie.	87	172	pour drômes.	A.	id.	262	
Mouv. du port	Voilerie.	Voilerie.	Voilerie.	122	149	en toile neuve. { pour gaillards et dunettes. .	A.	Mᵉ voilier.	272	
id.	id.	id.	id.	122	150	pour panneaux.	A.	id.	272	
id.	id.	id.	id.	122	150	pour l'hôpital.	A.	id.	272	
id.	id.	id.	id.	122	150	de muraille, pour abriter les passagers.	A.	id.	272	
id.	id.	id.	id.	122	150	pour tambours.	A.	id.	272	
Const. navales	Machines.	Machines.	Machines.	66	120	**Fuseaux.** ou fûts à rochet, pour machines à percer. .	A.	Mᵉ mécanic.	204	
id.	id.	id.	id.	66	119	ou fûts droits, pour machines à percer. .	A.	id.	204	
Artillerie.	Poudr. et artific.	Artifices.	»	136	44	**Fusées** chargées. . { à friction, pour grenades d'exercice. .	A.	Capit. d'armes	156	
id.	id.	id.	Artifices.	136	27, 29 à 31, 36 et 37	pour boulets creux et obus d'exercice. .	A.	Mᵉ canonnier.	118 et 126	
id.	id.	id.	id.	136	24	pour bouées de sauvetage. .	A.	id.	142	
id.	id.	id.	id.	136	20	de signaux, à baguettes. .	A.	id.	142	
id.	Armurerie.	Armurerie.	Armurerie.	163	31	**Fusils.** { à percussion, de chasse, à 1 ou 2 coups. .	A.	Capit. d'armes	150	
id.	id.	id.	id.	163	20 à 22	à percussion, de rempart, avec sabres-baïonnettes.	A.	id.	150	
id.	id.	id.	id.	163	Divers.	à percussion, de marine, modèles divers.	A.	id.	152	
id.	id.	id.	id.	163	30	à percussion, de marine, de 3ᵉ classe, et pour l'instruction, etc.	A.	id.	152	
id.	id.	id.	id.	163	301	à percussion, de 4ᵉ classe, bronzés, pour le salut du pavillon. .	A.	id.	152	
Subsistances.	Ust., outils, etc.	Salle de dépôt.	Dét. des subsist.	21	40	de bouchers, à aiguiser. .	A.	Cᵉ aux vivres.	320	
Const. navales	Tonnellerie.	Tonnellerie.	Tonnellerie.	84	16 à 28	**Futailles** pour emballage.	A.	Magasinier.	334	
id.	Machines.	Machines.	Machines.	66	120	**Fûts** ou fuseaux.. { à rochet, pour machines à percer. .	A.	Mᵉ mécanic.	204	
d	id.	id.	id.	66	119	droits, pour machines à percer. .	A.	id.	204	

G

Const. navales	G. œuvres.	G. œuvres.	G. œuvres.	87	44 à 48	**Gabarits** de gouvernail, en bois, avec ses étriers ou supports.	A.C.	Mᵉcharpentier	226	
id.	Serrurerie.	Serrurerie.	Serrurerie.	33	301	encloisonnées, pour serrures. { de fer. .	A.C.	Mᵉ mécanic.	191	
id.	id.	id.	id.	33	302	de cuivre. .	A.C.	id.	191	
id.	id.	id.	id.	33	305 à 307	**Gâches.** ou crampons non encloisonnées, pour serrures, verrous et targettes. { à patte. { de fer. .	A.C.	id.	191	
id.	id.	id.	id.	33	308	de cuivre. .	A.C.	id.	191	
id.	id.	id.	id.	33	305 à 307	à pointe. { de fer. .	A.C.	id.	191	
id.	id.	id.	id.	33	308	de cuivre. .	A.C.	id.	191	

DÉSIGNATION du service où s'opèrent les délivrances, la mise en place, le démontage, les remises et les réparations.	LOCALITÉS OÙ S'OPÈRENT			NUMÉROS D'ORDRE de la NOMENCLATURE.		NOMENCLATURE DES MATIÈRES ET OBJETS.	LETTRES de classement. A.A. Entrée en armement. A. Armement. B. Rechange. C.B. Complément de rechange. A.C. Accessoires de coque. A.P. Objets affectant à la coque des embarcations. E. Objets à délivrer pour les passagers.	ARTICLE DU MAÎTRE OU DE L'OFFICIER COMPTABLE auquel l'objet se rapporte.	PAGE du RÈGLEMENT	ALLOCATIONS RÉGLEMENTAIRES pour 1 Mois.
	la mise en place ou les délivrances.	les démontages ou les remises.	les réparations.	par unité collective.	par unité simple.					
	Section de magasin ou atelier.	Atelier.	Atelier.							
Const. navales	Serrurerie.	Serrurerie.	Serrurerie.	33	303	**Gâches** du fer.............	A.C.	M⁰ mécanic.	191	
id.	id.	id.	id.	33	304	de serrures, à auberonnière { de cuivre........	A.C.	id.	191	
Artillerie.	Armurerie.	Armurerie.	»	167	168	d'infanterie, modèle 1847........	R.	M⁰ armurier.	302	
id.	id.	id.	»	167	169	de mousquetons, modèle 1847...	R.	id.	302	
id.	id.	id.	»	167	170	à pivot. { de pistolets { de gendarmerie, modèle 1842...	R.	id.	302	
id.	id.	id.	»	167	170	{ de marine... { modèle 1849... modèle 1837..	R.	id.	302	
id.	id.	id.	»	167	171	d'infanterie, modèle 1822...	R.	id.	304	
id.	id.	id.	»	167	172	de cavalerie. { modèle 1822...	R.	id.	304	
id.	id.	id.	»	167	172	{ modèles antérieurs à 1822..	R.	id.	304	
Gâchettes. à vis.	id.	id.	»	167	173	de mousquetons { modèle 1822. de gendarmerie et de marine. { mod. antérieurs à 1822.	R.	id.	304	
id.	id.	id.	»	167	173		R.	id.	304	
id.	id.	id.	»	167	174	de pistolets de gendarmerie { modèle 1822. mod. antérieurs à 1822.	R.	id.	304	
id.	id.	id.	»	167	174		R.	id.	304	
id.	id.	id.	»	167	174¹	détentes, pour pistolets-revolvers...	y R.	id.	304	
id.	id.	id.	Armurerie.	161	102	pour platines d'espingoles { nouveau modèle.	R.	id.	310	
id.	id.	id.	id.	161	103	{ ancien modèle...	R.	id.	310	
Const. navales	Forges et Tonnellerie	Forges et Tonnellerie	Forges et Tonnellerie	83 et 104	Divers.	**Gaffes** emmanchées.............	A.	M⁰ de manœuvre	108	
id.	id.	id.	id.	83 et 104	Divers.		R.	id.	110	
id.	Menuiserie.	Menuiserie.	»	62	173	**Galères** { bois...	A.	M⁰ charpent.	236	
id.	id.	id.	Forges.	62	174	{ fers...	A.	id.	236	
id.	id.	id.	Menuiserie.	124	177 et 178	**Galeries** pour armoires, commodes et secrétaires...	A.	M⁰ de timonerie.	176, 178, 181	
Mouv. du port	Garniture.	Garniture.	Garniture.	110 bis ou 106	»	**Galhaubans** de grand { galhaubans... mât	R.	M⁰ de manœuvre	48	
id.	id.	id.	id.	110 bis ou 106	1 à 8	de hune. { rides...	R.	id.	48	
id.	id.	id.	id.	110 bis ou 106	1 à 8	de mât de { galhaubans...	R.	id.	48	
id.	id.	id.	id.	110 bis ou 106	1 à 8	perroquet { rides...	R.	id.	48	
					1 à 8	de flèche de perroquet du grand mât de hune...	Gréement.	id.	24	
						de flèche de perroquet du petit mât de hune.	id.	id.	32	
Galhaubans						étranglés. { pour mât de perroquet de fougue...	id.	id.	14	
						{ pour mât de perruche et flèche.	id.	id.	16	
						{ pour grand mât de hune.	id.	id.	24	
						{ pour mât de grand perroquet et flèche.	id.	id.	26	
						{ pour petit mât de hune.	id.	id.	32	
						{ pour mât de petit perroquet.	id.	id.	36	
						fixes. { pour mât de perroquet de fougue...	id.	id.	14	
						{ pour mât de flèche d'artimon.	id.	id.	15	
						{ pour mât de perruche et flèche.	id.	id.	16	
						{ pour grand mât de hune...	id.	id.	24	

DÉSIGNATION du service où s'opèrent les délivrances, la mise en place, le démontage, les remises et les réparations.	LOCALITÉS OU S'OPÈRENT			NUMÉROS D'ORDRE de la NOMENCLATURE.		NOMENCLATURE DES MATIÈRES ET OBJETS.	LETTRES de classement.	ARTICLE DU MAÎTRE OU DE L'OFFICIER COMPTABLE auquel l'objet se rapporte.	PAGE du RÉGLEMENT d'armement.	ALLOCATIONS RÉGLEMENTAIRES pour 1 Mois.
	la mise en place ou les délivrances. Section du magasin ou atelier.	les démontages ou les remises. Atelier.	les réparations. Atelier.	par unité collective.	par unité simple.					
						Galhaubans { fixes { pour mât de grand perroquet et flèche.	Gréement.	M⁰ de manœuvre	26	
						pour petit mât de hune.	id.	id.	32	
						pour mât de petit perroquet.	id.	id.	34	
						{ étranglés { pour mât de perruche et flèche.	id.	id.	16	
						de flèche pour mât de grand perroquet et flèche.	id.	id.	26	
						pour mât de petit perroquet.	id.	id.	36	
						fixes { pour mât de perruche et flèche.	id.	id.	16	
						pour mât de grand perroquet et flèche.	id.	id.	26	
						pour mât de petit perroquet.	id.	id.	36	
Const. navales	Poulierie.	Poulierie.	Poulierie.	82	35 à 37	dites poulies coupées non fordées, au rapport 5, simples à ronet de galoe à dé de bronze.	A.	M⁰ de timon.	162	
»	»	»	»	»	»	**Galoches** { avec rouets à l'étrave, pour sous-barbe pour embarcations.	A.	M⁰ de manœuvre	100	
Const. navales	G. œuvres.	G. œuvres.	G. œuvres.	82	45	en bois. ou charnurds à rouet, dans la sainte-barbe, pour retours de drosses.	A.C.	M⁰ charpent¹.	226	
id.	Perçage.	Perçage.	Perçage.	82	257	en fer, de halage.	A.C.	id.	230	
Hôpitaux.	Magasin.	Salle de dépôt	»	53	18	**Galon** en coton ou en fil, de 20 à 29ᵐᵐ de largeur.	A.	Chirurgien.	388	
Const. navales	Forges.	Forges.	Forges.	104	204	{ en fer rond, { d'artimon.	A.	M⁰charpent.	244	
id.	id.	id.	id.	104	204	pour haubans de hune. { de grand mât.	A.	id.	246	
id.	id.	id.	id.	104	204	**Gambes** { de misaine.	A.	id.	250	
						de hune, etc. { pour mât de perroquet de fougue.	Gréement.	M⁰ de manœuvre	14	
						pour grand mât de lune.	id.	id.	24	
						pour petit mât de hune.	id.	id.	32	
Subsistances.	Ust., ontils, etc.	Salle de dépôt	Dél. des subsist.	22	23	**Gamelles** en bois, garnies de leurs { ordinaires.	A.	Com. aux viv.	322	
id.	id.	id.	id.	22	23	ferrures et écussons en cuivre numérotés. { à petits bords.	A.	id.	322	
Const. navales	Tonnellerie.	Tonnellerie.	Tonnellerie.	85	79	**Gamelots** en bois pour embarcations.	A.	M⁰ de manœuvre	168	
Mouv. du port	Garniture.	Garniture.	»	100	15 à 20	en { blanc, 1ᵉʳ brin.	A.	M⁰ mécanic.	200	
id.	id.	id.	»	100	1 à 8	cordage. { goudronné, 1ᵉʳ brin.	A.	id.	202	
						pour balancines de gui d'artimon.	Gréement.	M⁰ de manœuvre	12	
						pour cargues d'étrangler de brigantine d'artimon.	id.	id.	12	
						pour balancines du vergue barron.	id.	id.	14	
						pour drosse de vergue barrée.	id.	id.	14	
						pour candelettes de mât de perroquet de fougue.	id.	id.	14	
						Garants { pour galhaubans étranglés de perroquet de fougue.	id.	id.	14	
						pour drisse de vergue de perroquet de fougue.	id.	id.	14	
						pour palans de roulis de perroquet de fougue.	id.	id.	16	
						pour galhaubans étranglés de mât de perruche en flèche.	id.	id.	16	
						de palans, pour étais de goëlette (grand mât) bas.	id.	id.	18	
						pour balancines du gui du grand mât.	id.	id.	20	
						pour retenuo du gui du grand mât.	id.	id.	20	
						pour balancines de grande vergue.	id.	id.	22	
						pour drosse de grande vergue.	id.	id.	22	
						pour palans de roulis de grande vergue.	id.	id.	22	

DÉSIGNATION du service où s'opèrent les délivrances, la mise en place, le démontage, les recolses et les réparations.	LOCALITÉS OÙ S'OPÈRENT			NUMÉROS de la NOMENCLATURE		NOMENCLATURE DES MATIÈRES ET OBJETS.	LETTRES de classement. E. A. Entrée en armement. A. Armement. a. Rechange. C. n. Complément de rechange. A. C. Accessoires de coque. A. r. Objets attenant à la coque des embarcations. P. Objets à délivrer pour les passagers.	ARTICLE DU MAÎTRE OU DE L'OFFICIER COMPTABLE auquel l'objet se rapporte.	PAGE du RÉGLEMENT d'armement.	ALLOCATIONS RÉGLEMENTAIRES pour 1 l Mois.
	la mise en place ou les délivrances.	les démontages ou les remises.	les réparations.	par unité collective.	par unité simple.					
	Section de magasin ou atelier.	Atelier.	Atelier.							
						pour cargues-fonds de grande voile.	Gréement.	M° de manœuvre	22	
						pour candelettes de grand mât de lune.	id.	id.	22	
						pour galhaubans étranglés de grand mât de lune.	id.	id.	24	
						pour drisses de vergue de grand hunier.	id.	id.	24	
						pour palans de rouls de vergue de grand hunier.	id.	id.	24	
						pour galhaubans étranglés de mât de grand perroquet et flèche.	id.	id.	26	
						pour galhaubans de flèche étranglés de grand perroquet et flèche.	id.	id.	26	
						pour drisse de vergue de grand perroquet.	id.	id.	26	
						pour étai de taquage de mât de misaine (bas).	id.	id.	28	
						pour balancines de vergue de misaine.	id.	id.	30	
						pour drosses de vergue de misaine.	id.	id.	30	
						pour palans de rouls de vergue de misaine.	id.	id.	30	
						pour cargues-fonds de misaine.	id.	id.	32	
						pour candelettes de petit mât de lune.	id.	id.	32	
						pour galhaubans étranglés de petit mât de lune.	id.	id.	32	
						pour drisses de vergue de petit hunier.	id.	id.	34	
						pour palans de rouls de petit hunier.	id.	id.	34	
						pour galhaubans étranglés de mât de petit perroquet. . . .	id.	id.	36	
						pour galhaubans de flèche étranglés de mât de petit perroquet.	id.	id.	36	
						pour drisse de vergue de petit perroquet.	id.	id.	36	
					Garants. . .	de palan pour haubans doubles de bout-dehors de grand foc. .	id.	id.	38	
						de palan de sous-barbe pour martingale double de grand foc.	id.	id.	38	
						pour amure de grand foc.	id.	id.	40	
						pour draille de grand foc.	id.	id.	40	
						pour palan d'étarque de drisse de grand foc.	id.	id.	40	
						pour caliornes de bas ronts.	id.	id.	40	
						pour caliornes de braguet.	id.	id.	40	
						pour grands palans de bouts de vergue.	id.	id.	40	
						pour grands palans d'étai.	id.	id.	42	
						pour petits palans de bouts de vergue.	id.	id.	42	
						pour petits palans d'étai ou palans de bredindin. . . .	id.	id.	42	
						pour palans à crocs.	id.	id.	42	
						pour palans à fouet.	id.	id.	42	
						pour palans de dimanche.	id.	id.	42	
						pour haubans { de grand mât d'embarcations.	id.	id.	104	
						{ de misaine d'embarcations.	id.	id.	104	
						{ de bout-dehors de foc d'embarcations.	id.	id.	104	
						(appareaux de déchargement).	id.	id.	42	
						pour caliornes, pour lever les ancres.	id.	id.	42	
						pour capons.	id.	id.	42	
						pour traversières.	id.	id.	42	
						pour garnitures d'arcs-boutants d'embarcations.	id.	id.	44	
						pour garniture de bossoirs de poupe pour embarcations. . .	id.	id.	44	
Mouv. du port.	Garniture.	Garniture.	Garniture.	110 bis ou 106	»	à œil, avec cabillots.	B.	id.	48	
id.	id.	id.	id.	112	1 à 28	Garcettes. . . de tourne-vire.	A.	id.	42	
id.	id.	»	»	112	31	pour le ridage, ou torons goudronnés.	E.A.	id.	8	
Const. navales.	Machines.	Machines.	Machines.	128	30	Gardes. . . . { en cuivre, pour baromètres marins.	A.	M° de timon.	100	11
					26	{ pour corne de grande voile goblette.	Gréement.	M° de manœuvre	20	

DÉSIGNATION du service où s'opèrent les délivrances, la mise en place, le démontage, les remises et les réparations.	LOCALITÉS OÙ S'OPÈRENT la mise en place ou les délivrances. (Section de magasin ou atelier.)	les démontages ou les remises. (Atelier.)	les réparations. (Atelier.)	NUMÉROS D'ORDRE de la NOMENCLATURE par unité collective.	par unité simple.	NOMENCLATURE DES MATIÈRES ET OBJETS.	LETTRES de classement.	ARTICLE DU MAÎTRE OU DE L'OFFICIER COMPTABLE auquel l'objet se rapporte.	PAGE du RÈGLEMENT d'armement.	ALLOCATIONS RÉGLEMENTAIRES pour l I Mois.
						Gardes ... pour corne de misaine goélette.	Gréement.	Mᵉ de manœuvre.	30	
						doubles. { pour corne de brigantine d'artimon.	id.	id.	12	
						pour corne de brigantine de grand mât.	id.	id.	20	
						pour corne de grande voile de cape des goélettes.	id.	id.	20	
						Garde-corps { avec cosses et rides pour mât de beaupré.	id.	id.	38	
						pour garnitures de tangons.	id.	id.	44	
Const. navales	G. œuvres.	G. œuvres.	G. œuvres.	02	155	**Garde-fers** ou escabeaux pour calfats.	A.	Mᵉ calfat.	286	
Artillerie.	Armurerie.	Armurerie.	Armurerie.	03	138	**Garde-pivots**	A.	Mᵉ armurier.	294	
id.	Poud. et artif.	Artifices.	Artifices.	155	30 à 34	en serge { remplies de poudre de guerre { pour combat.	A.	Mᵉ canonnier.	124	
id.	id.	id.	id.	155	30 à 34	pour caronades. { pour exercice.	A.	id.	124	
id.	id.	id.	id.	158	40 à 44	remplies de poudre de guerre { pour exercices à poudre.	A.	id.	126	
id.	id.	id.	id.	155	40 à 44	de qualité inférieure, pᵉ caronades. { pour salves et saluts.	A.	id.	126	
id.	id.	id.	id.	153	78	en papier { remplies de poudre de guerre { pour combat.	A.	id.	128	
id.	id.	id.	id.	153	78	pour espingoles, charge unique. { pour exercice.	A.	id.	128	
id.	id.	id.	id.	153	79	remplies de poudre de qualité inférieure pour espingoles, charge unique, pour exercices à poudre.	A.	id.	128	
id.	id.	id.	id.	153		**Gargousses** on papier parchemin { remplies de poudre de guerre pour canons, canons-obusiers et obusiers en bronze de 15 c. { pour combat.	A.	id.	118 et 132	
id.	id.	id.	id.	153		pour exercice.	A.	id.	118 et 132	
id.	id.	id.	id.	155	64 à 68⁵ et 68⁵	remplies de poudre { pour exercices à poudre.	A.	id.	118 et 132	
id.	id.	id.	id.	155	64 à 68⁴	de qualité inférieure. { pour salves et saluts.	A.	id.	118	
id.	id.	id.	id.	158	146 à 180	vides { en serge, pour caronades.	R.	id.	128	
id.	id.	id.	id.	158	172	en papier, pour espingoles, charge unique.	R.	id.	130	
id.	id.	id.	id.	158		en papier-parchemin, pour canons, canons-obusiers et obusiers.	id.	id.	122	
id.	id.	id.	id.	158	169⁸	en papier-parchemin, pour obusiers en bronze de 15 c.	R.	id.	132	
id.	Objets d'armem. et d'assortim. et ustensiles.	Armurerie.	Armurerie.	143	51 à 57		A.	id.	114	
id.	id.	id.	id.	143	51 à 57	**Gargoussiers** en cuir { pour canons, canons-obusiers et obusiers.	R.	id.	122	
id.	id.	id.	id.	143	52,55 et 57	pour caronades.	A.	id.	124	
id.	id.	id.	id.	143	52,35 et 57	pour obusiers de 15 c. (service des embarcations).	A.	id.	132	
Mouv. du port et	Pavillonnerie et Serrurerie.	Pavillonnerie et Serrurerie.	Pavillonnerie et Serrurerie.	Divers.	Divers.	complètes de draperies, rideaux, tapis, etc., pᵉ ameublement.	A.	Mᵉ de timon.	178, 180, 182 et 184	
Const. navales	Magasin.	Salle de dépôt.	Dét. des hôpit.	4	6	**Garnitures** d'autel brodées. { en mousseline brodée.	A.	Aumônier.	367	
Hôpitaux.	id.	id.	id.	4	7	en tulle brodé.	id.	id.	367	
Const. navales	Machines.	Machines.	Machines.	102	1	de clapets ou clapets en caoutchouc, { de bâche.	R.	Mᵉ mécanicien.	210	
id.	id.	id.	id.	102	1	pour machines à vapeur. { de condenseur.	R.	id.	210	

DÉSIGNATION du service où s'opèrent les délivrances, la mise en place, le démontage, les remises et les réparations.	LOCALITÉS OU S'OPÈRENT			NUMÉROS D'ORDRE de la NOMENCLATURE		NOMENCLATURE DES MATIÈRES ET OBJETS.	LETTRES de classement. v. a. Entrée en armement. A. Armement. c. a. Échange. c. n. Complément de rechange. A. C. Accessoires de coque. A. v. Objets attenant à la coque des embarcations. r. Objets à délivrer pour les passagers.	ARTICLE DU MAÎTRE ou DE L'OFFICIER COMPTABLE auquel l'objet se rapporte.	PAGE du RÈGLEMENT d'armement.	ALLOCATIONS RÉGLEMENTAIRES pour l Mois.
	la mise en place ou les délivrances. Section de magasin ou atelier.	les démontages ou les remises. Atelier.	les réparations. Atelier.	par unité collective.	par unité simple.					
Const. navales	Machines.	Machines.	Machines.	102	1	de clapets ou clapets en caoutchouc, pour machine à vapeur de pompe à air............................	R.	Mᵉ mécanicien	210	
Const. navales et Mouv. du port	Serrurerie et Pavillonnerie.	Serrurerie et Pavillonnerie.	Serrurerie et Pavillonnerie.	124	Divers.	de foyer.............................	A.	Mᵉ de timon.	176	
id.	Voilerie.	Voilerie.	Voilerie.	112	11	2 araignées de hamacs................	E.A.	Mᵉ de manœuvre	6	
id.	id.	id.	id.	112	11	2 anneaux en fer ou bagues, simples pour 2 araignées	A.	Mᵉ voilier.	274	
id.	id.	id.	id.	104	317	de hamacs.	E.A.	Mᵉ de manœuvre.	6	
id.	id.	id.	id.	104	317	de hamaca comprenant	A.	Mᵉ voilier.	274	
id.	id.	id.	id.	122	153	5 jarretières en toile, etc., pour hamacs........	E.A.	Mᵉ de manœuvre	6	
id.	id.	id.	id.	122	153		A.	Mᵉ voilier.	274	
id.	id.	id.	id.	112	34	1 raban de hamacs................	E.A.	Mᵉ de manœuvre	6	
id.	id.	id.	id.	112	34		A.	Mᵉ voilier.	274	
Mouv. du port	Garniture, Forges et tôlerie.	Garniture, Forges et tôlerie.	Garniture, Forges et tôlerie.	Divers.	Divers.	de panneaux à escarbilles............	A.	Mᵉ mécanicien	198	
Const. navales	Menuiserie.	Menuiserie.	»	124	Divers.	de toilette............	P.	Mᵉ de timon.	188	
Mouv. du port	Garniture.	Garniture.	Garniture.	110 bis ou 106	» 1 à 8	**Garnitures** estropes. de roulis, avec cosses,......	R.	Mᵉ de manœuvre	48	
id.	id.	id.	id.	110 bis ou 106	» 1 à 8	avec cosses pour empointures d'envergure...	R.	id.	48	
id.	id.	id.	id.	110 bis ou 106	» 1 à 8	pour bras, avec cosses....	R.	id.	48	
id.	id.	id.	id.	110 bis ou 106	» 1 à 8	pour balancines, avec cosses....	R.	id.	48	
id.	id.	id.	id.	110 bis ou 106	» 1 à 8	de grand hunier filières d'envergure, avec cosses et rides....	R.	id.	48	
id.	id.	id.	id.	110 bis ou 106	» 1 à 8	de vis, avec garcettes et cabillots..	»		48	
id.	id.	id.	id.	110 bis ou 106	» 1 à 8	itrières, avec cosses........	R.	id.	48	
id.	id.	id.	id.	110 bis ou 106	» 1 à 8	marchepieds, avec pommes....	R.	id.	48	
id.	id.	id.	id.	110 bis ou 106	» 1 à 8	de vergues faux marchepieds.........	R.	id.	48	
id.	id.	id.	id.	110 bis ou 106	» 1 à 8	estropes. de roulis, avec cosses....	R.	id.	48	
id.	id.	id.	id.	110 bis ou 106	» 1 à 8	avec cosses pour empointures d'envergure...	R.	id.	48	
id.	id.	id.	id.	110 bis ou 106	» 1 à 8	pour bras, avec cosses....	R.	id.	48	
id.	id.	id.	id.	110 bis ou 106	» 1 à 8	de petit hunier pour balancines, avec cosses....	R.	id.	48	
id.	id.	id.	id.	110 bis ou 106	» 1 à 8	filières d'envergure, avec cosses et rides..............	R.	id.	48	11.

DÉSIGNATION du service où s'opèrent les délivrances, la mise en place, le démontage, les remises et les réparations. (Section de magasin ou atelier.)	LOCALITÉS OÙ S'OPÈRENT la mise en place ou les délivrances. (Atelier.)	les démontages ou les remises. (Atelier.)	les réparations. (Atelier.)	NUMÉROS D'ORDRE de la NOMENCLATURE par unité collective.	par unité simple.	NOMENCLATURE DES MATIÈRES ET OBJETS.	LETTRES de classement	ARTICLE DU MAÎTRE OU DE L'OFFICIER COMPTABLE auquel l'objet se rapporte.	PAGE du RÈGLEMENT d'armement.	ALLOCATIONS RÉGLEMENTAIRES pour 1 Mois.
Mouv. du port	Garniture.	Garniture.	Garniture.	110 bis ou 106	1 à 8	de vergues de petit hunier { filières de ris, avec cosses, garcettes et cabillots.....	R.	M° de manœuvre.	48	
id.	id.	id.	id.	110 bis ou 106	»	étriers, avec cosses.........	R.	id.	48	
id.	id.	id.	id.	110 bis ou 106	1 à 8	marchepieds, avec pommes....	R.	id.	48	
id.	id.	id.	id.	110 bis ou 106	1 à 8	faux marchepieds........	R.	id.	48	
Const. navales	Charpentage.	Charpentage.	Charpentage.	»	»	en bois, pour recouvrir les tuyaux en plomb, des corneaux de poulaine, bouteilles, etc.	A.C.	M° charpentier	230	
id.	Machines.	Machines.	Machines.	133	63	en bronze { pour tubes niveleurs..........	C.R.	M° mécanicien	212	
id.	id.	id.	id.	133	64¹	pour colliers d'excentriques..........	C.R.	id.	212	
id.	Perçage. P. chaudronn. et	Perçage. P. chaudronn. et	Perçage. P. chaudronn. et	104	619	pour passage des poudres..........	A.C.	M° charpentier	236	
id.	Perçage. P. chaudronn. et	Perçage. P. chaudronn. et	Perçage. P. chaudronn. et	104	623 et 625	en cuivre { pour verres lenticulaires..........	A.C.	id.	230, 234	
id.	P. chaudronn.	P. chaudronn.	P. chaudronn.	104	624	pour verres prismatiques..........	A.C.	id.	230	
id.	Perçage.	Perçage.	Perçage.	104	625	en fonte de cuivre, pour le démontage des pièces de la machine.	A.C.	id.	234	
id.	id.	id.	id.	104	226	pour montants de bittes.... { à hélice..........	A.C.	id.	226	
id.	id.	id.	id.	104	527	ordinaire..........	A.C.	id.	226	
id.	id.	id.	id.	104	527	d'embossage.	A.C.	id.	226	
id.	id.	id.	id.	104	527	pour panneaux à écoubilles..........	A.C.	id.	230	
id.	id.	id.	id.	104	527	pour passage des manches à vent ou trompes....	A.C.	id.	230	
id.	id.	id.	id.	104	527	pour plans inclinés d'ancres de veille.	A.C.	id.	226	
id.	id.	id.	id.	104	527	en fonte de fer ... { pour sabords de poste, à la mer, des becs d'ancres de bossoir.	A.C.	id.	226	
id.	id.	id.	id.	104	527	pour traversins de bittes. { ordinaires..........	A.C.	id.	226	
id.	id.	id.	id.	104	527	d'embossage.	A.C.	id.	226	
id.	id.	id.	id.	133	Divers.	pour trous d'hommes..........	A.C.	id.	230	
id.	P. chaudronn.	P. chaudronn.	P. chaudronn.	»	»	de l'ouverture des hiblots..........	A.C.	M° calfat.	280	
id.	id.	id.	id.	»	»	pour l'intérieur des soutes à poudre..........	A.C.	id.	281	
id.	id.	id.	id.	»	»	pour le bassin de la gatte..........	A.C.	id.	281	
id.	Calfatage.	Calfatage.	Calfatage.	»	»	en plomb { pour le pont, au-dessous des cages à poules....	A.C.	id.	281	
id.	P. chaudronn.	P. chaudronn.	P. chaudronn.	»	»	pour le plancher des bouteilles et de la poulaine.	A.C.	id.	281	
id.	Calfatage.	Calfatage.	Calfatage.	»	»	p' revêtement du panneau supérieur de l'écoutille de la soute à poudre des bâtiments à batteries barbette.	A.C.	id.	281	
id.	P. chaudronn.	P. chaudronn.	P. chaudronn.	»	»	en tôle pour dalots extérieurs	A.C.	id.	281	
id.	id.	id.	id.	99	18	en bassins en cuivre étamé, pour l'éclairage des soutes à poudre.	A.C.	id.	281	
id.	id.	id.	id.	104	726	ou dalots en plomb.	A.C.	id.	281	
						d'arcs-boutants pour embarcations..........	Gréement.	M° de manœuvre	44	
						de bossoirs de poupe pour embarcations	id.	id.	44	
						de la vergue barrée..	id.	id.	14	
						de la vergue de perroquet de fougue.	id.	id.	14	
						de la vergue de perruche.	id.	id.	18	
						de la vergue de cacatois de perruche.	id.	id.	18	
						de la vergue (grande).	id.	id.	22	

Garnitures

DÉSIGNATION du service où s'opèrent les délivrances, la mise en place, le démontage, les remises et les réparations.	LOCALITÉS OÙ S'OPÈRENT			NUMÉROS D'ORDRE de la NOMENCLATURE		NOMENCLATURE DES MATIÈRES ET OBJETS.	LETTRES de classement.	ARTICLE DU MAÎTRE OU DE L'OFFICIER COMPTABLE auquel l'objet se rapporte.	PAGE du RÈGLEMENT d'armement.	ALLOCATIONS RÉGLEMENTAIRES pour l Mois.
	la mise en place ou les délivrances. Section de magasin ou atelier.	les démontages ou les remises. Atelier.	les réparations. Atelier.	par unité collective.	par unité simple.					
						Garnitures de la vergue de grand hunier.	Gréement.	M° de manœuvre	24	
						de la vergue de grand perroquet.	id.	id.	26	
						de la vergue de grand cacatois.	id.	id.	28	
						de la vergue de misaine.	id.	id.	30	
						de la vergue de petit hunier.	id.	id.	34	
						de la vergue de petit perroquet.	id.	id.	36	
						de la vergue de petit cacatois.	id.	id.	36	
						de tangons.	id.	id.	44	
						du gui d'artimon.	id.	id.	12	
						du gui du grand mât.	id.	id.	20	
Hôpitaux.	Pharmacie.	Salle de dépôt.	»	51	11	**Garrots** avec leurs lacs.	A.	Chirurgien.	386 et 388	
Artillerie.	Objets d'armem. et d'arserim. et matérobles.	Armurerie.	Armurerie.	143	64	**Genouillères** en cuir, pour le service à terre du canon de 4 rayé de montagne.	A.	M° canonnier.	138	
id.	Armurerie.	id.	id.	171	24	**Gibernes**... complètes... pour fusils et mousqueton ou *d'infanterie*.	A.	id.	130 et 152 2 fois.	
id.	id.	id.	id.	171	25	pour pistolets.	A.	id.	150	
id.	id.	id.	170	41		pour musiciens de bord.	A.	Cap. d'armes.	153	
Hôpitaux.	Magasin.	Salle de dépôt.	Dét. des hôpit.	49	5	**Gilets** de flanelle.	A.	Chirurgien.	390	
Const. navales.	Machines.	Machines.	Machines.	104	288	**Girouettes** en cuivre.	A.	M° de timon.	172	
Mouv. du port	Pavillonnerie.	Pavillonnerie.	Pavillonnerie.	124	240	avec cadres.	A.	id.	184	
Const. navales id.	Peinture.	Point arc.	»	81	1 à 7 8 à 14	pour vitrage des portes, fenêtres et claires-voies, polies. dépolies.	A.	Magasinier.	360 300	
id. id.	id.	id.	Peinture. id.	81 81	1 à 7 8 à 14	**Glaces** planes, polies. dépolies.	A.C. A.C.	M° mécanic. id.	193 193	
id.	id.	id.	»	51	22	polies pour fanaux.	A.	Magasinier.	360	
id.	Machines.	Poulierie.	Machines.	128	102	supérieures pour compas, de route.	R.	M° de timon.	162	
id.	id.	id.	id.	128	103	de dunette.	R.	id.	162	
id.	id.	id.	id.	128	104	de relèvement, et compas rapporteur.	R.	id.	162	
Mouv. du por	Pavillonnerie.	Pavillonnerie.	Pavillonnerie.	49	75	**Glands** pour cordons de sonnettes, en laine.	A.	id.	178, 180 et 182	
id.	id.	id.	»	49	73	en soie.	A.	id.	178 et 180	
Hôpitaux.	Magasin.	Salle de dépôt.	Dét. des hôpit.	50	220	**Gobelets** en étain.	A.	Chirurgien.	390	
Const. navales	Machines.	Machines.	Machines.	133	65	**Godets** à huile (sans siphon) pour pièces échauffées, en bronze.	A.	M° mécanic.	198	
id.	id.	id.	133	149		en cuivre.	A.	id.	198	
Hôpitaux.	Pharmacie.	Salle de dépôt.	»	45	4	**Gomme** arabique.	A.	Chirurgien.	394	
Const. navales	Forges.	Forges.	Forges.	104	445	de faux sabords dans les batteries.	R.	M° charpent.	264	
id.	id.	id.	id.	104	445	en fer, brisés, sur les gaillards.	R.	id.	264	
id.	id.	id.	id.	104	445	**Gonds** de mantelets de sabords de 1re batterie.	R.	id.	264	
id.	Serrurerie.	Serrurerie.	Serrurerie.	33	282	ou crochets à vis et à pattes, pour recevoir en abord les bancs et tables d'équipage.	R.	id.	254	

DÉSIGNATION du service où s'opèrent les délivrances, la mise en place, le démontage, les remises et les réparations.	LOCALITÉS OÙ S'OPÈRENT — la mise en place ou les délivrances. Section du magasin ou atelier.	les démontages ou les remises. Atelier.	les réparations. Atelier.	NUMÉROS D'ORDRE de la NOMENCLATURE — par unité collective.	par unité simple.	NOMENCLATURE DES MATIÈRES ET OBJETS.	LETTRES de classement.	ARTICLE DU MAÎTRE ou de l'officier comptable auquel l'objet se rapporte.	PAGE du RÈGLEMENT d'armement.	ALLOCATIONS RÉGLEMENTAIRES pour 1 Mois.
Mouv. du port	Garniture.	Garniture.	Garniture.	65	525 ou 526	**Goret** pour nettoyer la carène..........	A.	M° de manœuvre	92	»
Const. navales	Calfatage.	Calfatage.	»	40	7 et 8		A.	Magasinier.	348	
·id.	id.	id.	»	40	7 et 8	**Goudron.** { minéral.	E.A.	M° de manœuvre	8	
id.	id.	Calfatage.	»	40	9	{ végétal pour le gréement..	A.	id.	94	
id.	Forges.	Forges.	Forges.	62	179 à 181	{ à dalots.	A.	M° charpentier	256	
id.	id.	id.	id.	62	184 à 186	{ à mâture.	A.	id.	258	
id.	id.	id.	id.	63	207	{ à tête de fer, pour perceurs.	A.	id.	238	
Artillerie.	Armurerie.	Armurerie.	Armurerie.	63	139 et 140	**Gouges.** { pour armuriers.	A.C.	M° mécanicien	204	
Const. navales	Forges.	Forges.	Forges.	63	139 et 140	{ pour menuisiers.	A.	M° armurier.	296	
id.	Serrurerie.	Serrurerie.	Serrurerie.	104	627	{ en cuivre, divers.	A.	M° charpentier	238	
Artillerie.	Armurerie.	Armurerie.	Armurerie.	161	7	{ pour fronteaux de mire.	A.C.	M° mécanicien	191	
id.	id.			161	50	**Goujons.** { en fer. { pour hausses marines.	R.	M° armurier.	340	
Const. navales	Serrurerie.	Serrurerie.	Serrurerie.	104	447	{ ordinaires.	A.C.	M° mécanicien	191	
Artillerie.	Armurerie.	Armurerie.		167	101	{ de hausses.	R.	M° armurier.	304	
Const. navales	Forges.	Forges.		104	448	**Goupilles.** { en fer, assorties.	R.	Magasinier.	334	
id.	id.	id.		104	165	{ ou broches en acier pour chaînes.	A.	M° de manœuvre	88 et 90	
Hôpitaux.	Magasin.	Salle de dépôt.	Dép. des hôpit.	2	2	**Goupillons** pour bénitier, en cuivre argenté.	A.	Aumônier.	366	
Mouv. du port	Emb. deservit.	Emb. deservit.	Const. navales et Chal. et canots	»	»		E.A.	M° de manœuvre	4	
Const. navales	Chal. et canots	Chal. et canots	Chal. et canots	87	12 à 15	{ en bois { d'embarcations.	A.	id.	108	
id.	G. œuvres.	G. œuvres.	G. œuvres.	81	34 à 65	{ de rechange.	R.	M° charpentier	254	
id.	id.	id.	id.	81	65¹ à 65²	{ avec emmanchement en bronze et mèche en fer.	A.C.	id.	226	
id.	id.	id.	id.	81	1 à 33	**Gouvernails.** { ferré ou de garniture.	A.C.	id.	226	
Mouv. du port	Garniture.	Garniture.	Const. navales et Forges.	104	272	{ en fer { pour drisses de hunier.	A.	M° de manœuvre	82	
id.	id.	id.	id.	104	272	{ pour drisse de hunier d'artimon ou perroquet de fougue.	R.	id.	84	
Const. navales	G. œuvres.	G. œuvres.	G. œuvres.	81	67	{ pour les bâtiments en fer.	A.C.	M° charpentier	226	
Artillerie.	Armurerie.	Armurerie.	»	42	10	**Graisse** de mouton.	A.	Magasinier.	360	
Const. navales	Chal. et canots	Chal. et canots	Chal. et canots	68	12 à 21	**Grand canot** en bois.	A.	M° de manœuvre	98 et 100	
Mouv. du port	Voilerie.	Voilerie.	Voilerie.	119	47 à 76	**Grand foc garni**		M° voilier.	268	
id.	id.	id.	id.	122	205	**Grandes tentes** { ou tentes en toile de passavant.	A.	id.	270	
id.	id.	id.	id.	122	179	{ ou rideaux en toile pour tentes de passavant.	A.	id.	268	
id.	id.	id.	id.	113	1 à 32	{ carrée, garnie.	A.	id.	268	
id.	id.	id.	id.	113	1 à 32		R.	id.	268	
id.	id.	id.	id.	118	161 à 186	**Grande voile** { goélette garnie.	A.	id.	268	
id.	id.	id.	id.	118	161 à 186		R.	id.	268	
id.	id.	id.	id.	120	47 à 23	{ goélette de cape, ou foc d'artimon de cape sur corne, garni.	A.	id.	268	
id.	id.	id.	id.	121	25 à 39	{ garnie, pour embarcations.		M° de manœuvre	108	
						Grands palans { de bout de vergue.	Gréement.	id.	40	
						{ d'étai.	id.	id.	40	

DÉSIGNATION du service où s'opèrent les délivrances, la mise en place, le démontage, les remises et les réparations.	LOCALITÉS OU S'OPÈRENT la mise en place ou les délivrances. Section de magasin ou atelier.	les démontages ou les remises. Atelier.	les réparations. Atelier.	NUMÉROS D'ORDRE de la NOMENCLATURE par unité collective.	par unité simple.	NOMENCLATURE DES MATIÈRES ET OBJETS.	LETTRES de classement.	ARTICLE DU MAÎTRE OU DE L'OFFICIER COMPTABLE auquel l'objet se rapporte.	PAGE du RÉGLEMENT d'armement.	ALLOCATIONS RÉGLEMENTAIRES pour 1 Mois.
Const. navales	Forges.	Forges.	Forges.	91	7	**Grappins** d'abordage { à main.	A.	Mᵉ de manœuvre.	88	
id.	id.	id.	id.	91	5 et 6	{ pour bouts de vergues.	A.	id.	88	
id.	id.	id.	id.	91	8	{ pour chaloupe et grand canot.	A.	id.	90	
Mouv. du port	Ancres et grapp.	Parc aux ancres et grappins.	Const. navales Forges.	91	1 à	de kilogrammes d'embarcations.	A.	id.	110	
id.	id.	id.	id.	91	1 à 2		R.	id.	110	
Const. navales	Tôlerie.	Tôlerie.	Tôlerie.	130	34	**Gratte-pétrin.**	A.	Com. aux viv.	320	
Artillerie.	Objets d'armem. et d'assortim. et ustensiles.	Atelier à fer.	Atel. à fer.	173	369 à 371	à branches, pour l'âme des bouches à feu.	A.	Mᵉ canonnier.	144	
Const. navales	Forges.	Forges.	Forges.	65	328	**Grattes.** { à navires.	E.A.	Mᵉ de manœuvre.	4	
id.	id.	id.	id.	65	327 ou 328		A.	id.	92	
id.	id.	id.	id.	65	327 ou 328		A.	Mᵉ mécanicien.	198	
Artillerie.	Armurerie.	Armurerie.	Armurerie.	63	143	{ doubles pour la rouille.	A.	Mᵉ armurier.	296	
Id.	id.	id.	id.	63	145	{ pour le bois des fusils, etc.	A.	id.	296	
Const. navales	Forges.	Forges.	Forges.	63	141	**Grattoirs** { pour chaudronnier, doubles.	A.	Mᵉ mécanicien.	204	
id.	id.	id.	id.	63	141 ou 142		A.	Mᵉ armurier.	316	
id.	id.	id.	id.	63	142	{ pour chaudronnier, simples.	A.	Mᵉ mécanicien.	204	
id.	id.	id.	id.	63	142		A.	Mᵉ armurier.	312	
id.	G. chaudronn.	G. chaudronn.	G. chaudronn.	134	65	{ sur hampes en fer pour nettoyer les tubes des chaudières.	A.	Mᵉ mécanicien.	200	
Mouv. du port	Garniture.	Garniture.	Garniture.	111	1 à 11	**Gréement** pour embarcations.	A.	Mᵉ de manœuvre.	104	
id.	id.	id.	id.	105	2	**Grelins** de ᵐᵉ de circonférence, etc.	A.	id.	42	
Const. navales	Forges.	Forges.	Forges.	92	15 à 425	**Grelins-chaînes** (bouts de) de ᵐᵉ de diamètre, etc.	A.	id.	90	
Artillerie.	Pond. et artif.	Artifices.	»	150	80	**Grenades** { chargées, pour combat, à fusée à friction.	A.	Cap. d'armes	156	
Id.	id.	id.	»	150	82	à main { pour exercice, à fusée à friction.	A.	id.	156	
Const. navales	Forges.	Forges.	Forges.	104	178	**Griffes** en fer { pour traversières-chaînes.	A.	Mᵉ de manœuvre	88	
id.	id.	id.	id.	104	179	{ pour verrines de chaînes.	A.	id.	90	
id.	P. chaudronn.	P. chaudronn.	P. chaudronn.	104	555	en cuivre, pour soutes aux poudres.	A.C.	Mᵉ mécanicien.	191	
id.	Serrurerie.	Serrurerie.	Serrurerie.	104	349	{ ou panneau au-dessus de la cuisine.	A.C.	id.	191	
id.	id.	id.	id.	104	349	{ aux écoutillons servant de passage aux tuyaux du four et de la cuisine.	A.C.	id.	191	
id.	id.	id.	id.	104	349	**Grillages** ou caillebotis en fer. { aux panneaux, sans claire-voie, au-dessus des machines et des chaudières.	A.C.	Mᵉ charpent.	230	
id.	Perçage.	Perçage.	Perçage.	104	349	{ pour les jardins.	A.C.	id.	230	
id.	id.	id.	id.	104	349	{ pour panneaux à escarbilles.	A.C.	id.	230	
id.	Serrurerie.	Serrurerie.	Serrurerie.	104	629	**Grilles** { en cuivre pour dalots, à charnières.	A.C.	Mᵉ calfat.	284	
id.	id.	id.	id.	104	450	{ en fer, pour balcons des vaisseaux.	A.C.	Mᵉ charpent.	230	
id.	Perçage.	Perçage.	Perçage.	133	348	{ ou rosaces à jour, en fonte de fer, pour trous d'hommes.	A.C.	id.	230	
id.	Forges et mach.	Forges et mach.	Forges et mach.	Divers	Divers	**Grues** { ou bossoirs d'embarquement.	A.	id.	262	
id.	Forges.	Forges.	Forges.	104	494	{ ou potences en fer.	A.	id.	262	
Const. navales	Menuiserie.	Menuiserie.	Menuiserie.	124	67	**Guéridons** ou tables à déjeuner, en acajou.	A.	Mᵉ de timon.	186	
Mouv. du port	Voilerie.	Voilerie.	Voilerie.	122	152	**Guérites** en toile, pour factionnaires.	A.	Mᵉ voilier.	272	
Const. navales	Mâture.	Mâture.	Mâture.	77	123 à 130	**Gui** { d'artimon.	A.	Mᵉ charpent.	240	
id.	id.	id.	id.	77	123 à 130	de brigantine { de grand mât.	A.	id.	240	

DÉSIGNATION du service où s'opèrent les délivrances, la mise en place, le démontage, les remises, et les réparations.	LOCALITÉS OÙ S'OPÈRENT			NUMÉROS D'ORDRE de la NOMENCLATURE		NOMENCLATURE DES MATIÈRES ET OBJETS.	LETTRES de classement. E.A. Entrée en armement. A. Armement. R. Rechange. c. n. Complément de rechange. A.C. Accessoires du coque. A.T. Objets attenant à la coque des embarcations. P. Objets à délivrer aux passagers.	ARTICLE DU MAÎTRE OU DE L'OFFICIER COMPTABLE auquel l'objet se rapporte.	PAGE du RÈGLEMENT.	ALLOCATIONS RÉGLEMENTAIRES pour l Mois.
	la mise en place ou les délivrances. Section de magasin ou atelier.	les démontages ou les remises. Atelier.	les réparations. Atelier.	par unité collective.	par unité simple.					
						Guides... pour grands palans d'étai	Gréement.	Mᵉ de manœuvre	40	
						pour petits palans d'étai	id.	id.	42	
Artillerie.	Armurerie.	Armurerie.	Armurerie.	145	50*	de mire, pour canons de 4 rayés de montagne	A.	Mᵉ canonnier.	134 et 136	
Mouv. du port	Pavillonnerie.	Pavillonnerie.	Pavillonnerie.	123	32	français de commandement n° 1	A.	Mᵉ de timon.	168	
id.	id.	id.	id.	123	33	n° 2	A.	id.	168 et 170	
id.	id.	id.	id.	123	34	**Guidons** n° 3	A.	id.	168 et 170	
id.	id.	id.	id.	123	35	n° 4	A.	id.	168 et 170	
id.	id.	id.	id.	123	36	n° 5	A.	id.	168 et 170	
id.	id.	id.	id.	123	37 et 38	français de commandement, ou cornettes de commandement pour embarcations	A.	Mᵉ de manœuvre	168	
id.	id.	id.	id.	123	39	pour n° 1	A.	Mᵉ de timon.	172	
id.	id.	id.	id.	123	40	la nuit. n° 2	A.	id.	172	
Const. navales	Menuiserie.	Menuiserie.	»	62	215 et 216	**Guillaumes** bois.	A.	Mᵉ charpent.	256	
id.	id.	id.	Forges.	62	217 et 218	fers.	R.	id.	256	
id.	G. œuvres.	G. œuvres.	G. œuvres.	80	34	**Guindeau** multiple à engrenage.	A.C.	id.	238	
Mouv. du port	Garniture.	Garniture.	Garniture.	110 bis ou 106	1 à 8	de grand mât de hune.	R.	Mᵉ démanœuvre	48	
id.	id.	id.	id.	110 bis ou 106	1 à 8	de petit mât de hune.	R.	id.	48	
						Guinderesses... pour mât de perroquet de fougue.	Gréement.	id.	14	
						pour grand mât de hune.	id.	id.	24	
						pour petit mât de hune.	id.	id.	32	
						pour bout-dehors de grand foc.	id.	id.	38	
						avec cosse et fouet pour mât de flèche d'artimon.	id.	id.	16	
						pour mât de perruche et flèche.	id.	id.	16	
						pour mât de grand perroquet et flèche.	id.	id.	20	
						pour mât de petit perroquet.	id.	id.	26	

H

DÉSIGNATION	Section de magasin ou atelier.	Atelier.	Atelier.	par unité collective.	par unité simple.	NOMENCLATURE	Lettres	Article	Page	Allocations
Mouv. du port	App. en servic.	App. en servic.	Voilerie.	»	»	**Gabillement** pour goudronner.	E.A.	Mᵉ de manœuvre	4	
Const. navales	Machines.	Machines.	Machines.	128	32	**Habitacles** de dunette.	A.	Mᵉ de timon.	160	
id.	id.	id.	id.	128	34	de route, éclairés sur le pont.	A.	id.	160	
id.	id.	id.	id.	128	33	**Habitacles en cuivre.** de route, éclairés par la batterie.	E.A.	id.	162	
id.	Forges.	Forges.	Forges.	65	331	à fendre le bois.	A.	Mᵉ mécanicien	4	
id.	id.	id.	id.	65	331		A.	Com. aux viv.	198	
Artillerie.	Armurerie.	Armurerie.	Armurerie.	105	19 et 20	d'abordage.	A.	Cap. d'armes.	326	
Subsistances.	Ust., outils, etc.	Salle de dépôt.	Dét. des subsist.	21	41	**Haches** de bouchers.	A.	Com. aux viv.	180	
Const. navales	Forges.	Forges.	Forges.	62	221 à 223	pour charpentiers et charrons.	A.	Mᵉ charpentier	238	
id.	id.	id.	id.	62	221 à 223					

DÉSIGNATION du service où s'opèrent les délivrances, la mise en place, le démontage, les remises et les réparations.	LOCALITÉS OU S'OPÈRENT			NUMÉROS D'ORDRE de la NOMENCLATURE		NOMENCLATURE DES MATIÈRES ET OBJETS.	LETTRES de classement. E.A. Entrée en armement. A. Armement. R. Rechange. C. R. Complément de rechange. A. C. Accessoires de coque. A.Y. Objets attenant à la coque des embarcations. Y. Objets à délivrer pour les passagers.	ARTICLE DU MAÎTRE OU DE L'OFFICIER COMPTABLE auquel l'objet se rapporte.	PAGE du RÈGLEMENT d'armement	ALLOCATIONS RÉGLEMENTAIRES pour 1 Mois.
	la mise en place ou les délivrances. Section de magasin ou atelier.	les démontages ou les remises. Atelier.	les réparations. Atelier.	par unité collective.	par unité simple.					
Const. navales	Forges.	Forges.	Forges.	62	224	**Hachots** ou hachettes, pour charpentiers et charrons.	E.A.	Mᵉ de manœuvre.	4.	
id.	id.	id.	id.	62	224		A.	id.	92 et 110	
id.	id.	id.	id.	62	224		A.	Mᵉ canonnier.	144	
id.	id.	id.	id.	62	224	**Hale-à-bord** pour grand foc.	A.	Mᵉ charpentier.	208	
							Gréement.	Mᵉ de manœuvre	40	
						pour flèche en cul d'artimon. . .	id.	id.	16	
						pour flèche ou cul de grand mât. . .	id.	id.	26	
						pour vergue de petit cacatois. . .	id.	id.	38	
						Hale-bas. pour trinquette.	id.	id.	38	
						pour petit foc.	id.	id.	38	
						pour grand foc.	id.	id.	40	
						pour clin-foc.	id.	id.	40	
						Hale-fonds pour grand foc.	id.	id.	40	
Mouv. du port	Voilerie.	Voilerie.	Voilerie.	125	18	à double fond, non garnis.	E.A.	Mᵉ voilier.	6	
id.	id.	id.	id.			pour officiers et maîtres.	A.	id.	274	
id.	id.	id.	id.	125	2	**Hamacs** ou cadres à l'anglaise, pour transport de malades. . .	A.	id.	270	
id.	id.	id.	id.	125	2	en toile. garnis de leur carré. . . . pour le service des malades pendant le mauvais temps. . . .	A.	id.	270	
id.	id.	id.	id.	125	20	simples, pour passagers, non garnis.	A.	id.	274	
id.	Garniture.	Garniture.	»	130	36 à 44	**Hameçons** de pêche assortis.	A.	Magasinier.	338	
Artillerie.	Objets d'armem. et d'assortim. et ustensiles.	Atel. à bois.	Atel. à bois.	159	92	**Hampes** à douille, pour flambeaux de signaux ou feux de conserve.	A.	Mᵉ canonnier.	142	
Const. navales	Forges.	Forges.	Forges.	104	432	**Harpons** à boucle pour futailles.	Gréement.	Mᵉ de manœuvre	92	
id.	id.	id.	id.	104	308	en fer. . . . . pour la pêche.	A.	id.	92	
						pour mât d'artimon (bas).	Gréement.	id.	12	
						pour petit mât de perroquet de fougue.	id.	id.	14	
						avec pour grand mât (bas).	id.	id.	18	
						enfléchure. pour grand mât de hune. . . .	id.	id.	24	
						pour mât de misaine (bas). . . .	id.	id.	30	
						pour petit mât de hune.	id.	id.	32	
Const. navales	Forges.	Forges.	Forges.	94 et 95	4 et 6 pᵣ les chaînes	de beaupré, avec manilles et ridoirs à vis.	A.	id.	84	
id.	id.	id.	id.	94 et 95	5 à 8	en fer. . de minot, avec crocs et ridoirs à vis. . . .	A. R.	id. id.	84 84	
id.	id.	id.	id.	94 et 95	4 à 10 57 et 58	**Haubans.** . de en chaîne.	A.	Mᵉ mécanicien	198	
Mouv. du port	Garniture.	Garniture.	Garniture.	110 bis	113	cheminée en cordage.	A.	id.	198	
						doubles, pour bout-dehors de grand foc.	Gréement.	Mᵉ de manœuvre	38	
						en chaîne, avec manilles, etc., pour mât de beaupré. . .	id.	id.	38	
						pour bout-dehors de clin-foc. . . .	id.	id.	40	
						pour à bastaque pour grand mât.	id.	id.	104	
						embarcations ou à palan. . . pour mât de misaine. . . .	id.	id.	104	
						avec cosses et aiguillettes pour mât de tape-cul. . . .	id.	id.	104	
						simples ou à palans, pour bout-dehors de foc	id.	id.	104	12

DÉSIGNATION du service où s'opèrent les délivrances, la mise en place, le démontage et les réparations.	LOCALITÉS OÙ S'OPÈRENT — la mise en place ou les délivrances. Section de magasin ou atelier.	les démontages ou les remises. Atelier.	les réparations. Atelier.	NUMÉROS D'ORDRE de la NOMENCLATURE — par unité collective.	par unité simple.	NOMENCLATURE DES MATIÈRES ET OBJETS.	LETTRES de classement.	ARTICLE DU MAÎTRE OU DE L'OFFICIER COMPTABLE auquel l'objet se rapporte.	PAGE du RÈGLEMENT d'armement.	ALLOCATIONS RÉGLEMENTAIRES pour 1 Mois.
Artillerie.	Armurerie.	Armurerie.	Armurerie.	143	89?	**Hausses** de pointage complètes, mod. de la marine, adaptées, etc. — pour canons, canons-obusiers et obusiers.....	A.	Mᵉ canonnier.	114	
id.	id.	id.	id.	145		pour canon de 4 rayés de montagne........	R.	id.	134 et 136	
id.	id.	id.	id.	145	78 à 82	pour caronades.....	A.	Mᵉ canonnier.	122	
id.	id.	id.	id.	145	87	pour obusiers de 45 c.....	A.	id.	130	
id.	id.	id.	id.	167	107	**Hausses mobiles** en planches de hausses pour fusils de rempart et carabines sans tige.	R.	Mᵉ armurier.	300	
id.	Objets d'armem. et d'assortim. et ustensiles.	Garniture.	Garniture.	171	28	**Havre-sacs** pour débarquement.	A.	Capit. d'armes	120 / 122 3 fois.	
Const. navales	Machines.	Machines.	Machines.	133	71	en bronze.....	A.	Mᵉ mécanicien.	190	
id.	id.	id.	id.	133	71	.....	R.	id.	212	
id.	id.	id.	id.	133	257	**Hélices** — en fer.....	A.	id.	190	
id.	id.	id.	id.	133	257	.....	R.	id.	212	
id.	id.	id.	id.	133	380	en fonte de fer.....	A.	id.	190	
id.	id.	id.	id.	133	380	.....	R.	id.	212	
id.	Forges.	Forges.	Forges.	62	229	**Herminettes** pour charpentiers — à gouge.....	A.	Mᵉchᵃʳᵖᵉⁿᵗⁱᵉʳ	258	
id.	id.	id.	id.	62	228	ordinaires.....	A.	id.	258	
Major. générᵉ.	Observatoire.	Observatoire.	»	3	17	**Horizon à glaces.**	A.	Offic. command.	411	
Const. navales	Machines.	Machines.	Machines.	128	43	**Horloges** ou sabliers de demi-minute.	A.	Mᵉ mécanicien.	196	
Mouv. du port	Pavillonnerie.	Pavillonnerie.	Pavillonnerie.	126	10	de canapé, en toile de Laval.	A.	Mᵉ de timon.	176	
id.	id.	id.	id.	126	12	de canapés-lits, en toile de Laval.	A.	id.	176	
id.	id.	id.	id.	126	14	de chaises, en toile de Laval.	A.	id.	176	
id.	id.	id.	id.	126	16	**Housses** — de coussins, en toile de Laval.	A.	id.	178, 180 et 182	
id.	id.	id.	id.	126	18	de fauteuils, en toile de Laval.	A.	id.	178	
id.	id.	id.	id.	126	20	de fauteuils Voltaire, en toile de Laval.	A.	id.	178	
id.	id.	id.	id.	126	22 à 24	de matelas de caissons, en toile de Laval.	A.	id.	178, 180 et 182	
Const. navales	Perçage.	Perçage.	Perçage.	130	60 à 69	en bronze, garnis d'un verre lenticulaire...	A.C.	Mᵉ charpent.	230	
id.	Machines.	Machines.	Machines.	130	60 à 69	.....	R.	id.	264	
id.	Perçage.	Perçage.	Perçage.	130	71 à 80	**Hublots** — en fer.....	A.C.	id.	230	
id.	Machines.	Machines.	Perçage.	130	71 à 80	.....	R.	id.	266	
Hôpitaux.	Pharmacie.	Salle de dépôt	»	26	4	de croton tiglium.....	A.	Chirurgien.	394	
id.	id.	id.	»	26	6	de foie de morue.....	A.	id.	394	
Const. navales	Peinture.	Peinture.	»	41	7 à 10	de lin.....	A.	Magasinier.	338, 340, 348, 350 et 360	
id.	Machines.	Machines.	»	41	15 et 16	d'olive.....	A.	id.	348, 352, 356 et 360	
id.	id.	id.	»	41	14	**Huile** — d'olive superfine, pour platine.....	A.	id.	360 et 358	
id.	id.	id.	»	41	20	de poisson.....	A.	id.	348, 352	
Hôpitaux.	Pharmacie.	Salle de dépôt	»	26	14	de ricin.....	A.	Chirurgien.	294	
Const. navales	Machines.	Machines.	»	41	4 et 16		A.	Magasinier.	342, 346 et 348	
id.	id.	id.	»	41	4 et 16	épurée pour éclairage.	E.A.	Mᵉ de magasin	8	

DÉSIGNATION du service où s'opèrent les délivrances, la mise en place, le démontage et les réparations.	LOCALITÉS OU S'OPÈRENT			NUMÉROS D'ORDRE de la NOMENCLATURE		NOMENCLATURE DES MATIÈRES ET OBJETS.	LETTRES de classement.	ARTICLE DU MAÎTRE OU UN OFFICIER COMPTABLE auquel l'objet se rapporte.	PAGE du RÈGLEMENT d'armement.	ALLOCATIONS RÉGLEMENTAIRES pour 1 Mois.
	la mise en place, les délivrances. Section de magasin ou atelier.	les démontages ou les remises. Atelier.	les réparations. Atelier.	par unité collective.	par unité simple.					
Const. navales.	P. chaudronn.	P. chaudronn.	P. chaudronn.	100	82 à 84		E.A.	M⁰ de manœuvre.	6	
id.	id.	id.	id.	100	82 à 84		A.	Mˢ cannonier.	144 ter	
id.	id.	id.	id.	100	82 à 84		A.	Mˢ de timonerie.	166	
id.	id.	id.	id.	100	82 à 84	en fer-blanc.	A.	Mˢ mécanicien.	198	
id.	id.	id.	id.	100	82 à 84	Huiliers.	A.	Mˢ armurier.	296	
Subsistances.	Ust., outils, etc.	Salle de dépôt.	Dét. des subs.	23	8		A.	Comm. aux vivres	322	
Const. navales	P. chaudronn.	P. chaudronn.	P. chaudronn.	90	42 et 43	en cuivre.	A.	Mˢ mécanic.	198	
id.	Mâture.	Mâture.	Mâture.	78	249 à 268	d'artimon.	A.	Mˢ charpent.	244	
id.	id.	id.	id.	78	249 à 268	de grand mât.	A.	id.	246	
id.	id.	id.	id.	78	249 à 268	Hunes de misaine.	A.	id.	250	
Mouv. du port	Voilerie.	Voilerie.	Voilerie.	Divers.	Divers.	de vapeur garnis.	A.	Mˢ voilier.	246 et 250	
id.	id.	id.	id.	114	1 à 20	d'artimon ou perroquet de fougue, garni.	R.	id.	276	
id.	id.	id.	id.	114	1 à 20		R.	id.	276	
id.	id.	id.	id.	114	1 à 50	Hunier (grand), garni.	R.	id.	276	
id.	id.	id.	id.	114	1 à 50		R.	id.	276	
id.	id.	id.	id.	114	1 à 50	(petit), garni.	R.	id.	276	
Hôpitaux.	Pharmacie.	Salle de dépôt.	»	14	7	Hydrolat de fleurs d'oranger.	A.	Chirurgien.	394	
id.	id.	id.	»	37	68	Hypo-chlorite. calcique (chlorure de chaux).	A.	id.	394	
id.	id.	id.	»	37	70	sodique (chlorure de soude).	A.	id.	394	

I

Commissariat.	Dét. des arm.	Dét. des arm.	»	Divers.	Divers.	Imprimés divers.	A.	Commis⁰ d'arm.	398	
Const. navales	Machines.	Machines.	Machines.	134	9	Indicateurs de Watt.	A.	Mˢ mécanic.	196	
Commissariat.	Dét. des arm.	Dét. des arm.	»	L.	L.	Information. — Interrogatoire des témoins.	A.	Offic. d'adm.	380	
id.	id.	id.	»	449	149	du 2 juillet 1822, relative à la rédaction des actes de l'état civil à bord des bâtiments.	A.	Comm. d'arm.	372 402	
id.	id.	id.	»	449	149	du 8 novembre 1847 sur l'habillement, etc., des troupes de la marine.	A.	Offic. d'adm. Comm. d'arm.	372 402	
id.	id.	id.	»	»	»	du 30 novembre 1845, sur l'émission des traites.	A.	Offic. d'adm. Comm. d'arm.	372 404	
id.	id.	id.	»	»	»	du 31 mars 1849, relative à la comptabilité des agents diplomatiques et consulaires, en ce qui concerne le service de la marine.	A.	Offic. d'adm. Comm. d'arm.	372 404	
Maj. générale.	Dét. des subs.	Dét. des subs.	»	»	»	Instruction réglementaire du 11 août 1838, sur la tenue et l'apurement de la comptabilité des vivres à bord des bâtiments de la flotte, suivie du règlement du 14 octobre 1818.	A.	Offic. d'adm. Comm. d'arm.	372 408	
Commissariat.	Cartes et arch.	Cartes et arch.	»	»	»					
Artillerie.	Dét. des subs.	Dét. des subs.	»	»	»	sur l'entretien des armes à bord des bâtiments, etc.	A.	Mˢ armurier.	296	
id.	Dir. de la direct.	Dir. de la direct.	»	»	»	du 7 février 1859, sur le service et l'entretien des pistolets-revolvers.	A.	id. Offic. comm.	296 408	
id.	id.	id.	»	»	»	sur les exercices et les manœuvres 1ʳᵉ partie. des bataillons de chasseurs à pied 2ᵉ partie.	A.	Cap. d'armes. id.	136 156	12.

DÉSIGNATION du service où s'opèrent les délivrances, la mise en place, le démontage, les remises et les réparations.	LOCALITÉS OÙ S'OPÈRENT			NUMÉROS D'ORDRE de la NOMENCLATURE		NOMENCLATURE DES MATIÈRES ET OBJETS.	LETTRES de classement. E.A. Entrée en armement. A. Armement. R. Rechange. C.R. Complément de rechange. A.C. Accessoires de coque. A.V. Objets affectant à la coque ôcn une baraniement. P. Objets à délivrer pour les passagers.	ARTICLE DU MAÎTRE OU DE L'OFFICIER COMPTABLE auquel l'objet se rapporte.	PAGE du RÈGLEMENT d'armement.	ALLOCATIONS RÉGLEMENTAIRES pour 1 1 Mois.
	la mise en place ou les délivrances. Section de magasin ou atelier.	les démontages ou les remises. Atelier.	les réparations. Atelier.	par unité collective.	par unité simple.					
Artillerie.	Bur. de la direct.	Bur. de la direct.	»	»	»	Instruction { sur le pointage intérieur des bouches à feu ou tir convergent, etc.	A.	M⁰ canonnier.	144	
Const. navales	P. chaudronn.	P. chaudronn.	»	»	»	sur la lampe modérateur.	A.	Offic. command.	408	
Major. génér⁰.	Cartes et arch.	Cartes et arch.	»	11	88	réglementaires pour la tenue des montres.	A.	M⁰ de timon.	183	
id.	Observatoire.	Observatoire.	»	»	»	pour l'emploi, la conservation, l'entretien et la réparation des collections d'instruments.	A.	Offic. command.	410	
						de levée {		id.	411	
id.	id.	id.	»	3	14	cercles de réflexion.	A.	id.	411	
id.	id.	id.	»	3	27	chaîne d'arpenteur avec ses fiches.	A.	id.	411	
id.	id.	id.	»	3	17	horizon à glace.	A.	id.	411	
id.	id.	id.	»	3	21	lunettes.	A.	id.	411	
id.	id.	id.	»	3	19	longue-vue.	A.	id.	411	
id.	id.	id.	»	3	24	micromètre de Lugeol.	A.	id.	411	
id.	id.	id.	»	3	29	ruban divisé de 20 mètres.	A.	id.	411	
id.	id.	id.	»	3	1	théodolite simple.	A.	id.	411	
						Instru-ments { de construction {				
id.	id.	id.	»	5	1	boîte de mathématiques.	A.	id.	411	
id.	id.	id.	»	5	6	compas à verge en bois.	A.	id.	411	
id.	id.	id.	»	5	5	mètre en bois divisé.	A.	id.	411	
id.	id.	id.	»	5	3	rapporteur { en corne.	A.	id.	411	
id.	id.	id.	»	5	4	{ alidade en cuivre.	A.	id.	411	
id.	id.	id.	»	5	11	règle en acier { de 1ᵐ,00.	A.	id.	411	
id.	id.	id.	»	5	11	{ de 0ᵐ,50.	A.	id.	411	
»	»	»	»	»	»	aréomètres et thermomètres.	Pour ordre.	»	412	
Commissariat.	Dét. des arm.	Dét. des arm.	»	K.	K.	Interrogatoire { du prévenu.	A.	Offic. d'admin.	380	
id.	L.	L.	»	L.	L.	{ des témoins.	A.	id.	380	
id.	Dét. des trav.	Dét. des trav.	»	1085	85	Inventaire-balance du bâtiment.	A.	id.	382	
id.	Dét. des subsist.	Dét. des subsist.	»	623	23	Inventaire { des vivres existant à bord.	A.	id.	382	
id.	id.	id.	»	625	25	{ des ustensiles existant à bord.	A.	id.	382	
Major. génér.	Cartes et arch.	Cartes et arch.	»	»	»	et plans détaillés { plans d'arrimage.	A.	Offic. comm.	409	
						{ plans de la machine.		id.	409	
Hôpitaux.	Pharmacie.	Salle de dépôt.	»	37	198	Iodure { potassique (de potassium).	A.	Chirurgien.	354	
id.	id.	id.	»	37	136	mercureux (proto-iodure de mercure).	A.	id.	394	
id.	id.	id.	»	37	137	mercurique (deuto-iodure de mercure).	A.	id.	394	
id.	id.	id.	Dét. des hôpit.	50	301	Irrigateurs-Egalseur, garnis.	A.	id.	390	
Mouv. du port	Garniture.	Garniture.	Garniture.	110 bis ou 106	»	de perroquet de fougue.	R.	M⁰ de manœuvre	48	
id.	id.	id.	id.	110 bis ou 106	1 à 8	de grand hunier.	R.	id.	48	
id.	id.	id.	id.	110 bis ou 106	1 à 8	Itagues { de petit hunier.	R.	id.	48	
id.	id.	id.	id.	148	78	pour mantelets de sabords { pleins.	A.	M⁰ canonnier.	140	
id.	id.	id.	id.	148	79	{ brisés.	A.	id.	140	
id.	id.	id.	id.	474	15	pour machines à monter et à démonter les bouches à feu.	A.	id.	140	

DÉSIGNATION du service où s'opèrent les délivrances, la mise en place, le démontage, les remises et les réparations.	LOCALITÉS OU S'OPÈRENT			NUMÉROS D'ORDRE de la NOMENCLATURE		NOMENCLATURE DES MATIÈRES ET OBJETS.	LETTRES de classement. P.A. Entrée en armement. A. Armement. R. Rechange. C.R. Complément de rechange. A.C. Accessoires de toque. A.P. Objets attenant à la coque des embarcations. P. Objets à délivrer pour les passagers.	ARTICLE DU MAITRE OU DE L'OFFICIER COMPTABLE auquel l'objet se rapporte.	PAGE du RÉGLEMENT d'armement.	ALLOCATIONS RÉGLEMENTAIRES pour 1 1 Mois.
	la mise en place ou les délivrances.	les démontages ou les remises.	les réparations.	par unité collective.	par unité simple.					
	Section de magasin ou atelier.	Atelier.	Atelier.							
						avec fouets et margouillets { pour cargues-fonds de grande voile.	Gréement.	Mᵉ de manœuvre	22	
						pour cargues-fonds de misaine...	id.	id.	32	
						pour palanquins... { pour grande voile...	id.	id.	22	
						pour misaine...	id.	id.	32	
						doubles.. { pour balancines { de grande vergue...	id.	id.	22	
						de vergue de misaine...	id.	id.	30	
						pour drisses.. { de vergue de perroquet de fougue.	id.	id.	44	
						de vergue de grand hunier...	id.	id.	24	
						de vergue de petit hunier....	id.	id.	34	
						Itagues.. { pour amures de grand foc...	id.	id.	40	
						pour cargues d'étrangloir de brigantine d'artimon.	id.	id.	12	
						pour drisses d'embarcations { tape-cul.	id.	id.	104	
						grand mât.	id.	id.	104	
						mât de misaine.	id.	id.	104	
						pour empointures de ris . { pour brigantine d'artimon.	id.	id.	12	
						pour brigantine de grand mât.	id.	id.	20	
						pour écoute de mât de tape-cul d'embarcations.	id.	id.	104	
						simples.. { pour balancines de grande vergue.	id.	id.	22	
						pour balancines de vergue de misaine.	id.	id.	30	
						pour drisses de vergue de petit hunier.	id.	id.	34	
						J				
Subsistances.	Ust., outils, etc.	Salle de dépôt.	Dét. des subsist.	21	11	Jabloires pour tonneliers. { bois.	A.	Commis aux viv.	326	
id.	id.	id.	id.	21	12	fers.	A.	id.	326	
Const. navales	Charpentage.	Charpentage.	Charpentage.	104	128	Jambes de force avec arcs-boutants, en bois, pour hisser les embarcations au fronteau de dunette.	A.C.	Mᶜʰarpentier	234	
Mouv. du port	Voilerie.	Voilerie.	Voilerie.	122	153	Jarretières en toile, peinte en noir, de 0ᵐ,03 de largeur, pour hamacs...	E.A.	Mᵉ de manœuvre	6	
id.	id.	id.	id.	122	153		A.	Mᵉ voilier.	274	
id.	Ancres et grapp.	Parc aux ancres et aux grappins.	Const. navales Forges.	87	109 à 113	{ avec ferrures.	A.	Mᵉ de manœuvre	88	
Const. navales	G. œuvres.	G. œuvres.	G. œuvres.	87	119 à 123	en bois.. { sans ferrures.	R.	Mᶜʰarpentier	234	
Mouv. du port	Ancres et grapp.	Parc aux ancres et aux grappins.	Const. navales Forges.	104	180	Jas d'ancre.. { de bossoir.	A.	Mᵉ de manœuvre	88	
id.	id.	id.	id.	104	180	en fer, pour ancres. { de veille.	A.	id.	88	
id.	id.	id.	id.	104	180	de détroit.	A.	id.	88	
id.	id.	id.	id.	104	180	à jet.	A.	id.	88	
Subsistances.	Ust., outils, etc.	Salle de dépôt.	Dét. des subsist.	20	20	Jauges ou voltes, en fer, graduées.	A.	Cᵉ aux vivres.	322	
Const. navales	Forges.	Forges.	Forges.	60	262			Magasinier.	332	
Artillerie.	Armurerie.	Armurerie.	Armurerie.	169	11	Jeux d'accessoires complets pour fusils de rempart.	A.	Mᵉ cannonier.	150	
id.	id.	id.	id.	169	11			Mᵉ armurier.	298	

DÉSIGNATION du service où s'opèrent les délivrances, la mise en place, le démontage, les remises et les réparations.	LOCALITÉS OU S'OPÈRENT			NUMÉROS D'ORDRE de la NOMENCLATURE		NOMENCLATURE DES MATIÈRES ET OBJETS.	LETTRES de classement	ARTICLE DU MAITRE ou de l'ouvrier comptable auquel l'objet se rapporte.	PAGE du RÈGLEMENT	ALLOCATIONS RÉGLEMENTAIRES pour 1 Mois.
	la mise en place ou les délivrances. Section de magasin ou atelier.	les démontages ou les remises. Atelier.	les réparations. Atelier.	par unité collective.	par unité simple.					
Subsistances.	Cut, outils, etc.	Salle de dépôt.	»	25	113	Joue pour futailles..........	A.	Commis aux viv.	328	
Const. navales.	Serrurerie.	Serrurerie.	Serrurerie.	104	633	Jonettes à douilles pour chandeliers . . en cuivre	A.C.	Mᵉ charpent.	234	
id.	Perçage.	Perçage.	Perçage.	104	435	en fer.	A.C.	id.	234	
Major. génér.	Cartes et arch.	Cartes et arch.	»	46	24	des exercices et leçons de théorie à bord . . .	A.	Ch. d'ét.-m. gén.	409	
id.	id.	id.	»	46	24	Journaux du capitaine, des officiers, bâtiment à voiles . . .	A.	Offic. comm.	409	
id.	id.	id.	»	37 A.	17 A.	des aspirants . . . . bâtiment à vapeur . . .	A.	Offic. comm.	409	
id.	id.	id.	»	37 B.	17 B.					
Commissariat.	Dét. des arm.	Dét. des arm.	»	149	49	Jugement rendu par un conseil . . . . . de guerre	A.	Offic. d'adm.	378	
id.	id.	id.	»	152	52	de justice	A.	id.	378	
Major. génér.	Observatoire.	Observatoire.	»	3	21	Jumelles	A.	Officier comm.	411	

L

DÉSIGNATION du service	la mise en place ou les délivrances.	les démontages ou les remises.	les réparations.	par unité collective.	par unité simple.	NOMENCLATURE DES MATIÈRES ET OBJETS.	LETTRES	ARTICLE DU MAITRE	PAGE	ALLOCATIONS
Const. navales.	P. chaudronn.	P. chaudronn.	»	49	124	Laine filée pour godets de graissage.	A.	Magasinier.	348	
Artillerie.	Armurerie.	Armurerie.	»	65	73	à bois pour la monture. . . .	A.	Mᵉ armurier.	298	
Const. navales.	Menuiserie.	Menuiserie.	Forges.	65	5 et 6	à chantourner.	A.	Mᵉ charpent.	260	
Subsistances.	Cut, outils, etc.	Salle de dépôt.	Dét. des subs.	24	19	à débiter.	B.	Com. aux viv.	328	
Const. navales.	Menuiserie.	Menuiserie.	Forges.	65	5 et 6	Lames de scies à métaux ordinaires . . .	A.	Mᵉ charpent.	260	
Const. navales.	Forges.	Forges.	Forges.	65	43 et 44	pour fendre la tête des vis.	A.	Mᵉ charpent.	260	
Artillerie.	Armurerie.	Armurerie.	»	65	41		A.	Mᵉ armurier.	298	
Const. navales.	Menuiserie.	Menuiserie.	Forges.	65	8 à 10	à refendre.	A.	Mᵉ charpent.	260	
id.	id.	id.	id.	65	63 à 70		A.	id.	260	
id.	id.	id.	id.	65	63 à 70	à tenon	B.	id.	260	
id.	id.	id.	id.	65	80 à 83	de long, ordinaires. . . .	A.	id.	260	
id.	Machines.	Machines.	Machines.	103	53	pour fanaux de relèvement d'embarcations. . . .	A.	Mᵉ de timon.	160	
id.	id.	id.	id.	103	53	de compas. . rapporteurs	A.	id.	160	
id.	id.	id.	id.	103	53		A.	id.	160	
id.	id.	id.	id.	103	54	en cuivre pour habitacles de dunette. . . .	A.	id.	160	
id.	id.	id.	id.	103	54	de route éclairé sur le pont.	A.	id.	160	
id.	id.	id.	id.	103	54	divers.	B.	id.	162	
id.	P. chaudronn.	P. chaudronn.	P. chaudronn.	103	55	pour manomètres	A.	Mᵉ mécanic.	160	
id.	id.	id.	id.	103	66	Lampes en fer battu pour mineurs	A.	id.	198	
id.	id.	id.	id.	103	44¹	en cuivre doré, 1ʳᵉ grandeur . . .	A.	Mᵉ de timon.	184	
id.	id.	id.	id.	103	45	1ʳᵉ grandeur.	A.	id.	184	
id.	id.	id.	id.	103	45¹	modérateur en cuivre . . . . 2ᵉ grandeur.	A.	id.	184	
id.	id.	id.	id.	103	46	3ᵉ grandeur.	A.	id.	184	
id.	id.	id.	id.	103	46¹	1ʳᵉ grandeur.	A.	id.	184	
id.	id.	id.	id.	103	46²	en fer-blanc bronzé 2ᵉ grandeur.	A.	id.	184	
id.	id.	id.	id.	103	46³	3ᵉ grandeur.	A.	id.	184	

DÉSIGNATION du service où s'opèrent les délivrances, la mise en place, le démontage, les remises et les réparations.	LOCALITÉS OÙ S'OPÈRENT			NUMÉROS D'ORDRE de la NOMENCLATURE		NOMENCLATURE DES MATIÈRES ET OBJETS.	LETTRES de classement.	ARTICLE DU MAÎTRE OU DE L'OFFICIER COMPTABLE auquel l'objet se rapporte.	PAGE du RÈGLEMENT d'armement.	ALLOCATIONS RÉGLEMENTAIRES pour 1 Mois.
	la mise en place ou les délivrances. Section du magasin ou atelier.	les démontages ou les remises. Atelier.	les réparations. Atelier.	par unité collective.	par unité simple.					
Const. navales.	P. chaudronn.	P. chaudronn.	P. chaudronn.	103	51	Lampes solaires.... {à suspension, à double oscillation} pour l'entrée en armement	E.A.	M° de manœuvre	6	
id.	id.	id.	id.	103	51	pour première batterie.	A.	M° canonnier.	144 ter	
id.	id.	id.	id.	103	51	pour deuxième batterie.	A.	id.	144 ter	
id.	id.	id.	id.	103	51	pour troisième batterie.	A.	id.	144 ter	
id.	id.	id.	id.	103	51	pour cale.	A.	id.	144 ter	
id.	id.	id.	id.	103	51	pour cambuse.	A.	id.	144 ter	
id.	id.	id.	id.	103	51	pour faux-pont.	A.	id.	144 ter	
id.	id.	id.	id.	103	48 à 51	pour la machine.	A.	M° mécanicien	198 et 200	
id.	id.	id.	id.	103	51	pour magasin général.	A.	M° canonnier.	144 ter	
id.	id.	id.	id.	103	50	pour puits des {3° grandeur.}	A.	id.	144 ter	
id.	id.	id.	id.	103	51	soutes à poudre {4° grandeur.}	A.	id.	144 ter	
id.	id.	id.	id.	103	48 à 51	pour fanaux de poupe.	A.	M° de timon.	164	
id.	Machines.	Machines.	Machines.	103	49	pour habitacles.	R.	id.	162	
id.	id.	id.	id.	102	179	Lances ou trompes en cuivre pour manches de pompes... {à air.}	A.	M° mécanic.	200	
id.	id.	id.	id.	102	179	{à incendie.}	A.	M° calfat.	284	
id.	id.	id.	id.			{du petit cheval.}	A.	M° mécanic.	200	
Artillerie.	Objets d'armem. et d'assortim., et ustensiles.	Atel. à fer.	Atel. à fer.	142	1 à 71	Lanternes.... {ou cuillers, modèle de la marine.} {sur hampe simple,} pour canons, canons-obusiers, etc.	A.	M° canonnier.	114	
id.	id.	id.	id.	142	8 à 12	pour caronades.	A.	id.	124	
id.	id.	id.	id.	142	13	pour obusier en bronze de 16 c.	A.	id.	130	
id.	id.	id.	id.	142	14	avec tire-bourre sur la même hampe, pour espingoles.	A.		128	
Hôpitaux.	Magasin.	Salle de dépôt.	Dét. des hôpit.	2	4	en cuivre argentées.	A.	Aumônier.	366	
Const. navales.	Divers.	Divers.	Divers.	104	Divers.	Latrines pour équipage.	A.C.	M° calfat.	281	
id.	Charpentage.	Charpentage.	Charpentage.	1	73	Lattes.... {en chêne, placées sous le lest, pour faciliter l'écoulement des eaux.}	A.C.	M° charpent.	228, 244, 246 et 250	
id.	Machines.	Machines.	Machines.	104	290	en cuivre, pour chaînes de paratonnerres.	A.	id.		
						en fer, pour haubans de mâts d'embarcations.	A.T.	M° de manœuvre	400	
Hôpitaux.	Magasin.	Salle de dépôt.	Dét. des hôpit.	4	8	Lavabos en toile.	A.	Aumônier.	367	
Const. navales.	P. chaudronn.	P. chaudronn.	P. chaudronn.	100	88	Lèchefrites en fer-blanc, pour le service des malades.	A.	Comm. aux vivres	325	
id.	Machines.	Machines.	Machines.	103	100	Lentilles optiques, à garniture articulée, pour éclairage d'habitacle.	A.	M° de timon.	162	
Mouv. du port	Ancres et grapp.	id.	»	88	2	Lest régulier en gueuses de {25 kilogrammes.	A.	M° de manœuvre	92	
id.	id.	id.	»	88	3	en gueuses de} {25 kilogrammes.	A.	id.	92	
id.	Voilerie.	Voilerie.	Voilerie.	122	154	Lettres peintes sur toile, pour aspirants et maîtres. {pour couvertures.}	E.A.	M° de manœuvre	6	
id.	id.	id.	»	122	154	{pour hamacs.}	A.	M° voilier.	274	
id.	id.	id.	Voilerie.	122	154	{pour hamacs.}	E.A.	M° de manœuvre	6	
id.	id.	id.	»	122	154	{pour matelas.}	E.A.	M° de manœuvre	6	
id.	id.	id.	Voilerie.	122	154	{pour matelas.}	A.	M° voilier.	274	

DÉSIGNATION du service où s'opèrent les délivrances, la mise en place, le démontage et les réparations (Section de magasin ou atelier)	LOCALITÉS OÙ S'OPÈRENT — la mise en place ou les délivrances (Atelier)	les démontages ou les remises (Atelier)	les réparations (Atelier)	NUMÉROS D'ORDRE par unité collective	par unité simple	NOMENCLATURE DES MATIÈRES ET OBJETS.	LETTRES declassement	ARTICLE DU MAÎTRE OU DE L'OFFICIER	PAGE du RÈGLEMENT	ALLOCATIONS RÉGLEMENTAIRES
						Lève-nez. pour bonnettes de misaine	Grément.	M⁰ de manœuvre.	32	
						double, pour martingale de bout-dehors de grand foc	id.	id.	38	
						de bout-dehors, pour mât de tape-cul d'embarcation	id.	id.	101	
Const. navales	G. chaudronn.	G. chaudronn.	G. chaudronn.	63	151	d'abatage	A.	M⁰ mécanic.	202	
Artillerie.	Objets d'armem. et d'assortim. et d'ustensiles.	Atel. à bois.	Atel. à bois.	142	75 à 77	**Leviers**	A.	M⁰ canonnier.	114	
id.	id.	id.	id.	142	75 à 77	en bois ou anspects pour canons, canons-obusiers, etc.	R.	id.	122	
id.	id.	id.	id.	142	76 et 77	pour caronades.	A.	id.	124	
id.	id.	id.	id.	142	76 et 77	pour obusiers de 13 c.	R.	id.	130	
id.	id.	id.	id.	142	77		A.	id.	132	
id.	Ferrures.	Atel. à fer.	Atel. à fer.	142	85 à 89	en fer de pointage, pour caronades.	A.	id.	124	
id.	id.	id.	id.	142	85 à 89	ou pinces pour canons, canons-obusiers, etc.	R.	id.	128	
id.	id.	id.	id.	142	83 et 84	n° 2, pour caronades.	A.	id.	114	
id.	id.	id.	id.	142	84		A.	id.	124	
Const. navales	G. chaudronn.	G. chaudronn.	G. chaudronn.	133	264	pour manœuvrer les panneaux des soutes à charbon.	A.C	M⁰ mécanicien	192	
id.	Forçage.	Forçage.	Forçage.	104	182	pour linguets de câbles-chaînes.	A.C.	M⁰ charpent².	226	
Artillerie.	Ferrures.	Atel. à fer.	Atel. à fer.	142	96	**Leviers-directeurs** en fer, à roulettes, pour affûts marins.	A.	M⁰ canonnier.	114	
id.	Objets d'armem. el d'assortim. et d'ustensiles.	Atel. à bois.	Atel. à bois.	142	98	**Leviers-portereaux** en bois, pour affût de canons de 4 rayés de montagne.	A.	id.	138	
id.	id.	Dét. des arm.	»	142	98		R.	id.	138	
Commissariat.	Tonnellerie.	»	»	»	»	**Libellé** de jugement (imprimé).	A.	Offic. d'adm.	380	
Const. navales	id.	Tonnellerie.	»	12	13	**Liége** en planches	E.A	M⁰ de manœuvre	8	
id.	id.	id.	»	12	13		A.	Magasinier.	302	
id.	Forges.	Forges.	Forges.	12	14	(vieux) pouvant servir.	A.	id.	338	
id.				104	350	**Liens** ou cercles en fer, pour jes d'ancre.	R.	M⁰ charpent.	254	
Artillerie.	Armurerie.	Armurerie.	»	108	20 à 25, 32 et 33	de tire-platines.	A.	Magasinier.	340	
Mouv. du port	Garniture.	Garniture.	»	108	20 à 25	blanches pour amarrages.	A.	id.	340	
Artillerie.	Armurerie.	Armurerie.	»	108	20 à 25	pour caisses de tambour.	A.	id.	344	
Mouv. du port	Garniture.	Garniture.	»	108	20 à 25	pour fongures de lit.	A.	id.	356	
Artillerie.	Armurerie.	Armurerie.	»	108	20 à 25	pour retenues de pistolets.	A.	Cap. d'armes.	150	
Mouv. du port	Garniture.	Garniture.	»	108	20 à 25	pour fouets de fanaux et de poulies.	A.	Magasinier.	346	
id.	id.	id.	»	108	20 à 31	d'amarrage, goudronnés.	A.	id.	336, 340 et 356	
id.	id.	id.	»	108	20 à 25	**Lignes** blanches de 41ᵐᵐ.	A.	M⁰ de timon.	166	
id.	id.	id.	»	108	20 à 25	de 34ᵐᵐ.	R.	id.	172	
id.	id.	id.	»	108	20 à 25		R.	id.	166	
id.	id.	id.	»	108	20 à 25	dedrisses de 27ᵐᵐ.	R.	id.	172	
id.	id.	id.	»	108	20 à 25		A.	id.	166	
id.	id.	id.	»	108	20 à 25	en cordonnet.	R.	id.	172	
id.	id.	id.	»	108	30 et 37		A.	id.	170	
id.	id.	id.	»	108	20 à 22	de loch, blanches, 1ᵉʳ brin.	A.	id.	164	
id.	id.	id.	»	108	20 à 25, 32 et 33	de pêche, assortie.	A.	Magasinier.	338	

DÉSIGNATION du service où s'opèrent les délivrances, la mise en place, le démontage, les remises et les réparations.	LOCALITÉS OÙ S'OPÈRENT			NUMÉROS D'ORDRE de la NOMENCLATURE		NOMENCLATURE DES MATIÈRES ET OBJETS.	LETTRES de classement...	ARTICLE DE MAÎTRE OU DE L'OFFICIER COMPTABLE auquel l'objet se rapporte.	PAGE du RÈGLEMENT d'armement.	ALLOCATIONS RÉGLEMENTAIRES pour 1 Mois.
	la mise en place ou les délivrances. Section de magasin ou atelier.	les démontages ou les remises. Atelier.	les réparations. Atelier.	par unité collective.	par unité simple.					
Mouv. du port	Garniture.	Garniture.	»	108	20 à 25	de sondes blanches { de 47mm	A.	Mᵉ de timon.	162	
id.	id.	id.	»	108	20 à 25	de 41mm	A.	id.	162	
id.	id.	id.	»	108	20 à 25	de 34mm	A.	id.	162	
id.	id.	id.	»	108	20 à 25	de 27mm	A.	id.	162	
id.	id.	id.	»	108	20 à 25	de 20mm	A.	id.	162	
id.	id.	id.	»	108	20 à 25	de 15mm	A.	id.	162	
						Lignes				
id.	id.	id.	»	108	26 à 34	gou-{ assorties / dronées } pour rabans de hublots et usages divers.	A.	Mᵉ de manœuvre	46	
id.	id.	id.	»	108	26 à 31	pour transfilage des bastingages.	Gréement.	Magasinier. / Mᵈ de manœuvre	328 / 46	
Const. navales	Machines.	Machines.	»	43	18	**Limaille** pure de fonte de fer.	A.	Magasinier.	348	
id.	Forges.	Forges.	»	61		**Limes**	E.A.	Mᵈ de manœuvre	4	
id.	id.	id.	Forges.	61	7 à 81	**Limes** en acier fondu, assorties.		Mᵈ mécanicien	204	
id.	id.	id.	Forges.	61	7 à 82			Mᵈ charpentier	253	
Artillerie	Armurerie.	Armurerie.	»	61	7 à 82		A.	Mᵈ armurier.	236	
Const. navales	Forges.	Forges.	»	61	7 à 81			id.	316	
						Limons d'échelle.... { de chouquet et de haubans	Gréement.	Mᵈ de manœuvre	46	
						d'écoutilles ou de lavage.	id.	id.	46	
						de poupe, etc.	id.	id.	46	
						de tangons.	id.	id.	44	
Const. navales	Machines.	»	»	53	269	{ vieux	E.A.	id.	8	
Artillerie	Armurerie.	Armurerie.	»	53	269	**Linge**....	A.	Magasinier.	338, 340, 350, 352 et 360	
Hôpitaux	Pharmacie.	Salle de dépôt.	»	46	7	à pansement { petites compresses.	A.	Chirurgien.	390	
id.	id.	id.	»	46	6	grandes compresses.	A.	id.	390	
id.	id.	id.	»	46	8	grand linge.	A.	id.	390	
id.	id.	id.	»	46	9	linge à bandes.	A.	id.	390	
Const. navales	Perçage.	Perçage.	Perçage.	104	Divers.	**Linguet** pour câbles-chaînes.	A.C.	Mᵉ charpentier	204	
id.	Mâture.	Mâture.	Mâture.	104	110	**Linguets-braquets** en fer pour mât { de grand mât.	A.	id.	246	
id.	id.	id.	id.	104	110	de mât de misaine.	A.	id.	230	
Hôpitaux	Pharmacie.	Salle de dépôt.	»	18	12	**Liparolé**.. { au garou.	A.	Chirurgien.	394	
id.	id.	id.	»	18	13	d'Helmerich.	A.	id.	394	
id.	id.	id.	»	18	20	mercuriel.	A.	id.	394	
Const. navales	Mâture.	Mâture.	Mâture.	78	270 à 278	{ d'artimon.	A.	Mᵈ charpent.	244	
id.	id.	id.	id.	78	270 à 278	de batayolas de hune. { de grand mât.	A.	id.	230	
id.	id.	id.	id.	78	270 à 278	de misaine.	A.C.	id.	230	
id.	Charpentage.	Charpentage.	Charpentage.	87	568	**Lisses** en bois { pour bastingages.	R.	id.	264	
id.	Menuiserie.	Menuiserie.	Menuiserie.	87	568	pour fronteau de dunette.	A.C.	id.	234	
id.	Charpentage.	Charpentage.	Charpentage.	87	568	pour garde-corps de poulaine.	A.C.	id.	230	
id.	Menuiserie.	Menuiserie.	Menuiserie.	87	568	pour l'entourage des écoutilles du gaillard d'arrière, etc.	A.C.	id.	234	
Commissariat	Dét. des arm.	Dét. des arm.	»	353	253	**Liste** (imprimé).... { des marins absents illégalement.	A.	Officier d'adm.	380	
id.	id.	id.	»	124	24	des témoins (modèle n° 15, série A).	A.	id.	378	
Const. navales	Serrurerie.	Serrurerie.	Serrurerie.	124	82¹	**Lits** en fer. { ou couchettes, zingués.	A.	Mᵉ de timon.	184	
id.	id.	id.	id.	124	82	pour malades.	A.	Mᵈ charpent'.	234	13

DÉSIGNATION du service	LOCALITÉS OU S'OPÈRENT la mise en place ou les délivrances. Atelier.	les démontages ou les remises. Atelier.	les réparations. Atelier.	NUMÉROS D'ORDRE par unité collective	par unité simple	NOMENCLATURE DES MATIÈRES ET OBJETS.	LETTRES de classement	ARTICLE DU MAÎTRE OU DE L'OFFICIER COMPTABLE	PAGE du RÉGLEMENT d'armement	ALLOCATIONS RÉGLEMENTAIRES
Mouv. du port	Mouv. génér.	Mouv. génér.	Mouv. génér.	1	75	**Livre** de beaupré { cabrion en chêne	A.C.	Me charpent.	220	
id.	id.	id.	id.	94	5 à 10	chaîne en fer	A.C.	id.	220	
id.	id.	id.	id.	109	1	vêture ou cordage demi-usé	A.C.	id.	220	
»	»	»	»	»	»	pour ordre.	Gréement.	Me de manœuvre	38, 84	
Const. navales	Mâture.	Mâture.	Mâture.	79	37 à 39	**Livardes** pour embarcations	A.	id.	102	
Hôpitaux.	Magasin.	Salle de dépôt	Dét. des hôpit.	Divers.	Divers.	composant la bibliothèque de l'aumônier	A.	Aumônier.	368, 369 et 370	
Commissariat	Dét. des arm.	Dét. des arm.	»	393	93	**Livres** de compagnie (modèle n° 65)	A.	Offic. d'adm.	376	
Major. génér.	id.	id.	»	394	94	de détail pour les compagnies embarquées	A.	id.	376	
Major. génér.	Cartes et arch.	Cartes et arch.	»	14	4	des mots du guet	A.	Offic. comm.	410	
id.	id.	id.	»	14	4		A.	Ch. d'ét.-m.gén.	415	
id.	id.	id.	»	14	2	des signaux et tactiques navales de 1857, etc.	A.	Offic. comm.	410	
id.	id.	id.	»	14	2		A.	Ch. d'ét.-m. gén.	415	
Commissariat	Dét. des trav.	Dét. des trav.	»	1091	91	**Livre-journal** du magasin général du bord	A.	Offic. d'adm.	382	
id.	id.	id.	»	1095	95	**Livret** des billets de demande et de remise délivrés aux matelos	A.	id.	382	
id.	Dét. des arm.	Dét. des arm.	»	391	91	d'habillement pour le conseil de bord	A.	id.	376	
id.	id.	id.	»	343	43	de paiement du conseil d'administration	A.	id.	376	
id.	id.	id.	»	431	131	de vaguemestre	A.	id.	380	
id.	id.	id.	»	395	95	pour officiers (modèle n° 67)	A.	id.	376	
id.	id.	id.	»	395	96	pour marins (modèle n° 68)	A.	id.	376	
Const. navales	Poulierie.	Poulierie.	Poulierie.	87	Divers.	**Lochs**	A.	Me de timon.	164	
Major. génér.	Observatoire.	Observatoire.	»	3	19	**Longues-vues**	A.	Offic. comm.	411	
Const. navales	Machines.	Machines.	Machines.	128	35			Ch. d'ét.-m.gén.	415	
id.	Serrurerie.	Serrurerie.	Serrurerie.	33	115	**Loquéteaux** à mentonnet, à ressort, à de fer	A.C.	Me mécanic.	191	
id.	id.	id.	id.	33	116	bascule, coudés { de cuivre	A.C.	id.	191	
id.	id.	id.	id.	33	111	à pêne dormant, de fer { petits, pour portes d'armoires	A.C.	id.	191	
id.	id.	id.	id.	33	112	grands, pour panneaux	A.C.	id.	191	
id.	id.	id.	id.	33	117 à 119	**Loquets** de pôrte à bascule { de fer	A.C.	id.	191	
id.	id.	id.	id.	33	120 à 122	de cuivre	A.C.	id.	191	
Subsistances.	Ust., outils, etc	Salle de dépôt.	Dét. des subsist.	21	14	**Losses** ou bondonnières, pour tonneliers	A.	Commis aux vivr.	326	
Const. navales	Forges.	Forges.	Forges.	65	332	**Loups** en fer	A.	Me charpent.	288	
»	»	»	»	»	»	**Luminaire**	A.	Magasinier.	332	
Artillerie.	Objets d'armem. et d'assortim. et ustensiles.	Atel. à fer.	Atel. à fer.	173	88 à 96	**Lunettes** (grandes) à calibrer les boulets pleins	A.	Me canonnier.	144	
id.	id.	id.	id.	173	112 à 118	simples, sans rondelles. à calibrer les projectiles creux ensabotés	A.	id.	144	
Mouv. du port	Garniture.	Garniture.	»	108	43 à 46	**Luzin** goudronné	A.	Magasinier.	336, 340	

DÉSIGNATION du service où s'opèrent les délivrances, la mise en place, le démontage, les remises et les réparations.	LOCALITÉS OU S'OPÈRENT			NUMÉROS D'ORDRE de la NOMENCLATURE		NOMENCLATURE DES MATIÈRES ET OBJETS.	LETTRES de classement.	ARTICLE DU MAÎTRE ou DE L'OFFICIER COMPTABLE auquel l'objet se rapporte.	PAGE du RÈGLEMENT d'armement.	ALLOCATIONS RÉGLEMENTAIRES pour 1 Mois.
	la mise en place ou les délivrances. Section de magasin ou atelier.	les démontages ou les remises. Atelier.	les réparations. Atelier.	par unité collective.	par unité simple.					
						M				
Artillerie.	Garniture.	Garniture.	Garniture.	174	Divers.	à monter et à démonter les bouches à feu.	A.	Mtre canonnier.	140	
Const. navales	Machines.	Machines.	Machines.	56	5 à 28	à percer.	A.	Mtre mécanicien	204	
Artillerie.	Armurerie.	Armurerie.	Armurerie.	56	6 à 8	à percer, dites bascules.	A.	Mtre armurier.	296	
Const. navales	Machines.	Machines.	Machines.	131	1	**Machines.** { à roues. . . . . . { à balanciers.	A.C.	Mtre mécanicien	190	
id.	id.	id.	id.	131	2	à action directe.	A.C.	id.	190	
id.	id.	id.	id.	131	3	à vapeur { à hélice. . . . . { à engrenage.	A.C.	id.	190	
id.	id.	id.	id.	131	4	à action directe.	A.C.	id.	190	
id.	id.	id.	id.	131	5	auxilires, ou petit cheval, pr l'alimentat. des chaudières.	A.C.	id.	190	
Artillerie.	Armurerie.	Armurerie.	Armurerie.	66	122	**Mâchoires** pour étaux, en cuivre.	A.	Mtre armurier.	296	
Const. navales	Charpentage.	Charpentage.	Charpentage.	87	176	**Madriers** en bois, pour soulever les arbres des roues . . .	A.	Mtre mécanicien	196	
Artillerie.	Objets d'arm. et d'arssction, et autres.	Atel. à bois.	Atel. à bois.	139	26	chasse-fusées.	A.	Mtre canonnier.	144	
Const. navales	Poulierie.	Poulierie.	Poulierie.	62	239	de calfats, garnis	A.	Mtre calfat.	286	
id.	id.	id.	id.	63	334	**Maillets.** { à fourrer.	A.	Mtre mécanicien	64	
id.	id.	id.	id.	65	333	en bois. { à frapper.	A.	Mtre armurier.	200	
id.	id.	id.	id.	65	333		A.	Mtre armurier.	298	
id.	id.	id.	id.	62	240	de menuisiers.	A.	Mtre charpent.	258	
Subsistances.	Ust., outils, etc.	Salle de dépôt.	Dét. des subsist.	24	15	ou utins ts, pour tonneliers.	E.A.	Com. aux viv.	326	
Const. navales	Poulierie.	Poulierie.	Poulierie.	63	375	**Mailloches** à fourrer ou minahouets.	E.A.	Mtre charpent.	4	
id.	Perçage.	Perçage.	Perçage.	65	532	**Mains** de fer, ou taquets en fer	A.C.	id.	230	
id.	Forges.	Forges.	Forges.	85	532	**Mains-courantes** ou rampes d'échelles de commandement . .	A.	id.	232	
id.	Perçage.	Perçage.	Perçage.	87	637 à 640		A.C.	id.		
Hôpitaux.	Magasin.	Salle de dépôt	»	49	7	à pansement.	A.	Chirurgien.	390	
Const. navales	Machines.	Machines.	Machines.	129	Divers.	à vin.	A.	Com. aux viv.	322	
id.	Forges.	Forges.	»	66	128 à 130	de becs d'âne.	A.	Mtre charpent.	258	
id.	Peinture.	Peinture.	»	66	126	**Manches.** { de brosses à laver.	A.	Magasinier.	338, 348	
id.	Forges.	Forges.	»	66	128 à 130	de carreaux	A.	Mtre mécanicien	204	
id.	id.	id.	»	66	128 à 130		A.	Mtre armurier.	314	
Artillerie.	Armurerie.	Armurerie.	»	66	128 à 130	de ciseaux	A.	Mtre charpentier	236	
Const. navales	Forges.	Forges.	»	66	126	d'étampes	E.A.	Mtre armurier.	296	
Mouv. du port	Emb. de servit.	Emb. de servit.	Const. navales	»	»	en bois. { de gaffe façonnés.	E.A.	Mtre mécanicien	208	
Const. navales	Tonnellerie.	Tonnellerie.	Forges. Tonnellerie.	83	73 à 78		R.	Mtre de manœuvre	4	
id.	id.	id.	id.	83	73 à 78		R.	id.	108	
id.	Forges.	Forges.	»	66	126 à 130	de grattes	E.A.	id.	4	
id.	id.	id.	»	66	126 à 130		A.	Mtre charpentier	92	
Artillerie.	Armurerie.	Armurerie.	»	66	126 à 130	de gouges.	A.	Mtre armurier.	296	

13.

DÉSIGNATION du service où s'opèrent les délivrances, la mise en place, le démontage, les remises et les réparations.	LOCALITÉS OÙ S'OPÈRENT			NUMÉROS de la NOMENCLATURE		NOMENCLATURE DES MATIÈRES ET OBJETS.	LETTRES de classement.	ARTICLE DU MAÎTRE OU DE L'OFFICIER COMPTABLE auquel l'objet se rapporte.	PAGE du RÈGLEMENT d'armement.	ALLOCATIONS RÉGLEMENTAIRES pour l... Mois.
	la mise en place ou les délivrances. Section de magasin ou atelier.	les démontages ou les remises. Atelier.	les réparations. Atelier.	par unité collective.	par unité simple.					
Const. navales	Tonnellerie.	Tonnellerie.	»	66	126	de guipons............	A.	M^e calfat.	286	
id.	id.	id.	»	83	80	de foène façonnés.....	A.	M^e de manœuvre	92	
id.	Forges.	Forges.	»	66	126		E.A.	id.	4	
id.	id.	id.	»	66	126	de haches...........	A.	M^r mécanic.	198	
id.	id.	id.	»	60	126			M^e charpent^r.	258	
id.	id.	id.	»	66	126			Com. aux viv.	326	
id.	id.	id.	»	66	127		E.A	M^e de manœuvre	4	
id.	id.	id.	»	66	127	de hachots..........	A.	M^e charpent.	92 et 110	
id.	id.	id.	»	66	127			M^e canonnier.	258	
id.	id.	id.	»	65	127			M^e charpent.	144	
id.	Tonnellerie.	Tonnellerie.	»	83	80	de harpons.........	A.	M^e de manœuvre	92	
id.	Forges.	Forges.	»	66	126	d'herminettes......	A.	M^e charpent	258	
id.	id.	id.	»	66	128 à 130		E.A.	M^e de manœuvre	4	
id.	id.	id.	»	66	128 à 130	de limes...........	A.	M^e mécanicien	204	
id.	id.	id.	»	66	128 à 130			M^e charpent.	258	
Artillerie.	Armurerie.	Armurerie.	»	66	128 à 130		A.	M^e armurier.	296	
Const. navales	Forges.	Forges.	»	66	128 à 130			id.	316	
id.	id.	id.	»	66	127			M^e de manœuvre	90	
id.	id.	id.	»	66	127			M^e canonnier.	144	
id.	id.	id.	»	66	126 et 127			M^e mécanic.	200	
id.	id.	id.	»	66	126 et 127			id.	206	
id.	id.	id.	»	66	127	de marteaux.......	A.	M^e charpentier	258	
id.	id.	id.	»	66	127			M^e calfat.	286	
Artillerie.	Armurerie.	Armurerie.	»	66	127	**Manches** en bois....		M^e armurier.	314	
Const. navales	Forges.	Forges.	»	66	126 et 127			Magasinier.	334	
id.	id.	id.	»	66	127		E.A.	M^e de manœuvre	4	
id.	id.	id.	»	66	126			M^e mécanicien	84	
id.	id.	id.	»	66	126	de masses..........	A.	id.	200	
id.	id.	id.	»	66	126			M^e charpentier	206	
id.	id.	id.	»	66	126			M^e calfat.	258	
id.	id.	id.	»	60	126			Com. aux viv.	326	
id.	id.	id.	»	66	126 à 130	d'outils, façonnés...	A.	M^e armurier.	316	
id.	id.	id.	»	66	126 à 130			Magasinier.	348	
id.	id.	id.	»	66	126	de pelles..........	A.	M^e de manœuvre	92	
id.	id.	id.	»	66	126	de pics............	A.	M^e mécanic.	202	
id.	id.	id.	»	66	126	de pioches.........	A.	M^e de manœuvre	92	
id.	id.	id.	»	66	126			M^e mécanic.	202	
id.	id.	id.	»	66	126	de poinçons........	A.	M^e armurier.	314	
id.	id.	id.	»	66	126			M^e mécanicien	260	
id.	id.	id.	»	66	128 à 130			M^e charpent.	260	
id.	id.	id.	»	66	128 à 130	de râpes..........	A.	M^e calfat.	286	
Artillerie.	Armurerie.	Armurerie.	»	66	128 à 130			M^e armurier.	298	
Const. navales	Forges.	Forges.	»	66	128 à 130			id.	316	
id.	id.	id.	»	66	127	de tarières........	A.	id.	260	

DÉSIGNATION du service où s'opèrent les délivrances, la mise en place, le démontage, les remises, et les réparations.	LOCALITÉS OU S'OPÈRENT la mise en place ou les délivrances. (Section de magasin ou atelier.)	les démontages ou les remises. (Atelier.)	les réparations. (Atelier.)	NUMÉROS D'ORDRE de la NOMENCLATURE par unité collective.	par unité simple.	NOMENCLATURE DES MATIÈRES ET OBJETS.	LETTRES de classement	ARTICLE DU MAÎTRE OU DE L'OFFICIER COMPTABLE auquel l'objet se rapporte.	PAGE du RÈGLEMENT d'armement.	ALLOCATIONS RÉGLEMENTAIRES pour 1 Mois.
Const. navales	Forges.	Forges.	»	66	128 à 130	**Manches** de tournevis		Mª mécanicien	206	
id.	id.	id.	»	66	128 à 130			Mª calfat.	288	
Artillerie.	Armurerie.	Armurerie.	»	66	198			Mª armurier	298	
Const. navales	Forges.	Forges.	»	65	128 à 130	en bois, de tranches	A.	Mª mécanicien	316	
id.	id.	id.	»	66	126			Mª armurier	208	
id.	id.	Machines.	Machines.	66	126	pour outils de tours à archet	A.	Mª mécanicien	314	
id.	id.	id.	id.	66	128 à 130	pour outils de tours à roue et à pédale	A.	id.	206	
id.	id.	id.	id.	66	128 à 130	pour outils de tours à engrenage	A.	id.	206	
id.	id.	id.	id.	129	17	pour faire de l'eau	A.	Mª calfat.	284	
id.	id.	id.	id.	102	13 à 16	de refoulement, pour pompes à air	A.	Mª mécanicien	200	
id.	id.	id.	id.	102	13 à 16	à incendie	A.	Mª calfat.	284	
id.	id.	id.	id.	102	13 à 16	du petit cheval	A.	Mª mécanicien	200	
id.	id.	id.	id.	102	13 à 16	pour pompes, pour le lavage extérieur (ponts de)	A.	Mª calfat.	284	
id.	id.	id.	id.	102	13 à 16	en cuir, pour l'extinction des feux, etc.	A.	Mª mécanic.	200	
id.	id.	id.	id.	129	14	pour l'embarquement du vin, à 2 branches	A.	Com. aux viv.	322	
id.	id.	id.	id.	129	15	ordinaires	A.	id.	322	
id.	id.	id.	id.	129	16	pour le transvasement du vin	A.	id.	322	
id.	id.	id.	id.	102	13 à 24	pour pompes de la cale à vin	A.	id.	324	
Artillerie.	Objets d'armem. et d'assortim., et fait les ustensiles.	Garniture.	Garniture.	147	35	en étoffe de laine, pour le passage des gargoussiers vides	A.	Mª canonnier	140	
Const. navales	Machines.	Machines.	Machines.	122	138	pour faire de l'eau	A.	Mª calfat.	284	
id.	id.	id.	id.	102	25	sans couture, pour aller des pompes aux dalots	A.	id.	288	
Mouv. du port	Voilerie.	Voilerie.	Voilerie.	122	156	en toile, dites de cale, pour l'embarquement de l'eau, à 2 branches	A.	Mª voilier.	272	
id.	id.	id.	id.	122	157	ordinaires	A.	id.	272	
id.	id.	id.	id.	122	160 à 162	pour couvrir la viande (en toile peinte)	A.	id.	272	
Const. navales	G. chaudronn.	G. chaudronn.	G. chaudronn.	134	63	en fer, pour brosses ou écouvillons de tubes de chaudières	A.	Mª mécanic.	200	
id.	Calfatage.	Calfatage.	Calfatage.	129	18	**Manchons** ou braies, pour arbres de roues	A.C.	Mª calfat.	281	
id.	id.	id.	id.	129	19	pour bouteilles	A.C.	id.	281	
Mouv. du port	Garniture.	Garniture.	Garniture.	129	20	en cuir, pour capelage	A.C.	Mª demaneuvre	84	
Const. navales	Calfatage.	Calfatage.	Calfatage.	129	21	pour dalots	A.C.	Mª calfat.	281	
id.	id.	id.	id.	129	23	pour étais	A.C.	id.	281	
id.	id.	id.	id.	129	24	pour itagues de sabords	A.C.	id.	281	
id.	Machines.	Machines.	Machines.	128	27	en cuivre, pour montres d'axiomètres	A.	Mª de timon.	102	
id.	Perçage.	Perçage.	Perçage.	104	327	d'ancres de bossoir et d'ancres de veille	A.C.	Mª charpent.	226	
id.	id.	id.	id.	104	327	pour écubiers, d'embossage	A.C.	id.	226	
id.	id.	id.	id.	104	327	de halage	A.C.	id.	226	
id.	id.	id.	id.	104	327	de remorque	A.C.	id.	225	
id.	id.	id.	id.	104	327	en fonte de fer, pour conduits des ponts aux puits des cables-chaînes	A.C.	id.	225	
id.	id.	id.	id.	104	327	pour passage de l'estrope en fer de grand étai, etc.	A.C.	id.	230	
id.	id.	id.	id.	104	327	pour serre-bosses et bosses-debout en chaîne	A.C.	id.	226	

DÉSIGNATION du service où s'opèrent les délivrances, la mise en place, le démontage, les remises et les réparations.	LOCALITÉS OÙ S'OPÈRENT			NUMÉROS D'ORDRE de la NOMENCLATURE		NOMENCLATURE DES MATIÈRES ET OBJETS.	LETTRES de classement.	ARTICLE DU MAÎTRE OU DE L'OFFICIER COMPTABLE auquel l'objet se rapporte.	PAGE du RÈGLEMENT.	ALLOCATIONS RÉGLEMENTAIRES pour 1 Mois.
	la mise en place ou les délivrances. Section de magasin ou atelier.	les démontages ou les remises. Atelier.	les réparations. Atelier.	par unité collective.	par unité simple.					
Const. navales	Tôlerie	Tôlerie	Tôlerie	104	709	**Manchons** en tôle ou corroyeux, pour l'embarquement du charbon....	A.	M⁰ mécanicien	200	
id.	P. chaudronn.	P. chaudronn.	P. chaudronn.	104	737	ou tuyaux en plomb, pour itagues de sabords.........	A.C.	M⁰ calfat.	281	
Commissariat	Dét. des arm.	Dét. des arm.	»	104	5	**Mandat** d'amener...	A.	Offle. d'adm.	378	
id.	id.	id.	»	104	4	de comparution...	A.	id.	380	
Artillerie	Armurerie	Armurerie	Armurerie	63	154	en acier pour relever les enfoncements des canons...	A.	M⁰ armurier	294	
Const. navales	G. chaudronn.	G. chaudronn.	G. chaudronn.	63	158	pour ouvrir les tubes de chaudières...	A.	M⁰ mécanicien	204	
id.	id.	id.	id.	63	158	pour chasser les bagues des tubes de chaudières...	A.	id.	204	
id.	Poulierie	Poulierie	Poulierie	63	333 à 337	en bois, assortis...	A.	M⁰ armurier	298	
Artillerie	Armurerie	Armurerie	Armurerie	63	155	pour relever les enfoncements des fourreaux en tôle. d'acier des sabres-baïonnette	A.	id.	296	
id.	id.	id.	id.	63	155²	de fer des poignards de marine	A.	id.	296	
id.	id.	id.	id.	63	156	**Mandrins** en fer... les chapes d s fourreaux. des sabres d'abordage	A.	id.	296	
id.	id.	id.	id.	63	156¹	des sabres d'infanterie	A.	id.	296	
id.	id.	id.	id.	63	156²	pour redresser.. les bouts des fourreaux. des sabres d'abordage	A.	id.	296	
id.	id.	id.	id.	63	156³	des sabres d'infanterie	A.	id.	296	
Const. navales	Machines	Machines	Machines	63	339	en fonte de fer (pour couler les garnitures des coussinets en métal anti-friction).	A.	M⁰ mécanicien	200	
Hôpitaux	Pharmacie	Salle de dépôt	Dét. des hôpit.	48	16¹	métalliques en cuivre argenté, etc.	A.	Chirurgien	392	
Const. navales	Forges	Forges	Forges	104	100	avec cosse, pour jonction des câbles en chanvre. de renflouage	A.	M⁰ de manœuvre	88	
id.	id.	id.	id.	104	190	de mouillage	A.	id.	88	
id.	id.	id.	id.	104	188	d'assemblage, pour chaînes.	B.	id.	84	
Artillerie	Ferrures	Atel. à fer	Atel. à fer	160	446 et 447	**Manilles** en fer. de brague, avec boulons et clavettes pour canons, canons-obusiers, etc.	R.	M⁰ canonnier	116	
id.	id.	id.	id.	160	446 et 447	pour caronades.	R.	id.	152	
id.	id.	id.	id.	160	448 à 450	pour caronades.	R.	id.	124	
id.	id.	id.	id.	160	448 à 450	pour obusiers de 15 c.	A.	id.	152	
id.	id.	id.	id.	160	447		R.	id.	124	
Hôpitaux	Magasin	Salle de dépôt	Dét. des hôpit.	3	10	**Manipules** pour chasubles. blanches et rouges.	A.	Aumônier	366	
id.	id.	id.	id.	3	184	blanches et vertes.	A.	id.	367	
id.	id.	id.	id.	3	16	vertes et jaunes.	A.	id.	366	
id.	id.	id.	id.	3	22	violettes et noires.	A.	id.	367	
id.	id.	id.	id.	3	224	blanches, avec croix en soie à fleurs.	A.	id.	367	
Const. navales	G. œuvres	G. œuvres	Forges	65	508	**Manivelles** ou cigognes en fer pour pierres à moule.	E.A.	M⁰ de manœuvre	6	
id.	id.	id.	id.	65	508		A.	M⁰ mécanicien	200	
id.	Charpentage	Charpentage	»	65	533 à 535	**Mannes** à lest.	E.A.	M⁰ de manœuvre	8	
id.	id.	id.	»	65	533 à 535			M⁰ charpent'.	338	
id.	id.	id.	»	65	533 à 535		A.	Magasinier	348	
id.	id.	id.	»	65	533 à 536				354	
id.	id.	id.	»	63	533 à 536				338	

DÉSIGNATION du service où s'opèrent les délivrances, la mise en place, le démontage, les remises et les réparations.	LOCALITÉS OÙ S'OPÈRENT — la mise en place ou les délivrances. (Section de magasin ou atelier.)	les démontages ou les remises. (Atelier.)	les réparations. (Atelier.)	NUMÉROS D'ORDRE de la NOMENCLATURE — par unité collective.	par unité simple.	NOMENCLATURE DES MATIÈRES ET OBJETS.	LETTRES de classement.	ARTICLE DU MAÎTRE OU DE L'OFFICIER COMPTABLE auquel l'objet se rapporte.	PAGE du RÈGLEMENT d'armement.	ALLOCATIONS RÉGLEMENTAIRES pour 1 Mois.
Mouv. du port	Garniture.	Garniture.	Garniture.	110	Divers.	**Manœuvres** { courantes de gréement. { pièces garnies	A.	Mᵉ de manœuvre	12	
id.	id.	id.	id.	110	Divers.	pièces non garnies	A.	id.	12	
id.	id.	id.	id.	110	Divers	dormantes de gréements	A.	id.	12	
id.	id.	id.	id.	110	Divers	dites estroperies	A.	id.	12	
id.	id.	id.	»	112	1	diverses de retour propres au service	A.	id.	45	
id.	id.	id.	id.	112	»			id.	94	
Const. navales	Machines.	Machines.	Machines.	134	12 à 15	**Manomètres** métalliques	A.	Mᵉ mécanicien	196	
id.	Charpentage.	Charpentage.	Charpentage.	87	»	**Mantelets** { des parois des gaillards et de la poulaine	A.C.	Mᵉ charpent.	236	
id.	id.	id.	id.	87	180 ou 193	ou faux sabords, brisés, en bois, etc. { sans vitrage { pour les batteries	A.C.	id.	236	
id.	id.	id.	id.	87	180 ou 193	pour les gaillards et les dunettes	A.C.	id.	236	
id.	Menuiserie.	Menuiserie.	Menuiserie.	87	180 ou 193	de sabords { avec partie supérieure vitrée { pour les batteries	A.C.	id.	236	
id.	id.	id.	id.	87	180 ou 193	sous la dunette.	A.C.	id.	236	
id.	Charpentage.	Charpentage.	Charpentage.	87	179	entiers, en bois, avec crochets, etc., garnis de verres lenticulaires, etc.	A.C.	id.	236	
Major. génér*.	Cartes et arch.	Cartes et arch.	»	»	»	**Manuels** { du matelot-canonnier	A.	Offic. command.	408	
id.	id.	id.	»	»	»	du matelot-fusilier	A.	id.	408	
id.	id.	id.	»	»	»	de gréement { de M. Dubreuil / de M. Bréan }	A.	id.	408	
id.	id.	id.	»	»	»	des machines à vapeur et du mécanicien (*Ortolan*)	A.	id.	409	
Const. navales	Peinture.	Peinture.	»	64	117	**Marbres** à broyer la peinture	A.	Magasinier	332	
						Marchepieds { à 2 branches, etc., pour bout-dehors de grand foc	Gréement.	Mᵉ de manœuvre	38	
						de nage { avec pommes { pour vergue barrée	id.	id.	14	
						pour vergue de perroquet de fougue	id.	id.	14	
						pour vergue de perruche	id.	id.	18	
						pour vergue (grande)	id.	id.	22	
						pour vergue de grand hunier	id.	id.	24	
						pour vergue de grand perroquet	id.	id.	28	
						pour vergue de misaine	id.	id.	30	
						pour vergue de petit hunier	id.	id.	34	
						pour vergue de petit perroquet	id.	id.	36	
						pour bout-dehors de clin-foc	id.	id.	40	
»	»	»	»	»	»	de nage, en bois	A.T.	id.	100	
						sans pommes { pour gui d'artimon	Gréement.	id.	12	
						pour gui de grand mât	id.	id.	20	
						pour vergue de perruche	id.	id.	18	
						pour vergue de cacatois et perruche	id.	id.	18	
						pour vergue de grand perroquet	id.	id.	28	
						pour vergue de grand cacatois	id.	id.	36	
						pour vergue de petit perroquet	id.	id.	36	
						pour vergue de petit cacatois	id.	id.	36	

NOMENCLATURE DES MATIÈRES ET OBJETS.

DÉSIGNATION du service où s'opèrent les délivrances, la mise en place, le démontage, les remises et les réparations.	LOCALITÉS OÙ S'OPÈRENT — la mise en place ou les délivrances (Section de magasin ou atelier)	les démontages ou les remises (Atelier)	les réparations (Atelier)	NUMÉROS D'ORDRE de la NOMENCLATURE — par unité collective	par unité simple	NOMENCLATURE DES MATIÈRES ET OBJETS.	LETTRES de classement	ARTICLE DU MAÎTRE ou de l'officier comptable auquel l'objet se rapporte.	PAGE du RÈGLEMENT d'armement	ALLOCATIONS RÉGLEMENTAIRES pour 1 Mois
Commissariat	Dét. des armem.	Dét. des arm.	·	580	280 A.	**Marchés** pour fournitures à l'étranger..........	A.	Offic. d'admin.	382	
id.	id.	id.	·	580	280 A.	**Margouillets** assortis..........	A.	Comm. d'arm.	404	
Const. navales	Poulierie.	Poulierie.	Poulierie.	87	81 à 84		R.	Mᵉ voilier.	274	
id.	id.	id.	id.	87	81 à 84		A.	Mᵈ de manœuvre	80	
id.	Forges.	Forges.	Forges.	98	34	**Marmites** en fonte de fer, dites pots à brai.	A.	Mᵉ calfat.	286	
id.	id.	id.	id.	98	31	pour fondre du métal antifriction.	A.	Mᵉ mécanicien	200	
id.	id.	id.	id.	98	30	en cuivre.	A.	id.	206	
id.	id.	id.	id.	63	159 à 160	à doublage.	A.	Mᵉ calfat.	286	
id.	id.	id.	id.	62	247 et 248	à étamper.	A.	Mᵉ mécanicien	208	
id.	id.	id.	id.	63	171 à 173	à pompe et à douvillons.	A.	Mᵉ canonnier.	144	
id.	id.	id.	id.	65	421	à river.	A.	Mᵉ calfat.	286	
id.	id.	id.	id.	65	421		A.	Mᵉ mécanicien	206	
id.	id.	id.	id.	63	191 à 193	d'armuriers.	A.	Mᵉ charpentier	258	
Artillerie.	Armurerie.	Armurerie.	Armurerie.	63	191 à 193		A.	Mᵉ armurier.	258	
Const. navales	Forges.	Forges.	Forges.	63	162	de chaudronniers.	A.	Mᵉ mécanicien	206	
id.	id.	id.	id.	64	163 à 167	de maçons.	A.	Magasinier.	334	
id.	id.	id.	id.	64	71 à 84	de maître, dits d'établi.	A.	Mᵉ mécanicien	206	
id.	id.	id.	id.	64	187	**Marteaux** en fer — de vitrier.	A.	Mᵉ armurier.	258	
id.	id.	id.	id.	63	188 à 190	dits rivoir (à main).	A.	Mᵉ charpentier	314	
id.	id.	id.	id.	62	245 et 246	pour charpentiers à dents.	A.	Mᵉ charpentier	258	
id.	id.	id.	id.	65	416	pour dégoupiller les chaînes.	A.	Mᵈ de manœuvre	90	
id.	id.	id.	id.	63	181 à 183	pour forgerons, à frapper devant.	A.	Mᵉ mécanicien	208	
id.	id.	id.	id.	63	181 à 183	à main.	A.	Mᵉ armurier.	314	
id.	id.	id.	id.	63	184 à 186	pour menuisiers.	A.	Mᵉ mécanicien	208	
id.	id.	id.	id.	63	184 à 186	pour nettoyer les chaudières.	A.	Mᵉ armurier.	314	
id.	id.	id.	id.	63	249 et 250		A.	Mᵉ canonnier.	144	
id.	id.	id.	id.	134	60		A.	Mᵉ mécanicien	200	
Subsistances.	Bureau, subs., etc.	Salle de dépôt	Dét. des subs.	21	16	pour tonneliers, assortis.	A.	Commis aux vivr.	326	
Mouv. du port	Voilerie.	Voilerie.	Voilerie.	122	163	**Martinets** pour corne de grande voile goëlette.	Grément.	Mᵈ de manœuvre	20	
id.	id.	id.	id.	122	164	à patte d'oie avec cosse — pour corne de misaine goëlette.	id.	id.	30	
Const. navales	G. œuvres.	G. œuvres.	G. œuvres.	65	340	**Martingales** doubles, pour bout-dehors de grand foc.	id.	id.	38	
id.	id.	id.	id.	65	340	pour bout-dehors de clin-foc.	id.	id.	40	
id.	id.	id.	id.	65	342	**Masques** en toile pour l'embarquement du charbon.	A.	Mᵉ voilier.	272	
id.	Forges.	Forges.	Forges.	65	347	pour la fumée (voile).	E.A.	Mᵈ de manœuvre	4	
id.	id.	id.	id.	65	344	en bois, ordinaires.	A.	Mᵉ charpentier	258	
id.	id.	id.	id.	65	344	en cuivre.	A.	Mᵉ mécanicien	206	
id.	id.	id.	id.	65	344	**Masses** — de hune.	E.A.	Mᵈ de manœuvre	84	
id.	id.	id.	id.	65	344	en fer, ordinaires.	A.	Mᵉ mécanicien	200	
id.	id.	id.	id.	65	345		A.	Mᵉ charpentier	258	
id.	id.	id.	id.	65	344	pointues.	A.	Mᵉ calfat.	386	
id.	id.	id.	id.	65	344		A.	Cᵉ aux vivres.	326	
id.	id.	id.	id.	65	345		A.	Mᵉ charpent.	258	
id.	Peinture.	Peinture.	·	44	2	**Mastic** commun.	A.	Magasinier.	358	
id.	id.	id.	·	44	6	métallique Serbat.	A.	id.	380	

DÉSIGNATION du service où s'opèrent les délivrances, la mise en place, le démontage, les remises et les réparations.	LOCALITÉS OÙ S'OPÈRENT — la mise en place ou les délivrances. Section de magasin ou atelier.	les démontages ou les remises. Atelier.	les réparations. Atelier.	NUMÉROS D'ORDRE de la NOMENCLATURE — par unité collective.	par unité simple.	NOMENCLATURE DES MATIÈRES ET OBJETS.	LETTRES (classement)	ARTICLE DU MAÎTRE OU DE L'OFFICIER COMPTABLE auquel l'objet se rapporte.	PAGE du RÈGLEMENT d'armement.	ALLOCATIONS RÉGLEMENTAIRES pour 1 Mois.
Mouv. du port	Pavillonnerie.	Pavillonnerie.	Pavillonnerie.	126	27 à 31	**Matelas** — de caissons recouverts { en brocatelle de soie	A.	Mᵉ de timon.	178	
id.	id.	id.	id.	126	32 à 36	en damas de laine	A.	id.	178, 180 et 182	
id.	id.	id.	id.	125	21	recouverts en toile damassée, pour officiers	P.	id.	188	
id.	id.	id.	id.	125	21	en laine et crin { recouverts	A.	id.	184	
id.	id.	id.	id.	125	22	recouverts { pour hamacs d'équipage	E.A.	Mᵉ de manœuvre	6	
id.	id.	id.	id.	125	22	en toile { pour malades	A.	Mᵉ voilier.	274	
id.	id.	id.	id.	125	23		A.	id.	274	
id.	id.	id.	id.	125	23		A.	Mᵉ de timon.	184	
Const. navales	Mâture.	Mâture.	Mâture.	7	1 à 5	**Mâtereaux** — bruts pour bout-dehors de clin-foc	C.R.	Mᵉcharpentier	242	
id.	id.	id.	id.	8	1 à 4					
				8 bis	1 à 5	façonnés, à 8 pans, pour bout-dehors de grand foc ou mât de hune d'artimon	R.	id.	242	
id.	Forges.	Forges.	Forges.	65	352	**Mâtoirs** — en acier, pour la tôle	A.	Mᵉ mécanicien	206	
id.	Poulierie.	Poulierie.	Poulierie.	65	349 à 351	en bois	A.	id.	200	
id.	G. chaudronn.	G. chaudronn.	G. chaudronn.	65	352	pour river les tubes de chaudières	A.	id.	206	
id.	Mâture.	Mâture.	Mâture.	69	1 à 48	**Mâts** — d'artimon (grands)	A.	Mᵉ charpent.	240	
id.	id.	id.	id.	69	1 à 48	de misaine	A.	id.	240	
id.	id.	id.	id.	69	1 à 44	de beaupré	A.	id.	242	
id.	id.	id.	id.	70	1 à 44	de beaupré	A.	id.	242	
id.	id.	id.	id.	69	49 à 67	de charge	A.	id.	202	
id.	id.	id.	id.	73	64 à 76	de senau { d'artimon	A.	id.	240	
id.	id.	id.	id.	73	64 à 76	de grand mât	A.	id.	240	
id.	id.	id.	id.	73	64 à 76	de misaine	A.	id.	240	
id.	id.	id.	id.	73	98 à 113	de pavillon { de beaupré	A.	id.	242	
id.	id.	id.	id.	73	98 à 113	de poupa	A.	id.	242	
id.	id.	id.	id.	71	1 à 36	d'artimon	A.	id.	244	
id.	id.	id.	id.	71	1 à 36	de hune { (grands)	C.R.	id.	246	
id.	id.	id.	id.	71	1 à 25		A.	id.	248	
id.	id.	id.	id.	71	1 à 36	(petits)	R.	id.	250	
id.	id.	id.	id.	71	1 à 25		R.	id.	252	
id.	id.	id.	id.	72	1 à 20	**Mâts** — de perroquet d'artimon, ou de perrache à flèche	A.	id.	244	
id.	id.	id.	id.	72	1 à 27	de grand perroquet, à flèche	A.	id.	246	
id.	id.	id.	id.	72	1 à 27		R.	id.	248	
id.	id.	id.	id.	72	1 à 27	de petit perroquet, à flèche	R.	id.	250	
id.	id.	id.	id.	72	1 à 27		R.	id.	252	
id.	id.	id.	id.	79	46 à 57	de misaine	R.	Mᵉ de manœuvre	102	
id.	id.	id.	id.	79	46 à 57		A.	id.	102	
id.	id.	id.	id.	79	54 à 64	d'embarcations { de tape-cul	R.	id.	102	
id.	id.	id.	id.	79	54 à 64		A.	id.	102	
id.	id.	id.	id.	79	45 à 62	grand ou de grande voile	R.	id.	102	
id.	id.	id.	id.	79	45 à 62		A.	id.	102	
id.	id.	id.	id.	79	66	ou bâton de flamme, avec pomme	R.	id.	102	
id.	id.	id.	id.	79	66	ou bâton de pavillon, avec pomme	A.	id.	102	
id.	id.	id.	id.	73	1 à 21	de grand foc	A.	Mᵉ charpent.	242	
id.	id.	id.	id.	73	43 à 63	ou bout-dehors { de clin-foc	A.	id.	242	
id.	id.	id.	id.	73	22 à 42	de grand foc, à flèche de clin-foc	A.	id.	242	14

DÉSIGNATION du service où s'opèrent les délivrances, la mise en place, le démontage, les remises et les réparations.	LOCALITÉS OÙ S'OPÈRENT la mise en place ou les délivrances. Section de magasin ou atelier.	les démontages ou les remises. Atelier.	les réparations. Atelier.	NUMÉROS D'ORDRE de la NOMENCLATURE par unité collective.	par unité simple.	NOMENCLATURE DES MATIÈRES ET OBJETS.		LETTRES declassement.	ARTICLE DU MAÎTRE OU DE L'OFFICIER COMPTABLE auquel l'objet se rapporte.	PAGE du RÈGLEMENT d'armement.	ALLOCATIONS RÉGLEMENTAIRES pour 1 Mois.
Const. navales	Mâture.	Mâture.	Mâture.	8 bis	1 à 5	**Mâts.**	ou mâtereaux façonnés, à 8 pans, pour bout-dehors de grand foc ou mât de hune d'artimon	R	M° charpent'.	242	
							de corde, avec cosse, etc. { pour grande voile goélette. { pour misaine goélette.	Gréement. id.	M° de manœuvre id.	90 30	
Const. navales	Calfatage.	Calfatage.	Calfatage.	»	»	**Maugères** pour dalots.	des ponts.	A.C.	M° calfat.	281	
id.	id.	id.	id.	»	»		des œillets de sabord.	A.C.	id.	281	
id.	id.	id.	id.	»	»		des hublots.	A.C.	id.	281	
id.	Machines.	Machines.	Machines.	26	30	**Mécanique** à roues dentées, pour corderies.		A.	M° de manœuvre	84	
Artillerie.	Poud' et artif.	Artifices.	»	157	15	**Mèches** à canon { pour combat. { pour le service journalier.		A.	M° canonnier.	144	
id.	id.	id.	»	157	15			A.	id.	144	
Const. navales	Forges.	Forges.	Forges.	65	355 à 399	à l'anglaise.		M° charpent.	260		
id.	id.	id.	id.	63	355 à 359	à vis et à gâchettes.		R.	M° armurier.	290	
Artillerie.	Armurerie.	Armurerie.	Armurerie.	63	195	de vilebrequin, assorties.		A.	M° armurier.	298	
Const. navales	Forges.	Forges.	id.	65	368 à 374			A.	M° mécanic.	206	
id.	id.	id.	id.	65	368 à 374	dormantes { avec bague, pour lampes solaires.		A.	M° charpent.	260	
id.	id.	id.	id.	65	368 à 374			E.A.	M° de manœuvre	8	
id.	P. chaudronn.	»	»	103	107			A.	Magasinier.	342, 350 et 346	
id.	id.	P. chaudronn.	»	103	107						
id.	id.	id.	»	103	108	dormantes { cousues sur anneau en cuivre, pour lampes solaires.		A.	id.	342	
id.	id.	id.	»	53	109, 110 et 110¹	{ modérateur.		A.	id.	346	
id.	id.	id.	»	53	114	pour lampes. { solaires.		E.A.	M° de manœuvre	8	
id.	id.	id.	»	53	111 à 114			A.	Magasinier.	342 et 350	
id.	id.	id.	»	53	115 à 117	{ et quinquets.		A.	id.	350	
id.	id.	id.	»	53	116	plates, apprêtées de 10 c. de longueur, pour lampes d'habitacle sur le pont.		A.	id.	346	
id.	Machines.	5 Machines.	Machines.	66	148	pour machines à percer, assorties.		A.	M° mécanic.	204	
Subsistances.	Ust., outils, etc.	Salle de dépôt.	Dét. des subsist.	24	18	pour perce-vin.		Comm. aux vivres	324		
Const. navales	Menuiserie.	Menuiserie.	Menuiserie.	124	165 et 166	**Ménagères** en acajou.		A.	M° de timon.	184	
id.	id.	id.	id.	124	167 et 168	ou servantes. { en noyer.		A.	id.	184	
id.	Forges.	Forges.	Forges.	104	468	**Menottes** en fer.		A.	Cap. d'armes.	156	
Artillerie.	Serrurerie.	Serrurerie.	Serrurerie.	33	317	**Mentonnets** à ressort { de fer.		A.C.	M° mécanic.	192	
id.	id.	id.	id.	33	318	{ de cuivre.		A.C.	id.	192	
Artillerie.	Armurerie.	Armurerie.	»	167	176¹	complets pour pistolets-revolvers.		R.	M° armurier.	304	
Const. navales	Machines.	Machines.	»	43	23	**Mercure** métallique.		A.	Magasinier.	330	
Mouv. du port	Garniture.	Garniture.	»	108	39 à 42	**Merlin** { blanc, pour roidir les montants de scie.		A.	id.	354	
id.	id.	id.	»	108	43 à 46	{ goudronné.		A.	id.	336, 342, 350	
Artillerie.	Objets d'armem. et d'assortim. et ustensiles.	Atel. à fer.	Atel. à fer.	159	27 à 53	à poudre, en cuivre.		A.	M° canonnier.	144	
id.	Armurerie.	Armurerie.	Armurerie.	173	251²	**Mesures** { de la { hausse. { et du cran de mire, pour les canons lisses, etc. { pour les canons rayés, pour carabines, etc.		A.	M° armurier.	294	
id.	id.	id.	id.	173	251¹			A.	id.	294	
id.	id.	id.	id.	173	250	du guidon et de son embase, modèle n°		A.	id.	294	

NOMENCLATURE DES MATIÈRES ET OBJETS.

Mesures de capacité.

DÉSIGNATION du service où s'opèrent les délivrances, la mise en place, le démontage, les remises et les réparations.	LOCALITÉS OÙ S'OPÈRENT — la mise en place ou les délivrances (Section du magasin ou atelier)	les démontages ou les remises (Atelier)	les réparations (Atelier)	NUMÉROS D'ORDRE — par unité collective	par unité simple	NOMENCLATURE DES MATIÈRES ET OBJETS	LETTRES de classement	ARTICLE DU MAÎTRE OU DE L'OFFICIER COMPTABLE auquel l'objet se rapporte	PAGE du RÈGLEMENT d'armement	ALLOCATIONS RÉGLEMENTAIRES pour 1 Mois
Const. navales	Tonnellerie	Tonnellerie	Tonnellerie	60	127	en bois — de 1/2 hectolitre	A.	Magasinier	332	
id.	id.	id.	id.	60	128	de 2 décalitres	A.	id.	332	
id.	id.	id.	id.	60	129	de 1 décalitre	A.	id.	332	
id.	id.	id.	id.	60	130	de 1/2 décalitre	A.	id.	332	
id.	id.	id.	id.	60	131	de 2 litres	A.	id.	332	
id.	id.	id.	id.	60	132	de 1 litre	A.	id.	332	
id.	id.	id.	id.	60	133	de 1/2 litre	A.	id.	332	
Subsistances	Ust., outils, etc.	Salle de dépôt	Dét. des subs.	20	21	en étain — de 5 litres	A.	Commis aux viv.	322	
id.	id.	id.	id.	50	22			id.	322	
Const. navales	P. chaudronn.	P. chaudronn.	P. chaudronn.	60	151	de 1 litre	A.	Magasinier	332	
id.	id.	id.	id.	60	152			Chirurgien	390	
id.	id.	id.	id.	60	153			Magasinier	332	
Subsistances	Ust., outils, etc.	Salle de dépôt	Dét. des subs.	20	23	de 1/2 litre	A.	Chirurgien	390	
Const. navales	P. chaudronn.	P. chaudronn.	P. chaudronn.	60	154			Com. aux viv.	322	
id.	id.	id.	id.	60	134	de 2 décilitres	A.	Magasinier	332	
id.	id.	id.	id.	60	155			Chirurgien	390	
id.	id.	id.	id.	60	156	de 1 décilitre	A.	Magasinier	332	
id.	id.	id.	id.	60	136			Chirurgien	390	
id.	id.	id.	id.	60	157	en étain, avec anses — de 1/2 décilitre	A.	Magasinier	332	
id.	id.	id.	id.	60	137			Chirurgien	390	
id.	id.	id.	id.	60	158	de 2 centilitres	A.	Magasinier	332	
id.	id.	id.	id.	60	138	de 1 centilitre	A.	Chirurgien	390	
Subsistances	Ust., outils, etc.	Salle de dépôt	Dét. des subs.	20	24	en étain, pour le vin — de 1 lit. 84 cent. ou 8 rations	A.	Com. aux viv.	324	
id.	id.	id.	id.	20	25	de 1 lit. 61 cent. ou 7 rations	A.	id.	324	
id.	id.	id.	id.	20	26	de 1 lit. 38 cent. ou 6 rations	A.	id.	324	
id.	id.	id.	id.	20	27	de 69 centil., ou 3 rations	A.	id.	324	
id.	id.	id.	id.	20	28	de 46 centil., ou 2 rations	A.	id.	324	
id.	id.	id.	id.	20	29	de 23 centil., ou 1 ration	A.	id.	324	
id.	id.	id.	id.	20	30	en étain, pour l'eau-de-vie — de 48 centil., ou 8 rations	A.	id.	324	
id.	id.	id.	id.	20	31	de 42 centil., ou 7 rations	A.	id.	324	
id.	id.	id.	id.	20	32	de 36 centil., ou 6 rations	A.	id.	324	
id.	id.	id.	id.	20	33	de 18 centil., ou 3 rations	A.	id.	324	
id.	id.	id.	id.	20	34	de 12 centil., ou 2 rations	A.	id.	324	
id.	id.	id.	id.	20	35	de 6 centil., ou 1 ration	A.	id.	324	14.

DÉSIGNATION du service où s'opèrent les délivrances, la mise en place, le démontage, les remises ou les réparations.	LOCALITÉS OU S'OPÈRENT			NUMÉROS D'ORDRE de la NOMENCLATURE		NOMENCLATURE DES MATIÈRES ET OBJETS.	LETTRES de classement B.A. Entrée en armement. A.A. Armement. A. Recharge. C.M. Complément de rechange. A.C. Accessoires de coque. A.V. Objets attenant à la coque des embarcations. P. Objets à délivrer pour les passagers.	ARTICLE DU MAÎTRE OU DE L'OFFICIER COMPTABLE auquel l'objet se rapporte.	PAGE du RÈGLEMENT d'armement.	ALLOCATIONS RÉGLEMENTAIRES pour l Mois.
	la mise en place ou les délivrances.	les démontages ou les remises.	les réparations.	par unité collective.	par unité simple.					
	Section de magasin ou atelier.	Atelier.	Atelier.							
Subsistances.	Ust., ootils, etc.	Salle de dépôt	Dét. des subs.	20	36	de 24 centil., ou 8 rations...	A.	Comm. aux vivres	324	
id.	id.	id.	id.	20	37	de 21 centil., ou 7 rations...	A.	id.	324	
id.	id.	id.	id.	20	38	de 18 centil., ou 6 rations...	A.	id.	324	
id.	id.	id.	id.	20	39	pour le vinaigre. de 9 centil., ou 3 rations...	A.	id.	324	
id.	id.	id.	id.	20	40	de 6 centil., ou 2 rations...	A.	id.	324	
id.	id.	id.	id.	20	41	de 3 centil., ou 1 ration...	A.	id.	324	
id.	id.	id.	id.	20	42	en étain... de 144 grammes, ou 8 rations...	A.	id.	324	
id.	id.	id.	id.	90	43	de 126 grammes, ou 7 rations...	A.	id.	324	
id.	id.	id.	id.	20	44	de 108 grammes, ou 6 rations...	A.	id.	324	
id.	id.	id.	id.	20	45	de capacité pour l'huile. de 54 grammes, ou 3 rations...	A.	id.	324	
id.	id.	id.	id.	20	46	de 36 grammes, ou 2 rations...	A.	id.	324	
id.	id.	id.	id.	20	47	Mesures... de 18 grammes, ou 1 ration...	A.	id.	324	
id.	id.	id.	id.	20	52	en fer-blanc... de 23 centil. (quart avec anse)..	A.	id.	322	
id.	id.	id.	id.	20	53	de 6 centil. (Boujaron)...	A.	id.	322	
Const. navales	Tôlerie.	Tôlerie.	Tôlerie.	60	172	de capacité en tôle, de 2 décalitres, pour contenir la consommation journalière de charbon de terre...	A.	id.	396	
id.	Menuiserie.	Menuiserie.	»	60 et 62	Divers.	de longueur, assortie.	A.	M⁰ charpent.	258	
id.	Machines.	Machines.	»	43	24	Métal antifriction.	A.	Magasinier.	350	
id.	Menuiserie.	Menuiserie.	Menuiserie.	87	511	Métiers à sangles, en bois...	A.	M⁰ de manœuvre.	84	
id.	Machines.	Machines.	Machines.	60	218 à 220	en acier...	A.	M⁰ mécanic.	200	
id.	Menuiserie.	Menuiserie.	Menuiserie.	60	245	Mètres... en bois. d'une seule pièce.	A.	Magasinier.	332	
id.	id.	id.	»	60	215	brisés en lames.	A.	M⁰ voilier.	274	
id.	id.	»	»	60	217	en buis, divisé...	A.	M⁰ charpent.	258	
Maj. générale.	Observatoire.	Observatoire.	»	5	9	Meules à aiguiser...	E.A.	Offic. comm.	411	
Const. navales	G. œuvres.	G. œuvres.	»	88	Divers.		A.	M⁰ de manœuvre.	6	
id.	id.	id.	G. œuvres et l'arge.	88	Divers.	Micromètre de Lugeol (avec son instruction).	A.	M⁰ mécanicien.	200	
Major. génér⁰.	Observatoire.	Observatoire.	»	3	24		A.	Offic. comm.	411	
Const. navales	Peinture.	Peinture.	»	43	264 et 265	Minium en poudre...	A.	Magasinier.	350	
Mouv. du port	Voilerie.	Voilerie.	Voilerie.	113	39 à 101	carrée, ou fortune des goëlettes, garnie...	R.	M⁰ voilier.	268	
id.	id.	id.	id.	113	69 à 101	Misaine... goëlette sur corne, garnie...	R.	id.	268	
id.	id.	id.	id.	118	217 à 280	garnie...	R.	id.	268	
id.	id.	id.	id.	121	25 à 44	garnie, pour embarcations...	A.	M⁰ de manœuvre.	108	

DÉSIGNATION du service où s'opèrent les délivrances, la mise en place, le démontage, les remises et les réparations. Section de magasin ou atelier.	LOCALITÉS OÙ S'OPÈRENT la mise en place ou les délivrances. Atelier.	les démontages ou les remises. Atelier.	les réparations. Atelier.	NUMÉROS D'ORDRE de la NOMENCLATURE par unité collective.	par unité simple.	NOMENCLATURE DES MATIÈRES ET OBJETS.	LETTRES de classement.	ARTICLE DU MAÎTRE OU DE L'OFFICIER COMPTABLE auquel l'objet se rapporte.	PAGE du RÈGLEMENT d'armement.	ALLOCATIONS RÉGLEMENTAIRES pour 1 Mois.
Const. navales	P. chaudronn.	P. chaudronn.	P. chaudronn.	103	1081	**Modérateurs** de rechange pour lampes modérateurs............	A.	M^e de timon.	184	
id.	Peinture.	Peinture.	»	54	119	**Molettes** à broyer la peinture..........	A	Magasinier.	332	
Hôpitaux.	Magasin.	Salle de dépôt.	»	52	15	**Molleton** de laine.........	A.	Chirurgien.	390	
Const. navales	Menuiserie.	Menuiserie.	Menuiserie.	87	376	en bois... ou chandeliers tournés pour la lisse du panneau près de l'habitacle.	A.C.	M^e charpentier	234	
id.	Charpentage.	Charpentage.	Charpentage.	87	188	pour tentes de bâtiments.	A.C.	id.	234	
»	»	»	»	»	»	pour tentes de hige d'embarcations	A.T.	M^e de manœuvre	100	
Const. navales	Serrurerie.	Serrurerie.	Serrurerie.	104	470	**Montants.** en fer, pour cloches.	A.	M^e de timon.	105	
Artillerie.	Armurerie.	Armurerie.	Armurerie.	169	21 et 24	de fusils et carabines.	A.	Capit. d'armes / M^e armurier.	154 / 298	
id.	id.	id.	id.	169	22 et 25	**Monte-ressorts** complets pour platines, à chainette ou à griffe. de mousquetons.	A.	Capit. d'armes / M^e armurier.	154 / 268	
id.	id.	id.	id.	169	23 et 26	de pistolets.	A.	Capit. d'armurier / M^e armurier.	154 / 298	
Const. navales	Machines. Observatoire	Machines. Observatoire	Machines.	128	36	d'axiomètre.	A.	M^e de timon.	162	
Maj. générale	Observatoire et Cartes et arch. Machines.	Observatoire et Cartes et arch. Machines.	Observatoire.	Divers.	Divers.	**Montres...** marines.	A.	Officier comm.	410	
Const. navales	Machines.	Machines.	Machines.	130	8	en bois, pour appareils acoustiques.	A.C.	M^e mécanic.	190	
Artillerie.	Armurerie.	Armurerie.	Armurerie.	68	74	à bois pour la monture.	A.	M^e armurier.	298	
Const. navales	Menuiserie.	Menuiserie.	Menuiserie.	68	7	à chantourner.	A.	M^e charpentier	260	
Subsistances.	Ust., outils, etc.	Salle de dépôt.	Dét. des subsist.	24	30 et 32	à débiter.	A.	Commis aux vivr.	328	
id.	id.	id.	id.	24	31			id.	328	
Const. navales	Forges. Armurerie.	Forges. Armurerie.	Forges.	63	45 et 46	à métaux... ordinaires.	A.	M^e mécanic.	206	
Artillerie.				63	42	**Montures.** de soies... pour fendre la tête des vis.	A.	M^e armurier.	298	
Const. navales	Menuiserie.	Menuiserie.	Menuiserie.	65	11 et 12	à refondre.	A.	M^e charpent.	260	
id.	id.	id.	id.	65	74 et 78	à tenon.	A.	id.	260	
id.	id.	id.	id.	65	54 et 56	de long, ordinaires.	A.	id.	260	
Subsistances.	Ust., outils, etc.	Salle de dépôt.	Dét. des subsist.	24	19	pour porcs-vin.	A.	C^r aux vivres.	324	
Const. navales	Poulierie.	Poulierie.	Poulierie.	82	55 à 62	à rides non ferrées... pour sous-barbe.	R.	M^e de manœuvre	80	
id.	id.	id.	id.	82	55 à 62	pour haubans de foc ou de beaupré	R.	id.	80	
id.	id.	id.	id.	82	55 à 62	pour saisines d'embarcations.	A.	id.	70	
id.	id.	id.	id.	82	63 à 65	à talon aigu ferrées.	R.	id.	80	
id.	id.	id.	id.	82	63 à 65		R.	id.	78	
id.	id.	id.	id.	82	48 à 54	à rouet de bronze (pour écoutes de hunier).	R.	id.		
						Moques... à balancines... de vergue de perroquet de fougue.	Gréement.	id.	34	
						de vergue de grand hunier.	id.	id.	60	
						de vergue de petit hunier.	id.	id.	68	
						de vergue barrée.	id.	id.	52	
						pour draille de trinquette.	id.	id.	70	
						pour étai de perroquet de fougue ou de mât de flèche d'artimon.	id.	id.	56	
						pour saisines des embarcations.	id.	id.	76	
						pour sous-barbes de mât de beaupré.	id.	id.	70	

DÉSIGNATION du service où s'opèrent les délivrances, la mise en place, le démontage, les remises et les réparations.	LOCALITÉS OÙ S'OPÈRENT			NUMÉROS D'ORDRE de la NOMENCLATURE		NOMENCLATURE DES MATIÈRES ET OBJETS.	LETTRES de classement. E.A. Entrée en armement. A. Armement. R. Rechange. C.R. Complété-mené de re-change. A.C. Accessoi-res de coque. A.V. Objets ap-tenant à la co-que des em-barcations V. Objets à dé-livrer pour les passagers.	ARTICLE OU DU MAÎTRE OU DE L'OFFICIER COMPTABLE auquel l'objet se rapporte.	PAGE du RÈGLEMENT d'ar-mement.	ALLOCATIONS RÉGLEMENTAIRES pour 1 Mois.
	la mise en place ou les délivrances. Section de magasin ou atelier.	les démontages ou les remises. Atelier.	les réparations. Atelier.	par unité collective.	par unité simple.					
Hôpitaux.	Pharmacie.	Salle de dépôt.	Dét. des hôpit.	50	303	**Mortiers**... { en bois.....	A.	Chirurgien.	390	
Const. navales.	Serrurerie.	Serrurerie.	Serrurerie.	63	546	en fonte de fer.....	A.	M⁰ mécanic.	200	
id.	id.	id.	id.	63	546	en marbre, de 2ᵉ grandeur...	A.	Com. aux viv.	324	
Hôpitaux.	Pharmacie.	Salle de dépôt.	Dét. des hôpit.	50	309	à bec, en porcelaine, 2ᵉ grandeur..........	A.	Chirurgien.	390	
id.	id.	id.	id.	50	313		A.	id.	390	
Const. navales.	Menuiserie.	Menuiserie.	»	62	270	**Mouchettes** { bois.....	A.	Mᵗᵉ charpentier	258	
id.	id.	id.	Forges.	62	271	{ fers.....	A.	id.	258	
id.	Machines.	Machines.	Machines.	134	50	**Moufles** { à engrenages, ou appareils pour manœuvrer les roues....	A.	Mᵗᵉ mécanicien	196	
id.	id.	id.	id.	82	278 et 279	{ ou palans pour machines..	A.	id.	196	
id.	Perçage.	Perçage.	Perçage.	104	191	**Mouilleurs** { pour ancres de bossoirs..........	A.C.	Mᵗᵉ charpent.	228	
id.	id.	id.	id.	104	191	en fer.... { pour ancres de veille..........	A.C.	id.	228	
id.	Poulierie.	Poulierie.	Poulierie.	87	322	**Moulinets** ou tours à bitord..........	A.	Mᵗᵉ de manœuvre	84	
id.	Serrurerie.	Serrurerie.	Serrurerie.	130	43 à 47	**Moulins** à café.....	A.	Cᵗᵉ aux vivres.	324	
Artillerie.	Armurerie.	Armurerie.	Armurerie.	164	6 à 8	**Mousquetons** à percussion, de gendarmerie et de marine, etc.....	A.	Capit. d'armes	152	
Const. navales.	Serrurerie.	Serrurerie.	Serrurerie.	33	191	**Mouvements** ou bascules de sonnettes..........	A.C.	Mᵗᵉ mécanic.	193	
Artillerie.	Armurerie.	Armurerie.	Armurerie.	Divers.	Divers.	**Musiques** pour amiraux..........	A.	Cap. d'armes.	156	
						N				
Hôpitaux.	Magasin.	Salle de dépôt.	Dét. des hôpit.	4	9	**Nappes** { d'autel.....	A.	Aumônier.	367	
id.	id.	id.	id.	4	10	en toile.... { de communion....	A.	id.	367	
id.	id.	id.	»	2	19	**Navette** pour encensoir, en cuivre argenté.....	A.	id.	365	
Artillerie.	Armurerie.	Armurerie.	Armurerie.	169	35	**Nécessaires** { d'armes complets.....	A.	Cap. d'armes	154	
Const. navales	Menuiserie.	Menuiserie.	Menuiserie.	87	306 à 308	{ ou caisses en bois à compartiments, contenant tous les effets du barbier..........	A.	Magasinier.	334	
id.	id.	id.	id.	62	274 à 276	**Niveaux** en bois pour charpentiers..........	E.A.	Mᵗᵉ de manœuvre.	6	
id.	id.	id.	id.	62	274 à 276		A.	Mᵗᵉ charpent¹.	258	
id.	Peinture.	Peinture.	»	43	251 et 252	**Noir** léger (noir de fumée).....	A.	Magasinier.	338	
Artillerie.	Armurerie.	Armurerie.	»	167	177	{ d'infanterie. { modèle 1847..........	R.	Mᵗᵉ armurier.	304	
id.	id.	id.	»	167	177	{ modèle 1840..........	R.	id.	304	
id.	id.	id.	»	167	178	{ de mousquetons { modèle 1847..........	R.	id.	304	
id.	id.	id.	»	167	178	{ à charnière { modèle 1842..........	R.	id.	304	
id.	id.	id.	»	167	179	**Noix**..... { de pistolets. { de gendarmerie { modèle 1842..........	R.	id.	304	
id.	id.	id.	»	167	179	{ { modèle 1849..........	R.	id.	304	
id.	id.	id.	»	167	180	{ de marine. { modèle 1837..........	R.	id.	304	
id.	id.	id.	»	167	180		R.	id.	304	
id.	id.	id.	»	167	181	{ à griffe d'infanterie, modèle 1822..........	R.	id.	304	

DÉSIGNATION du service où s'opèrent les délivrances, la mise en place, le démontage, les remises et les réparations.	LOCALITÉS OÙ S'OPÈRENT			NUMÉROS D'ORDRE de la NOMENCLATURE		NOMENCLATURE DES MATIÈRES ET OBJETS.	LETTRES declassement. M.A. Entrée en armement. A. Armement. n. Rechange. c. n. Comptement de rechange. A.c. Accessoires de coque. A.v. Objet attenant à la coque des embarcations. Pr Objets à délivrer pour les passagers.	ARTICLE DU MAÎTRE OU DE L'OFFICIER COMPTABLE auquel l'objet se rapporte.	PAGE du RÉGLEMENT d'armement.	ALLOCATIONS RÉGLEMENTAIRES pour 1 Mois.
	la mise en place ou les délivrances. Section de magasin ou atelier.	les démontages ou les remises. Atelier.	les réparations. Atelier.	par unité collective.	par unité simple.					
Artillerie.	Armurerie.	Armurerie.	»	167	182	de cavalerie... { modèle 1822.........	R.	Me armurier.	304	
id.	id.	id.	»	167	182	{ modèles antérieurs à 1822..	R.	id.	304	
id.	id.	id.	»	167	183	à griffe. { de mousquetons de gendarmerie et { modèles 1825.	R.	id.	304	
id.	id.	id.	»	167	183	de marine. { mod. antérieurs à 1825....	R.	id.	304	
id.	id.	id.	»	167	184	de pistolets { modèle 1822......	R.	id.	304	
id.	id.	id.	»	167	184	de gendarmerie { modèles antérieurs à 1822....	R.	id.	304	
			Armurerie.	63	201	**Noix.....** fausses.	A.	id.	204	
id.	id.	id.	id.	161	104	pour platines d'espingoles.. { nouveau modèle.........	R.	id.	310	
id.	id.	id.	id.	161	105	{ ancien modèle........	R.	id.	310	
Commissariat	Dét. des arm.	Dét. des arm.	»	»	»	**Nomenclature** des dépenses de l'année courante........	A.	Offic. d'adm. Comm. d'arm.	374 404	
id.	id.	id.	»	127	27	**Nomination** du défenseur d'office.......	A.	Offic. d'adm.	378	
Majorité générale	Cartes et arch.	Cartes et arch.	»	53	31	du juge rapporteur et désignation du greffier...	A.	id.	380	
id.	id.	id.	»	53	31	annuelles { sur le compte des officiers de vaisseau et aspirants..	A.	Ch.d'ét.-m. gén.	415	
Commissariat	Dét. des arm.	Dét. des arm.	»	80	9	{ sur le compte des officiers civils et entretenus....	A.	Comm. d'arm.	404	
Majorité générale	Cartes et arch.	Cartes et arch.	»	80	9	**Notes.....**	A.	Offic. comm.	409	
id.	id.	id.	»	80	9	semestrielles pour officiers mariniers et quartiers-maitres.	A.	Ch. d'ét.-m. gén.	415	
id.	id.	id.	»	333	33	sur les armements des bâtiments...............	A.	Offic. comm.	409	
id.	id.	id.	»	11	91	{ sur la perturbation des compas.	A.	id.	408	
id.	id.	id.	»	11	260	**Notices...** { sur les erreurs des compas dues aux attractions locales à bord { des navires en bois et en fer, par M. Durondeau........	A.	id.	410	
Commissariat	Dét. des arm.	Dét. des arm.	»	Divers.	Divers.	**Notification** du jour du jugement...........	A.	Offic. d'adm.	378 et 380	
Artillerie.	Armurerie.	Armurerie.	»	11	55	en résidus et de démolition à réemployer........	A.	Magasinier.	360	
Mouv. du port	Voilerie.	Voilerie.	»	11	55	**Noyer.....** débité et préparé............	A.	id.	300	
id.	id.	id.	Voilerie.	122	165	pour couvertures.........	E.A.	Me de manœuvre	6	
id.	id.	id.	»	122	165	**Numéros** peints sur toile { pour hamacs.........	E.A.	Me voilier.	274	
id.	id.	id.	Voilerie.	122	165	pour matelas.........	A.	Me de manœuvre	6	
id.	id.	id.	»	122	165	pour sacs en toile........	E.A.	Me voilier.	274	
id.	id.	id.	Voilerie.	122	165		A.	Me voilier.	274	

O

| Const. navales | Chal. et canots | Chal. et canots | Chal. et canots | » | » | **Objets** destinés aux réparations urgentes des embarcations.... Pour ordre. | A. | Me de manœuvre | 110 | |
| Artillerie. | Poudr. et artific. | Artifices. | Artifices. | 150 | 104t | **Obus** à balles de 12 cent., emaboîtés, avec valets crseaux, chargés, pour combat, pour canons, canons-obusiers, etc............... | A. | Me canonnier. | 118 | |

DÉSIGNATION du service où s'opèrent les délivrances, la mise en place, le démontage, les remises et les réparations.	LOCALITÉS OÙ S'OPÈRENT			NUMÉROS D'ORDRE de la NOMENCLATURE		NOMENCLATURE DES MATIÈRES ET OBJETS.	LETTRES de classement.	ARTICLE DU MAÎTRE OU DE L'OFFICIER COMPTABLE auquel l'objet se rapporte.	PAGE du RÉGLEMENT d'armement.	ALLOCATIONS RÉGLEMENTAIRES pour 1 Mois.
	la mise en place ou les délivrances. Section de magasin ou atelier.	les démontages ou les remises. Atelier.	les réparations. Atelier.	par unité collective.	par unité simple.					
Artillerie.	Poudr. et artific.	Artifices.	Artifices.	130	100¹	Obus . . . . de 12 cent., ensabotés, avec valets erseaux, chargés pour combat. . . pour canons, canons-obus, etc.	A.	M° canonnier.	118	
id.	id.	id.	id.	130	101¹	pour caronades.	A.	id.	124	
id.	id.	id.	id.	130	101	avec valets erseaux p' exercice, pour canons, canons-obus et obusiers.	A.	id.	118	
id.	id.	id.	id.	130	101	pour caronades.	A.	id.	124	
id.	id.	id.	id.	130	96	de 15 cent., avec valets erseaux, chargés pour combat, pour obusiers de 15 cent.	A.	id.	132	
id.	id.	id.	id.	130	109	oblongs de 4, chargés pour combat. . . .	A.	id.	134 et 138	
id.	Bouches à feu et projectiles	Parc aux bouches à feu.	Parc aux Bouches à feu	136	21	Obusiers en bronze de 15 c.	A.	id.	130	
Hôpitaux.	Pharmacie.	Salle de dépôt.	»	45	27	Oléo-résine ite copahu (baume de copahu).	A.	Chirurgien.	394	
id.	id.	id.	»	33	8	Œnolé d'opium de Sydenham (laudanum de Sydenham). .	A.	id.	394	
Commissariat.	Dét. des arm.	Dét. des arm.	»	148	48	Ordonnance du non-lieu (modèle n° 4 ter, série B).	A.	Offic. d'adm.	378	
id.	id.	id.	»	»	»	Ordonnance du 22 juin 1847, portant règlement sur la solde, les revues, l'administration et la comptabilité des corps de troupes de la marine, avec la collection des modèles.	A.	id.	372	
id.	id.	id.	»	»	»		A.	Comm. d'arm.	402	
id.	id.	id.	»	2016	16	Ordre de définition ou de mise en liberté.	A.	Offic. d'adm.	378	
id.	id.	id.	»	143	43	d'informer.	A.	id.	378	
id.	id.	id.	»	146	46	de mise en jugement portant. nomination du conseil de guerre.	A.	id.	378	
id.	id.	id.	»	147	47	renvoi à l'autorité compétente.	A.	id.	378	
Mouv. du port.	Pavillonnerie.	Pavillonnerie.	Pavillonnerie.	125	25	Oreillers en plume, recouverts en coutil. . . .	P.	M° de timon.	188	
id.	id.	id.	id.	125	25		A.	M° voilier.	274	
id.	Ancres et grapp.	Parc aux ancres et grappins.	Const. navales Forges.	112	192	Organeaux d'ancres en fer à boulon. . . .	A.	M° de manœuvre	88	
Commissariat.	Dét. des arm.	Dét. des arm.	»	112	12	Original . . . de signification de cédule. pour l'information.	A.	Offic. d'adm.	378	
id.	id.	id.	»	131	31	pour l'audience.	A.	id.	378	
id.	id.	id.	»	123	23	de notification de l'ordre de mise en jugement, etc. . . .	A.	id.	378	
						Orins d'ancres. de bossoir.	Gréement.	M° de manœuvre	42	
						à jet.	id.	id.	42	
						de détroit.	id.	id.	42	
Mouv. du port.	Pavillonnerie.	Pavillonnerie.	Pavillonnerie.	49	86	Ornements de bouts de thyrses en acajou. . . .	A.	M° de timon.	178, 180, 182 et 184	
Const. navales.	Machines.	Machines.	Machines.	64	16	Outillage complet, pour remplacer les vis des manches de pompes. . . .	A.	M° calfat.	284	
id.	G. chaudronn.	G. chaudronn.	G. chaudronn.	63	230	Outils. . . . pour contre-tenir les tubes pendant l'emploi du mandrin, ou repoussoirs, etc.	A.	M° mécanic.	206	
id.	G. chaudronn. et Forges.	G. chaudronn. et Forges.	G. chaudronn. et Forges.	Divers.	Divers.	pour le nettoyage des chaudières.	A.	id.	200	
id.	Machines.	Machines.	Machines.	62 et 63		assortis. pour tour à archet.	A.	id.	206	
id.	id.	id.	id.	62 et 63		pour tour à engrenage.	A.	id.	206	
id.	id.	id.	id.	62 et 63		pour tour à roue et à pédale.	A.	id.	206	

DÉSIGNATION du service où s'opèrent la mise en place, le démontage, les remises et les réparations.	LOCALITÉS OÙ S'OPÈRENT			NUMÉROS D'ORDRE de la NOMENCLATURE		NOMENCLATURE DES MATIÈRES ET OBJETS.	LETTRES de classement	ARTICLE DU MAÎTRE OU DE L'OFFICIER COMPTABLE auquel l'objet se rapporte.	PAGE du RÈGLEMENT d'armement	ALLOCATIONS RÉGLEMENTAIRES pour 1 Mois.
	la mise en place ou les délivrances. Section de magasin ou atelier.	les démontages ou les remises. Atelier.	les réparations. Atelier.	par unité collective.	par unité simple.					
Major. génér.	Cartes et arch.	Cartes et arch.	»	»	»	**Ouvrages** et livres, etc....	A.	l'Offic. comm.	408	
id.	id.	id.	»	»	»		A.	Ch. d'él.-m.gén.	414	
Hôpitaux.	Pharmacie.	Salle de dépôt.	»	37	120	**Oxyde**.... { magnésique (magnésie calcinée).	A.	Chirurgien.	394	
id.	id.	id.	»	37	139	{ mercurique (oxyde rouge de mercure).	A.	id.	394	
id.	id.	id.	»	37	25	**Oxy-sulfure** antimonique hydraté (kermès).	A.	id.	394	

P

DÉSIGNATION	la mise en place	les démontages	les réparations	par unité collective	par unité simple	NOMENCLATURE DES MATIÈRES ET OBJETS.	LETTRES	ARTICLE	PAGE	ALLOCATIONS
Const. navales	Forges.	Forges.	Forges.	104	384	**Pailles** de bitte, ou chevilles en fer pour bittes.	A.	M° de manœuvre	90	
						Paillets.. { lardés pour le brassayage.	Gréement.	id.	46	
						unis... { pour les bas haubans.	id.	id.	46	
						{ pour câbles et exercices.	id.	id.	46	
						{ pour grelins.	id.	id.	46	
						{ pour rides de haubans et de galhaubans.	id.	id.	46	
Hôpitaux.	Pharmacie.	Salle de dépôt	»	27	3	**Pain** azyme.	A.	Chirurgien.	394	
Artillerie.	Garniture.	Garniture.	Garniture.	148	93	{ pour mantelets de sabords pleins.	A.	M° canonnier.	140	
id.	id.	id.	id.	148	94	{ pour mantelets de sabords brisés.	id.	id.	140	
						Palanquins doubles { pour perroquet de fougue.	Gréement.	M° de manœuvre	16	
						{ pour grand hunier.	id.	id.	24	
						{ pour petit hunier.	id.	id.	34	
						simples { pour grand hunier.	id.	id.	24	
						et à croc { pour petit hunier.	id.	id.	34	
Mouv. du port	Garniture.	id.	id.	82 et 103	1 à 8	à croc, pour faux haubans de cheminée.	A.	M° mécanicien	202	
						à croc.	Gréement.	M° de manœuvre	42	
						à fouet.	id.	id.	42	
Artillerie.	id.	id.	id.	148	80 à 82	de côté, nouveau modèle.. { pour canons, canons-obusiers et obusiers.	A.	M° canonnier.	116	
id.	id.	id.	id.	148	82	{ pour obusiers de 18 c.	A.	id.	132	
id.	id.	id.	id.	148	83 à 85	**Palans**... { de retraite, nouveau modèle.	A.	id.	116	
						de brodindin, ou petit palan d'étai.	Gréement.	M° de manœuvre	42	
						de di-manche. { grands.	id.	id.	42	
						{ petits.	id.	id.	42	
						d'étarque de drisse.	id.	id.	40	
						de roulis. { pour vergue de perroquet de fougue.	id.	id.	16	
						{ pour vergue (grande).	id.	id.	22	
						{ pour vergue de grand hunier.	id.	id.	24	
						{ pour vergue de misaine.	id.	id.	30	15
						{ pour vergue de petit hunier.	id.	id.	34	

DÉSIGNATION du service où s'opèrent les délivrances, la mise en place, le démontage, les remises et les réparations. — Section de magasin ou atelier.	LOCALITÉS OÙ S'OPÈRENT — la mise en place ou les délivrances. Atelier.	les démontages ou les remises. Atelier.	les réparations. Atelier.	NUMÉROS D'ORDRE de la NOMENCLATURE — par unité collective.	par unité simple.	NOMENCLATURE DES MATIÈRES ET OBJETS.	LETTRE de classement.	ARTICLE DU MAÎTRE ou de l'officier comptable auquel l'objet se rapporte.	PAGE du règlement d'armement.	ALLOCATIONS RÉGLEMENTAIRES pour 1 Mois.
Mouv. du port et	Garniture et Machines.	Garniture Machines.	Machines.	82 et 106	Divers.	**Palans.** on moufle pour machines........	A.	Mᵉ mécanicien.	200	
Const. navales Artillerie.	Machines. Garniture.	Machines. Garniture.	Garniture.	148	90 et 91	pour l'embarquement et le débarquement des bouches à feu.	A.	Mᵉ canonnier.	140	
Mouv. du port	App. en servic.	App. en servic.	id.	»	»	pour l'entrée en armement...	E.A.	Mᵉ de manœuvre.	6	
Hôpitaux.	Magasin.	Salle de dépôt	Dét. des hôp.	3	11 et 18⁵	blanches.	A.	Aumônier.	366, 367	
id.	id.	id.	id.	3	17	jaunes.	A.	id.	367	
id.	id.	id.	id.	3	23	noires.	A.	id.	367	
id.	id.	id.	id.	3	24⁵	**Palcs pour chaubles** pour chaubles blanches, simples, etc.	A.	id.	367	
id.	id.	id.	id.	3	11	rouges.	A.	id.	366	
id.	id.	id.	id.	3	17 et 18⁵	vertes.	A.	id.	365, 367	
id.	id.	id.	id.	3	23	violettes.	A.	id.	367	
Const. navales	Charpentage.	Charpentage.	Charpentage.	87	588 et 589	à caillebotis.	A.C.	Mᵉ charpent.	234	
id.	Divers.	Divers.	Divers.	Divers.	Divers.	à escarbilles (garnitures de).	A.	Mᵉ mécanicien.	198	
id.	Charpentage.	Charpentage.	Charpentage.	87	594 et 595	**Panneaux.** à plein bois.	A.C.	Mᵉ charpent.	230, 234	
id.	G. chaudronn.	G. chaudronn.	G. chaudronn.	133	405	en tôle, pour soutes à charbon.	A.C.	Mᵉ mécanicien	192	
id.	Menuiserie.	Menuiserie.	Menuiserie.	124	183	ou allonges, pour surtouts de tables à manger, en noyer.	A.	Mᵉ de timon.	186	
Subsistances.	Ust., outils, etc.	Salle de dépôt.	»	22	27	**Pannetons** en osier.	A.	Com. aux viv.	220	
Mouv. du port.	App. en servic.	App. en servic.	Voilerie.	»	»	**Pantalon-cotillon** en toile.	E.A.	Mᵉ de manœuvre	4	
Artillerie.	Poud. et artif.	Artifices.	»	138	242	à cartouches d'infanterie, pour garnitures de mèches.	A.	Magasinier.	340	
Const. navales	Machines.	Machines.	»	53	6	à l'émeri.	A.	id.	390	
Hôpitaux.	Magasin.	Salle de dépôt	»	56	10	**Papier.** à enveloppes.	A.	Chirurgien.	390	
id.	Pharmacie.	id.	»	56	12	à filtrer, gris.	A.	id.	390	
id.	id.	id.	»	56	131	à pansement, en compresses.	A.	id.	390	
Artillerie.	Mitrailles.	Mitrailles.	Mitrailles.	152	152	à grosses balles, pour canons, canons-obusiers et obusiers.	A.	Mᵉ canonnier.	118	
id.	id.	id.	id.	152		pour canons et caronades.	A.	id.	124	
id.	id.	id.	id.	152		**Paquets de mitraille.** à petites balles, pour canons, canons-obusiers et obusiers.	A.	id.	118	
id.	id.	id.	id.	152	22	pour caronades.	A.	id.	124	
id.	id.	id.	id.	152		pour obusiers de 15 centimètres.	A.	id.	132	
Const. navales	Machines.	Machines.	Machines.	104	Divers.	pour le mât d'artimon.	A.	Mᵉ charpent.	244	
id.	id.	id.	id.	104	Divers.	**Paratonnerre.** pour le grand mât.	A.	id.	246	
id.	id.	id.	id.	104	Divers.	pour le mât de misaine.	A.	id.	240	
id.	Charpentage.	Charpentage.	Charpentage.	87	185	en bois, fixés sur le long des murailles.	A.C.	id.	236	
id.	Perçage.	Perçage.	Perçage.	104	472	**Parcs à boulets** en fer, contre les surbaux d'écoutille.	A.C.	id.	236	
Artillerie.	Garniture.	Garniture.	Garniture.	147	37 à 42	volants en cordage.	A.	Mᵉ canonnier.	140	
Const. navales	P. chaudronn.	P. chaudronn.	P. chaudronn.	100	97	**Passe-purée** en fer-blanc, pour le service des malades.	A.	Com. aux viv.	326	
						pour artimon de cape.	Gréement.	Mᵉ de manœuvre.	14	
						Passe-caresses pour brigantine du grand mât.	id.	id.	20	
						pour brigantine de cape.	id.	id.	20	
Const. navales	Forges.	Forges.	Forges.	62	115	à coins doubles, à manche de fer.	A.	Mᵉ calfat.	286	
						Pataras avec aiguillettes, etc. pour grand mât.	Gréement.	Mᵉ de manœuvre.	18	
						pour mât de misaine.	id.	id.	30	
Hôpitaux.	Magasin.	Salle de dépôt.	Dét. des hôp.	1	3	**Patène** en argent.	A.	Aumônier.	366	

DÉSIGNATION du service où s'opèrent les délivrances, la mise en place, le démontage, les remises et les réparations.	LOCALITÉS OÙ S'OPÈRENT — la mise en place ou les délivrances. (Section de magasin ou atelier.)	les démontages ou les remises. (Atelier.)	les réparations. (Atelier.)	NUMÉROS D'ORDRE de la NOMENCLATURE — par unité collective.	par unité simple.	NOMENCLATURE DES MATIÈRES ET OBJETS.	LETTRES de classement.	ARTICLE DU MAÎTRE OU DE L'OFFICIER COMPTABLE auquel l'objet se rapporte.	PAGE du RÈGLEMENT d'armement.	ALLOCATIONS RÉGLEMENTAIRES pour l Mois.
Mouv. du port	Pavillonnerie.	Pavillonnerie.	Pavillonnerie.	49	89	**Patères** en acajou.	A.	Mre de timon.	180,182 184	
Const. navales	Forges.	Forges.	Forges.	104	473	**Pattes** . . . . à futailles en fer.	A.	Mre de manœuvre	92	
						avec cosses, etc., pour canots de commandant, baleinières et yoyous.	Grément.	id.	106	
Mouv. du port	Voilerie.	Voilerie.	»	64	213	**Paumelles** de voiliers.	A.	Mre voilier.	274	
id.	Pavillonnerie.	Pavillonnerie.	Pavillonnerie.	123	129	d'attention. Pavillons de signaux d'armée, grande série, — 1er substitut	A.	Mre de timon.	172	
id.	id.	id.	id.	123	140	de pilote { n° 1	A.	id.	172	
id.	id.	id.	id.	123	141	de pilote { n° 2	A.	id.	172	
id.	id.	id.	id.	123	142	de quarantaine { n° 1	A.	id.	172	
id.	id.	id.	id.	123	143	de quarantaine { n° 2	A.	id.	172	
id.	id.	id.	id.	123	129	de signaux { d'armée { grande série	A.	id.	170	
id.	id.	id.	id.	123	130	de signaux { d'armée { petite série	A.	id.	170	
id.	id.	id.	id.	123	139	de signaux { de la langue universelle	A.	id.	172	
id.	id.	id.	id.	123	131	de signaux télégraphiques { pour bâtiments { rectangulaires (n°s 1, 2, 3 et 8)	A.	id.	170	
id.	id.	id.	id.	123	132	triangulaires (n°s 4 et 6)	A.	id.	170	
id.	id.	id.	id.	123	133	trapézoïdaux (n°s 7 et 9)	A.	id.	170	
id.	id.	id.	id.	123	134	en forme de guidon (n°s 0 et 5)	A.	id.	170	
id.	id.	id.	id.	123	135	pour embarcations { rectangulaires (n°s 1, 2, 3 et 8)	A.	id.	170	
id.	id.	id.	id.	123	136	triangulaires (n°s 4 et 6)	A.	id.	170	
id.	id.	id.	id.	123	137	trapézoïdaux (n°s 7 et 9)	A.	id.	170	
id.	id.	id.	id.	123	138	en forme de guidon (n°s 0 et 5)	A.	id.	170	
id.	id.	id.	id.	123	57	de commandement { pour vice-amiraux { n° 1	A.	id.	166	
id.	id.	id.	id.	123	58	n° 2	A.	id.	166	
id.	id.	id.	id.	123	59	n° 3	A.	id.	166	
id.	id.	id.	id.	123	60	n° 4	A.	id.	166	
id.	id.	id.	id.	123	61	n° 5	A.	id.	166	
id.	id.	id.	id.	123	58	pour contre-amiraux { n° 2	A.	id.	166	
id.	id.	id.	id.	123	59	n° 3	A.	id.	166	
id.	id.	id.	id.	123	60	n° 4	A.	id.	166	
id.	id.	id.	id.	123	61	n° 5	A.	id.	166	
id.	id.	id.	id.	123	62	n° 6	A.	id.	166	
id.	id.	id.	id.	123	41	français ou enseignes { n° 1	A.	id.	168	
id.	id.	id.	id.	123	42	n° 2	A.	id.	168	
id.	id.	id.	id.	123	43	n° 3	A.	id.	168	
id.	id.	id.	id.	123	44	n° 4	A.	id.	168	
id.	id.	id.	id.	123	45	n° 5	A.	id.	168	
id.	id.	id.	id.	123	46	n° 6	A.	id.	168	
id.	id.	id.	id.	123	47	n° 7	A.	id.	168	
id.	id.	id.	id.	123	48	n° 8	A.	id.	168	
id.	id.	id.	id.	123	49	n° 9	A.	id.	168	
id.	id.	id.	id.	123	50	n° 10	A.	id.	168	
id.	id.	id.	id.	123	51	n° 11	A.	id.	168	
id.	id.	id.	id.	123	52	n° 12	A.	id.	168	15.

DÉSIGNATION du service où s'opèrent les délivrances, la mise en place, le démontage, les remises et les réparations.	LOCALITÉS OU S'OPÈRENT			NUMÉROS D'ORDRE de la NOMENCLATURE		NOMENCLATURE DES MATIÈRES ET OBJETS.		LETTRES du classement. N. A. Entrée en armement. A. Armement. B. Rechange. C. B. Complément de rechange. A. G. Accessoires du corps. A. T. Objets attenant à la cargue des embarcations. P. Objets à délivrer pour les passagers.	ARTICLE DU MAÎTRE OU DE L'OFFICIER COMPTABLE auquel l'objet se rapporte.	PAGE du RÈGLEMENT d'armement.	ALLOCATIONS RÈGLEMENTAIRES pour l Mois.
	la mise en place ou les délivrances. Section de magasin ou atelier.	les démontages ou les remises. Atelier.	les réparations. Atelier.	par unité collective.	par unité simple.						
Mouv. du port	Pavillonnerie.	Pavillonnerie.	Pavillonnerie.	123	53		ou enseignes.. { n° 13	A.	M⁵ de timon.	168	
id.	id.	id.	id.	123	54		n° 14	A.	id.	168	
id.	id.	id.	id.	123	55	français	n° 15	A.	id.	168	
id.	id.	id.	id.	123	53 à 56		pour embarcations, n°	A.	M⁵ de manœuvre	108	
id.	id.	id.	id.	123	63, 74, 85, 96, 107 ou 118		n° 1	A.	M⁵ de timon.	168	
id.	id.	id.	id.	123	64, 75, 86, 97, 108 ou 119		n° 2	A.	id.	168	
id.	id.	id.	id.	123	65, 76, 87, 98, 109 ou 120	Pavillons	n° 3	A.	id.	168	
id.	id.	id.	id.	123	66, 77, 88, 99, 110 ou 121		n° 4	A.	id.	168	
id.	id.	id.	id.	123	67, 78, 89, 100, 111 ou 122		n° 5	A.	id.	168	
id.	id.	id.	id.	123	68, 79, 90, 101, 112 ou 123	étrangers	n° 6	A.	id.	168	
id.	id.	id.	id.	123	69, 80, 91, 102, 113 ou 124		n° 7	A.	id.	168	
id.	id.	id.	id.	123	70, 81, 92, 103, 114 ou 125		n° 8	A.	id.	168	
id.	id.	id.	id.	123	71, 82, 93, 104, 115 ou 126		n° 9	A.	id.	168	
id.	id.	id.	id.	123	72, 83, 94, 105, 116 ou 127		n° 10	A.	id.	168	
Artillerie.	Armurerie.	Armurerie.	»	170	42		de caisses de tambours assorties.	A.	Magasinier.	344	
Hôpitaux.	Pharmacie.	Salle de dépôt	»	56	65	Peaux	de mouton { blanches pour emplâtres.	A.	Chirurgien.	396	
Artillerie.	Garniture.	Garniture.	»	50	56		{ en laine fine, pour écouvillons.	A.	Magasinier.	340	
Const. navales	Peinture.	Peinture.	Divers.	Divers.			à la chaux.	A.	id.	338	
id.	id.	id.	»	44	25	Peinture	{ au minium.	A.	id.	350	
id.	id.	id.	»	44	9 et 18		{ blanche.	A.	id.	338, 350	
id.	id.	id.	»	44	26		délayée à l'huile { noire.	A.	id.	338, 340 350	
id.	id.	id.	»	44	32		{ verte.	A.	id.	338	
id.	Calfatage.	Calfatage.	Calfatage.	87	187	Pélardeaux en bois		A.	M⁵ calfat.	288	
id.	Forges	Forges.	Forges.	64	145 à 147	Pelles	{ à charbon, carrées à rebord.	A.	M⁵ mécanicien	202	
id.	Serrurerie	Serrurerie.	Serrurerie.	124	235		{ à feu, pour cheminée, à vase de cuivre.	A.	M⁵ de timon.	176	

DÉSIGNATION du service où s'opèrent les délivrances, la mise en place, le démontage, les remises et les réparations.	LOCALITÉS OÙ S'OPÈRENT la mise en place ou les délivrances. Section de magasin ou atelier.	les démontages ou les remises. Atelier.	les réparations. Atelier.	NUMÉROS de la NOMENCLATURE par unité collective.	par unité simple.	NOMENCLATURE DES MATIÈRES ET OBJETS.	LETTRES de classement.	ARTICLE DU MAÎTRE OU DE L'OFFICIER COMPTABLE auquel l'objet se rapporte.	PAGE du RÉGLEMENT d'armement.	ALLOCATIONS RÉGLEMENTAIRES pour 1 Mois.
Const. navales	Forges.	Forges.	Forges.	53	203	à manche de fer, pour forges........	A.	Mᵉ mécanicien	208	
id.	id.	id.	id.	53	203		A.	Mᵉ armurier.	314	
id.	id.	id.	id.	64	144 à 147	en fer... carrées à rebord.	A.	Mᵉ de manœuvre	92	
id.	id.	id.	id.	64	148 à 153	ordinaires.	A.	id.	92	
id.	Serrurerie.	Serrurerie.	Serrurerie.	104	284	**Pelles.** pour cuisines..	A.	Com. aux viv.	326	
id.	Forges.	Forges.	Forges.	134	67	ou cuillers à manche de fer, pour nettoyer les chaudières...	A.	Mᵉ mécanicien	200	
id.	Menuiserie.	Menuiserie.	Menuiserie.	87	512	pᵉ fours en bois.	A.	Com. aux viv.	320	
id.	Tôlerie.	Tôlerie.	Tôlerie.	104	288	en fer.	A.	id.	320	
						à deux branches avec cosses.. pour écoutes de petit foc.	Gréement.	Mᵉ de manœuvre	38	
						pour écoutes de grand foc.	id.	id.	40	
						avec cosses.. pour candelettes de mât de perroquet de fougue..	id.	id.	14	
						pour candelettes de grand mât de hune.	id.	id.	22	
						pour candelettes de petit mât de hune.	id.	id.	32	
						pour tangons.	id.	id.	44	
						Pendeurs. avec cosses et aiguillettes pour calliornes de bas mâts.	id.	id.	40	
						avec crocs à palans. pour petits palans de bout de vergue.	id.	id.	42	
						pour petits palans d'étai.	id.	id.	42	
						avec crocs de bosse pour palans de roulis de grande vergue.	id.	id.	22	
						pour palans de vergues de misaine.	id.	id.	30	
						pour grands palans de bouts de vergue.	id.	id.	40	
						pour grands palans d'étai.	id.	id.	40	
						avec croc et cosse, pour retenue du gui du grand mât.	id.	id.	20	
						de bras de grand hunier.	id.	id.	12	
Const. navales	Calfatage.	Calfatage.	»	53	46	**Penne à guipon.**	A.	Magasinier.	388	
id.	Machines.	Machines.	Machines.	104	280	boules pour panon renversé, en plomb.	A.	Mᵉ de timon.	162	
id.	id.	id.	id.	104	296	**Penons....** ou verges de penons en fer.	A.	id.	162	
id.	Serrurerie.	Serrurerie.	Serrurerie.	33	81	de fer, longues.. à une branche.	A.C.	Mᵉ mécanic.	192	
id.	id.	id.	id.	33	83	à deux branches.	A.C.	id.	192	
id.	id.	id.	id.	33	85	**Pentures..** à T... de fer.	A.C.	id.	192	
id.	id.	id.	id.	33	86	de cuivre.	A.C.	id.	192	
id.	Forges.	Forges.	Forges.	104	474	de faux sabords brisés... dans les batteries.	R.	Mᵉ charpent.	264	
id.	id.	id.	id.	104	474	sur les gaillards.	R.	id.	264	
id.	id.	id.	id.	104	475	de mantelets de sabords de 1ʳᵉ batterie.	R.	id.	264	
Subsistances.	Ust., octils, etc.	Salle de dépôt.	Dét. des subsist.	21	18	**Perce-vin** mèches.	A.	Com. aux viv.	324	
Const. navales	Forges.	Forges.	Forges.	21	19	montures.	A.	Mᵉ mécanic.	324	
id.	Forges.	Forges.	Forges.	63	204	**Perçoirs** pour forges.	A.	Mᵉ mécanic.	208	
id.	id.	id.	id.	63	204		A.	Mᵉ armurier.	314	
Commissariat.	Dét. des arm.	Dét. des arm.	»	433	133	**Permission** (imprimé).	A.	Offic. d'adm.	380	

DÉSIGNATION du service où s'opèrent les délivrances, la mise en place, le démontage, les remises et les réparations.	LOCALITÉS OU S'OPÈRENT			NUMÉROS D'ORDRE de la NOMENCLATURE		NOMENCLATURE DES MATIÈRES ET OBJETS.	LETTRES de classement. e. a. Entrée en armement. a. Armement. b. Rechange. c. a. Complément de rechange. a. c. Accessoires de corps. a. v. Objets attenant à la coque des embarcations. v. Objets à délivrer pour les passagers.	ARTICLE DU MAÎTRE OU DE L'OFFICIER COMPTABLE auquel l'objet se rapporte	PAGE du RÈGLEMENT	ALLOCATIONS RÉGLEMENTAIRES pour 1 1 Mois.
	la mise en place, les délivrances. Section de magasin ou atelier.	les démontages ou les remises. Atelier.	les réparations. Atelier.	par unité collective.	par unité simple.					
Mouv. du port	Voilerie.	Voilerie.	Voilerie.	115	1 à 20	d'artimon ou perruche, garni.....	A.	Mᵉ voilier.	276	
id.	id.	id.	id.	115	1 à 20	de fougue ou hunier d'artimon garni....	R.	id.	276	
id.	id.	id.	id.	114	1 à 20	Perroquet.. (grand), garni....	A.	id.	276	
id.	id.	id.	id.	114	1 à 20		R.	id.	276	
id.	id.	id.	id.	115	1 à 50	(petit), garni....	A.	id.	276	
id.	id.	id.	id.	115	1 à 50		R.	id.	276	
id.	id.	id.	id.	115	1 à 50		A.	Offᵉ. d'adm.	372	
Const. navales	Machines.	Machines.	Machines.	60	256	Pèse-liqueurs ou alcoomètres avec étui.	A.	Mᵉ mécanic.	193	
id.	id.	id.	id.	60	258	Pèse-sels ou aréomètres en cuivre....	A.C.	Mᵉ voilier.	186	
id.	id.	id.	id.	131	5	Petit-cheval, ou machine à vapeur auxiliaire, pour l'alimentation des chaudières.....			268 et 270	
Mouv. du port	Voilerie.	Voilerie.	Voilerie.	119	173 à 202	Petit foc garni....	R.	Gréemont.	42	
						Petits palans { de bout de vergue....	A.	id.	42	
						{ d'étai ou palais de brodindin....	A.	Com. aux viv.	320	
Const. navales	Menuiserie.	Menuiserie.	Menuiserie.	87	359 à 362	Pétrins en bois, ordinaires....	Offic. command.	410		
Major. génér.	Cartes et arch.	Cartes et arch.	id.	15	32	Phares et fanaux des côtes de France..	Ch. d'ét.-m. gén.	415		
id.	id.	id.	id.	15	32		A.	Mᵉ de manœuvre	92	
Const. navales	Forges.	Forges.	Forges.	64	134 à 172	Pics emmanchés....	R.	Mᵉ armurier.	310	
Artillerie.	Armurerie.	Armurerie.	Armurerie.	101	Divers.	assorties pour hausses, fronteaux de miro, etc..	A.	Mᵉ de manœuvre	92	
Const. navales	Tonnellerie.	Tonnellerie.	Tonnellerie.	84	32	à eau, { de 2 barriques ou de 500 litres.	A.	id.	92	
id.	id.	id.	id.	84	34	cerclées { de 1 barrique ou de 250 litres.	A.	id.	92	
id.	id.	id.	id.	84	36	en fer { de 1/2 barrique, dites tierçons, ou de 125 litres.	A.	id.	92	
id.	id.	id.	id.	84	30	à vin, { de 4 barriques ou de 1000 litres.	A.	id.	92	
id.	id.	id.	id.	84	31	Pièces.... cerclées { de 3 barriques, ou de 750 litres.	A.	id.	92	
id.	id.	id.	id.	84	32	en fer { de 2 barriques, ou de 500 litres.	A.	id.	92	
id.	id.	id.	id.	84	34	{ de 1 barrique, ou de 250 litres.	A.	id.	92	
id.	id.	id.	id.	84	36	{ de 1/2 barrique, dites tierçons, ou de 125 litres.				
Artillerie.	Armurerie.	Armurerie.	Armurerie.	84	32 et 34	à eau et à vin, pour l'entrée en armement....	E.A.	Cap. d'armes.	154	
Const. navales	Machines.	Machines.	Machines.	53	268	grasses ou drap. — Drap vieux.	A.	Mᵉ mécanic.	202	
id.	id.	id.	id.	134	54	Pieds.... pour presser les garnitures des tiroirs.	A.	Mᵉ de timon.	162	
id.	Perçage.	Perçage.	Perçage.	126	37	de graphomètres....	A.C.	Mᵉ charpent.	226	
id.	Forges.	Forges.	Forges.	104	193	de biche en fonte de fer, pour linguets de câbles-chaînes.	R.	id.	234	
id.	G. chaudronn.	G. chaudronn.	G. chaudronn.	63	207	bu fers à cheval, pour extraire les bagues des tubes de chaudières....	A.	Mᵉ mécanicien	206	
Artillerie.	Armurerie.	Armurerie.	»	65	583	à affiler.	A.	Mᵉ armurier	298	
Const. navales	Forges.	Forges.	»	130	52	Pierres.... à huile ou à rasoirs.	E.A.	Mᵈ de manœuvre	8	
id.	id.	id.	»	130	50		E.A.	Magasinier.	334	
id.	G. œuvres.	G. œuvres.	»	65	589	à moule.	A.	Mᵉ mécanicien	200	
id.	id.	id.	»	65	589		A.	Mᵉ charpent.	362	
Hôpitaux.	Magasin.	Salle de dépôt.	Dét. des hôpit.	1	6	d'autel, consacrées....	A.	Aumônier.	366	
Const. navales	Forges.	Forges.	»	65	588	de Lorraine.	A.	Commis aux viv.	320	
id.	Peinture.	Peinture.	Peinture.	64	Divers.	et accessoires pour peinture.	A.	Magasinier.	332	

DÉSIGNATION du service où s'épérent les délivrances, la mise en place, le démontage, les remises et les réparations.	LOCALITÉS OU S'OPÈRENT			NUMÉROS D'ORDRE de la NOMENCLATURE		NOMENCLATURE DES MATIÈRES ET OBJETS.	LETTRES de classement. E. A. Entrée au armement. a. Armement. a. Rechange. c. a. Complément de rechange. a. c. Accrossoiret de coque. a.r. Objets attenant à la occupation. q. que des embarcations. r. Objets à délivrer pour les passagers.	ARTICLE DU MAÎTRE OU DE L'OFFICIER COMPTABLE auquel l'objet se rapporte.	PAGE du RÈGLEMENT d'armement.	ALLOCATIONS RÉGLEMENTAIRES pour I Mois.
Section de magasin ou atelier.	la mise en place ou les délivrances. Atelier.	les démontage ou les remises. Atelier.	les réparations. Atelier.	par unité collective.	par unité simple.					
Const. navales.	Machines.	Machines.	»	33	8	**Pierre-ponce.**	A.	Magasinier.	350	
Subsistances.	Ustens. outils.	Salle de dépôt.	Dét. des subs.	22	28	en bois, pour biscuit	A.	Com. aux viv.	322	
Hôpitaux.	Pharmacie.	id.	»	50	315	**Pilons.** . . en bois	A.	Chirurgien.	390	
Const. navales.	Serrurerie.	Serrurerie.	id.	65	505	pour mortiers en fonte de fer. . . .	A.	M⁰ mécanicien	200	
id.	id.	id.	id.	65	505		A.	C⁰ aux vivres.	324	
Hôpitaux.	Pharmacie.	Salle de dépôt.	»	50	319	en porcelaine. . . .	A.	Chirurgien.	390	
Major. génér.	Cartes et arch.	Cartes et arch.	»	8	41	**Pilot charts** de Maury.	A.	Magasinier.	338	
Const. navales.	Peinture.	Peinture.	»	65	108 à 114	**Pinceaux** ou brosses pour peindre.	A.	M⁰ calfat.	286	
id.	Forges.	Forges.	Forges.	62	284	**Pince-balles.**	A.	M⁰ mécanicien	206	
id.	id.	id.	id.	65	377	à couper.	A.	M⁰ charpent.	258	
id.	id.	id.	id.	65	379	courbes, en fer. . . .	E.A.	M⁰ de manœuvre	6	
id.	id.	id.	id.	65	379		A.	id.	92	
id.	id.	id.	id.	65	378	droites, en fer. . . .	A.	M⁰ mécanicien	202	
id.	id.	id.	id.	65	378	**Pinces.** . . . . ou leviers en fer.	A.	M⁰ charpent.	258	
Artillerie.	Ferrures.	Atel. à fer.	Atel. à fer.	142	83 et 84	plates, dites à goupilles, de 0ᵐ,16 à 0ᵐ,18. . . .	A.	M⁰ canonnier.	114 et 124	
id.	Armurerie.	Armurerie.	Armurerie.	63	210		A.	M⁰ armurier.	298	
Const. navales.	Forges.	Forges.	Forges.	65	192 à 194	très-fines, plates. . .	A.	M⁰ mécanicien	202	
id.	id.	id.	id.	65	192 à 194	ou becs rondes. . .	A.	M⁰ armurier.	314	
id.						à corbin.		M⁰ armurier.	202	
id.	Serrurerie.	Serrurerie.	Serrurerie.	124	227	**Pincettes** à feu, pour cheminées, à vase de cuivre.	A.	M⁰ de manœuvre	92	
id.	Forges.	Forges.	Forges.	64	173 à 178	**Pioches.** . . emmanchées.	A.	M⁰ mécanicien	202	
id.	id.	id.	id.	64	177 et 178	plates et triangulaires pour le charbon. . .	A.			
Artillerie.	Armurerie.	Armurerie.	Armurerie.	165	23 et 24	**Piques d'abordage.**	A.	Capit. d'armes	150	
id.	id.	id.	id.	165	4 à 8	**Pistolets.** . . à percussion.	A.	id.	150	
id.	id.	id.	id.	165	9	à percussion, dits revolvers. . . .	A.	id.	150	
Const. navales.	Machines.	Machines.	Machines.	102	134 à 136	aspirantes et foulantes, pour épuiser les eaux de la cale . . .	R.	M⁰ calfat.	284	
id.	id.	id.	id.	102	134 et 136	en bronze, pour aspirantes, dites royales. . . .	R.	id.	284	
id.	id.	id.	id.	102	138 et 139	d'étrave.	R.	id.	284	
id.	id.	id.	id.	102	138 et 139	pompes, d'étambot. . .	R.	id.	284	
id.	id.	id.	id.	102	138 et 139	système Letestu de jardins. . .	R.	id.	286	
id.	id.	id.	id.	102	138 et 139	aspirantes, pour le lavage des ponts. . .	R.	id.	286	
id.				133	358	**Pistons.** . . en fonte de fer, garnis, de cylindres à vapeur.	C.R.	M⁰ mécanic.	242	
id.	Serrurerie.	Serrurerie.	Serrurerie.	33	328	en cuivre à pointe ou à lacet, pour ferrements divers. . . .	A.C.	id.	192	
id.	Perçage.	Perçage.	Forges.	104	652	à vis, pour barres de manœuvre du mât d'artimon.	A.C.	M⁰ charpent.	218	
id.	Serrurerie.	Serrurerie.	Serrurerie.	104	484	**Pitons.** . . à écrou, pour les cloisons en fer.	A.	M⁰ mécanic.	198	
id.	Perçage.	Perçage.	Perçage.	104	484	en fer à œil . . . . . pⁱ arcs-boutants ferrés ou tangons, pour arcs-boutants ou bossoirs d'embarcations.	A.C.	M⁰ charpentier	230	
id.	id.	id.	id.	104	484		R.	id.	230	
id.	Forges.	Forges.	Forges.	104	113	à œillet, pour chouquet	R.	id.	242	

DÉSIGNATION du service où s'opèrent les délivrances, la mise en place, le démontage, les remises et les réparations.	LOCALITÉS OÙ S'OPÈRENT			NUMÉROS D'ORDRE de la NOMENCLATURE		NOMENCLATURE DES MATIÈRES ET OBJETS.	LETTRES de classement.	ARTICLE DU MAÎTRE OU DE L'OFFICIER COMPTABLE auquel l'objet se rapporte.	PAGE du RÈGLEMENT d'armement.	ALLOCATIONS RÉGLEMENTAIRES pour 1 Mois.
	la mise en place ou les délivrances. (Section de magasin ou atelier.)	les démontages ou les remises. (Atelier.)	les réparations. (Atelier.)	par unité collective.	par unité simple.					
Const. navales	Serrurerie.	Serrurerie.	Serrurerie.	33	327	à pointe ou à lacet, pour ferrements divers..........	A.C.	Mᵉ mécanicien	102	
id.	Perçage.	Perçage.	Perçage.	104	477	à vis, pour barres de manœuvres. {de grand mât........	A.C.	Mᵉcharpentier	218	
id.	id.	id.	id.	104	477	de misaine.	A.C.	id.	218	
id.	Serrurerie.	Serrurerie.	Serrurerie.	31	114 à 121	pour les cloisons en bois.	A.	Mᵉ mécanicien	198	
id.	id.	id.	id.	31	114 à 121	pour ferrements divers.	A.	id.	192	
id.	id.	id.	id.	31	114 à 121	à vis à bois, pour filières. {de bastingages.	A.	Mᵉcharpentier	262	
id.	id.	id.	id.	31	114 à 121	de harnais.	A.	id.	262	
id.	id.	id.	id.	31	114 à 121	pour approvisionnements.	A.	Magasinier.	352	
id.	Perçage.	Perçage.	Perçage.	104	484	dans les ponts et murailles {à fourche.	A.C.	Mᵉcharpentier	230	
id.	id.	id.	id.	104	484	pour manille.	A.C.	id.	230	
id.	id.	id.	id.	104	478	de manille, pour bragues de canons, canons-obusiers, etc.	A.C.	id.	236	
id.	Forges.	Forges.	Forges.	104	478		R.	id.	264	
id.	Perçage.	Perçage.	Perçage.	104	481	de plat-bord, pour affûts de caronades.	A.C.	id.	236	
id.	Forges.	Forges.	Forges.	104	481		R.	id.	264	
id.	Perçage.	Perçage.	Perçage.	104	483	de serre.	A.C.	id.		
Artillerie.	Armurerie.	Armurerie.	Armurerie.	145	105¹	doubles, pour tire-feu {pour canons, canons-obusiers et obusiers.	A.	Mᵉ canonnier.	114	
id.	id.	id.	id.	145	105¹		R.	id.	120	
id.	id.	id.	id.	145	105¹	pour caronades.	A.	id.	122	
id.	id.	id.	id.	145	105¹		R.	id.	126	
Const. navales	Perçage.	Perçage.	Perçage.	104	211	avec cosse, pour mât de flèche d'artimon....	A.C.	Mᵉ charpent.	222	
id.	id.	id.	id.	104	209	de mât de perroquet d'artimon {fixes, à fourche.	A.C.	id.	222	
id.	id.	id.	id.	104	210	étranglés à œil.	A.C.	id.	222	
id.	id.	id.	id.	104	209	de flèche de mât de perroquet d'artimon. {fixes, à œil, avec cosse.	A.C.	id.	222	
id.	id.	id.	id.	104	210	étranglés, à œil, avec cosse.	A.C.	id.	222	
id.	id.	id.	id.	104	209	de flèche de grand mât de hune {à fourche.	A.C.	id.	222	
id.	id.	id.	id.	104	210	à œil.	A.C.	id.	222	
id.	id.	id.	id.	104	209	pour chaînes de galhaubans, de grand mât de perroquet {fixes, à fourche.	A.C.	id.	222	
id.	id.	id.	id.	104	210	étranglés, à œil.	A.C.	id.	222	
id.	id.	id.	id.	104	209	de flèche de grand mât de perroquet {fixes, à fourche.	A.C.	id.	222	
id.	id.	id.	id.	104	210	étranglés, à œil.	A.C.	id.	222	
id.	id.	id.	id.	104	209	de flèche de mât de hune {à fourche.	A.C.	id.	224	
id.	id.	id.	id.	104	210	à œil.	A.C.	id.	224	
id.	id.	id.	id.	104	209	de mât de petit perroquet {fixes, à fourche.	A.C.	id.	224	
id.	id.	id.	id.	104	210	étranglés, à œil.	A.C.	id.	224	
id.	id.	id.	id.	104	209	de flèche de petit perroquet {fixes {à fourche.	A.C.	id.	224	
id.	id.	id.	id.	104	210	à œil.	A.C.	id.	224	
id.	id.	id.	id.	104	210	du perroquet. {étranglés, à œil.	A.C.	id	224	
id.	id.	id.	id.	104	484	pour crochets de sabords.	A.C.	id.	230	

Pitons en fer.

DÉSIGNATION du service où s'opèrent les délivrances, la mise en place, le démontage, les remises et les réparations.	LOCALITÉS OÙ S'OPÈRENT			NUMÉROS D'ORDRE de la NOMENCLATURE		NOMENCLATURE DES MATIÈRES ET OBJETS.				LETTRES de classement.	ARTICLE DU MAÎTRE OU DE L'OFFICIER COMPTABLE auquel l'objet se rapporte.	PAGE du RÈGLEMENT d'armement.	ALLOCATIONS RÉGLEMENTAIRES pour 1 ... Mois.
	la mise en place ou les délivrances. Section de magasin ou atelier.	les démontages ou les remises. Atelier.	les réparations. Atelier.	par unité collective.	par unité simple.								
Const. navales	Serrurerie.	Serrurerie.	Serrurerie.	33	327		pour crochets	de faux sabords.........	A.		Magasinier.	334	
id.	id.	id.	id.	33	327			de panneaux.........	A.		id.	334	
id.	Perçage.	Perçage.	Perçage.	104	484		pour échelles de commandement.........		A.C.		Me charpent.	232	
id.	id.	id.	id.	104	484		pour grues	inférieurs, à écrou et à godet.	A.C.		id.	234	
id.	id.	id.	id.	104	484	en fer	d'embarquement	supérieurs, à écrou et à fourche.	A.C.		id.	234	
Const. navales	Perçage.	Perçage.	Perçage.	104	479†		pour balançins de tape-cul, etc., d'embarcations.		A.T.		Me de manœuvre	100	
id.	id.	id.	id.	104	481		pour balançins de sabords.........		A.C.		Me charpent.	235	
						Pitons	simples, pour échelles de commandement, appliqués contre la muraille extérieure du navire.........		A.C.		id.	230	
id.	Serrurerie.	Serrurerie.	Serrurerie.	31	122 à 127		du laiton, à vis à bois.	pour ferrements divers.........	A.C.		Me mécanic.	192	
id.	id.	id.	id.	31	122 à 127			pour approvisionnements.........	A.		Magasinier.	352	
id.	id.	id.	id.	33	97		de fer à équerre, pour secrétaires.........		A.C.		Me mécanic.	192	
id.	id.	id.	id.	33	87 à 89	Pivots	d'ar- moires. droits.	de fer.	A.C.		id.	192	
id.	id.	id.	id.	33	93 et 94			de cuivre.	A.C.		id.	192	
id.	id.	id.	id.	33	90 à 92		à tête.	de fer.	A.C.		id.	192	
id.	id.	id.	id.	33	95 et 96			de cuivre.	A.C.		id.	192	
Commissariat.	Dét. des arm.	Dét. des arm.	»	142	42	Plainte (imprimé), modèle n° 1, série B.			A.		Officier d'adm.	380	
Const. navales	Menuiserie.	Menuiserie.	Menuiserie.	124	185		à roulis n° sou- chettes.	en sarjon.	A.		Me de timon.	178	
id.	id.	id.	id.	124	186			en noyer.........	A.		id.	178 et 184	
id.	id.	id.	id.	124	187			en bois blanc.	A.		id.	178	
id.	Chal. et canots	Chal. et canots	Chal. et canots	87	20		de débarquement.........		A.		Me de manœuvre	110	
Artillerie.	Armurerie.	Armurerie.	»	107	106		de hausses.	pour carabines transformées.........	R.		Me armurier.	304	
id.	id.	id.	id.	107	107			ou housses mobiles, pour fusils de rempart et carabines modèle 1842.	R.		id.	304	
Const. navales	Charpentage.	Charpentage.	»	1		Planches	en croûtes, pour dessous de bastingages et câbles.........		A.		Me charpent.	264	
id.	id.	id.	»	2			en bois de sapin de 3 à 4m	de 4 c. d'épaisseur.	A.		id.	264	
id.	id.	id.	»	2			de longueur.	de 2 c. à 3 c. d'épaisseur.	A.		id.	264	
Const. navales	Charpentage.	Charpentage.	Charpentage.	1 et 3	»		pour mâts mobiles de mâge.		A.T.		Me de manœuvre	100	
							pour glissoirs de charge et plates-formes sous les écoutilles dans la cale.		E.A.		id.	2	
id.	Forges.	Forges.	Forges.	63	214		pour armoires.		A.		Me mécanicien	205	
Artillerie.	Armurerie.	Armurerie.	Armurerie.	63	214			à gouger ou à rogner.	A.		Me armurier.	298	
Subsistances.	Ust., outils, etc	Salle de dépôt	Dét. des subsist.	21	22		pour ton- neliers.				Comm. aux vivres	326	
Const. navales	Forges.	Forges.	Forges.	62	209 à 293	Planes		courbes.	A.		Me charpent.	238	
Const. navales	Forges.	Forges.	Forges.	62	20						Ce aux vivres.	326	
Subsistances.	Ustensil., etc.	Salle de dépôt.	Dét. des subs.	62	200 à 292			droites.			Me charpent.	238	
Const. navales	Serrurerie.	Serrurerie.	Serrurerie.	21	21						Com. aux viv.	326	
id.	Calfatage.	Calfatage.	»	128	39		à godet, en cuivre, pour tours de loch. de combat, en plomb.........		A.		Me de timon.	164	
				104	728				A.		Me calfat.	288	
id.	Charpentage.	Charpentage.	Charpentage.	»	»	Plaques	de frotte- ment en bois dur.	pour hessoirs.........	A.C.		Me charpentier	230	
id.	id.	id.	id.	»	»			pour fronteaux de dunette.	A.C.		id.	230	16
id.	id.	id.	id.	»	»			pour gaillard d'avant.........	A.C.		id.	230	

DÉSIGNATION du service où s'opèrent les délivrances, la mise ou place, le démontage, les remises et les réparations.	LOCALITÉS OU S'OPÈRENT			NUMÉROS D'ORDRE de la NOMENCLATURE		NOMENCLATURE DES MATIÈRES ET OBJETS.	LETTRES de classement d'armement.	ARTICLE DU MAÎTRE ou DE L'OFFICIER COMPTABLE auquel l'objet se rapporte.	PAGE du RÈGLEMENT d'armement	ALLOCATIONS RÉGLEMENTAIRES pour 1 Mois.
	la mise en place ou les délivrances. Section de magasin ou atelier.	les démontages ou les remises. Atelier.	les réparations. Atelier.	par unité collective.	par unité simple.					
Const. navales	Charpentage.	Charpentage.	Charpentage.	»	»	de frottement en bois dur.. pour hiloires de panneaux....	A.C.	Mᵉ charpentier	830	
id.	id.	id.	id.	»	»	pour sabords.. d'arcasse....	A.C.	id.	230	
						de halage....	A.C.	id.	230	
id.	Perçage.	Perçage.	Perçage.	104	527	de fonte de fer pour pieds de bittes.	A.C.	id.	128	
id.	id.	id.	id.	104	527	pour bittons de manœuvres....	A.C.	id.	228	
id.	Serrurerie.	Serrurerie.	Serrurerie.	33	337	de propreté, en cuivre, ou garde-mains, pᵉ portes des chambres du commandant.	A.C.	Mᵉ mécanicien	192	
id.	id.	id.	id.	104	486	**Plaqués..** en tôle commune, pour fermeture de hublots.	A.C.	Mᵉ calfat.	281	
id.	Perçage.	Perçage.	Perçage.	20	3	en tôle commune, pour préserver le bord du frottement des ancres de bossoir.	A.C.	Mᵉ charpentier	228	
id.	id.	id.	id.	104	487	et contre-plaques de pitons de plat-bord, pᵉ affûts de caronades.	A.C.	id.	236	
id.	P. chaudronn.	P. chaudronn.	P. chaudronn.	33	295	ou écussons en fer noir.. chiffrés.	A.	Mᵉ armurier.	292	
id.	id.	id.	id.	33	295	non chiffrés.	A.	id.	292	
id.	Forges.	Forges.	Forges.	63	68	**Plastrons** ou consciences....	A.	Mᵉ mécanicien Mᵉ armurier.	202	
Artillerie.	Armurerie.	Armurerie.	Armurerie.	63	68		A.		292	
Hôpitaux.	Magasin.	Salle de dépôt.	Dét. hôpit.	2	74	à burettes, en cuivre argenté....	A.	Aumônier.	306	
Const. navales	Menuiserie.	Menuiserie.	Menuiserie.	124	75	à roulis.. en acajou.	A.	Mᵉ de timon.	184	
id.	id.	id.	id.	124	75	en noyer.	A.	id.	184	
id.	id.	id.	id.	87	364 et 365	de manœuvre, en bois....	A.	Mᵉ charpentier	262	
id.	Charpentage.	Charpentage.	»	11	28	de 2ᵐᵉ de.. en bois de frêne.	A.	id.	264	
id.	id.	id.	»	10	19	longueur en bois d'orme.	A.	id.	264	
id.	P. chaudronn.	P. chaudronn.	P. chaudronn.	100	99 et 160	**Plateaux** en fer-blanc, pour le nettoyage des lampions.	A.	Mᵉ canonnier.	144 ter.	
id.	id.	id.	id.	100	99 et 100		A.	Mᵉ de timon.	166	
id.	id.	id.	id.	103	116 et 117		E.A.	Mᵉ de manœuvre	6	
id.	id.	id.	id.	103	116	fumivores en cuivre.	A.	Mᵉ canonnier	144 ter.	
id.	id.	id.	id.	103	118		A.	Mᵉ de timon.	184	
Hôpitaux.	Magasin.	Salle de dépôt.	Dét. des hôpit.	103	116	ovales, en fer-blanc, pour pansement.	A.	Chirurgien.	198 et 200	
Const. navales	Magasin.	Salle de dépôt.	Machines.	50	220	pour pied de graphomètre.	A.	Mᵉ de timon.	396	
	Machines.	Machines.		128	38				162	
id.	G. œuvres.	G. œuvres.	G. œuvres.	104	657	**Plates-bandes** de cuivre, pour supports de roues de gouvernail.	A.	Mᵉ charpent.	254	
id.	Charpentage.	Charpentage.	Charpentage.	»	216⁴	**Plates-formes** en bois, pour balcons des vaisseaux.	A.C.	id.	230	
Artillerie.	Armurerie.	Armurerie.	Armurerie.	63	216⁴	pour centrer la tête des chiens.	A.	Mᵉ armurier.	294	
id.	id.	id.	id.	143	105	**Platines** à percussion pour espingoles, nouveau modèle, avec cordon, ajustées sur la pièce.	A.	Mᵉ canonnier.	128	
id.	id.	id.	id.	145	106		R.	id.	130	
Const. navales	Menuiserie.	Menuiserie.	Menuiserie.	124	120	**Pliants-chaises** en bois blanc, garnis en toile.	A.	Mᵉ de timon.	184	
id.	id.	id.	id.	124	120		A.	Magasinier.	332	
id.	P. chaudronn.	P. chaudronn.	P. chaudronn.	63	217	à découper	A.	Mᵉ armurier.	298	
Artillerie.	Poud. et artif.	Artifices.	»	157	20	**Plomb** de chasse.	A.	Cap. d'armes.	150	
Const. navales	P. chaudronn.	P. chaudronn.	»	25	2	laminé.. d'épaisseurs assorties.	A.	Magasinier.	350 et 352	
id.	id.	id.	»	25	4	en résidus, et de démolition à remployer.	A.	id.	352	
id.	Peinture.	Peinture.	»	43	255	**Plombagine** en poudre....	A.	id.	350	

DÉSIGNATION du service où s'opèrent les délivrances, la mise en plan, le démontage, les remises et les réparations.	LOCALITÉS OÙ S'OPÈRENT			NUMÉROS D'ORDRE de la NOMENCLATURE		NOMENCLATURE DES MATIÈRES ET OBJETS.	LETTRES de classement.	ARTICLE DU MAÎTRE OU DE L'OFFICIER COMPTABLE auquel l'objet se rapporte.	PAGE du RÈGLEMENT d'armement.	ALLOCATIONS RÉGLEMENTAIRES pour 1 Mois.
	la mise en place ou les délivrances. Section de magasin ou atelier.	les déménagements ou les remises. Atelier.	les réparations. Atelier.	par unité collective.	par unité simple.					
Const. navales.	P. chaudronn.	P. chaudronn.	P. chaudronn.	99	77	de sonde... sans lame... de 45 kilog...	A.	Mᵉ de timon.	164	
id.	id.	id.	id.	99	77	de 30...	A.	id.	164	
id.	id.	id.	id.	99	77	de 15...	A.	id.	164	
id.	id.	id.	id.	99	77	de 4...	A.	id.	164	
id.	id.	id.	id.	99	77	de 3...	A.	id.	164	
id.	id.	id.	id.	99	76	Plombs... avec lame de 15 kil...	A.	id.	164	
id.	Serrurerie.	Serrurerie.	Serrurerie.	66	168 à 170	en fer, pour fil à plomb.	A.	Mᵉ charpent.	253	
id.	Tôlerie.	Tôlerie.	Tôlerie.	99	63	Poêles à frire en fer battu, pour le service des malades.	A.	Commis aux vier.	326	
Hôpitaux.	Magasin.	Salle de dépôt.	Dét. des hôpit.	50	321	Poêlettes en fer-blanc, pour saignées, avec graduation.	A.	Chirurgien.	390	
Const. navales.	P. chaudron.	P. chaudron.	P. chaudron.	99	64	Poêlons en fer battu, étamé.	A.	id.	390	
id.	Machines.	Machines.	Machines.	60	80	en cuivre cylindrique à bouton, de 1 kilog., avec subdivisions.	A.	Magasinier.	332	
Subsistances.	Ust., outils, etc.	Salle de dépôt.	Dét. des subsist.	20	69	de 20 kilogrammes.	A.	Com. aux viv.	330	
Const. navales.	Machines.	Machines.	Machines.	60	97	de 10...	A.	Com. aux viv.	332	
Subsistances	Ust., outils, etc.	Salle de dépôt.	Dét. des subs.	20	74	Poids...	A.	Magasinier.	332	
Const. navales	Machines.	Machines.	Machines.	60	98	de 5...	A.	Commis aux viv.	332	
Subsistances	Ust., outils, etc.	Salle de dépôt.	Dét. des subs.	20	75	en fonte de fer. de 2...	A.	Magasinier.	332	
Const. navales	Machines.	Machines.	Machines.	60	99	de 1...	A.	Com. aux vivres.	332	
Subsistances.	Ust., outils, etc.	Salle de dépôt	Dét. des subsist.	20	76	de 500 grammes.	A.	Cᵉ aux vivres.	320 et 322	
Const. navales.	Machines.	Machines.	Machines.	60	77	de 200.	A.	Magasinier.	332	
Subsistances.	Ust., outils, etc.	Salle de dépôt.	Dét. des subs.	20	101	de 100.	A.	Com. aux viv.	390 et 322	
Const. navales.	Ust., outils, etc.	Salle de dépôt.	Dét. des subs.	20	78	de 50.	A.	id.	320 et 322	
id.	id.	id.	id.	20	79		A.	id.	320 et 322	
id.	id.	id.	id.	20	80		A.	id.	320 et 322	
id.	id.	id.	id.	20	81		A.	id.	320 et 322	
Artillerie.	Armurerie.	Armurerie.	Armurerie.	106	25	Poignards de marine.	A.	Cap. d'armes.	132	
Const. navales.	Serrurerie.	Serrurerie.	Serrurerie.	33	160 à 162	de fer... noires, à pistons sur platine...	A.C.	Mᵉ mécanic.	192	
id.	id.	id.	id.	33	163 et 164	à loret à rivet.	A.C.	id.	192	
id.	id.	id.	id.	33	154 à 157	polies, à olives sur platine...	A.C.	id.	192	
id.	id.	id.	id.	33	158 et 159	sur broche à écrou.	A.C.	id.	192	
id.	id.	id.	id.	33	165 à 169	ou anses de cuivre polies, sur platine...	A.C.	id.	192	
id.	id.	id.	id.	33	170 et 171	à olives sur broche à écrou.	A.C.	id.	192	
id.	id.	id.	id.	33	185	ou boucles sur pitons, pour tiroirs de cuivre à lucet...	A.C.	id.	192	
id.	id.	id.	id.	33	185	à vis à écrou.	A.C.	id.	192	
id.	id.	id.	id.	33	184	Poignées... de fer à lucet...	A.C.	id.	192	
id.	id.	id.	id.	33	184	à vis à écrou.	A.C.	id.	192	
id.	id.	id.	id.	33	186	à couronne (modèle marine).	A.C.	id.	192	
id.	id.	id.	id.	33	172	de serrures en fer, doubles.	A.C.	id.	192	
id.	id.	id.	id.	33	174	en cuivre doubles.	A.C.	id.	192	
id.	id.	id.	id.	33	175	simples.	A.C.	id.	192	
id.	id.	id.	id.	33	183	avec tourniquet de cuivre.	A.C.	id.	192	16.

DÉSIGNATION du service où s'opèrent les délivrances, la mise en place, le démontage, les remises et les réparations.	LOCALITÉS OU S'OPÈRENT la mise en place ou les délivrances. (Section de magasin ou atelier.)	les démontages ou les remises. (Atelier.)	les réparations. (Atelier.)	N° d'ordre par unité collective.	N° d'ordre par unité simple.	NOMENCLATURE DES MATIÈRES ET OBJETS.	LETTRES de classement.	ARTICLE DU MAÎTRE OU DE L'OFFICIER COMPTABLE auquel l'objet se rapporte.	PAGE du règlement d'armement.	ALLOCATIONS RÉGLEMENTAIRES pour l... Mois.
Const. navales	Forges.	Forges.	Forges.	62	304	à doublage	A.	M⁰ callat.	286	
id.	id.	id.	id.	62	305 et 306	à gournables	A.	M⁰ charpentier	258	
Artillerie.	Armurerie.	Armurerie.	Armurerie.	65	363	à lettres { de 3ᵐᵉ de hauteur, etc.	A.	M⁰ armurier.	294	
Const. navales	Forges.	Forges.	Forges.	65	383	portant les lettres A, B, R, T, V, H.	A.	M⁰ mécanicien	202	
Artillerie.	Armurerie.	Armurerie.	Armurerie.	63	364	**Poinçons** à ancres de 4ᵐᵉ de hauteur.	A.	M⁰ armurier.	294	
id.	id.	id.	id.	63	218	à main, ou pointeau.	A.	id.	298	
Mouv. du port	Voilerie.	Voilerie.	id.	54	216 à 218	de voilier.	A.	M⁰ voilier.	274	
Const. navales	Forges.	Forges.	Forges.	53	219	pour forges.	A.	M⁰ mécanicien	208	
id.	id.	id.	id.	63	219	pour marquer les effets.	A.	M⁰ armurier.	314	
id.	id.	id.	id.	65	Divers.	pour tonneliers.	A.	Magasinier	332	
Subsistances.	Tonnes, voiles, etc.	Salle de dépôt.	Dét. des subs.	21	24	pour tonneliers.	A.	Com. aux viv.	396	
Artillerie.	Armurerie.	Armurerie.	Armurerie.	63	218	**Pointeaux** ou poinçons à main.	A.	M⁰ armurier.	298	
id.	id.	id.	id.	63	219	pour centrer la tête des chiens.	A.	id.	294	
id.	id.	id.	id.	62	309	à tracer.	A.	id.	298	
Const. navales	Peinture.	Peinture.	»	28	70 à 73	de fer, de vitrier, sans tête.	A.	Magasinier	380	
id.	Menuiserie.	Menuiserie.	»	28	52 à 69	**Pointes** de laiton.	A.	id.	352, 354 et 368	
id.	id.	id.	»	28	33 à 51	de Paris { de fer.	A.	id.	332, 354 et 356	
id.	Machines.	Machines.	Machines.	104	292	en platine, pour flèches de paratonnerres { de mât d'artimon.	A.	M⁰ charpent.	244	
id.	id.	id.	id.	104	292	de grand mât.	A.	id.	246	
id.	id.	id.	id.	104	292		R.	id.	248	
id.	id.	id.	id.	104	292	de misaine.	A.	id.	250	
Artillerie.	Armurerie.	Armurerie.	Armurerie.	63	100	**Polissoirs** ou curettes en bois tendre, pour l'entretien des armes.	A.	Cap. d'armes.	154	
Const. navales	Serrurerie.	Serrurerie.	Serrurerie.	33	90 et 100	façonnées { de fer.	A.C.	M⁰ mécanicien	192	
id.	id.	id.	id.	33	101 et 102	de cuivre.	A.C.	id.	192	
id.	id.	id.	id.	33	103	**Pommelles** brutes, { doubles.	A.C.	id.	192	
id.	id.	id.	id.	33	105	de fer { simples.	A.C.	id.	192	
id.	Poulierie.	Poulierie.	Poulierie.	87	88	à 3 rouets de bronze { pour mât d'artimon.	A.	M⁰ charpent.	244	
id.	id.	id.	id.	87	88		R.	id.	246	
id.	id.	id.	id.	87	88	pour grand mât.	R.	id.	248	
id.	id.	id.	id.	87	88		A.	id.	250	
id.	id.	id.	id.	87	88		R.	id.	252	
id.	id.	id.	id.	87	89	pour mât de misaine.	A.	id.	244	
id.	id.	id.	id.	87	89	à 2 rouets de bronze { pour mât d'artimon.	R.	id.	244	
id.	id.	id.	id.	87	89	de grand mât.	R.	id.	246	
id.	id.	id.	id.	87	89		R.	id.	248	
id.	id.	id.	id.	87	89	**Pommes** de mât de misaine.	R.	id.	250	
							R.	id.	252	
id.	Mâture.	Mâture.	Mâture.	87	89	de mât de pavillon { de beaupré, à 2 rouets de bronze.	A.	id.	242	
id.	id.	id.	id.	87	89	de poupe, à 2 rouets de bronze.	A.	id.	242	
id.	Poulierie.	Poulierie.	Poulierie.	87	93	de mât pour embarcations à 1 rouet de galac.	A.	M⁰ de manœuvre	102	
id.	id.	id.	id.	87	94 et 95	de racage.	R.	id.	80	
id.	id.	id.	id.	87	96	rondes.	R.	id.	80	
id.	Serrurerie.	Serrurerie.	Serrurerie.	104	658	en cuivre, pour dôme.	A.C.	M⁰ charpent.	234	

DÉSIGNATION du service où s'opèrent les délivrances, la mise en place, le démontage, les remises, et les réparations.	LOCALITÉS OÙ S'OPÈRENT la mise en place ou les délivrances. Section de magasin ou atelier.	les démontages ou les remises. Atelier.	les réparations. Atelier.	NUMÉROS D'ORDRE de la NOMENCLATURE par unité collective.	par unité simple.	NOMENCLATURE DES MATIÈRES ET OBJETS.	LETTRES de classement	ARTICLE DU MAÎTRE OU DE L'OFFICIER COMPTABLE auquel l'objet se rapporte.	PAGE de RÉGLEMENT d'armement.	ALLOCATIONS RÉGLEMENTAIRES pour 1 Mois.
Const. navales.	P. chaudronn.	P. chaudronn.	P. chaudronn.	101	32 et 33	Pompes complètes, système Letestu — à main, pour futailles, pour les caisses à eau	A.	Mᵉ de manœuvre.	92	
id.	id.	id.	id.	101	41	pour les huiles	A.	Magasinier.	332	
id.	Machines.	Machines.	Machines.	101	4 à 6	aspirantes, dites royales, pʳ épuiser les eaux de la cale.	A C.	Mᵉ calfat.	282	
id.	id.	id.	id.	101	7 à 9	à incendie.	A.	id.	284	
id.	id.	id.	id.	101	13	pour calc à vin.	A.	Com. aux viv.	324	
id.	id.	id.	id.	101	13 et 14	aspirantes et foulantes, pour élever l'eau deçà de la cale.	A.C.	Mᵉ calfat.	282	
id.	id.	id.	id.	101	1 à 3	pour épuiser les eaux de la cale.	A.C.	id.	283	
id.	id.	id.	id.	101	10 à 12	d'étambot.	A.C.	id.	282	
id.	id.	id.	id.	101	10 à 12	d'étrave.	A.C.	id.	282	
id.	id.	id.	id.	101	10 à 12	de jardins.	A.C.	id.	282	
id.	id.	id.	id.	101	10 à 12	pour le lavage des ponts.	A.C.	id.	282	
Subsistances.	Ust., out., etc.	Salle de dépôt.	Dét. des subs.	52	9 à 11	pour futailles en cuivre, à corps brisé.	A.	Com. aux viv.	324	
id.	id.	id.	id.	52	12 à 14	en fer-blanc.	A.	id.	324	
Artillerie.	Armurerie.	Armurerie.	Armurerie.	171	29	Porte-baïonnette en cuir noir, pour marins, pour fusils.	A.	Capit. d'armes.	152	
id.	id.	id.	id.	171	29		A.	id.	154	
id.	id.	id.	id.	171	29	pʳ mousquetons.	R.	id.	154	
Maj. générale.	Cartes et arch.	Cartes et arch.	»	»	»	Porte-crayon.	A.	Magasinier.	334	
Artillerie.	Objets d'armem. et d'assortim. et accessoires.	Atel. à fer.	Atel. à fer.	147	43	Porte-mèche en cuivre.	A.	Mᵉ canonnier.	140	
Hôpitaux.	Magasin.	Salle de dépôt.	Dét. des hôpit.	6	20	Porte-missel en noyer, verni.	A.	Aumônier.	370	
Const. navales.	Machines.	Machines.	Machines.	123	27	Porte-montre ou manchon en cuivre, pour montres d'axiomètre.	A.	Mᵉ de timon.	162	
Artillerie.	Armurerie.	Armurerie.	Armurerie.	171	31	Porte-poignard de marine, en cuir noir.	A.	Cap. d'armes.	152	
id.	id.	id.	id.	171	32	Porte-sabre en cuir noir, pour sabres d'abordage.	A.	id.	154	
id.	id.	id.	id.	171	32		R.	id.	154	
id.	id.	id.	id.	171	33 ¹	pour sabres-baïonnettes à 2 branches.	A.	id.	150	
id.	id.	id.	id.	171	33		R.	id.	132	
id.	id.	id.	id.	171	33	pour sabres d'infanterie.	R.	id.	154	
Const. navales.	P. chaudronn.	P. chaudronn.	P. chaudronn.	100	101	Porte-voix en cuivre, de combat.	A.	Mᵉ de timon.	166	
id.	id.	id.	id.	100	105	en fer-blanc, de 1ʳᵉ espèce.	A.C.	Mᵉ mécanicien.	190	
id.	id.	id.	id.	100	106	de 2ᵉ espèce.	A.	Mᵉ de timon.	166	
id.	id.	id.	id.	100	108	de 4ᵉ espèce, dits à main.	A.	id.	166	
Artillerie.	Armurerie.	Armurerie.	»	167	91 ¹	Portes complètes, pour pistolets-revolvers.	R.	Mᵉ armurier.	304	
Const. navales.	G. chaudronn.	G. chaudronn.	G. chaudronn.	133	264 et 403	ou arcades à charbon.	A.C.	Mᵉ mécanicien.	192	
id.	P. forge.	Forges.	Forges.	104	404	Potences ou arcades en fer, pour panneaux à escarbilles.	A.C.	id.	190	
id.	id.	id.	id.	104	404	ou grues d'embarquement, en fer.	A.	Mᵉ charpent.	262	
id.	id.	id.	id.	98	31	Pots à brai, ou marmites en fonte de fer.	A.	Mᵉ demaneuvre.	84	
Artillerie.	Armurerie.	Armurerie.	Armurerie.	98	31	à colle, en cuivre.	A.	Mᵉ calfat.	286	
& Const. navales.	Menuiserie.	Menuiserie.	»	68	310 ¹	à eau, en porcelaine.	P.	Mᵉ de timon.	188	
				124	268					

DÉSIGNATION du service où s'opèrent les délivrances, la mise en place, le démontage, les remises et les réparations. Section de magasin ou atelier.	LOCALITÉS OU S'OPÈRENT la mise en place ou les délivrances. Atelier.	les démontages ou les remises. Atelier.	les réparations. Atelier.	NUMÉROS D'ORDRE de la NOMENCLATURE par unité collective.	par unité simple.	NOMENCLATURE DES MATIÈRES ET OBJETS.	LETTRES de classement.	ARTICLE DU MAITRE OU DE L'OFFICIER COMPTABLE auquel l'objet se rapporte.	PAGE du RÈGLEMENT d'armement.	ALLOCATIONS RÉGLEMENTAIRES pour 1 Mois.
Artillerie.	Objets d'armem. et d'assortim. et ustensiles.	Atel. à for.	Atelier à for.	147	45	à feu en tôle, avec chaîne de suspension.........	A	M⁰ canonnier.	140	
Hôpitaux.	Pharmacie.	Salle de dépôt	Dét. des hôpit.	50	237	à onguent { en faïence, de 12 centilitres............	A.	Chirurgien.	396	
id.	id.	id.	»	50	230	en grès, à col, { 2 litres............	A.	id.	398	
id.	id.	id.	»	50	238	etc., de. { 3 litres............	A.	id.	398	
id.	id.	id.	»	50	237	4 litres............	A.	id.	398	
id.	id.	id.	»	50	236	5 litres............	A.	id.	393	
Const. navales	Menuiserie.	Menuiserie.	»	124	274	à pâte d'amandes ou à pommade, en porcelaine.........	P.	M⁰ de timon.	188	
Hôpitaux.	Magasin.	Salle de dépôt.	Dét. des hôpit.	50	272	à tisane, en étain, de 1 litre, avec couvercle.	A.	Chirurgien.	390	
id.	Pharmacie.	id.	»	50	257	cylindriques, à onguent, { 12 centilitres............	A.	id.	398	
id.	id.	id.	»	50	255	25............	A.	id.	398	
id.	id.	id.	»	50	254	50............	A.	id.	398	
id.	id.	id.	»	50	253	75............	A.	id.	398	
id.	id.	id.	»	50	252	en faïence, de, { 1 litre............	A.	id.	398	
id.	id.	id.	»	50	250	2 litres............	A.	id.	398	
id.	id.	id.	»	50	249	3............	A.	id.	398	
id.	id.	id.	»	50	247	3............	A.	id.	398	
Const. navales	P. chaudronn.	P. chaudronn.	P. chaudronn.	100	109 et 110	en fer-blanc, pour peinture.........	A.	M⁰ de manœuvre	92	
id.	id.	id.	id.	100	109 et 110	en gros { pour boissons acides, de 1 litre...	A.	M⁰ mécanic.	202	
Hôpitaux.	Pharmacie.	Salle de dépôt	»	50	229	pour bains locaux...	A.	Chirurgien.	390	
id.	id.	id.	»	50	221		A.	id.	390	
Artillerie.	Poudr. et artific.	Artifices.	»	153	9	de chasse extra-fine.........	A.	Capit. d'armes	150	
id.	id.	id.	»	153	2	de guerre à fusil, pour amorces.	A.	M⁰ canonnier.	118 et 126	
Hôpitaux.	Pharmacie.	Salle de dépôt.	»	36	48	pour le diascordium.........	A.	Chirurgien.	394	
id.	id.	id.	»	36	6	de cantharides.	A.	id.	394	
id.	id.	id.	»	36	15	de gomme adragante.	A.	id.	394	
id.	id.	id.	»	36	16	de gomme arabique.	A.	id.	394	
id.	id.	id.	»	36	19	d'ipéca.	A.	id.	396	
id.	id.	id.	»	36	27	de poivre cubèbe.	A.	id.	396	
id.	id.	id.	»	36	29	de quinquina jaune.	A.	id.	396	
id.	id.	id.	»	36	31	de réglisse.	A.	id.	396	
id.	id.	id.	»	36	33	de rhubarbe.	A.	id.	396	
id.	id.	id.	»	36	55	de Vienne (caustique de Vienne).	A.	id.	396	
Artillerie.	Objets d'armem. et d'assortim., et ustensiles.	Garniture.	Garniture.	159	57	**Poudrières** en toile, pour l'apprêt et le séchage des poudres.........	A.	M⁰ canonnier.	144	
Mouv. du port	Voilerie.	Voilerie.	Voilerie.	120	31 à 36	**Pouillouse**, ou voile d'étai du grand mât, garnie.	A.	M⁰ voilier.	268	
Const. navales	G. œuvres.	G. œuvres.	G. œuvres.	82	264	**Poulies** en cuivre, à cémérillon, fixées sur le pont, au-dessous de la roue de gouvernail, pour le retour des drosses.	A.C.	M⁰ charpent.	234	
id.	Machines.	Machines.	Machines.	82	272	en fer { à cémérillon, à 1 rouet de bronze, pour panneaux à pacariilles.	A.C.	M⁰ mécanicien	190	
id.	id.	id.	id.	82	280	à moufle { pour télégraphe, garnies de 17 rouets.	A.	M⁰ de timon.	170	
id.	id.	id.	id.	82	278	pour palans. { à 3 rouets de bronze.	A.	M⁰ mécanicien	200	
id.	id.	id.	id.	82	279	à 2 rouets de bronze.	A.	id.	200	
id.	id.	id.	id.	82	279	petits, à 2 rouets de bronze.	A.	id.	200	

DÉSIGNATION du service où s'opèrent les délivrances, la mise en place, le démontage; les remises et les réparations.	LOCALITÉS OÙ S'OPÈRENT			NUMÉROS D'ORDRE de la NOMENCLATURE		NOMENCLATURE DES MATIÈRES ET OBJETS.	LETTRES de classement. M.a. Entrée en armement. A. Armement. a. Rechange. c. n. Complément de rechange. A. C. Accessoires de requin. A.V. Objet attenant à la langue des embarcations. P. Objets à délivrer pour les passagers.	ARTICLE DU MAÎTRE OU DE L'OFFICIER COMPTABLE auquel l'objet se rapporte.	PAGE du RÈGLEMENT d'armement.	ALLOCATIONS RÈGLEMENTAIRES pour 1 1 Mois.
	la mise en place ou les délivrances.	les démontages ou les remises.	les réparations.	par unité collective.	par unité simple.					
	Section de magasin ou atelier.	Atelier.	Atelier.							
Const. navales	Machines.	Machines.	Machines.	82	276	dites de puits, avec marille à boulon, p' italigues en chaîne { p' drisse de corne de brigantine.. p' drisse de corne de grande voile goëlette.... pour drisse de grande vergue. p' drisse de corne de brigantine de grand mât... p' drisse de corne de misaine goëlette...... p' drisse de vergue de misaine. à 1 rouet de fer	A.	M' de manœuvre.	52 / 56 / 58 / 58 / 64 / 65	
id.	id.	id.	id.	82	276	pour cartahus de cheminée....	A.	M' mécanicien	196	
id.	id.	id.	id.	82	271	en fer... { pour grues ou bossoirs d'embarquement . . { à émérillon, à 2 rouets de bronze.	A.	M' charpentier	263	
id.	id.	id.	id.	82	271	à émérillon, à croc, à 2 rouets de bronze.	A.	id.	263	
id.	id.	id.	id.	82	272	pour retour au sommet de la grue, à 1 rouet de bronze......	A.	id.	263	
Artillerie.	Garniture.	Garniture.	Garniture.	174	13 et 14	pour machines à monter et à démonter les bouches à feu. . . { à 3 rouets de bronze......	A.	M' canonnier	140	
id.	id.	id.	id.	174	13 et 14	à 2 rouets de bronze......	A.	M' canonnier	140	
Mouv. du port	id.	id.	id.	82		Poulies... { aux bouts de vergue.... { avec cosses baguées pour bras de basses vergues et basses voiles.	R.	M' de manœuvre	78	
id.	id.	id.	id.	82		avec crocs doubles, pour bras de vergue de hune et huniers....	R.	id.	78	
id.	id.	id.	id.	82		à croc, à rouet de galat à dé de bronze, pour palans à croc de faux haubans... { simples....	A.	M' mécanicien	202	
id.	id.	id.	id.	82	29 à 34	doubles......				
id.	id.	id.	id.	82		de bouquet, avec cosse et aiguillette, pour les basses vergues, etc. ..	R.	M' de manœuvre	78	
id.	id.	id.	id.	82		estropées { sur les vergues, pour cargues-boulines. . . { de basses vergues, etc.	R.	id.	78	
id.	id.	id.	id.	82		de vergues de hune, etc.	R.	id.	78	
id.	id.	id.	id.	82		sur les itagues pour cargue-fonds de basses vergues etc.	R.	id.	78	
id.	id.	id.	id.	82		sous les vergues { de basses vergues, etc. ...	R.	id.	78	
id.	id.	id.	id.	82		p' cargue-points { de vergues de hune, etc. ..	R.	id.	78	
id.	id.	id.	id.	82		sur les points pour cargue-points de basses vergues, etc. de hune, etc.	R.	id.	78	
id.	id.	id.	id.	82		de sous-vergue pour écoutes de perroquet de vergues	R.	id.	78	
id.	id.	id.	id.	82		de sus-vergue pour drisse de vergue de hune, etc.	R.	id.	78	
id.	id.	id.	id.	82		de drisse supérieure pour vergue de hune.	R.	id.	78	

DÉSIGNATION du service où s'opèrent les délivrances, la mise en place, la démontage, les remises et les réparations.	LOCALITÉS OÙ S'OPÈRENT			NUMÉROS D'ORDRE de la NOMENCLATURE		NOMENCLATURE DES MATIÈRES ET OBJETS.	LETTRES de classement. R.A. Entrée en armement. A. Armement. C.R. Rechange. C.R. Complément de rechange. A.C. Accessoires de magasin. A.Y. Objets attenant à la coque des embarcations. — Objets à délivrer pour les passagers.	ARTICLE DU MAÎTRE OU DE L'OFFICIER COMPTABLE auquel l'objet se rapporte.	PAGE du réglement d'armement.	ALLOCATIONS réglementaires pour l... Mois.
	la mise en place ou les délivrances. Section de magasin ou atelier.	les démontages ou les remises. Atelier.	les réparations. Atelier.	par unité collective.	par unité simple.					
Mouv. du port	Garniture.	Garniture.	Garniture.	82		estropées de drisse inférieure, avec croc de palan d'étai, pour vergue de hune........	R.	M* de manœuvre	78	
						p' drisse de corne de brigantine.			52	
						pour drisse de corne de grande voile goëlette.			56	
						p' drisse de corne de brigantine du grand mât.			58	
						pour guinderesse de grand mât de hune.			60	
Const. navales	Poulierie.	Poulierie.	Poulierie.	82	189 à 194	à rouet de gaïac à dé de bronze p' guinderesses — pour guinderesse de grand perroquet et flèche.	A.	id.	62	
						p' drisse de corne de misaine goëlette.			64	
						pour guinderesse de petit mât de hune.			66	
						pour guinderesse de petit mât de perroquet.			68	
						p' guinderesse pour retour. (comme ci-dessus).			76	
id.	id.	id.	id.	82	189 à 194		R.	id.	78	
id.	id.	id.	id.	82	199 à 202	à rouet de bronze, à émerillon	A.	id.	60, 68	
id.	id.	id.	id.	82	199 à 202	pour itagues.	R.	id.	78	
Mouv. du port	App. en serv. Poulierie.	App. en serv. Poulierie.	Const. navales Poulierie.	»	»	dites poulies coupées, pour garants divers.	R.A.	id.	6	
Const. navales	Poulierie.	Poulierie.	Poulierie.	82	»	pour flammes et pavillons.	A.	M* de timon.	166	
						p' drisse de corne de brigantine.			52	
						p' drisse de corne de grande voile goëlette.			56	
id.	id.	id.	id.	82		à bouton pour palans — p' drisse de corne de brigantine de grand mât.	A.	M* de manœuvre.	58	
						p' drisse de corne de misaine goëlette.			64	
						de sous-barbe.			72	
id.	id.	id.	id.	82	213 à 216	à rouet de gaïac, à dé de bronze, p' portemanteaux d'embarcations.	A.	id.	74, 78	
id.	id.	id.	id.	82	213 à 216		R.	id.		
id.	id.	id.	id.	82		pour flammes et pavillons.	A.	M* de timon.	166	

Poulies... : simples..... / ferrées. / doubles....

DÉSIGNATION du service où s'opèrent les délivrances, la mise en place, le démontage, les remises et les réparations.	LOCALITÉS OÙ S'OPÈRENT			NUMÉROS D'ORDRE de la NOMENCLATURE		NOMENCLATURE DES MATIÈRES ET OBJETS.	LETTRES declassement. R. E. Entrée en armement. A. Armement. R. Recharge. C. R. Complément de rechange. A. C. Accessoires du coquet. A. V. Objets attenant à la coque des embarcations. P. Objets à délivrer pour les passagers.	ARTICLE DU MAÎTRE OU DE L'OFFICIER COMPTABLE auquel l'objet se rapporte.	PAGE du RÈGLEMENT d'armement.	ALLOCATIONS RÉGLEMENTAIRES pour l Mois.
	la mise en place ou les délivrances.	les démontages ou les remises.	les réparations.	par unité collective.	par unité simple.					
	Section de magasin ou atelier.	Atelier.	Atelier.							
Const. navales	Poulierie.	Poulierie.	Poulierie.	82		triples. à boulon, pr drisses de basses vergues (sur vergue ou sur itague)	A.	Mᵉ de manœuvre	72	
id.	id.	id.	id.	82		à id.	R.	id.	78	
id.	id.	id.	id.	82	217 à 225	ferrées. à rouets de bronze pour capons.	R.	id.	78	
id.	id.	id.	id.	82	217 à 225	triples, à rouet de bronze, pour traversières.	A.	id.	74	
id.	id.	id.	id.	82	226 à 230		R.	id.	78	
id.	id.	id.	id.	82	226 à 230	dites poulies coupées, pour retours divers. grandes.	A.	id.	76	
id.	id.	id.	id.	82	203 à 212	petites.	A.	id.	76	
id.	id.	id.	id.	82	203 à 212		R.	id.	78	
id.	id.	id.	id.	82	203 à 212		R.	id.	78	
id.	id.	id.	id.	82		à rouet de bronze, assorties.	R.	id.	78	
id.	id.	id.	id.	82		simples. à rouet de galac à dé de bronze, assorties.	R.	id.	106	
id.	id.	id.	id.	82		pour embarcations, assorties.	A.	Mᵉ de timon.	166	
id.	id.	id.	id.	82		pour flammes et pavillons.	R.	id.	172	
id.	id.	id.	id.	82		pour gouvernail.	A.	id.	164	
id.	id.	id.	id.	82			R.	id.	166	
id.	id.	id.	id.	82		non estropées doubles. à rouets de galac à dé de bronze, assorties.	R.	Mᵉ de manœuvre	78	
id.	id.	id.	id.	82	129	pour embarcations, assorties.	R.	id.	106	
id.	id.	id.	id.	82		nᵒ flammes et pavillons, assorties.	A.	Mᵉ de timon.	166	
id.	id.	id.	id.	82		pour gouvernail.	A.	id.	164	
id.	id.	id.	id.	82	157 à 164	triples, à rouets de galac à dé de bronze, assorties.	R.	id.	166	
id.	id.	id.	id.	82	183 à 188	dites baraquettes doubles, à rouets de bronze, pour balancines de huniers.	R.	id.	78	
id.	id.	id.	id.	82	180 à 182	simples, à rouets de bronze, pour balancines de perroquet.	R.	id.	78	
Mouv. du port	App. en serv.	App. en servic.	Garniture.	82	»	simples. à fouet ou à croc, pour services divers.	E.A.	id.	6	
Const. navales	Poulierie.	Poulierie.	Poulierie.	82	»	à rouet de galac à dé de bronze, pour filières de filets d'abordage.	A.	id.	74	
Artillerie.	Garniture.	Garniture.	Garniture.	82	Divers	pour gréement de bouches à feu. doubles, à rouet de galac estropées.	R.	Mᵉ canonnier.	122	
id.	id.	id.	id.	82	Divers	à dé de bronze. non estropées.	R.	id.	122	
id.	id.	id.	id.	82	Divers	simples, à rouet de galac estropées.	R.	id.	122	
id.	id.	id.	id.	82	Divers	à dé de bronze. non estropées.	R.	id.	122	
id.	id.	id.	id.	82	131ᵃ	pour palanquins doubles, à rouet de galac estropées.	R.	id.	142	
id.	id.	id.	id.	82	131	à dé de bronze. non estropées.	R.	id.	142	
id.	id.	id.	id.	82	117ᵃ	doubles des sabords. simples, à rouet de galac estropées.	R.	id.	142	
id.	id.	id.	id.	82	117	à dé de bronze. non estropées.	R.	id.	142	
						de retour avec crocs à palans. pour grosses manœuvres.	Gréement,	Mᵉ de manœuvre	76	
						pour petites manœuvres.	id.	id.	76	
						pour amures. de grande voile.	id.	id.	90	
						de bonnettes de grand hunier.	id.	id.	92	17

Poulies....

DÉSIGNATION du service où s'opèrent les délivrances, la mise en place, le démontage, les remises et les réparations.	LOCALITÉS OU S'OPÈRENT			NUMÉROS de la NOMENCLATURE.		NOMENCLATURE DES MATIÈRES ET OBJETS.	LETTRES de classement.	ARTICLE DU MAÎTRE OU DE L'OFFICIER COMPTABLE auquel l'objet se rapporte.	PAGE du RÈGLEMENT d'armement.	ALLOCATIONS RÉGLEMENTAIRES pour 1 Mois.
Section et les réparations.	la mise en place ou les délivrances. Section de magasin ou atelier.	les démontages ou les remises. Atelier.	les réparations. Atelier.	par unité collective.	par unité simple.					
						Poulies...				
						pour amures { de bonnettes de grand perroquet.........	Gréement.	Mᵉ de manœuvre	64	
						de bonnettes de misaine............	id.	id.	66	
						de misaine....................	id.	id.	66	
						de bonnettes de petit hunier.........	id.	id.	68	
						de bonnettes de petit perroquet......	id.	id.	70	
						de clin-foc....................	id.	id.	72	
						de grand foc..................	id.	id.	72	
						pour apparaux de déchargement............	id.	id.	74	
						pour balancines { de gui d'artimon...............	id.	id.	52	
						de vergue barrée...............	id.	id.	52	
						de grande vergue..............	id.	id.	58	
						de gui du grand mât............	id.	id.	58	
						de vergue de misaine...........	id.	id.	64	
						de tangons..................	id.	id.	74	
						pᵒʳ bras { de vergue barrée...............	id.	id.	52	
						de vergue de perroquet de fougue...	id.	id.	54	
						de vergue de perruche..........	id.	id.	55	
						de vergue de cacatois de perruche..	id.	id.	55	
						de grande vergue..............	id.	id.	58	
						de vergue de grand hunier.......	id.	id.	60	
						de vergue de grand perroquet.....	id.	id.	62	
						de vergue de grand cacatois......	id.	id.	64	
						de vergue de misaine...........	id.	id.	66	
						de vergue de petit hunier........	id.	id.	68	
						de vergue de petit perroquet......	id.	id.	70	
						de vergue de petit cacatois.......	id.	id.	74	
						pour tangons.................	id.	id.	74	
						pour boulines { de perroquet de fougue..........	id.	id.	54	
						de perruche..................	id.	id.	56	
						de grande voile...............	id.	id.	60	
						de grand hunier...............	id.	id.	62	
						de grand perroquet............	id.	id.	62	
						de misaine..................	id.	id.	66	
						de petit hunier...............	id.	id.	68	
						de petit perroquet............	id.	id.	70	
						pour caliornes { de bas mâts...................	id.	id.	72	
						de braguet...................	id.	id.	72	
						pour lever les ancres...........	id.	id.	74	
						pour candelettes { de mât de perroquet de fougue.....	id.	id.	54	
						de grand mât de hune..........	id.	id.	60	
						de petit mât de hune..........	id.	id.	66	
						pour cargues { de flèche en cul d'artimon.......	id.	id.	54	
						de flèche en cul de grand mât....	id.	id.	62	
						de grand foc.................	id.	id.	72	
						boulines { de perroquet de fougue...	id.	id.	54	
						de grande voile.........	id.	id.	60	
						de grand hunier........	id.	id.	62	

DÉSIGNATION du service où s'opèrent les délivrances, la mise en place, le démontage, les remises et les réparations.	LOCALITÉS OÙ S'OPÈRENT			NUMÉROS D'ORDRE de la NOMENCLATURE		NOMENCLATURE DES MATIÈRES ET OBJETS.		LETTRES de classement E.A. Entrée en armement. A. Armement. a. Rechange. C. a. Complément de rechange. A. D. Accessoires de cargue. a. v. Objets attenant à la cargue des embarcations. r. Objets à délivrer pour les passagers.	ARTICLE DU MAÎTRE OU DE L'OFFICIER COMPTABLE auquel l'objet se rapporte.	PAGE du RÈGLEMENT d'armement.	ALLOCATIONS RÉGLEMENTAIRES pour l... Mois.
	la mise en place ou les délivrances. Section de magasin ou atelier.	les démontages ou les remises. Atelier.	les réparations. Atelier.	par unité collective.	par unité simple.						
						boulines	de misaine	Grément.	M⁰ de manœuvre.	66	
							de petit hunier	id.	id.	68	
						boulines fausses	de grande voile	id.	id.	60	
							de misaine	id.	id.	66	
						d'amure	de brigantine d'artimon	id.	id.	52	
							de brigantine du grand mât	id.	id.	58	
						de côté	d'artimon	id.	id.	52	
							de brigantine d'artimon	id.	id.	52	
							de grande voile goëlette	id.	id.	58	
							de brigantine de cape	id.	id.	58	
							de misaine goëlette	id.	id.	64	
					pour cargues	d'étrangloirs	d'artimon	id.	id.	52	
							de brigantine d'artimon	id.	id.	52	
							de grande voile goëlette	id.	id.	58	
							de misaine goëlette	id.	id.	64	
						fonds	de perroquet de fougue	id.	id.	54	
							de perruche	id.	id.	56	
							de grande voile	id.	id.	60	
							de grand hunier	id.	id.	62	
							de grand perroquet	id.	id.	62	
							de misaine	id.	id.	66	
							de petit hunier	id.	id.	68	
							de petit perroquet	id.	id.	70	
					Poulies		de perroquet de fougue	id.	id.	54	
							de perruche	id.	id.	56	
							de cacatois de perruche	id.	id.	56	
							de grande voile	id.	id.	60	
							de grand hunier	id.	id.	62	
						points	de grand perroquet	id.	id.	62	
							de grand cacatois	id.	id.	64	
							de misaine	id.	id.	66	
							de petit hunier	id.	id.	68	
							de petit perroquet	id.	id.	70	
							de petit cacatois	id.	id.	70	
						de bouts-dehors	de grande vergue	id.	id.	58	
							de vergue de grand hunier	id.	id.	60	
							de vergue de misaine	id.	id.	66	
							de vergue de petit hunier	id.	id.	68	
						des hunes		id.	id.	74	
					pour cartahus		de perroquet de fougue	id.	id.	54	
							de grande voile	id.	id.	60	
						du chapeau	de grand hunier	id.	id.	62	
							de misaine	id.	id.	66	
							de petit hunier	id.	id.	68	
						du linge		id.	id.	74	
						pour décharger la chaloupe		id.	id.	74	17.

DÉSIGNATION du service où s'opèrent les délivrances, la mise en place, le démontage, les remises et les réparations.	LOCALITÉS OÙ S'OPÈRENT			NUMÉROS D'ORDRE de la NOMENCLATURE		NOMENCLATURE DES MATIÈRES ET OBJETS.	LETTRES déclassement. E. A. Entrée en armement. A. Armement. B. Rechange. C. B. Complément de rechange. A. C. Accessoires de coque. A.T. Objets attenant à la coque des embarcations. P. Objets à délivrer pour les passagers.	ARTICLE DU MAÎTRE OU DE L'OFFICIER COMPTABLE auquel l'objet se rapporte.	PAGE du RÉGLEMENT d'armement.	ALLOCATIONS RÉGLEMENTAIRES pour l 1 Mois.
	la mise en place ou les délivrances. Section de magasin ou atelier.	les démontages ou les remises. Atelier.	les réparations. Atelier.	par unité collective.	par unité simple.					
						pour draille de grand foc.	Gréement.	M^e de manœuvre	72	
						de basses vergues.	id.	id.	72	
						de vergue de perroquet de fougue.	id.	id.	54	
						de flèche en cul d'artimon.	id.	id.	54	
						de vergue de perruche.	id.	id.	56	
						de vergue de cacatois de perruche.	id.	id.	56	
						de vergue de grand hunier.	id.	id.	60	
						de bonnettes de grand hunier.	id.	id.	62	
						de flèche en cul de grand mât.	id.	id.	62	
						de vergue de grand perroquet.	id.	id.	62	
						de bonnettes de grand perroquet.	id.	id.	64	
						de vergue de grand cacatois.	id.	id.	64	
						de bonnettes de misaine.	id.	id.	66	
						de vergue de petit hunier.	id.	id.	68	
						de bonnettes de petit hunier.	id.	id.	68	
				pour drisses.		de vergue de petit perroquet.	id.	id.	70	
						de bonnettes de petit perroquet.	id.	id.	70	
						de vergue de petit cacatois.	id.	id.	70	
						de trinquette.	id.	id.	70	
						de petit foc.	id.	id.	70	
						de grand foc.	id.	id.	72	
						de clin-foc.	id.	id.	72	
						de mât de tape-cul pour embarcations.	id.	id.	106	
						de grand mât pour embarcations.	id.	id.	106	
						de mât de misaine pour embarcations.	id.	id.	106	
						de bout-dehors de foc pour embarcations.	id.	id.	106	
						de mât : { de corne de brigantine d'artimon.	id.	id.	52	
						{ de corne de grande voile goélette.	id.	id.	56	
						{ de corne de brigantino de grand mât.	id.	id.	58	
						{ de corne de misaine goélette. . .	id.	id.	64	
						de pic de corne de grande voile goélette.	id.	id.	56	
				pour drosses.		de vergue barrée.	id.	id.	54	
						de grande vergue.	id.	id.	58	
						de vergue de misaine.	id.	id.	66	
						de gui d'artimon.	id.	id.	52	
						de perroquet de fougue.	id.	id.	54	
						de flèche en cul d'artimon.	id.	id.	54	
						de perruche.	id.	id.	56	
						de cacatois de perruche.	id.	id.	56	
				pour écoutes.		de gui de grand mât.	id.	id.	58	
						de grande voile.	id.	id.	60	
						de grand hunier.	id.	id.	62	
						de flèche en cul de grand mât.	id.	id.	62	
						de grand perroquet.	id.	id.	62	
						de grand cacatois.	id.	id.	64	
						de misaine.	id.	id.	66	

Poulies . . . .

DÉSIGNATION du service où s'opèrent les délivrances, la mise en place, le démontage, les remises et les réparations.	LOCALITÉS OÙ S'OPÈRENT			NUMÉROS D'ORDRE de la NOMENCLATURE		NOMENCLATURE DES MATIÈRES ET OBJETS.	LETTRES de classement. N. A. Entrée en armement. A. Armement. R. Rechange. C. R. Complément de rechange. A. C. Accessoires de coque. A. T. Objets attenant à la coque des embarcations. P. Objets à délivrer aux passagers.	ARTICLE du MAÎTRE ou de l'OFFICIER COMPTABLE auquel l'objet se rapporte.	PAGE du RÈGLEMENT d'armement.	ALLOCATIONS RÉGLEMENTAIRES pour 1 Mois.
	la mise en place ou les délivrances. Section de magasin ou atelier.	les démontages ou les remises. Atelier.	les réparations. Atelier.	par unité collective.	par unité simple.					
						Poulies.... pour écoutes.. { de petit hunier..........	Gréement.	M' de manœuvre	66	
						de petit perroquet......	id.	id.	70	
						de petit cacatois.......	id.	id.	70	
						de petit foc............	id.	id.	70	
						de grand foc............	id.	id.	72	
						de mât de tapo-cul pour embarcations...	id.	id.	106	
						de grand mât, pour embarcations...	id.	id.	106	
						de mât de misaine pour embarcations...	id.	id.	106	
						p' étai. { de goëlette de grand mât...	id.	id.	30	
						de tangage de mât de misaine...	id.	id.	64	
						pour fausses suures de misaine...	id.	id.	74	
						pour faux bras... { de vergues de hune...	id.	id.	74	
						de basses vergues...	id.	id.	74	
						pour faux grands bras de grande vergue...	id.	id.	38	
						pour faux palanquins { de perroquet de fougue..	id.	id.	54	
						de grand hunier...	id.	id.	68	
						de petit hunier...	id.	id.	68	
						pour galhaubans étranglés { de mât de perroquet de fougue...	id.	id.	54	
						de mât de perruche et flèche...	id.	id.	56	
						de grand mât de hune...	id.	id.	60	
						de mât de grand perroquet et flèche...	id.	id.	62	
						de petit mât de hune...	id.	id.	66	
						de mât de petit perroquet...	id.	id.	68	
						pour galhaubans de flèche étranglés { de mât de grand perroquet et flèche...	id.	id.	62	
						de mât de petit perroquet...	id.	id.	68	
						p' gardes. { de corne de brigantine d'artimon...	id.	id.	52	
						de corne de grande voile goëlette...	R.	id.	56	
						de corne de brigantine du grand mât...	id.	id.	58	
						de corne de misaine goëlette...	id.	id.	64	
						pour grands palans. { de bout de vergue...	id.	id.	72	
						d'étai...	id.	id.	74	
						pour guinderesse { de mât de perruche et flèche...	id.	id.	56	
						de bout-dehors de grand foc...	id.	id.	70	
						pour hale-bas. { de trinquette...	id.	id.	70	
						de petit foc...	id.	id.	70	
						de grand foc...	id.	id.	72	
						de clin-foc...	id.	id.	72	
						pour hale-fonds de grand foc...	id.	id.	72	

DÉSIGNATION du service où s'opèrent les délivrances, la mise en place, le démontage, les remises et les réparations. Section de magasin ou atelier.	LOCALITÉS OÙ S'OPÈRENT — la mise en place ou les délivrances. Atelier.	les démontages ou les remises. Atelier.	les réparations. Atelier.	NUMÉROS D'ORDRE de la NOMENCLATURE par unité collective.	par unité simple.	NOMENCLATURE DES MATIÈRES ET OBJETS.	LETTRES de classement	ARTICLE DU NAÎTRE COMPTABLE auquel l'objet se rapporte.	PAGE du RÈGLEMENT d'armement.	ALLOCATIONS RÉGLEMENTAIRES pour 1 … Mois.
						pour haubans { de grands mâts pour embarcations	Gréement.	Me de manœuvre	106	
						de mât de misaine pour embarcations	id.	id.	106	
						de bout-dehors de foc, pour embarcations	id.	id.	106	
						pour lève-nez de bonnettes de misaine..	id.	id.	66	
						pour lève-nez de sous-barbe de bout-dehors de grand foc	id.	id.	70	
						pour palanquins { de perroquet de fougue	id.	id.	54	
						de grand hunier	id.	id.	62	
						de petit hunier	id.	id.	68	
						à crocs	id.	id.	74	
						à fouet	id.	id.	74	
						de dimanche.. { grands	id.	id.	74	
						petits	id.	id.	74	
						Poulies… pour palans { de haubans de foc	id.	id.	72	
						de sous-barbe	id.	id.	72	
						de retenue du gui du grand mât.	id.	id.	58	
						de roulis… { du vergue de perroquet de fougue.	id.	id.	54	
						de grande vergue.	id.	id.	58	
						de vergue de grand hunier	id.	id.	60	
						du vergue de misaine	id.	id.	66	
						de vergue de petit hunier	id.	id.	68	
						pt petits palans { de bout de vergue	id.	id.	74	
						d'étai	id.	id.	74	
						pour râtelier { d'artimon	id.	id.	76	
						de grand mât	id.	id.	76	
						de misaine.	id.	id.	76	
						pour vérines	id.	id.	74	
Artillerie.	Armurerie.	Armurerie.	Armurerie.	63	220	Pousse-goupilles ou chasse-noix.	A.	Me armurier.	294	
Mouv. du port	Voilerie.	Voilerie.	Voilerie.	122	167	de hastingues.	A.	Me voilier.	272	
id.	id.	id.	id.	122	168	de câbles.	A.	id.	272	
id.	id.	id.	id.	122	169	Prélarts de drômes.	A.	id.	272	
id.	id.	id.	id.	122	170	en toile d'écoutilles ou panneaux.	E.A.	Me de manœuvre	6	
id.	id.	id.	id.	122	171	de pavois de hune.	A.	Me voilier.	272	
id.	id.	id.	id.	122	173	id.	A.	id.	272	
id.	id.	id.	id.	122	175	pour la distribution de la viande.	A.	Ce aux vivres.	324	
Const. navales.	Forges.	Forges.	Forges.	104	273	Presses en fer pour amarrages.	A.	Me de manœuvre	84	
Commissariat.	Dét. des arm.	Dét. des arm.	»	330	30	d'avancement (modèle n° 11).	A.	Offic. d'adm.	374	
id.	id.	id.	»	414	114	de vente.	A.	id.	376	
id.	id.	id.	»	412	112	d'inventaire.	A.	id.	376	
id.	id.	id.	»	453	153	Procès-verbal de disparition.	A.	id.	378	
id.	id.	id.	»	454	154	d'inventaire des effets d'un officier, etc.	A.	id.	378	
id.	id.	id.	»	407	7	d'interrogatoire.	A.	id.	380	
id.	id.	id.	»	113	13	d'information.	A.	id.	380	
id.	id.	id.	»	114	14	d'expertise.	A.	id.	380	

DÉSIGNATION du service où s'opèrent les délivrances, la mise en place, le démontage, les remises et les réparations.	LOCALITÉS OU S'OPÈRENT — la mise en place ou les délivrances (Section du magasin ou atelier.)	les démontages ou les remises (Atelier.)	les réparations (Atelier.)	NUMÉROS D'ORDRE de la NOMENCLATURE — par unité collective.	par unité simple.	NOMENCLATURE DES MATIÈRES ET OBJETS.	LETTRES de classement.	ARTICLE DU RÈGLEMENT OU DE L'OFFICIER COMPTABLE auquel l'objet se rapporte.	PAGE du RÈGLEMENT d'armement.	ALLOCATIONS RÉGLEMENTAIRES pour 1 … Mois.
Major. génér.	Cartes et arch.	Cartes et arch.	»	Divers.	Divers.	**Procès-verbaux** de contravention, divers.	A.	Offic. command.	409	
id.	id.	id.	»	1660	80	**Proportions**, mesures ou vérificateurs. . . .	A.	Ch. d'ét.-m.gén.	415	
Artillerie.	Armurerie.	Armurerie.	Armurerie.	173	363¹	du chien.	A.	M° armurier.	294	
id.	id.	id.	id.	173	363²	de la noix et de la gâchette. . . .	A.	id.	294	
Hôpitaux.	Pharmacie.	Salle de dépôt.	Dét. des hôpit.	51	1¹	**Psychromètre** d'August.	A.	Chirurgien.	390	
id.	Magasin.	id.	id.	4	11	**Purificatoires** en toile batiste.	A.	Aumônier.	367	

Q

DÉSIGNATION du service	mise en place / délivrances	démontages / remises	réparations	par unité collective	par unité simple	NOMENCLATURE DES MATIÈRES ET OBJETS	Lettres	Article / officier comptable	Page	Allocations
						Quarantainier pour rubans de suspension des tables et bancs d'équipage.	Gréement.	M° de manœuvre.	46	
Const. navales	Machines.	Machines.	Machines.	128	40	**Quarts** de cercle en cuivre, pour observer la dérive. . . .	A.	M° de timon.	162	
Mouv. du port	Garniture.	Garniture.	Const. navales et Forges.	104	275	en fer, (des mâts majeurs)	A.	M° démanœuvre	84	
id.	id.	id.	id.	104	275	pour trelingage du mât d'artimon. . . .	A.	id.	84	
						Quenouillettes . . . en cuivre (voir la note Ē, page 85, du règlement d'armement).				
Const. navales	Poulierie.	Poulierie.	Poulierie.	87	97 et 98	ou échelons en bois assortis pour échelles, etc. . . .	A.	id.	84	
id.	id.	id.	id.	87	97 et 98	à suspension, en cuivre. . . .	B.	id.	84	
id.	P. chaudronn.	P. chaudronn.	P. chaudronn.	103	61 à 64	**Quinquets** d'applique, en cuivre. . . .	A.	M° mécanicien	198	
id.	id.	id.	id.	103	57 et 58		A.	id.	200	

R

NOMENCLATURE DES MATIÈRES ET OBJETS	Lettres	Article / officier comptable	Page
pour artimon de cape.	Gréement.	M° de manœuvre	14
pour brigantine d'artimon. . . .	id.	id.	14
pour perruche.	id.	id.	18
pour cacatois de perruche. . . .	id.	id.	18
pour grande voile goëlette. . . .	id.	id.	20
pour brigantine de grand mât. . . .	id.	id.	20
Rabans de ferlage — pour brigantine de cape. . . .	id.	id.	20
pour grand perroquet. . . .	id.	id.	28
pour grand cacatois. . . .	id.	id.	28
pour misaine goëlette. . . .	id.	id.	30
pour petit perroquet. . . .	id.	id.	36
pour petit cacatois. . . .	id.	id.	38
pour grand foc.	id.	id.	38
pour petit foc.	id.	id.	40
pour clin-foc.	id.	id.	40

DÉSIGNATION du service où s'opèrent les délivrances, la mise en place, le démontage, les remises et les réparations.	LOCALITÉS OÙ S'OPÈRENT — la mise en place ou les délivrances. (Section du magasin ou atelier.)	les démontages ou les remises. (Atelier.)	les réparations. (Atelier.)	NUMÉROS D'ORDRE de la NOMENCLATURE par unité collective.	par unité simple.	NOMENCLATURE DES MATIÈRES ET OBJETS.	LETTRES de classement.	ARTICLE DU MAÎTRE OU DE L'OFFICIER COMPTABLE auquel l'objet se rapporte.	PAGE du RÈGLEMENT d'armement.	ALLOCATIONS RÉGLEMENTAIRES pour 1 Mois.
						de ferlage et de fonds — pour perroquet de fougue.	Gréement.	M° de manœuvre.	16	
						pour grande voile.	id.	id.	22	
						pour grand hunier.	id.	id.	26	
						pour misaine.	id.	id.	32	
						pour petit hunier.	id.	id.	34	
						Rabans ... de suspension de tables et bancs d'équipage.	id.	id.	46	
						de hamacs.	E.A.	M° voilier.	6	
Mouv. du port	Voilerie.	Voilerie.	Voilerie.	112	34	de volée, nouveau modèle, pour amarrage à la serre.	A.	M° canonnier.	110	
id.	id.	Garniture.	id.	112	34	pour fermeture de mantelets de sabords.	A.	id.	140	
Artillerie.	Garniture.	Garniture.	id.	148	98					
id.	id.	id.	»	148	100					
Const. navales	Menuiserie.	Menuiserie.	Forges.	62	272	à moulure bois.	A.	M°charpentier	258	
id.	id.	Menuiserie.	»	62	273	à moulure fers.	R.	id.	258	
Const. navales	Menuiserie.	»	»	62	311	ordinaires bois.	A.	M°charpentier	258	
Artillerie.	Armurerie.	Armurerie.	Armurerie.	62	311			M° armurier.	298	
Subsistances.	Ust., outils, etc.	Salle de dépôt.	Dét. des subsist.	21	25	**Rabots** ...		Comm. aux vivres.	396	
Const. navales	Menuiserie.	Menuiserie.	Forges.	62	312 à 325	fers.	A.	M° charpent.	258	
id.	id.	id.	id.	62	312 à 325		R.	id.	260	
Artillerie.	Armurerie.	Armurerie.	Armurerie.	62	312		A.	M° armurier.	298	
Subsistances.	Ustens, outils	Salle de dépôt	Dét. des subs.	21	26		A.	Com. aux viv.	396	
Const. navales	Menuiserie.	Menuiserie.	Forges.	62	326	contre-fers.	A.	M° charpent.	258	
id.	id.	id.	Forges.	62	319	ronds bois.	A.	id.	258	
id.	id.	id.	id.	62	320 et 321	fers.	R.	id.	260	
id.	id.	id.	id.		320 et 321					
						avec pommes ou bigots — pour vergue de perroquet de fougue.	Gréement.	M° de manœuvre.	16	
						pour vergue de grand hunier.	id.	id.	24	
						pour vergue de petit hunier.	id.	id.	34	
						en corde, garnis, etc. — pour flèche en cul d'artimon.	id.	id.	10	
						pour flèche en cul de grand mât.	id.	id.	26	
						Racages ... garnis de basane, avec cosse, pour vergue de cacatois de perruche.	id.	id.	18	
						garnis en basane avec cosses et aiguillettes — pour vergues de perruche.	id.	id.	18	
						pour vergue de grand perroquet.	id.	id.	28	
						pour vergue de grand cacatois.	id.	id.	28	
						pour vergue de petit perroquet.	id.	id.	36	
						pour vergue de petit cacatois.	id.	id.	38	
Hôpitaux.	Pharmacie.	Salle de dépôt	»	38	29	**Racine** d'ipéca.	A.	Chirurgien.	396	
Const. navales	Charpentage.	Charpentage.	Charpentage.	87	188 et 189	**Radeaux** installés sur futailles.	A.	M°charpentier	202	
Artillerie.	Ferrures.	Atel. à for.	Atel. à fer.	160	320	**Rails** en fer, pour châssis d'affûts d'embarcations.	A.	M° canonnier.	130	
id.	Armurerie.	Armurerie.	Armurerie.	63	225	**Ramasses** ou baguettes pour passer dans le canal de baguettes.	A.	M° armurier.	298	
Const. navales	Perçage.	Perçage.	Perçage.	87	637 à 640	**Rampes** ou mains courantes d'échelles de commandement.	A.C.	M° charpent.	232	

DÉSIGNATION du service où s'opèrent les délivrances, la mise en place, le démontage, les remises et les réparations.	LOCALITÉS OÙ S'OPÈRENT			NUMÉROS D'ORDRE de la NOMENCLATURE		NOMENCLATURE DES MATIÈRES ET OBJETS.	LETTRES de classement E.A. Entrée en armement. A. Armement. R. Rechange. C.R. Complément de rechange. A.C. Accessoires de coque. A.T. Objets attenant à la coque des embarcations. P. Objets à délivrer pour les passagers.	ARTICLE DU MAÎTRE OU DE L'OFFICIER COMPTABLE auquel l'objet se rapporte.	PAGE du RÈGLEMENT d'armement.	ALLOCATIONS RÉGLEMENTAIRES pour 1 Mois.
	la mise en place, les délivrances. Section de magasin ou atelier.	les démontages ou les remises. Atelier.	les réparations. Atelier.	par unité collective.	par unité simple.					
Const. navales	Forges.	Forges.	»	61	83 à 96	Râpes à bois, en acier ordinaire............	A.	Mᵉ mécanicien	205	
id.	id.	id.	»	61	83 à 96		A.	Mᵉ charpent.	260	
id.	id.	id.	»	61	83 à 96		A.	Mᵉ calfat.	285	
Artillerie.	Armurerie.	Armurerie.	»	61	83 à 96		A.	Mᵉ armurier.	298	
Const. navales	Forges.	Forges.	»	61	83 à 96		A.	id.	310	
Maj. générale.	Observatoire.	Observatoire.	»	5	3	Rap- (à alidade, en cuivre............	A.	Officier comm.	411	
id.	id.	id.	»	5	4	porteurs . (en corne............	A.	id.	411	
id.	Cartes et arch.	Cartes et arch.	»	54	32	(sommaires sur la navigation d'un bâtiment à vapeur......	A.	id.	409	
id.	id.	id.	»	57 et 65	Divers.	(journaliers............	A.	id.	409	
id.	id.	id.	»	1081	81	Rapports . (constatant qu'un individu non inscrit exerce la navigation, la	A.	Ch. d'ét.-m.gén.	413	
id.	id.	id.	»	1081	81	(pêche maritime, ou est employé dans les chantiers du commerce.				
Const. navales	Forges.	Forges.	Forges.	130	53	Rasoirs avec boîte............	E.A.	Mᵈᵉ manœuvre.	8	
id.	id.	id.	id.	130	53		A.	Magasinier.	334	
id.	Calfatage.	Calfatage.	Calfatage.	87	190	Râteaux en bois, garnis en cuir, pour assécher les ponts......	E.A.	Mᵈᵉ demanœuvre.	6	
id.	Menuiserie.	Menuiserie.	Menuiserie.	87	190	(d'armes (partie supérieure, ou porte-canon...	A.C.	Mᵉ charpentier	92	
id.	id.	id.	id.	87	642	(en bois. (partie inférieure, ou porte-crosse.	A.C.	id.	230	
id.	Charpentage.	Charpentage.	Charpentage.	87	191	(au pied des mâts............	A.C.	id.	230	
id.	id.	id.	id.	87	191	Râteliers . (dema- (le long des murailles.	A.C.	id.	230	
id.	id.	id.	id.	87	191	(nœuvre, (dans les haubans (d'artimon...	A.	id.	244	
id.	id.	id.	id.	87	191	(en bois (de hune.... (de grand mât.	A.	id.	246	
id.	id.	id.	id.	87	191	(de misaine.	A.	id.	250	
id.	Machines.	Machines.	Machines.	65	571	(en tôle, pour outils et ustensiles.	A.	Mᵉ mécanicien	202	
id.	P. chaudronn.	P. chaudronn.	»	99	54	Réchauds en cuivre, avec couvercles............	A.	Chirurgien.	390	
Commissariat	Dét. des arm.	Dét. des arm.	»	137	37	Recours en révision (mod. nᵒ 25, série A)............	A.	Offic. d'adm.	380	
id.	id.	id.	»	»	»	(des actes portant règlement sur la dotation de l'armée....	A.	Comm. d'arm.	402	
Major. génér.	Cartes et arch.	Cartes et arch.	»	10	32	(des pavillons des puissances maritimes............	A.	Offic. comm.	448	
id.	id.	id.	»	10	32	Recueils . (		Offic. comm.	410 et 411	
id.	id.	id.	»	15	Divers.	(réglementaires des cartes et documents nautiques.	A.	Ca. d'ét.-m.gén.	415 et 416	
id.	id.	id.	»	15	Divers.	(		Offic. comm.	411	
id.	id.	id.	»	»	»	(non réglementaires............	A.	Ch. d'ét.-m.gén.	416	
Const. navales	P. chaudronn.	P. chaudronn.	P. chaudronn.	103	126	((réparation d'armement).	A.	Mᵉ canonnier.	6	
id.	id.	id.	id.	103	126	(pour (des soutes à poudres.	A.	id.	144 ter	
id.	id.	id.	id.	103	126	Réflecteurs (lampes. (des postes divers.	A.	id.	144 ter	
id.	id.	id.	id.	103	126	en (de fanaux de poupe.	A.	Mᵉ de timon.	164	
id.	Machines.	Machines.	Machines.	103	126	cuivre argenté. (pour (de dunette.	A.	id.	160	
id.	id.	id.	id.	103	126	(lampes et (	A.	id.	160	
id.	id.	id.	id.	103	126	(habi- (de route. (éclairés sur le pont...	A.	id.	162	
Artillerie.	Objets d'armem. et d'assortim. et ustensiles.	Atcl. à bois.	Atcl. à bois.	142	90 à 104, 109 et 110	(tacles. (éclairés par la batterie.	A.	Mᵉ canonnier.	116	
id.	id.	id.	id.	142	90 à 104, 109 et 110	Refouloirs, modèle de la marine, sur hampe simple, pour canons, etc....	R.	id.	122	

18

DÉSIGNATION du service où s'opèrent les délivrances, la mise en place, le démontage, les remises et les réparations.	LOCALITÉS OÙ S'OPÈRENT			NUMÉROS D'ORDRE de la NOMENCLATURE		NOMENCLATURE DES MATIÈRES ET OBJETS.	LETTRES de classement. E.A. Entrée en armement. A. Armement. R. Rechange. C.R. Complément du rechange. A.C. Accessoires de cognarures de cogn. A.T. Objets attenant à la coque des embarcations. P. Objets à délivrer pour les passagers.	ARTICLE DU MAÎTRE OU DE L'OFFICIER COMPTABLE auquel l'objet se rapporte.	PAGE du RÈGLEMENT d'armement.	ALLOCATIONS RÉGLEMENTAIRES pour l l Mois.
	la mise en place ou les délivrances. Section de magasin ou atelier.	les démontages ou les remises. Atelier.	les réparations. Atelier.	par unité collective.	par unité simple.					
Artillerie.	Objets d'arm. et d'us-sarine. et usines.	Atel. à bois.	Atel. à bois.	142	111	**Refouloirs**, sur hampe de corde pour obusiers de 22 c., n° 1	A.	M⁰ canonnier.	110	
id.	id.	id.	id.	142	101, 101¹ et 104¹	modèle de la marine . . sur hampe simple, pour le tir à poudre	A.	id.	110	
Commissariat.	Dét. des arm.	Dét. des arm.		371	271	ayant pour objet de justifier l'émission des traites	A.	Offic. d'adm.	382	
id.	id.	id.		371	271	balance du magasinier	A.	Canon. d'arm.	404	
id.	Dét. des trav.	Dét. des trav.		1093	93	de comptabilité, pour les commis embarquant	A.	Offic. d'adm.	382	
id.	Dét. des subsist.	Dét. des subs.		531	31	de classification des recettes et dépenses	A.	id.	382	
id.	Dét. des arm.	Dét. des arm.		383	83	de délibération	A.	id.	376	
id.	id.	id.		381	81	de procès-verbaux de vente d'effets de marins . .	A.	id.	376	
id.	id.	id.		413	113	de procès-verbaux d'inventaire d'effets de marins . .	A.	id.	376	
id.	id.	id.		411	111	journal du trésorier	A.	id.	376	
id.	id.	id.		382	82	des recettes et consommations du service de l'habillement . .	A.	id.	376	
id.	id.	id.		384 à 386	84 à 86	des jugements des conseils de guerre et de révision . . .	A.	id.	380	
id.	id.	id.		»	»	de justice . . .	A.	id.	380	
id.	Dét. des trav.	Dét. des trav.		1089	89	des objets en cours de transport	A.	id.	382	
Maj. génerale	id.	id.		1096	96	des procès-verbaux concernant la comptabilité des bâtiments .	A.	id.	382	
id.	Cartes et arch.	Cartes et arch.		»	»	d'inscription	A.	Magasinier.	334	
Hôpitaux.	Magasin.	Salle de dépôt		»	»	**Registres**, imprimés. pour observations météorologiques . . .	A.	Chirurgien.	390	
id.	id.	id.		»	»	pour enregistrement des malades	A.	id.	390	
id.	id.	id.		»	»	pour observations médicales	A.	id.	390	
Artillerie.	Bur. de la direct.	Bur. de la direct.		»	»	signalétiques des bouches à feu, avec reliure mobile . .	A.	M⁰ canonnier.	144	
Major. génér⁰.	Cartes et arch.	Cartes et arch.		42	21	de transmission d'ordres	A.	Ch. d'ét.-m. gén.	415	
id.	id.	id.		42	21		A.	Offic. command.	410	
id.	id.	id.		45	23	journaux de l'officier chargé des signaux	A.	Ch. d'ét.-m.gén.	415	
id.	id.	id.		45	23		A.	Offic. command.	410	
id.	id.	id.		44	22	de l'officier appelé à l'ordre	A.	Offic. command.	410	
id.	id.	id.		61	39	de du bâtiment	A.	id.	440	
id.	id.	id.		62	40	punitions de compagnie	A.	id.	440	
id.	id.	id.		56	34	d'inscription tenus par le chef d'état-major . . .	A.	Ch. d'ét.-m.gén.	415	
id.	id.	id.		54	14	des états-majors des bâtiments armés	A.	id.	415	
id.	id.	id.		41	20 B	des ordres du commandant en chef	A.	id.	415	
id.	id.	id.		»	»	en blanc, pour inscriptions des punitions infligées aux officiers des états-majors .	A.	id.	415	
Commissariat.	Dét. des trav.	Dét. des trav.		»	»	d'armement des bâtiments de la flotte	A.	Commis d'arm.	402	
Majorité générale	Cartes et arch.	Cartes et arch.		»	»		A.	Offic. comm.	408	
id.	id.	id.		»	»	du service des chronomètres	A.	Offic. comm.	440	
id.	id.	id.		»	»	du 3 avril 1854, portant fixation des méthodes à suivre et des matières à employer pour l'établissement et la confection des voiles, etc. . . **Règlement** .	A.	Ch. d'ét.-m.gén.	414	
id.	id.	id.		»	»	de gréement, du 28 janvier 1856	A.	Offic. comm.	408	
id.	id.	id.		»	»		A.	Ch. d'ét.-m.g.n.	414	
id.	id.	id.		»	»	du 27 avril 1854, pour la fixation de tous les espars composant les mâtures des bâtiments carrés de la marine impériale . .	A.	Offic. comm.	408	
id.	id.	id.		»	»		A.	Ch. d'ét.-m.gén.	414	

DÉSIGNATION du service où s'opèrent les délivrances, la mise en place, le démontage, les remises ou les réparations. — Section de magasin ou atelier.	LOCALITÉS OU S'OPÈRENT la mise en place les délivrances. ou les délivrances.	les démontages ou les remises. Atelier.	les réparations. Atelier.	NUMÉROS D'ORDRE de la NOMENCLATURE par unité collective.	par unité simple.	NOMENCLATURE DES MATIÈRES ET OBJETS.	LETTRES de classement.	ARTICLE DU MAÎTRE COMPTABLE auquel l'objet se rapporte.	PAGE du RÈGLEMENT mémoriel.	ALLOCATIONS RÉGLEMENTAIRES pour 1 Mois.
Major. génér.	Cartes et arch.	Cartes et arch.	»	»	»	du 8 avril 1802, sur l'entretien et la conservation du matériel d'artillerie des bâtiments.	A.	Offic. commi.	166	
Artillerie.	Bur. de la direct.	Bur. de la direct.	»	»	6			M° canonnier	144	
id.	Cartes et arch.	id.	»	»	4			Cap. d'armes.	156	
Major. génér.	Cartes et arch.	Cartes et arch.	»	»	5	du 2 mars 1857, sur le classement, l'entretien et la réparation des armes portatives.	A.	Offic. commun.	109	
id.	id.	id.	»	»	6			Ch. d'él.-m. gén.	414	
id.	id.	id.	»	5	»	du 27 mars 1855, sur l'uniforme et l'habillement des officiers mariniers, marins et mousses faisant partie, etc.		Offic. commu.	409	
id.	id.	id.	»	5	»	Règlement		Ch. d'él.-m gén.	414	
Commissariat.	Dét. des arm.	Dét. des arm.	»	»	1	du 28 août 1802, sur le service intérieur à bord des bâtiments de la flotte, annexé au décret du 15 août 1851.	A.	Off. command.	409	
Major. génér.	Cartes et arch.	Cartes et arch.	»	5	3			Comm. d'arm	404	
Commissariat.	Bur. de la direct.	Bur. de la direct.	»	»	»	du 31 octobre 1840, sur la comptabilité publique.	A.	Ch. d'él.-m. gén.	414	
Artillerie.						sur le classement, l'entretien et la réparation des armes portatives.	A.	Comm. d'arm.	404	
								Cap. d'armes.	156	
Major. génér.	Observatoire	Observatoire	»	5	11	Règles { de 1m,00. . . .	A.	Offic. commi.	411	
id.	id.	id.	»	5	11	en acier { de 0,50. . . .	A.	id.	411	
Const. navales.	Machines.	Machines.	Machines.	63	225 et 227	{ pour ajusteurs. . . .	A.	M° mécanicien	205	
id.	Charpentage.	Charpentage.	Charpentage.	87	644	{ d'arrimage. . . .	E.A.	M° de manœuvre	5	
id.	Menuiserie.	Menuiserie.	»	82	399	Règles { pour charpentiers. . . .	A.	M° charpent.	258	
id.	id.	id.	Menuiserie.	64	94 et 95	en bois { pour maçons. . . .	A.	Magasinier.	334	
id.	id.	id.	id.	64	124	{ pour vitriers. . . .	A.	M° armurier.	298	
Majorité générale	Cartes et arch.	Cartes et arch.	»	5	5	internationales et diplomatiques de la mer (imprimé). . . .	A.	Offic. command.	409	
Commissariat.	Dét. des arm.	Dét. des arm.	»	435	138	Relevé des punitions (imprimé). . . .	A.	Offic. d'adm.	380	
Const. navales.	Machines.	Machines.	Machines.	128	44	Renards { avec tables de loch. . . .	A.	M° de timon.	104	
id.	id.	id.	id.	134	20	{ à l'usage des machines à vapeur. . . .	A.	M° mécanicien	196	
id.	Forges.	Forges.	Forges.	65	872	en fer, pour traîner les bois. . . .	A.	M° charpentier	200	
Major. génér.	Cartes et arch.	Cartes et arch.	»	55	33	Renseignements à fournir par les commandants des bâtiments en cours de campagne. . . .	A.	Offic. command.	410	
Commissariat.	Dét. des armes.	Dét. des arm.	»	»	»	Répertoire général des lois, décrets, etc., sur la marine, par Blanchard. . . .	A.	Offic. d'adm.	374	
id.	id.	id.	»	»	»			Comm. d'armt	404	
Artillerie.	Ferrures.	Atel. à for.	Atel. à fer.	147	49 à 51	Reposoirs { en fer. . . .	A.	M° canonnier.	140	
id.	id.	id.	id.	147	49 à 48	p' gargousiers { en cuivre. . . .	A.	id.	140	
Const. navales.	Forges.	Forges.	Forges.	63	228	{ en cuivre, assortis. . . .	A.	M° mécanicien	206	
id.	id.	id.	id.	65	417	Repous- { assortis, pour broches de chaîne. . . .	A.	M° de manœuvre	90	
id.	G. chaudronn.	G. chaudronn.	G. chaudronn.	63	230	soirs . . . { pour chaudières tubulaires. . . .	A.	M° mécanicien	206	
id.	Forges.	Forges.	Forges.	62	332	en fer {	A.	M° charpent.	260	
id.	id.	id.	id.	62	332	{ pour percevoir. . . .	A.	id.	260	
id.	id.	id.	id.	62	332			M° calfat.	298	
id.	P. chaudronn.	P. chaudronn.	P. chaudronn.	104	701 •	Réservoirs d'eau ou bassins en tôle, { pour bouteilles. . . .	A.C.	id.	280	
id.	id.	id.	id.	104	701 •	zingués. . . { pour latrines. . . .	A.C.	id.	281	
id.	id.	id.	»	40	12	Résine . . .	A.	Magasinier.	352 et 380	
Hôpitaux.	Pharmacie.	Salle de dépôt.	»	45	8	Résines { Aloès. . . .	A.	Chirurgien.	306	
id.	id.	id.	»	45	40	{ Résine de jalap. . . .	A.	id.	396	18.

DÉSIGNATION du service où s'opèrent les délivrances, la mise en place, le démontage, les remises et les réparations. (Section de magasin ou atelier.)	LOCALITÉS OÙ S'OPÈRENT la mise en place ou les délivrances. (Atelier.)	les démontages ou les remises. (Atelier.)	les réparations. (Atelier.)	NUMÉROS D'ORDRE de la NOMENCLATURE par unité collective.	par unité simple.	NOMENCLATURE DES MATIÈRES ET OBJETS.	LETTRES de classement	ARTICLE DU MAÎTRE OU DE L'OFFICIER COMPTABLE	PAGE du RÈGLEMENT d'armement.	ALLOCATIONS RÉGLEMENTAIRES pour 1 Mois.
Artillerie.	Armurerie.	Armurerie.	»	167	190¹	de détentes, pour pistolets-revolvers............	R.	Mᵉ armurier.	304	
id.	id.	id.	»	167	191	d'infanterie modèle 1822	R.	id.	304	
id.	id.	id.	»	167	192	de cavalerie... modèle 1822	R.	id.	304	
id.	id.	id.	»	167	192	modèles antérieurs à 1822	R.	id.	304	
id.	id.	id.	»	167	193	de mousqueton de gendarmerie et de marine... modèle 1825	R.	id.	304	
id.	id.	id.	»	167	193	modèles antérieurs à 1825	R.	id.	304	
id.	id.	id.	»	167	194	de pistolets de gendarmerie modèle 1822	R.	id.	304	
id.	id.	id.	»	167	194	modèles antérieurs à 1847	R.	id.	304	
id.	id.	id.	»	167	196	d'infanterie, modèle 1847	R.	id.	304	
id.	id.	id.	»	167	197	de mousquetons, modèle 1847	R.	id.	304	
id.	id.	id.	»	167	198	à chaînettes... de gendarmerie, modèle 1842	R.	id.	304	
id.	id.	id.	»	167	198	de pistolets... modèle 1849	R.	id.	304	
id.	id.	id.	»	167	198	de marine modèle 1837	R.	id.	304	
id.	id.	id.	»	167	198	modèle 1837 modifié	R.	id.	304	
id.	id.	id.	»	167	199	d'infanterie, modèle 1822	R.	id.	304	
id.	id.	id.	»	167	200	de cavalerie... modèle 1822	R.	id.	304	
id.	id.	id.	»	167	200	mod. antérieurs à 1822	R.	id.	304	
id.	id.	id.	»	167	201	**Ressorts** (grands) à griffe... de mousquetons de gendarmerie et de marine modèle 1822	R.	id.	306	
id.	id.	id.	»	167	201	mod. antérieurs à 1822	R.	id.	306	
id.	id.	id.	»	167	202	de pistolets de gendarmerie modèle 1822	R.	id.	306	
id.	id.	id.	»	167	202	mod. antérieurs à 1822	R.	id.	306	
id.	id.	id.	»	167	202¹	pour pistolets-revolvers............	R.	id.	306	
id.	id.	id.	»	167	110	de hausses... pour carabines transformées.	R.	id.	306	
id.	id.	id.	Armurerie.	161	50¹	de canons de 4 rayés de montagne, modèle 1842.	R.	id.	310	
id.	id.	id.	»	167	111	pour fusils de rempart et carabine.........	R	id.	306	
id.	id.	id.	»	167	203¹	de montonnets, pour pistolets-revolvers...........	R.	id.	306	
id.	id.	id.	»	168	88	de sabres-baïonnettes... modèle 1842.	R.	id.	306	
id.	id.	id.	»	168	90	modèle 1840.	R.	id.	306	
id.	id.	id.	»	167	91²	de portes, pour pistolets-revolvers...	R.	id.	306	
id.	id.	id.	»	167	269	de baguettes... pour carabines, fusils et mousquetons........	R.	id.	306	
id.	id.	id.	»	167	269¹	pour pistolets-revolvers........	R.	id.	305	
id.	id.	id.	»	167	270	de capucines............	R.	id.	306	
id.	id.	id.	»	167	91³	de tiges, pour pistolets-revolvers.......	R.	id.	305	
id.	id.	id.	»	167	271	d'embouchoirs............	R.	id.	306	

DÉSIGNATION du service où s'opèrent les délivrances, la mise en place, le démontage, les remises et les réparations. (Section de magasin ou atelier.)	LOCALITÉS OÙ S'OPÈRENT — la mise en place ou les délivrances. (Atelier.)	les démontages ou les remises. (Atelier.)	les réparations. (Atelier.)	NUMÉROS D'ORDRE de la NOMENCLATURE par unité collective.	par unité simple.	NOMENCLATURE DES MATIÈRES ET OBJETS.	LETTRES déclassement	ARTICLE DU MAÎTRE ou DE L'OFFICIER COMPTABLE auquel l'objet se rapporte.	PAGE du RÈGLEMENT.	ALLOCATIONS RÉGLEMENTAIRES pour 1 Mois.
Const. navales	Serrurerie.	Serrurerie.	Serrurerie.	33	343	de sonnettes.	A.C.	Mr mécanicien	193	
id.	Machines.	Machines.	Machines.	133	179	en acier { pour pistons de cylindres.	R.	id.	210	
id.	id.	id.	id.	133	183	pour tiroirs.	R.	id.	210	
id.	id.	id.	id.	133	185	Ressorts. . . en fil d'acier, tournés en hélice, pour soupapes de sûreté des cylindres. . . .	R.	id.	210	
Artillerie.	Armurerie.	Armurerie.	Armurerie.	101	108	pr platine { de gâchette.	R.	Mr armurier.	310	
id.	id.	id.	id.	101	106	pr es- pingoles { (grands) { nouveau modèle.	R.	id.	310	
id.	id.	id.	id.	101	107	ancien modèle.	R.	id.	310	
						Retenue du gui du grand mât.		Gréement.	Mr de manœuvre	20	
Hôpitaux.	Pharmacie.	Salle de dépôt	»	18	37	**Rétinolé** de styrax (onguent).	A.	Chirurgien.	396	
Commissariat	Dét. des subsist.	Dét. des subsist.	»	613	13	**Revue** { de journalier d'armement ou de rade.	A.	Offic. d'admin.	382	
Major. génér.	Cartes et arch.	Cartes et arch.	»	558	258	d'inspection (Rapport général). . . .	A.	Ch. d'état-m. gén.	413	
Mouv. du port	Pavillonnerie.	Pavillonnerie.	Pavillonnerie.	126	43	de biblio- thèques { en brocatelle de soie.	A.	Mr du timon.	176	
id.	id.	id.	id.	126	44	en damas de laine	A.	id.	176	
id.	id.	id.	id.	126	46	de claire- voie { en mousseline brodé. { pour salon ou galerie. . . .	A.	id.	180	
id.	id.	id.	id.	126	46	pour chambre à coucher.	A.	id.	182	
id.	id.	id.	id.	126	47	en percale, etc. { pour salon ou galerie. . . .	A.	id.	180	
id.	id.	id.	id.	126	47	pour chambre à coucher. . . .	A.	id.	182	
id.	id.	id.	id.	126	47	pour salle à manger. . . .	A.	id.	182	
id.	id.	id.	id.	126	52	de cloisons { en coton uni croisé, couleur chamois.	A.	id.	182	
id.	id.	id.	id.	126	49	en mousseline brodée. { pour salon ou galerie. . . .	A.	id.	180	
id.	id.	id.	id.	126	49	pour chambre à coucher. . . .	A.	id.	182	
id.	id.	id.	id.	126	50	en mousseline brochée. { pour salle à manger. . . .	A.	id.	182	
id.	id.	id.	id.	126	50	pour autres pièces. . . .	A.	id.	184	
id.	id.	id.	id.	126	51	en percale blanche, etc. { pour salon ou galerie. . . .	A.	id.	180	
id.	id.	id.	id.	126	51	pour chambre à coucher. . . .	A.	id.	182	
id.	id.	id.	id.	126	51	pour salle à manger. . . .	A.	id.	182	
id.	id.	id.	id.	125	54	d'entourage de cadre, en percale.	A.	id.	176	
id.	id.	id.	id.	126	56	en brocatelle de soie, etc. { pour salon ou galerie. . . .	A.	id.	180	
id.	id.	id.	id.	126	56	pour chambre à coucher. . . .	A.	id.	180	
id.	id.	id.	id.	126	57	en damas de laine { pour salon ou galerie. . . .	A.	id.	180	
id.	id.	id.	id.	126	57	pour chambre à coucher. . . .	A.	id.	180	
id.	id.	id.	id.	126	58	de fenêtres { en mousseline. . { brodée. . . . { pour salon ou galerie. . . .	A.	id.	180	
id.	id.	id.	id.	126	58	pour chambre à coucher. . . .	A.	id.	180	
id.	id.	id.	id.	126	59	brochée, etc. { pour salon ou galerie. . . .	A.	id.	180	
id.	id.	id.	id.	126	59	pour chambre à coucher. . . .	A.	id.	180	

DÉSIGNATION du service où s'opèrent les délivrances, la mise en place, le démontage, les remises et les réparations.	LOCALITÉS OÙ S'OPÈRENT			NUMÉROS D'ORDRE de la NOMENCLATURE.		NOMENCLATURE DES MATIÈRES ET OBJETS.	LETTRES de classement. N.A Entrée en armement. A. Armement. R. Rechange. C.A. Complément de rechange. A.C. Accessoires de coquerel. A.T. Objets attenant à la coque des embarcations. P. Objets à délivrer pour les passagers.	ARTICLE DU MAÎTRE OU DE L'OFFICIER COMPTABLE auquel l'objet se rapporte.	PAGE du RÈGLEMENT d'armement.	ALLOCATIONS RÉGLEMENTAIRES pour 1 Mois.
	la mise en place ou les délivrances.	les démontages ou les remises.	les réparations.	par unité collective.	par unité simple.					
	Section de magasin ou atelier.	Atelier.	Atelier.							
Mouv. du port	Pavillonnerie.	Pavillonnerie.	Pavillonnerie.	126	59	de fenêtres { en mousseline { pour salle à manger	A.	M⁰ de timon.	182	
id.	id.	id.	id.	126	59	brochée, etc. . . { pour autres pièces	A.	id.	184	
id.	id.	id.	id.	126	60	en percale { pour chambre à coucher	A.	id.	180	
id.	id.	id.	id.	126	60	blanche, etc. . . { pour salle à manger	A.	id.	182	
id.	id.	id.	id.	126	63	et couchettes { en brocatelle de soie	A	id.	182	
id.	id.	id.	id.	126	64	de lits { en damas de laine	A.	id.	182	
id.	id.	id.	id.	1-6	65	d'hôpital, en croisé rouille	A.	Chirurgien.	390	
id.	id.	id.	id.	126	72	de séparation, en damas de laine	A.	M⁰ de timon.	182	
id.	id.	id.	id.	122	178	en toile d'entourage pour fanaux d'habitacles	A.	id.	162	
id.	Voilerie.	Voilerie.	Voilerie.	122	179	en toile; { de dunette	A.	M⁰ voillier.	272	
id.	id.	id.	id.	122	179	{ de gaillard d'arrière	A.	id.	272	
id.	id.	id.	id.	122	179	p⁰ tentes. { de gaillard d'avant et de poulaine en matrousin .	A.	id.	272	
id.	id.	id.	id.	122	179	{ de paissavant ou grande tente	A.	id	272	
Artillerie.	Objets d'armem. et d'assortim. et ustensiles.	Garniture.	Garniture.	147	58	en toile, pour râteliers d'armes	A.	Capit. d'armes	196	
Mouv. du port	Pavillonnerie.	Pavillonnerie.	Pavillonnerie.	126	67	portières { en brocatelle { pour salon ou galerie	A.	M⁰ de timon.	180	
id.	id.	id.	id.	126	67	de soie, etc. . { pour chambre à coucher	A.	id.	182	
id.	id.	id.	id.	126	70	en coton uni, croisé, etc., pour chambre à coucher . . .	A.	id.	182	
id.	id.	id.	id.	126	68	en damas { pour salon ou galerie	A.	id.	180	
id.	id.	id.	id.	126	68	de laine, etc.. { pour chambre à coucher	A.	id.	182	
id.	Garniture.	Garniture.	Garniture.	110 bis	113	en cordages, pour haubans de cheminée	A.	M⁰ mécanic.	198	
						pour étai { de flèche de perroquet du grand mât de hune . . .	Gréement.	M⁰ de manœuvre.	32	
						{ de tête, pour goëlettes	id.	id.	18	
						pour galhaubans { de flèche de perroquet du grand mât de hune . .	id.	id.	24	
						{ de flèche de perroquet du petit mât de hune . .	id.	id.	32	
						{ de flèche fixes, pour mât de grand perroquet et flèche	id.	id.	26	
						{ de flèche fixes, pour mât de petit perroquet	id.	id.	36	
						fixes . . . . . { pour mât de perroquet de fougue	id.	id.	14	
						{ pour mât de perruche et flèche . . .	id.	id.	16	
						{ pour grand mât de hune	id.	id.	24	
						{ pour mât de grand perroquet et flèche	id.	id.	26	
						{ pour petit mât de hune	id.	id.	32	
						{ pour mât de petit perroquet	id.	id.	34	
						avec enflèchures { de mât d'artimon	id.	id.	12	
						{ de mât de perroquet de fougue	id.	id.	14	
						pour haubans { de grand mât	id.	id.	18	
						{ de grand mât de hune	id.	id.	24	
						{ de mât de misaine	id.	id.	30	
						{ de petit mât de hune	id.	id.	32	
						doubles, pour bout-dehors de grand foc	id.	id.	38	

Rideaux . . . .

Rides . . . .

DÉSIGNATION du service où s'opèrent les délivrances, la mise en place, le démontage, les remises et les réparations.	LOCALITÉS OÙ S'OPÈRENT			NUMÉROS D'ORDRE de la NOMENCLATURE		NOMENCLATURE DES MATIÈRES ET OBJETS.	Livres déclassement.	ARTICLE DU MAITRE OU DE L'OFFICIER COMPTABLE auquel l'objet se rapporte.	PAGE du d'armement.	ALLOCATIONS RÉGLEMENTAIRES pour l
	la mise en place ou les délivrances.	les démontages ou les remises.	les réparations.	par unité collective.	par unité simple.					Mois.
	Section de magasin ou atelier.	Atelier.	Atelier.							
						pour martingale double de grand foc..........	Gréement.	M⁰ de manœuvre	38	
						pour palans de grand mât (bas)...............	id.	id.	18	
						pour palans de mât de flèche.................	id.	id.	30	
						pour saisines des embarcations..............	id.	id.	46	
						Rides pour sous-barbes de mât de beaupré......	id.	id.	38	
Mouv. du port	Garniture.	Garniture.	Garniture.	110 bis ou 106	1 à 8	pour galhaubans de grand mât de hune........	R.	id.	48	
id.						de mât de perroquet........	R.	id.	48	
Const. navales	Forges.	Forges.	Forges.	95	57 et 58	métalliques, à vis pour haubans de cheminée....	A.	M⁰ mécanicien	198	
id.	id.	id.	id.	95		pour étais de bas mâts............	A.	M⁰⁰ manœuvre	84	
id.	id.	id.	id.	95		**Ridoirs** pour étais de mâts de hune........	R.	id.	84	
id.	id.	id.	id.	95		en fer, pour étais de mâts de hune........	A.	id.	84	
id.	id.	id.	id.	95		à vis. pour faux étais de mât de hune........	R.	id.	84	
id.	id.	id.	id.	95		pour haubans de beaupré........	A.	id.	84	
id.	id.	id.	id.	95		pour haubans de minot........	R.	id.	84	
id.	G. chaudronn.	G. chaudronn.	G. chaudronn.	134	68,69 et 70	**Ringards** pour fourneaux en fer.	A.	M⁰ mécanic.	202	
id.	P. chaudronn.	P. chaudronn.	P. chaudronn.	29	16 et 17	en approvisionnement.	A.	Magasinier.	332	
id.	G. chaudronn.	G. chaudronn.	G. chaudronn.	29	16 et 17	cuivre. de chaudières.	A.	id.	330	
id.	Tôlerie.	Tôlerie.	Tôlerie.	30	42 à 45	approvisionnement.	A.	id.	332	
id.	G. chaudronn.	G. chaudronn.	G. chaudronn.	30	42 et 43	**Rivets** de chaudières.	A.	id.	330	
id.	id.	id.	id.	30	42 et 43	de cheminées.	A.	id.	330	
id.	id.	id.	id.	30	42 et 43	de roues.	A.	id.	330	
id.	Tôlerie.	Tôlerie.	Tôlerie.	30	42 à 45	en fer. de seaux à escarbilles.	A.	id.	350	
id.	G. chaudronn.	G. chaudronn.	G. chaudronn.	30	42 et 43	de soutes.	A.	id.	350	
id.	id.	id.	id.	30	42 et 43	pour réparations de bâtiments en fer.	A.	id.	332	
id.	id.	id.	id.	30	42 et 43	pour réparations des canots en fer....	A.	id.	332	
id.	Tonnellerie.	Tonnellerie.	Forges.	30	45	pour tonnellerie.	A.	id.	302	
Const. navales	Forges.	Forges.	Forges.	62	333	**Rivoirs** pour embarcations à clin......	A.	M⁰ charpent.	260	
Subsistances	Dst., cuis., etc.	Salle de dépôt	Dst. des subsist.	21	27	pour tonneliers........	A.	C⁰ aux vivres.	325	
Const. navales	Machines.	Machines.	Machines.	104 et 133	Divers.	de prise d'eau de l'avant, de l'arrière et de la grande cale...	A.C.	M⁰ calfat.	281	
id.	id.	id.	id.	133	405	jaugeurs...	C.R.	M⁰ mécanic.	212	
id.	id.	id.	id.	104	663	du commandant, des officiers et de **Robinets** l'hôpital....	A.C.	M⁰ calfat.	280	
id.	id.	id.	id.	104	663	pour bouteilles. des aspirants et des maîtres...	A.C.	id.	280	
id.	id.	id.	id.	104	663	en pour les latrines de l'équipage...	A.C.	id.	281	
id.	Tonnellerie.	Tonnellerie.	P. chaudronn.	104	669	bronze. pour fontaines d'applique pour les cuisines...	A.	M⁰ de manœuvre	92	
id.	id.	id.	id.	104	670	pour futailles....	A.	id.	90	
id.	Machines.	Machines.	Machines.	104	671	pour manches à vin....	A.	Commissaire vér.	222	
id.	id.	id.	id.	104 et 133	Divers.	pour tuyaux divers....	A.	M⁰ calfat.	281	
id.	Forges.	Forges.	Forges.	104	56	pour tape-cul..........	A.	M⁰ de manœuvre	110	
id.	id.	id.	id.	104	56	**Rocambeaux** en fer d'embarcations pour grande voile....	A.	id.	110	
id.	id.	id.	id.	104	56	pour misaine....	A.	id.	110	

Légende des LETTRES de classement : R.A. Entrée ou armement. — A. Armement. — R. Rechange. — C.R. Complément de rechange. — A.C. Accessoires de rechange. — A.T. Objets attenant à la cargue des embarcations. — Objets à délivrer pour les passagers.

DÉSIGNATION du service où s'opèrent les délivrances, la mise en place, le démontage, les remises et les réparations.	LOCALITÉS OÙ S'OPÈRENT — la mise en place ou les délivrances. (Section de magasin ou atelier.)	les démontages ou les remises. (Atelier.)	les réparations. (Atelier.)	NUMÉROS D'ORDRE — par unité collective.	par unité simple.	NOMENCLATURE DES MATIÈRES ET OBJETS.	LETTRES de classement.	ARTICLE du maître ou de l'officier comptable auquel l'objet se rapporte.	PAGE du règlement d'armement.	ALLOCATIONS réglementaires pour 1 Mois.
Mouv. du port	Garniture.	Garniture.	Const. navales Forges.	104	276	**Rocambeaux** en fer pour focs de bâtiments..........	A	Mᵉ de manœuvre	84	
id.	id.	id.	id.	104	276		H.	id.	84	
Hôpitaux.	Magasin.	Salle de dépôt.	Dét. des hôpit.	3	56	**Rochets** en batiste..........	A.	Aumônier.	367	
id.	id.	id.	id.	3	57	en toile..........	A.	id.	367	
Major. génér.	Cartes et arch.	Cartes et arch.	»	36	16	**Rôle** de répartition d'équipage — de l'état-major..........		Offic. command.	410	
id.	id.	id.	»	36	16	nominatif de l'équipage..........	A.	Offic. comm.	410	
id.	id.	id.	»	36	16			Ch.-d'ét.-m. gén.	413	
id.	id.	id.	»	36	16	de combat..........		Offic. comm.	410	
id.	id.	id.	»	36	16			Ch.-d'ét.-m. gén.	413	
Commissariat.	Dét. des arm.	Dét. des arm.	»	382	52	d'équipage pour le bord..........	A.	Offic. comm.	410	
id.	id.	id.	»	521	261			Offic. d'admin.	376	
id.	id.	id.	»	353	53	de rations.......... / pour annexes et marins passagers..........	A.	id.	380 / 376	
Const. navales	Machines.	Machines.	Machines.	60	107 à 117	**Romaines** ordinaires..........	A.	Mᵉ mécanicien	196	
Subsistances.	Ustensiles, etc.	Salle de dépôt.	Dét. des subs.	20	84			Com. aux viv.	224	
Const. navales	Machines.	Machines.	Machines.	60	118 à 120	avec plateau..........	A.	Mᵉ mécanicien	196	
Subsistances.	Ustensil., etc.	Salle de dépôt.	Dét. des subs.	20	85*			Com. aux viv.	224	
Const. navales	G. chaudronn.	G. chaudronn.	G. chaudronn.	104	496	assorties, en fer, pour abalages..........	A.	Mᵉ mécanic.	202	
id.	P. chaudronn.	P. chaudronn.	»	53	121^1	**Rondelles** en caoutchouc, pour lampes modérateurs, 1ʳᵉ grandeur..........	A.	Magasinier.	346	
id.	id.	id.	»	53	121^2	2ᵉ grandeur..........	A.	id.	346	
id.	id.	id.	»	53	121^3	3ᵉ grandeur..........	A.	id.	346	
Artillerie.	Ferrures.	Atel. à fer.	Atelier à fer.	160	541	en fer de pivot, etc., pour affûts de caronades..........	R.	Mᵉ canonnier.	126	
id.	Poudr. et artific.	Artifices.	»	174	71	en feutre, pour fermeture des caisses à poudre..........	R.	Magasinier.	340	
Const. navales	Perçage.	Perçage.	Perçage.	133	348	**Rosaces** à jour, grilles en fonte de fer, pour trous d'hommes..........	A.C.	Mᵉ charpent.	230	
id.	id.	id.	id.	104	678	en cuivre, de garnitures, pour le démontage des pièces de la machine..........	A.C.	id.	234	
id.	id.	id.	id.	104	676	pour garniture des soutes aux poudres..........	A.C.	id.	236	
id.	id.	id.	id.	104	677	pour verres lenticulaires..........	A.C.	id.	234	
Artillerie.	Armurerie.	Armurerie.	»	167	272	**Rosettes** pour fusils, de rempart et carabines..........	R.	Mᵉ armurier.	306	
id.	id.	id.	»	167	272	de marine..........	R.	id.	306	
id.	id.	id.	»	167	273	pour mousquetons de gendarmerie et de marine..........	R.	id.	306	
id.	id.	id.	»	167	274^1	pour pistolets-revolvers, de têtes de vis..........	R.	id.	306	
id.	id.	id.	»	167	274^2	de bouts taraudés..........	R.	id.	306	
id.	id.	id.	»	167	275	supports d'oreilles, pour fusils et carabines..........	R.	id.	306	
id.	id.	id.	»	167	278	pour mousquetons..........	R.	id.	306	
id.	id.	id.	»	167	275	pour pistolets..........	R.	id.	306	
Const. navales	G. chaudronn. Tôlerie.	G. chaudronn. Tôlerie.	G. chaudronn.	134	69	**Rouables** pour fourneaux de chaudières..........	A.	Mᵉ mécanicien	202	
id.	id.	id.	»	104	287	pour fours..........	A.	Com. aux viv.	240	
Subsistances.	Ust., outils, etc.	Salle de dépôt.	Dét. de subsist.	21	28	**Rouannes** pour tonneliers..........	A.	id.	335	
Const. navales	Forges.	Forges.	Forges.	30	47 et 48	**Rouelles** ou viroles, en fer, assorties..........		Magasinier.	354	
id.	G. œuvres.	G. œuvres.	G. œuvres.	87	52 à 55	de gouvernail, en bois..........		Mᵉ charpentier	254	
id.	id.	id.	id.	87	52 à 55			id.	254	
Artillerie.	Affûts.	Atel. à bois.	Atel. à bois.	162	226 à 232	**Roues** ou roulettes ferrées d'affûts marins..........	R.	Mᵉ canonnier.	120	

DÉSIGNATION du service où s'opèrent les délivrances, la mise en place, le démontage, les remises et les réparations.	LOCALITÉS OU S'OPÈRENT			NUMÉROS de la NOMENCLATURE		NOMENCLATURE DES MATIÈRES ET OBJETS.	LETTRES de classement.	ARTICLE Dr MATIÈRE ou de l'officier COMPTABLE auquel l'objet se rapporte.	PAGE du RÈGLEMENT d'armement.	ALLOCATIONS RÉGLEMENTAIRES pour l	
	la mise en place ou les délivrances.	les démontages ou les remises.	les réparations.	par unité collective.	par unité simple.						Mois.
	Section de magasin ou atelier.	Atelier.	Atelier.								
Const. navales	Poulierie.	Poulierie.	Poulierie.	104	161 et 157	en bronze pour arcs-boutants d'embarcations.........	R.	M^tcharpentier	260		
id.	id.	id.	id.	104	161 et 157	avec es-sieux en fer pour poulies { de poupe.....	A.C.	id.	230		
id.	id.	id.	id.	104	161 et 157	pour capots...........	A.C.	id.	229		
id.	id.	id.	id.	104	161 et 157	dans les bossoirs pour bosse-debout.....	A.C.	id.	222		
id.	id.	id.	id.	104	161 et 157	et arcs-boutants pour traversières......	A.C.	id.	222		
id.	id.	id.	id.	104	161 et 157	pour ancres à jet......	A.C.	id.	222		
id.	id.	id.	id.	87 et 104	99 et 157	dans les bittons en bois pour manœuvre du mât d'artimon.....	A.C.	id.	218		
id.	id.	id.	id.	87 et 104	99 et 157	dans les gaillards, pour écoute de grande voile.....	A.C.	id.	218		
id.	id.	id.	id.	87 et 104	99 et 157	dans les bittons en bois, pour manœuvres diverses à l'arrière du grand mât.....	A.C.	id.	218		
id.	id.	id.	id.	87 et 104	99 et 157	aux côtés du grand mât.....	A.C.	id.	218		
id.	id.	id.	id.	87 et 104	99 et 157	sur les gaillards, pour écoutes de misaine......	A.C.	id.	220		
id.	id.	id.	id.	87 et 104	99 et 157	dans les bittons en bois, pour manœuvres diverses aux côtés du mât de misaine.....	A.C.	id.	220		
id.	id.	id.	id.	87 et 104	99 et 157	dans les bittons en bois, pour écoutes de hunier d'artimon	A.C.	id.	222		
id.	id.	id.	id.	87 et 104	99 et 157	aux cornières, pour grands bras et amures de bonnettes.....	A.C.	id.	224		
id.	id.	id.	id.	87 et 104	99 et 157	dans les bittons en bois, pour écoutes du grand hunier.....	A.C.	id.	224		
id.	id.	id.	id.	87 et 104	99 et 157	sur les passe-avant ou à l'arrière des tambours, pour faux-bras de misaine et amures de bonnettes...	A.C.	id.	224		
id.	id.	id.	id.	87 et 104	99 et 157	dans les bittons en bois, pour écoutes du petit hunier	A.C.	id.	224		
id.	id.	id.	id.	87 et 104	99 et 157	dans la sainte-barbe, pour retours de drosses.....	A.C.	id.	226		
id.	id.	id.	id.	87 et 104	99 et 157	dans la sainte-barbe, avec supports pour conduits de drosses.....	A.C.	id.	226		
id.	id.	id.	id.	87 et 104	99 et 157	au couronnement, pour halage.....	A.C.	id.	226		
id.	id.	id.	id.	87 et 104	99 et 157	sur les herpes de poulaine, pour halage.....	A.C.	id.	228		
id.	id.	id.	id.	87 et 104	80 et 157	dans la muraille de l'avant, pour garants de capon et de traversière.....	A.C.	id.	228		
id.	id.	id.	id.	87 et 104	99 et 157	dans le massif en bois, sur la lisse supérieure de la muraille de l'avant.....	A.C.	id.	228		
id.	id.	id.	id.	87 et 104	99 et 157	dans les chaumards de remorque.....	A.C.	id.	228		
id.	id.	id.	id.	87 et 104	99 et 157	dans les bossoirs et arcs-boutants de poupe.....	A.C.	id.	230		
id.	id.	id.	id.	37 et 104	99 et 157	pour écoute, sur le gui du brigantine.....	R.	id.	242		
id.	id.	id.	id.	87 et 104	99 et 157	pour guindresse et pour amure, sur le mât de grand foc...	R.	id.	242		
id.	id.	id.	id.	87 et 104	99 et 157	pour drailis de clin-foc sur la flèche de grand foc ou le bout-dehors de clin-foc.....	R.	id.	242		
id.	id.	id.	id.	87 et 104	99 et 157	pour guindresse, sur le bout-dehors de clin-foc.....	R.	id.	242		
id.	id.	id.	id.	87 et 104	99 et 157	pour drosses, sur les plongis du bas mât.....	R.	id.	244		
id.	id.	id.	id.	87 et 104	99 et 157	pour écoute, sur la vergue barrée.....	R.	id.	244		
id.	id.	id.	id.	87 et 104	99 et 157	pour écoute, sur la vergue de hunier d'artimon.....	R.	id.	244		
id.	id.	id.	id.	87 et 104	99 et 157	pour palanquin, sur la vergue de hunier d'artimon.....	R.	id.	244		
id.	id.	id.	id.	87 et 104	99 et 157	pour écoute, sur la vergue de perroquet d'artimon.	R.	id.	244	19	

Rouets.

de gaîne à dé de bronze avec essieux en fer pour p poulies

DÉSIGNATION du service où s'opèrent les délivrances, la mise en place, le démontage, les remises et les réparations.	LOCALITÉS OÙ S'OPÈRENT			NUMÉROS D'ORDRE de la NOMENCLATURE		NOMENCLATURE DES MATIÈRES ET OBJETS.	LETTRES de classement...	ARTICLE du MAÎTRE ou de l'OFFICIER COMPTABLE auquel l'objet se rapporte	PAGE du RÈGLEMENT d'armement	ALLOCATIONS RÉGLEMENTAIRES pour l... Mois
	la mise en place ou les délivrances. Section de magasin ou atelier	les démontages ou les remises. Atelier	les réparations. Atelier	par unité collective.	par unité simple.					
Const. navales	Poulierie.	Poulierie.	Poulierie.	87 et 104	99 et 157	*Rouets* de guise à dé de bronze, avec essieux en fer pour poulies { pour guinderesse, sur le mât de perroquet d'artimon ou sur le mât de flèche en cul.	R.	Mᵉ charpentⁱ.	244	
Id.	id.	id.	id.	87 et 104	99 et 157	pour drisse de perroquet sur le mât de perroquet d'artimon.	R.	id.	244	
Id.	id.	id.	id.	87 et 104	99 et 157	pour drisse de cacatois, sur le mât de perroquet d'artimon.	R.	id.	246	
Id.	id.	id.	id.	87 et 104	99 et 157	pour cargue-fond de hunier sur les barres de perroquet d'artimon.	R.	id.	246	
Id.	»	id.	id.	87 et 104	99 et 157	pour drosses, sur les élongis du bas mât (grand).	R.	id.	248	
Id.	»	id.	id.	87 et 104	99 et 157	pour guinderesse, sur le mât de grand perroquet.	R.	id.	248	
Id.	»	id.	id.	87 et 104	99 et 157	pour drisse de perroquet (grand).	R.	id.	248	
Id.	»	id.	id.	87 et 104	99 et 157	pour drisse de cacatois (grand).	R.	id.	248	
Id.	»	id.	id.	87 et 104	99 et 157	pour écoute sur la grande vergue.	R.	id.	248	
Id.	»	id.	id.	87 et 104	99 et 157	pour palanquin sur la grande vergue.	R.	id.	248	
Id.	»	id.	id.	87 et 104	99 et 157	pour cargue-fond de hunier, sur les barres de grand perroquet.	R.	id.	248	
Id.	»	id.	id.	87 et 104	99 et 157	pour drosses sur les élongis du bas mât de misaine.	R.	id.	252	
Id.	»	id.	id.	87 et 104	99 et 157	pour écoute sur la vergue de misaine.	R.	id.	252	
Id.	»	id.	id.	87 et 104	99 et 157	pour palanquin sur la vergue de misaine.	R.	id.	252	
Id.	»	id.	id.	87 et 104	99 et 157	pour écoute sur la vergue de petit hunier.	R.	id.	252	
Id.	»	id.	id.	87 et 104	99 et 157	pour palanquin sur la vergue de petit hunier.	R.	id.	252	
Id.	»	id.	id.	87 et 104	99 et 157	pour écoute sur la vergue de petit perroquet.	R.	id.	252	
Id.	»	id.	id.	87 et 104	99 et 157	pour arcs-boutants d'embarcations.	R.	id.	262	
Const. navales	Perçage.	Perçage.	Forgeage.	104	510 et 527	*Rouleaux* { en bois à l'étrave et à l'étambot, pour embarcations.	A.T.	Mᵉ de manœuvre	100	
Id.	id.	id.	id.	104	527	de fonte { avec axes ou tourillons en fer auprès des grandes pompes pour les garantir.	A.C.	Mᵉ charpentier	228	
						{ pour manœuvre des câbles-chaînes.	A.C.	id.	228	
Artillerie.	Affûts.	Atel. à bois.	Atel. à bois.	102	226 à 232	*Roulettes* { en roues ferrées d'affûts marins.	R.	Mᵉ canonnier.	120	
Id.	Armurerie.	Armurerie.	»	167	203¹	pour pistolets-revolvers.	R.	Mᵉ armurier.	308	
Major. généʳ.	Observatoire.	Observatoire.	»	3	29	*Ruban* divisé de 20 mètres (double décamètre).	A.	Offic. comm.	411	

S

DÉSIGNATION du service	LOCALITÉS OÙ S'OPÈRENT			NUMÉROS D'ORDRE		NOMENCLATURE DES MATIÈRES ET OBJETS.		ARTICLE	PAGE	ALLOCATIONS
Mouv. du port	Garniture.	Garniture.	Garniture.	106	9 à 14	*Sabaye* en cordage goudronné, 2ᵉ brin.	A.	Mᵉ de manœuvre	106	
Const. navales	Peinture.	Peinture.	»	52	44	*Sable* ordinaire.	A.	Magasinier.	338	
Id.	Machines.	Machines.	Machines.	128	42	*Sabliers* { de demi-heure.	A.	Mᵉ du timon.	162	
Id.	id.	id.	id.	128	43	de demi-minute.	A.	id.	162	
Id.	id.	id.	id.	128	43	de quart de minute.	A.	Mᵉ mécanicien.	193	
Id.	id.	id.	id.	128	44	de quart de minute.	A.	Mᵉ de timon.	162	
Id.	Menuiserie.	Menuiserie.	Menuiserie.	87	725	*Sabots* en bois tourné, pour accorage de meubles.	A.	id.	184	
Artillerie.	Armurerie.	Armurerie.	Armurerie.	166	9 et 10	*Sabres* { d'abordage.	A.	Capit. d'armes	152	
Id.	id.	id.	id.	166	5 et 6	d'infanterie, mod. 1816, avec fourreaux, etc.	A.	id.	152	

DÉSIGNATION du service où s'opèrent les délivrances, la mise en place, le démontage, les remises et les réparations.	LOCALITÉS OÙ S'OPÈRENT			NUMÉROS D'ORDRE de la NOMENCLATURE		NOMENCLATURE DES MATIÈRES ET OBJETS.	LETTRES de classement.	ARTICLE DU MAÎTRE ou DE L'INSPECTEUR COMPTABLE auquel l'objet se rapporte.	PAGE du RÈGLEMENT d'armement.	ALLOCATIONS RÉGLEMENTAIRES pour 1 1 Mois.
	la mise en place ou les délivrances.	les démontages ou les remises.	les réparations.	par unité collective.	par unité simple.					
	Section de magasin ou atelier.	Atelier.	Atelier.							
Artillerie.	Armurerie.	Armurerie.	»	166	17	**Sabres-baïonnettes** { modèle 1842... { pour fusils de rempart.....	R.	Mr armurier.	306	
id.	id.	id.	»	166	17	{ pour carabines.........	R.	id.	306	
id.	id.	id.	»	166	18	{ modèle 1840, pour fusils de rempart......	R.	id.	306	
id.	Poudr. et artill.	Artifices.	Artifices.	155	79³	**Sachets** { remplis de poudre de guerre pour canons de 4 rayés, etc., pour combat et exercice.....	A.	Mr canonnier.	134 et 138	
id.	id.	id.	id.	155	91³	en serge.... { remplis de poudre de qualité inférieure. pour canons de 4 rayés de montagne, pour exercice à poudre.....	A.	id.	134 et 138	
id.	id.	id.	id.	138	172³	{ vides, pour canons de 4 rayés de montagne........	R.	id.	136 et 138	
id.	Objets d'armem. et d'assortim. et accessoires.	Armurerie.	Armurerie.	143	69¹	{ à charge. mod. 1839, pour canons de 4 rayés de montagne.....	A.	id.	134 et 138	
id.	id.	id.	id.	143	69¹	{ à charge. mod. 1839, pour canons de 4 rayés de montagne.....	R.	id.	136	
id.	id.	id.	id.	143	70	en cuir. { à étoupilles, { pour canons, canons-obusiers, etc.	A.	id.	118	
id.	id.	id.	id.	143	70	mod. de la marine { pour caronades..	R.	id.	122	
id.	id.	id.	id.	143	70	{ pour obusiers de 15 c. (service des embarcations).	R.	id.	124	
id.	id.	id.	id.	143	70		R.	id.	128	
id.	id.	id.	id.	143	70	{ à étoupilles, de la guerre, mod. 1829, pour canons	A.	id.	132	
id.	id.	id.	id.	143	71⁶	de 4 rayés de montagne (service des embarcations).	A.	id.	134	
Mouv. du port	Voilerie	Voilerie.	Voilerie.	122	184	**Sacs** { à charbon......	A.	Mr mécanicien.	209	
Artillerie.	Objets d'armem. et d'assortim. et accessoires.	Garniture.	Garniture.	147	80	{ dits de fourbissage.....	A.	Mr canonnier.	140	
id.	id.	id.	id.	147	80	{ grands, pour contenir les sacs du fourbissage.....	A.	id.	140	
id.	id.	id.	id.	139	94	{ pour contenir les grenades.....	A.	Cap. d'armes.	156	
Hôpitaux.	Pharmacie.	Salle de dépôt.	»	31	20	{ pour le service de l'hôpital.......	A.	Chirurgien.	308	
Mouv. du port	Pavillonnerie.	Pavillonnerie.	Pavillonnerie.	122	185	en toile. { pour pavillons, flammes, guidons, tapis, etc....	A.	Mr de manœuvre Mr de timon.	408 168, 170 et 172	
Subsistances.	L'al., outils, etc.	Salle de dépôt.	Dét. des subsist.	22	38	{ rondelette........	A.	Commis aux vivr.	324	
						Saisines des embarcations.	Gréement.	Mr de manœuvre	46	
						Sangles { pour canots-tambours.......	id.	id.	40	
						{ pour canots et baleinières.....	id.	id.	46	
						unies. { pour haubans et galhaubans.....	id.	id.	40	
						{ pour barres.....	id.	id.	46	
Hôpitaux.	Pharmacie.	Salle de dépôt.	»	40	»	**Sangsues**........	A.	Chirurgien.	396	
Const. navales	Peinture.	Peinture.	»	53	69	**Sanguine** en pierre.....	A.	Magasinier.	384	
						Sauvegardes { grandes......	Gréement.	Mr de manœuvre.	46	
Const. navales	Machines.	Machines.	»	42	17	de gouvernail.... { petites, ou étriers...	id.	id.	46	
id.	id.	id.	»	42	17	{ blanc, pour la barbe.....	E.A.	id.	8	
id.	id.	id.	»	42	21	**Savon**. { marbré.....	A.	Magasinier.	338	
Hôpitaux.	Magasin.	Salle de dépôt	»	85	4		A.	id.	346 et 350	
Const. navales	Machines.	Machines.	»	42	22	{ mou (savon noir pour roues dentées).....	A.	Chirurgien.	390	
								Magasinier.	350	19.

DÉSIGNATION de service où s'opèrent les délivrances, la mise en place, le démontage, les remises et les réparations. (Section de magasin ou atelier.)	LOCALITÉS OU S'OPÈRENT la mise en place ou les délivrances. (Atelier.)	les démontages ou les remises. (Atelier.)	les réparations. (Atelier.)	NUMÉROS D'ORDRE de la NOMENCLATURE par unité collective.	par unité simple.	NOMENCLATURE DES MATIÈRES ET OBJETS.	LETTRES de classement.	ARTICLE DE MAÎTRE OU DE L'OFFICIER COMPTABLE auquel l'objet se rapporte.	PAGE du RÈGLEMENT d'armement.	ALLOCATIONS RÉGLEMENTAIRES pour) (Mois.
Const. navales	Machines.	Machines.	Machines.	Divers.	Divers.	**Scaphandre** ou appareil plongeur..........	A.	Me mécanicien	196	
Artillerie.	Armurerie.	Armurerie.	»	65	73	en bois pour la monture {lame.........	A.	Me armurier.	298	
id.	id.	id.	Armurerie.	65	74	monture.........	A.	id.	298	
Const. navales	Menuiserie.	Menuiserie.	Forges.	65	5 et 6	à chan-tourner {lame	A.	Me charpentier	260	
id.	id.	id.	id.	65	5 et 6		R.	id.	260	
Subsistances.	Est., outils, etc.	Salle de dépôt	Dét. des subs.	21	29		A.	Com. aux viv.	328	
Const. navales	Menuiserie.	Menuiserie.	Menuiserie.	65	7	monture	A.	Me charpent'.	260	
Subsistances.	Est., outils, etc.	Salle de dépôt	Dét. des subs.	21	30 et 32		A.	Com. aux viv.	328	
id.	id.	id.	id.	21	31	à débiter {lame	A.	id.	328	
id.	id.	id.	id.	21	30 et 32	monture	A.	id.	328	
Const. navales	Forges.	Forges.	Forges.	65	32	à main, à poignée {dites passe-partout.......	A.	Me charpent.	260	
id.	id.	id.	id.	65	33 à 36	de bois percée {ordinaires	A.	Me mécanicien	206	
id.	id.	id.	id.	65	33 à 36		A.	Me charpentier	260	
id.	id.	id.	id.	65	43 et 44	**Scies** {lame	A.	Me mécanicien	206	
id.	id.	id.	id.	65	45 et 46	ordinaires. {monture	A.	id.	206	
Artillerie.	Armurerie.	Armurerie.	Armurerie.	65	41	à métaux pour fendre la tête des vis. {lame	A.	Me armurier.	298	
id.	id.	id.	id.	65	42	monture	A.	id.	298	
Const. navales	Menuiserie.	Menuiserie.	Forges.	65	8 à 10	à refendre {lame	A.	Me charpent.	260	
id.	id.	id.	Menuiserie.	65	11 et 12	monture	A.	id.	260	
id.	id.	id.	Forges.	65	63 à 70	à tenon {lame	R.	id.	260	
id.	id.	id.	Menuiserie.	65	71 et 72	monture	A.	id.	260	
Subsistances.	Est., outils, etc.	Salle de dépôt	Dét. des subs.	21	42	de bouchers	A.	Com. aux viv.	320	
Const. navales	Menuiserie.	Menuiserie.	Forges.	65	50 à 53	de long, ordin*** {lame	A.	Me charpent'.	260	
id.	id.	id.	Menuiserie.	65	54 à 56	monture	A.	id.	260	
id.	Forges.	Forges.	Forges.	65	13 à 18	dites harpons à douille, ordinaires	A.	id.	260	
id.	Tonnellerie.	Tonnellerie.	Tonnellerie.	85	80	ordinaires	E.A.	Me demanœuvre	6	
id.	id.	id.	id.	85	80	en bois. {pour pompes ou cannes à pompes	A.	id.	92 et 110	
id.	id.	id.	id.	85	29 à 31		A.	Me calfat	296	
id.	Tôlerie.	Tôlerie.	Tôlerie.	99	116	{à escarbilles	A.	Me mécanic.	198	
id.	id.	id.	id.	99	116	en tôle. {à bras	A.	Me calfat	288	
id.	id.	id.	id.	99	116*	zingués	A.	Me mécanicien	202	
Mouv. du port	Voilerie.	Voilerie.	Voilerie.	102	31	{en toile	A.	Me calfat.	288	
Artillerie.	Objets d'armem. et d'assortim. et accessoires.	Atel. à fer.	Atel. à fer.	147	61	**Seaux** {à incendie	A.	Me canonnier.	142	
id.	id.	id.	id.	147	61	en tôle	R.	id.	142	
Mouv. du port	Voilerie.	Voilerie.	Voilerie.	122	190	pour le lavage {grands	A.	Me voilier.	272	
id.	id.	id.	id.	122	191	petits	A.	id.	272	
Const. navales	Menuiserie.	Menuiserie.	Menuiserie.	124	10 et 11	**Secrétaires** en acajou	A.	Me de timon.	184	
id.	Machines.	Machines.	Machines.	133	315	**Secteurs** en fonte de fer, ou cercles pour garnitures des pistons de cylindres.	R.	Me mécanicien	210	
Mouv. du port	Garniture.	Garniture.	Garniture.	112	3, 4, 5 et 8	**Seine** complétement garnie..........	A.	Me de manœuvre	92	

NOMENCLATURE DES MATIÈRES ET OBJETS.

DÉSIGNATION du service	LOCALITÉS OÙ S'OPÈRENT la mise en place ou les délivrances.	les démontages ou les remises.	les réparations.	NUMÉROS D'ORDRE par unité collective.	par unité simple.	NOMENCLATURE DES MATIÈRES ET OBJETS.	LETTRES de classement.	ARTICLE du maître ou de l'officier comptable.	PAGE du RÈGLEMENT.	ALLOCATIONS
Const. navales	P. chaudronn.	P. chaudronn.	»	43	77 et 78	**Sel** ammoniac, ou chlorhydrate ammonique.........	A.	Magasinier.	380	
Hôpitaux.	Pharmacie.	Salle de dépôt.	»	25	27	**Semences** de lin, entières...............	A.	Chirurgien.	306	
id.	id.	id.	»	25	32	d'orge, entières..	A.	id.	306	
id.	id.	id.	»	25	33	d'orge, mondées.	A.	id.	306	
Const. navales	Menuiserie.	Menuiserie.	Menuiserie.	62	339 à 342	**Sergents** ou serre-joints en bois pour menuisiers.........	A.	Mr charpent.	260	
id.	Forges.	Forges.	Forges.	65	216 à 219	de chiffres ou poinçons.	A.	Mr mécanicien	202	
id.	id.	id.	id.	65	216 à 223		A.	Magasinier.	328	
Mouv. du port	Pavillonnerie.	Pavillonnerie.	Pavillonnerie.	123	Divers.	de flammes et pavillons. { français	A.	Mr de timon.	168	
id.	id.	id.	id.	123	Divers.	{ étrangers.	A.	id.	168	
id.	id.	id.	id.	124	57 à 61	de marques distinctives de commandement. { pour vice-amiraux.	A.	id.	165	
id.	id.	id.	id.	123	58 à 62	{ pour contre-amiraux.	A.	id.	165	
id.	id.	id.	id.	123	32 à 36	{ pour capitaines de vaisseau, etc.	A.	id.	168	
id.	id.	id.	id.	123	Divers.	**Séries** de marques de commandements accidentels pour capitaines de vaisseau, etc.	A.	id.	170	
id.	id.	id.	id.	123	Divers.	de pavillons de pilote, de quarantaine et guidons de nuit...	A.	id.	172	
id.	id.	id.	id.	123	Divers.	de signaux { d'armée, de jour { grandes.	A.	id.	170	
id.	id.	id.	id.	123	Divers.	{ petites.	A.	id.	170	
id.	id.	id.	id.	123	Divers.	télégraphiques { pour bâtiments.	A.	id.	170	
id.	id.	id.	id.	123	Divers.	{ pour embarcations.	A.	id.	170	
id.	id.	id.	id.	123	30 et 139	de la langue télégraphique universelle.	A.	id.	172	
Hôpitaux.	Pharmacie.	Salle de dépôt.	Déf. des hôpit.	50	322	à clystères, en étain, dans une boîte.	A.	Chirurgien.	300	
id.	id.	id.	»	50	333	à injections { en étain.	A.	id.	302	
id.	id.	id.	»	50	334	{ en verre, avec étui.	A.	id.	302	
id.	id.	id.	»	50	328	**Seringues** à pansement, en étain, dans une boîte.	A.	id.	302	
Const. navales	P. chaudronn.	P. chaudronn.	P. chaudronn.	134	58	en cuivre, pour graisser les articulations de la machine.	A.	Mr mécanic.	202	
Mouv. du port	Garniture.	Garniture.	Garniture.	110 bis ou 109	1 à 8	(manœuvre).	B.	Mr de manœuvre	48	
						Serre-bosses d'ancres de bossoir.	Gréement.	id.	42	
						d'ancres à jet.	id.	id.	42	
Const. navales	Menuiserie.	Menuiserie.	Menuiserie.	62	339 à 342	**Serre-joints** ou sergents en bois, pour menuisiers.	A.	Mr charpent.	260	
id.	Serrurerie.	Serrurerie.	Serrurerie.	32	1 à 3	à auberonnière { à entailler.	A.C.	Mr mécanicien	192	
id.	id.	id.	id.	32	4 et 5	{ encloisonnées.	A.C.	id.	192	
id.	id.	id.	id.	32	20 et 21	à moraillon.	A.C.	id.	192	
id.	id.	id.	id.	32	7 et 8	en fer { à pêne dormant { pour armoires et tiroirs { à entailler.	A.C.	id.	192	
id.	id.	id.	id.	32	9 à 12	{ encloisonnées.	A.C.	id.	192	
id.	id.	id.	id.	32	13 à 15	{ pour portes { pour portes.	A.C.	id.	192	
id.	id.	id.	id.	32	16 et 17	{ et bec de cane ou demi-tour.	A.C.	id.	192	
id.	id.	id.	id.	32	22	**Serrures** à espagnolettes.	A.C.	id.	193	
id.	id.	id.	id.	32	18 et 19	à bec de cane, dites becs de cane.	A.C.	id.	193	
id.	id.	id.	id.	32	24	en cuivre { à auberonnière, à entailler.	A.C.	id.	193	
id.	id.	id.	id.	32	26 à 29	{ à pêne dormant { pour armoires et tiroirs { à entailler.	A.C.	id.	193	
id.	id.	id.	id.	32	30 à 32	{ encloisonnées.	A.C.	id.	193	

DÉSIGNATION du service où s'opèrent les délivrances la mise en place, le démontage, les remises et les réparations.	LOCALITÉS OÙ S'OPÈRENT			NUMÉROS D'ORDRE de la NOMENCLATURE		NOMENCLATURE DES MATIÈRES ET OBJETS.	LETTRES de classement. D. E. Entrée en armement. A. Armement. R. Rechange. C. S. Complément de rechange. A. C. Accessoires de confection. A.T. Objets attenant à la soute des embarcations. O. Objets à délivrer pour les passagers.	ARTICLE DU MAÎTRE ou de L'OFFICIER COMPTABLE auquel l'objet se rapporte.	PAGE du RÈGLEMENT d'armement.	ALLOCATIONS RÉGLEMENTAIRES pour 1 Mois.
	la mise en place ou les délivrances. Section de magasin ou atelier.	les démontages ou les remises. Atelier.	les réparations. Atelier.	par unité collective.	par unité simple.					
Const. navales	Serrurerie.	Serrurerie.	Serrurerie.	32	33 et 34	à pêne dormant et bec de cane ou demi-tour.........	A.C.	Mᵉ mécanicien	193	
id.	id.	id.	id.	32	37	de sûreté..............................	A.C.	id.	193	
id.	id.	id.	id.	32	38	de secrétaires........................	A.C.	id.	193	
id.	id.	id.	id.	32	35 et 36	Serrures à bec de cane, dites becs de cane.	A.C.	id.	193	
id.	id.	id.	id.	32	40	en cuivre. anciei- pour portes des soutes aux poudres...	A.C.	id.	193	
id.	id.	id.	id.	32	41	sonnées. pour armoires de soutes aux poudres.....	A.C.	id.	193	
id.	id.	id.	id.	32	42	à entailler, pour panneaux de soutes aux poudres..	A.C.	id.	193	
id.	id.	id.	id.	32	43	à moraillon, pour caissons des soutes aux poudres..	A.C.	id.	193	
id.	Menuiserie.	Menuiserie.	Menuiserie.	124	165 et 166	Servantes en acajou......................	A.	Mᵉ de timon.	184	
id.	id.	id.	id.	124	167 et 168	ou ménagères. en noyer.....................	A.	id.	184	
id.	id.	id.	id.	87	245	ou fauteuils en bois pour les blessés...........	A.	Mᵉ charpent.	254	
id.	id.	id.	id.	87	648	Siéges pour bou- en bois blanc....	A.C.	Mᵉ calfat.	28 '	
id.	id.	id.	id.	87	647	teilles. en chêne....	A.C.	id.	280	
id.	Machines.	Machines.	Machines.	130	9	Sifflets d'appel en bois, pour appareils acoustiques.	A.C.	Mᵉ mécanic.	190	
Major. génér.	Cartes et arch.	Cartes et arch.	id.	133	115	en bronze, à vapeur ou d'alarme........	A.	Offic. command	302	
id.	id.	id.	id.	14	8	Signaux et dictionnaires télégraphiques à l'usage des armées navales....	A.	Ch. d'ét.-m. gén.	411	
Commissariat	Dét. des arm.	Dét. des arm.	Dét. des arm.	436	136	Signalement d'absent ou de déserteur....	A.	Offic. d'adm.	380	
Hôpitaux.	Magasin.	Salle de dépôt.	Dét. des hôp.	5	13	Signets moirés........................	A.	Aumônier.	370	
id.	Pharmacie.	id.	id.	50	334 '	Siphons en caoutchouc, pour irrigations continues...	A.	Chirurgien.	392	
Subsistances.	Ust., outils, etc.	id.	Dét. des subs.	22	19	en fer-blanc, pour transvasement........	A.	Com. aux viv.	324	
Hôpitaux.	Magasin.	id.	»	522	239	Situation des malades et des convalescents........	A.	Chirurgien.	392	
Major. génér.	Cartes et arch.	Cartes et arch.	»	624	24	des vivres et de l'eau douce à bord....	A.	Ch. d'ét.-m. gén.	415	
Commissariat	Dét. des arm.	Dét. des armem.	»	385	55	finan- pour officiers...............	A.	Officier d'adm.	376	
id.	id.	id.	»	396	56	Situation. cière. pour marins...............	A.	id.	376	
id.	id.	id.	»	357	57	collective...............	A.	id.	376	
Artillerie.	Objets d'armem. et d'assortim., et ustensiles.	Atel. à bois.	Atel. à bois.	147	62	Socles en bois, à patte de lion, pour espingoles....	A.	Mᵉ canonnier.	142	
Const. navales	Calfatage.	Calfatage.		53	47	Soie de sanglier et de porc pour cordonniers......	A.	Magasinier.	388	
Artillerie.	Affûts.	Atel. à bois.	Atel. à bois.	143	75,76 et 78	mobiles d'affûts pour canons, canons-obusiers, etc........	A.	Mᵉ canonnier.	116	
id.	id.	id.	id.	143	77	Soles marins. pour obusiers de 15 c....	A.	id.	132	
id.	id.	id.	id.	174	20	avec galoches, pour l'embarquement et le débarquement des bouches à feu.	A.	id.	142	
Subsistances.	Ust., out., etc.	Salle de dépôt.	Dét. des subsist.	22	17	à vin, ou éprouvettes en fer-blanc..........	A.	Com. aux viv.	324	
Const. navales	P. chaudronn.	P. chaudronn.	P. chaudronn.	100	116	Sondes dites en gomme élastique, à mandrins, etc....	A.	Magasinier.	334	
Hôpitaux.	Pharmacie.	Salle de dépôt.	Dét. des hôpit.	48	20	dites en gomme élastique, à mandrins, etc....	A.	Chirurgien.	392	
Const. navales	Forges.	Forges.	Forges.	67	422		A.	Mᵉ calfat.	288	
Artillerie.	Objets d'armem. et d'assortim. et ustensiles.	id.	Atel. à fer.	173	64	cylindriques, de rebut, pour vérifier la lumière des bouches à feu.	A.	Mᵉ canonnier.	144	
id.	id.	id.	id.	173	65	triangulaires, pour mesurer l'orifice extérieur de la lumière des bouches à feu.	A.	id.	144	

DÉSIGNATION du service où s'opèrent les délivrances, la mise en place, la démontage, les remises et les réparations.	LOCALITÉS OÙ S'OPÈRENT la mise en place ou les délivrances. (Section de magasin ou atelier.)	les démontages ou les remises. (Atelier.)	les réparations. (Atelier.)	NUMÉROS D'ORDRE par unité collective.	par unité simple.	NOMENCLATURE DES MATIÈRES ET OBJETS.	LETTRES de classement / ARTICLE DE MAÎTRE OU DE L'OFFICIER COMPTABLE auquel l'objet se rapporte.		PAGE du RÈGLEMENT d'armement.	ALLOCATIONS RÉGLEMENTAIRES pour l... Mois.
Hôpitaux.	Magasin	Salle de dépôt.	Dét. des hôpit.	2	21	**Sonnettes** { en cuivre argenté.....	A.C.	Aumônier.	366	
Const. navales	Serrurerie.	Serrurerie.	Serrurerie.	33	348	{ pour appartements, etc.	A.C.	M⁰ mécanicien	193	
id.	P. chaudronn.	P. chaudronn.	»	43	37	**Soudure.** { de cuivre { forte.	A.	Magasinier.	350 et 352	
id.	id.	id.	»	43	38	{ tendre.	A.	id.	390	
id.	id.	id.	»	43	39	{ d'étain.	A.	id.	350, 38 et 360	
id.	Serrurerie.	Serrurerie.	Serrurerie.	57	25 à 27	**Soufflets** { à main, pour chaudronniers.	A.	M⁰ mécanic.	206	
id.	id.	id.	id.	57	25 à 27	{ de bouchers.	A.	M⁰ armurier.	315	
Subsistances	Ustens. outils.	Salle de dépôt.	Dét. des subs.	21	43	{ de cuisine.	A.	C⁰ aux vivres.	320	
Const. navales	Serrurerie.	Serrurerie.	Serrurerie.	130	55	{ de forges.	A.	id.	351	
id.	Tôlerie.	Tôlerie.	Tôlerie.	57	10 à 17	{ de forges.	A.	M⁰ mécanic.	204	
id.	id.	id.	id.	57	10 à 17		A.	M⁰ armurier.	314	
Mouv. du port	Pavillonnerie.	Pavillonnerie.	Pavillonnerie.	124	241 et 242	{ pour cha- { fins.	A.	M⁰ de timon.	178	
id.	id.	id.	id.	124	243	{ mines. { ordinaires.	A.	id.	178	
Const. navales	Machines.	Machines.	»	43	46	**Soufre** { en poudre (fleur de soufre).	A.	Magasinier.	386	
Hôpitaux.	Pharmacie.	Salle de dépôt.	»	37	246	{ sublimé et lavé.	A.	Chirurgien.	396	
Const. navales	P. chaudronn.	P. chaudronn.	P. chaudronn.	104	684	**Soupapes** en cuivre, pour garnitures de hublots.	A.C.	M⁰ calfat.	280	
id.	Forges.	Forges.	Forges.	94	4 à 5	**Sous-barbes** { chaînes.	A.	M⁰ de manœuvre	84	
						{ doubles, pour mât de beaupré.	Gréement.	id.	38	
Const. navales	P. chaudronn.	P. chaudronn.	»	43	170 et 171	**Sous-borate** sodique ou borate (borax).	A.	Magasinier.	348 et 352	
Hôpitaux.	Pharmacie.	Salle de dépôt.	Dét. des hôpit.	48	8	**Sous-cuisses** pour bandages.	A.	Chirurgien.	386	
id.	Magasin	id.	id.	4	12	**Sous-nappes** d'autel, en toile.	A.	Aumônier.	367	
id.	Pharmacie.	id.	»	42	4	**Sparadrap** { de diachylum gommé.	A.	Chirurgien.	396	
id.	id.	id.	»	42	6	{ de Vigo cum mercurio.	A.	id.	396	
id.	id.	id.	»	42	2	{ de cantharidès (emplâtre vésicant).	A.	id.	396	
id.	id.	id.	»	50	339	**Spatules** { en buis.	A.	id.	392	
id.	id.	id.	Dét. des hôpit.	50	336	pharmaceutiques. { en fer.	A.	id.	392	
Const. navales	Perçage.	Perçage.	Perçage.	104	196	**Stoppeurs** en fer, à coulisse.	A.C.	M⁰ charpent.	226	
Hôpitaux.	Pharmacie.	Salle de dépôt.	»	37	244	**Strychnine**	A.	Chirurgien.	396	
id.	id.	id.	»	31	10	**Sucre** en pain (lumps).	A.	id.	300	
Const. navales	Machines.	»	»	42	23	**Suif** fondu en pains.	E.A.	M⁰ de manœuvre	338, 340,	
id.	Machines.	Machines.	»	42	23		A.	Magasinier.	350 et 358	
Hôpitaux.	Pharmacie.	Salle de dépôt.	»	37	7	**Sulfate** { aluminico-potassique (alun) { calciné.	A.	Chirurgien.	396	
id.	id.	id.	»	37	8	{ cristallisé.	A.	id.	396	
id.	id.	id.	»	37	84	{ cuivrique (de cuivre).	A.	id.	396	
id.	id.	id.	»	37	210	{ quinique (de quinine).	A.	id.	396	
id.	id.	id.	»	37	126	{ sodique (de soude).	A.	id.	396	
id.	id.	id.	»	37	238	{ zincique (de zinc).	A.	id.	396	
Const. navales	Serrurerie.	Serrurerie.	Serrurerie.	33	354	**Supports** { à vis, pour tourniquets, etc. { de fer.	A.C.	M⁰ mécanicien	193	
id.	id.	id.	id.	33	355	{ de cuivre.	A.C.	id.	193	
id.	Machines.	Machines.	Machines.	104	685	en cuivre { à embrasse, pour longues-vues, porte-voix et cartes. { divers.	A.	M⁰ de timon.	160	

DÉSIGNATION du service où s'opèrent les délivrances, la mise en place, le démontage, les remises et les réparations.	LOCALITÉS OÙ S'OPÈRENT			NUMÉROS D'ORDRE de la NOMENCLATURE		NOMENCLATURE DES MATIÈRES ET OBJETS.	LETTRES d'arrangement. — E. A. Entrée en armement. A. Armement. b. Rechange. C. b. Complément de rechange. A. C. Accessoires de coqus. A. V. Objets attenant à la coque des embarcations. c. Objets à délivrer pour les passagers.	ARTICLE DU MAÎTRE OU DE L'OFFICIER COMPTABLE auquel l'objet se rapporte.	PAGE du RÈGLEMENT d'armement.	ALLOCATIONS RÉGLEMENTAIRES pour 1 Mois.
	la mise en place les délivrances.	les démontages ou les remises.	les réparations.	par unité collective.	par unité simple.					
	Section du magasin ou atelier.	Atelier.	Atelier.							
Const. navales	Charpentage.	Charpentage.	Charpentage.	87	196	en bois. { à croissant, pour repos du gui.	A.C.	Mᵉ charpent.	230	
id.	Menuiserie.	Menuiserie.	Menuiserie.	87	652 et 653	pour fanal d'habitacle.	A.C.	id.	244	
id.	G. œuvres.	G. œuvres.	G. œuvres.	87	57 à 60	pour rune de gouvernail.	A.	id.	254	
id.	Perçage.	Perçage.	Perçage.	104	503	{ à croissant, pour arcs-boutnis forrés ou tangons	A.C.	id.	230	
id.	Machines.	Machines.	Machines.	108	199	Supports.. { en fer .. { pour bringuebale de pompe d'étrave.	A.	Mᵉ calfat.	284	
id.	id.	id.	id.	133	281	pour grilles de chaudières.	C.B.	Mᵉ mécanicien	212	
id.	Perçage.	Perçage.	Perçage.	104	501	pour pares à boulets en bois.	A.C.	Mᵉ charpent'	236	
id.	id.	id.	id.	104	503	pour poulies d'écoute de grande voile.	A.C.	id.	230	
id.	Tôlerie.	Tôlerie.	Tôlerie.	104	236	{ de bringuebale de soufflets de forge.	A.	Mᵉ mécanicien	208	
id.	id.	id.	id.	104	236	en fer .. { pour fourneaux à rouits.	A.	Mᵉ armurier.	214	
id.	Forges.	Forges.	Forges.	104	235		A.	Mᵉ mécanicien	214	
id.	Serrurerie.	Serrurerie.	Serrurerie.	33	200	ou chandeliers. { pour { en cuivre.	A.	Mᵉ charpent'.	262	
id.	id.	id.	id.	33	199	{ claires-voies.. { en fer.	A.	id.	262	
id.	Charpentage.	Charpentage.	Charpentage.	87	198	Surbaux volants en bois, pour écoutilles.	A.C.	id.	234	
id.	Menuiserie.	Menuiserie.	Menuiserie.	124	188 à 190	Surtouts.. { en acajou { pour buffets.	A.	Mᵉ de timon.	176	
id.	id.	id.	id.	124	191 et 192	{ pour commodes.	A.	id.	178	
id.	id.	id.	id.	124	197 à 199	{ pour buffets.	A.	id.	176	
id.	id.	id.	id.	124	200 et 201	en noyer. { pour commodes.	A.	id.	178	
id.	id.	id.	id.	124	200 et 201	{ peints en acajou, pour commodes.	A.	id.	178	
id.	id.	id.	id.	124	202 à 205	{ pour tables à manger.	A.	id.	186	
Artillerie.	Ferrures.	Atel. à fer.	Atel. à fer.	160	389 à 393	Susbandes en fer, avec chainettes et clavettes d'affûts marins.	R.	Mᵉ canonnier.	120	
Const. navales	P. chaudronn.	P. chaudronn.	P. chaudronn.	103	140	Suspensions { dites modérateur.	A.	Mᵉ de timon.	184	
id.	id.	id.	id.	103	138	pour lampes. { { ordinaires.	A.	Mᵉ mécanic.	408	
id.	id.	id.	id.	103	139	{ solaires. {	E.A.	Mᵉ de menuiserie	6	
id.	id.	id.	id.	103	139	{ à douille.	A.	Mᵉ canonnier.	144 ter	
id.	id.	id.	id.	103	139		A.	Mᵉ de timon.	162 et 164	
id.	id.	id.	id.	103	139		A.	Mᵉmécanic.	200	
						Suspentes { pour vergue barrée.	Gréement.	Mᵉ de manœuvre	14	
						garnies en bosne, avec { pour grande vergue.	id.	id.	22	
						cosses { pour vergue de misaine.	id.	id.	30	
»								id.	84	
Const. navales	Mâture.	Mâture.	Mâture.	94 et 104	4 à 40 et 207	Suspentes-chaînes à échappement.	A.	Mᵉ charpentier	244, 246 et 250	Pour ordre.
						T				
Const. navales	Menuiserie.	Menuiserie.	Menuiserie.	87	345 et 346	Tableaux en bois pour démonstrations.	A.	Mᵉ de timon.	166	
id.	id.	id.	id.	87	345 et 346		A.	Mᵉ mécanic.	202	
id.	id.	id.	id.	124	67	{ à déjeuner, ou guéridons en acajou.	A.	Mᵉ de timon.	186	
id.	id.	id.	id.	124	51	Tables.... { à écrire { en acajou.	A.	id.	186	
id.	id.	id.	id.	124	52	{ en noyer.	A.	id.	186	
id.	id.	id.	id.	124	54	{ à jeu, en acajou.	A.	id.	186	

DÉSIGNATION du service où s'opèrent les délivrances, la mise en place, le démontage, les remises et les réparations.	LOCALITÉS OU S'OPÈRENT la mise en place ou les délivrances. (Section de magasin ou atelier.)	les démontages ou les remises. (Atelier.)	les réparations. (Atelier.)	NUMÉROS D'ORDRE de la NOMENCLATURE par unité collective.	par unité simple.	NOMENCLATURE DES MATIÈRES ET OBJETS.	LETTRES de classement	ARTICLE DU MAÎTRE ou NᵉL'OFFICIER COMPTABLE auquel l'objet se rapporte.	PAGE du RÈGLEMENT d'armement.	ALLOCATIONS RÉGLEMENTAIRES pour l Mois.
Const. navales	Menuiserie.	Menuiserie.	Menuiserie.	124	56 à 59	en acajou, de couverts	A.	Mᵉ de timonerie.	186	
id.	id.	id.	id.	124	60 à 63	à manger { en noyer { de couverts	A.	id.	186	
id.	id.	id.	id.	124	64 à 66	pour poste des aspirants	A.	id.	186	
id.	id.	id.	id.	87	255 à 257	pour poste des maîtres	A.	id.	186	
id.	id.	id.	id.	87	270 et 271	à pain, pour boulanger	A.	Comm. aux vivres	390	
id.	id.	id.	id.	87	253 et 254	à compartiments, pour le poste des malades	A.	Mᵉ charpentier	256	
id.	id.	id.	id.	87	247 à 252	à pieds pliants { pour cambuse	A.	id.	256	
id.	id.	id.	id.	87	247 à 252	ordinaires { pour sainte-barbe	A.	id.	256	
id.	id.	id.	id.	87	247 à 252	pour offices	A.	id.	256	
id.	id.	id.	id.	87	262 et 263	à suspension, pour cuisine, avec tiroirs	A.	id.	256	
id.	id.	id.	id.	124	76	à toilette { en acajou	A.	Mᵉ de timonerie.	186	
id.	id.	id.	id.	124	77	en noyer	A.	id.	186	
id. (**Tables**)	id.	id.	id.	124	69	de nuit, en acajou	P.	id.	188	
id.	id.	id.	id.	87	246	(grandes), pour sainte-barbe	A.	Mᵉ charpent.	256	
id.	id.	id.	id.	87	258 et 259	pᵗ équi- pags { à suspension	A.	id.	256	
id.	id.	id.	id.	87	260 et 261	avec pieds	A.	id.	256	
id.	id.	id.	id.	87	264 et 265	pour opérations chirurgicales.	A.	id.	256	
Major. génér.	Cartes et arch.	Cartes et arch.	»	39 A	19 A	de loch { bâtiments à voiles	A.	Offic. comm.	410	
id.	id.	id.	»	39 B	19 B	bâtiments à vapeur.	A.	id.	410	
Artillerie.	Bur. de la direct.	Bur. de la direct.	»	45	3	de Mendoza	A.	Mᵉ canonnier.	411	
Maj. générale.	Cartes et arch.	Cartes et arch.	»	»	»	de tir { à grande portée	A.	Offic. comm.	409	
Artillerie.	Bur. de la direct.	Ber. de la direct.	»	»	»		A.	Mᵉ canonnier.	144	
Maj. générale.	Cartes et arch.	Cartes et arch.	»	»	»	des bouches à feu de l'artillerie navale.	A.	Offic. comm.	409	
Hôpitaux.	Magasin.	Salle de dépôt.	Dét. des hôpit.	49	8	**Tabliers** { à pansements	A.	Chirurgien.	392	
Artillerie.	Objets d'armem. et matériels.	Garniture.	Garniture.	147	63	en toile, à poche.	A.	Mᵉ canonnier.	142	
Hôpitaux.	Pharmacie.	Salle de dépôt.	»	42	7	**Taffetas** gommé d'Angleterre (pièces).	A.	Chirurgien.	396	
Mouv. du port	Pavillonnerie.	Pavillonnerie.	Pavillonnerie.	125	28	**Taies** d'oreillers. { en calicot.	A.	Mᵉ de timonerie.	392	
id.	id.	id.	id.	125	27	en toile fine.	P.	Mᵉ de timonerie.	188	
Artillerie.	Armurerie.	Armurerie.	Armurerie.	170	3	**Tambours** (caisses de) militaires, garnies.	A.	Capit. d'armes	156	
id.	Objets d'armem. d'assortim., et ustensiles.	Artifices.	Artifices.	65	600 à 602	à tambour, pour les poudres { en crin	A.	Mᵉ canonnier.	144	
id.	id.	Peinture.	Peinture.	65	597 à 599	**Tamis** { en soie	A.	id.	144	
Const. navales	Peinture.	Salle de dépôt.	Dét. des subsist.	65	582 à 584	ordinaires, en crin	A.	Mᵉ mécanicien.	202	
Subsistances	Ustensiles, etc.	Peinture.	Peinture.	22	39		A.	Commis aux vivr.	320	
Const. navales	Peinture.	Armurerie.	Armurerie.	65	591 à 596	en toile métallique	A.	Mᵉ mécanicien.	202	
Artillerie.	Armurerie.	Armurerie.	Armurerie.	169	60	**Tampons** de cheminée, en nerf de bœuf { pour espingoles	A.	Mᵉ canonnier.	128	
id.	id.	id.	id.	169	60		R.	Capit. d'armes	130	
id.	id.	id.	id.	169	60	pour carabines	A.	id.	130	
id.	id.	id.	id.	169	60		R.	id.	154	20

DÉSIGNATION du service où s'opèrent les délivrances, la mise en place, le démontage, les remises et les réparations.	LOCALITÉS OÙ S'OPÈRENT			NUMÉROS D'ORDRE de la NOMENCLATURE		NOMENCLATURE DES MATIÈRES ET OBJETS.	LETTRES de classement. — R.A. Entrée en armement. A. Armement. R. Rechange. C.N. Complément de rechange. A.T. Accessoires de coque. A.Y. Objets attenant à la coque des embarcations. F. Objets à délivrer pour les passagers.	ARTICLE DU MAÎTRE OU DE L'OFFICIER COMPTABLE auquel l'objet se rapporte.	PAGE du RÉGLEMENT d'ornement.	ALLOCATIONS RÉGLEMENTAIRES pour l Bois.
	la mise en place ou les délivrances. Section de magasin ou atelier.	les démontages ou les remises. Atelier.	les réparations. Atelier.	par unité collective.	par unité simple.					
Artillerie.	Armurerie.	Armurerie.	Armurerie.	168	60	de cheminée, pour pistolets.	A.	Cap. d'armes.	150	
id.	id.	id.	id.	168	60	en nerf de bœuf pour fusils.	R.	id.	154	
id.	id.	id.	id.	169	60		R.	id.	150 et 152	
id.	id.	id.	id.	199	60		R.	id.	154	
id.	id.	id.	id.	169	60	pour mousquetons.	A.	id.	152	
id.	id.	id.	id.	169	60		R.	id.	154	
Const. navales	G. œuvres.	G. œuvres.	G. œuvres.	87	211 et 212	cannelés, ou demi-tampons d'écubiers pour câbles-chaînes.	A.	Mᵉ calfat.	288	
Artillerie.	Objets d'armem. et d'assortim. et ustensiles.	Atel. à bois.	Atel. à bois.	143	184	garnis en cuivre, pour affûts de caronades.	A.	Mᵉ canonnier.	124	
Const. navales	Charpentage.	Charpentage.	»	87	699	en bois, ou cylindres, pour recouvrir la tête des clous.	A.	Magasinier.	350	
id.	G. œuvres.	G. œuvres.	G. œuvres.	87	203 et 204	d'écubiers entiers avec boucles.	A.	Mᵉ calfat.	288	
id.	id.	id.	id.	87	200	de combat.	A.	id.	288	
id.	id.	id.	id.	87	205 et 206	doubles, n° fermeture de sabords d'embossage et de remorque.	A.	id.	288	
id.	id.	id.	id.	87	207	ou tapes. garnis, pour hublots et verres lenticulaires de murailles.	A.	id.	288	
id.	Charpentage.	Charpentage.	Charpentage.	87	200	pour trous de sabords brisés.	A.C.	Mᵉcharpentier.	236	
id.	Poulierie.	Poulierie.	Poulierie.	87	199	pour tubes de chaudières tubulaires.	A.	Mᵉ mécanic.	202	
Artillerie.	Garniture.	Garniture.	Garniture.	158	319 à 321	en corde, pour canons, canons-obusiers et obusiers	A.	Mᵉ canonnier.	150	
id.	id.	id.	id.	158	322 à 326	pour mitrailles, etc. pour caronades.	A.	id.	126	
id.	id.	id.	id.	158	327	pour obusiers en bronze de 15 cent.	A.	id.	132	
Const. navales	Menuiserie.	Menuiserie.	»	53	199 à 201	pour timbres.		Offic. d'adm. Caumier d'arm. Ch. d'ét.-m.gén.	572 402 416	
id.	id.	id.	»	53	199 à 201		A.			
id.	id.	id.	»	53	199 à 201					
id.	Mâture.	Mâture.	Mâture.	77	1 à 17	**Taugons** ou arcs-boutants ferrés pour mât de misaine.	A.	Mᵉcharpent.	240	
id.	G. œuvres.	G. œuvres.	G. œuvres.	87	61	de cabestan, avec anneaux en cuivre.	A.	id.	284	
id.	Machines.	Machines.	Machines.	102	72	de dégorgeoirs, garnis en cuivre, p' pompes royales.	A.	Mᵉ calfat.	284	
id.	G. œuvres.	G. œuvres.	G. œuvres.	87	203 et 204	d'écubiers, entiers avec boucles.	A.	id.	288	
id.	id.	id.	id.	87	200	en bois. de combat.	A.	id.	288	
id.	id.	id.	id.	87	205 et 206	doubles, pour fermeture de sabords d'embossage.	A.	id.	288	
id.	id.	id.	id.	87	207	ou taupons. garnis, pour hublots et verres lenticulaires de murailles.	A.	id.	288	
id.	Charpentage.	Charpentage.	Charpentage.	87	200	pour trous de sabords brisés.	A.C.	Mᵉ charpent'.	288	
id.	Poulierie.	Poulierie.	Poulierie.	87	199	pour tubes de chaudières tubulaires.	A.	Mᵉ mécanicien.	202	
Artillerie.	Objets d'armem. et d'assortim. et ustensiles.	Atel. à bois.	Atel. à bois.	143	130¹	pour calibre de 4, pour canons rayés, etc.	A.	Mᵉ canonnier.	134	
id.	id.	id.	id.	143	150¹		R.	id.	136	
id.	id.	id.	id.	143	144 à 150	en liège. pour canons, canons-obusiers et obusiers	A.	id.	116	
id.	id.	id.	id.	143	144 à 150		R.	id.	122	
id.	id.	id.	id.	143	146 à 150		A.	id.	124	
id.	id.	id.	id.	143	146 à 150	pour caronades.	R.	id.	128	

DÉSIGNATION du service où s'opèrent les délivrances, la mise en place, le démontage, les remises et les réparations.	LOCALITÉS OÙ S'OPÈRENT			NUMÉROS D'ORDRE de la NOMENCLATURE.		NOMENCLATURE DES MATIÈRES ET OBJETS.	MATIÈRES desservant l'armement. — P. a. Effets en armement. — a. Armement. — w. Rechange. — c. b. Comptabilité servi de ré-daction. — A.C. Accessoires de rechange. — A.T. Objets attenant à la coque des embarcations. — r. Objets à délivrer parties passagers.	ARTICLE DE MATIÈRE ou DE L'OUVRIER COMPTABLE auquel l'objet se rapporte.	PAGE du RÈGLEMENT d'ar-mement.	ALLOCATIONS RÉGLEMENTAIRES pour les Mois.
	la mise en place, les délivrances.	le démontage ou les remises.	les réparations.	par unité collective.	par unité simple.					
	Section de magasin ou atelier.	Atelier.	Atelier.							
Artillerie.	Objets d'armem. et d'assortim. et ustensiles.	Atel. à bois.	Atel. à bois.	143	131			Tapes en liége	pour espingoles	A.	Mº canonnier.	128	
id.	id.	id.	id.	143	151				pour obusiers de 15 cent.	R.	id.	130	
id.	id.	id.	id.	143	148					A.	id.	132	
id.	id.	id.	id.	143	148					R.	Aumônier.	132	
Hôpitaux.	Magasin.	Salle de dépôt.	Dét. des hôpitaux.	6	24			d'autel, en moquette supérieure.	A.	Aumônier.	370	
Mouv. du port.	Pavillonnerie.	Pavillonnerie.	Pavillonnerie.	126	75			d'embarcations, { 33 aiu.	A.	Mº de manœuvre.	108	
id.	id.	id.	id.	126	76			en drap bleu. . . . . . . { 19 aiu.	A.	id.	108	
id.	id.	id.	id.	126	81			1er choix, pour officiers généraux . . . { pour salon ou galerie.	A.	Mº du timon.	180	
id.	id.	id.	id.	126	81			pour chambre à coucher. . . .	A.	id.	182	
id.	id.	id.	id.	126	82			en moquette. . . . { 2e choix, pour officiers supérieurs { pour salon ou galerie.	A.	id.	180	
id.	id.	id.	id.	126	82		Tapis. . . .	pour chambre à coucher. . . .	A.	id.	182	
id.	id.	id.	id.	126	84			de pied.. { en toile fourrure, entre le pont et le tapis en moquette . . { pour salon ou galerie.	A.	id.	180	
id.	id.	id.	id.	126	84			pour chambre à coucher . . .	A.	id.	182	
id.	id.	id.	id.	126	83			en toile peinte. . { pour salon ou galerie.	A.	id.	180	
id.	id.	id.	id.	126	83			pour chambre à coucher . . .	A.	id.	182	
id.	id.	id.	id.	126	83			pour salle à manger. . . .	A.	id.	182	
id.	id.	id.	id.	126	78			de tables. { en drap ordinaire.	A.	id.	186	
id.	id.	id.	id.	126	80			en toile cirée.	A.	id.	186	
Const. navales.	Charpentage.	Charpentage.	Charpentage.	87	215			à crampes, assortis.	A.C.	Mº charpent.	230	
id.	id.	id.	id.	87	217 à 220			en bois. . { de tournage ou de manœuvre, assortis. . .	A.C.	id.	264	
id.	id.	id.	id.	87	217 à 220			ou marches d'échelles le long du bord.	R.	id.	230	
id.	id.	id.	id.	87	216			pour aubes de roues.	R.	Mº mécanicien	210	
id.	id.	id.	id.	87	213			ou cuivre, de manœuvre ou de tournage	A.C.	Mº charpentier	232	
id.	Perçage.	Perçage.	Perçage.	104	687		Taquets.. .	ou mains de fer.	A.C.	id.	230	
id.	id.	id.	id.	65	332			en fer . . { de manœuvre { avec cheville à tête et à écrou.	A.	id.	262	
id.	Forges.	Forges.	Forges.	65	502			ou de tournage. { pour haguos de sabords. . .	A.C.	id.	240	
id.	Perçage.	Perçage.	Perçage.	104	504				A.C.	id.	230	
id.	id.	id.	id.	104	504			pour crampes de caronades.	A.	Mº canonnier.	124	
Artillerie.	Objets d'armem. et d'assortim. et ustensiles.	Atel. à bois.	Atel. à bois.	162	208							
Const. navales.	Forges.	Forges.	Forges.	65	388 à 396			ou acier { coniques.	A.	Mº mécanicien	204	
id.	id.	id.	id.	65	388 à 396				A.	Mº armurier.	316	
id.	id.	id.	id.	65	388 à 396		Tarauds.. .	pour filières { cylindriques.	A.	id.	204 et 316	
id.	id.	id.	id.	65	317 à 319			simples.	A.	Mº mécanicien	204	
id.	id.	id.	id.	65	388 à 396				A.	Mº armurier.	316	
Artillerie.	Armurerie.	Armurerie.	Armurerie.	173	243			et filières pour la cheminée.	A.	id.	204	
id.	id.	id.	id.	173	284			pour la platine et la baguette.	A.	id.	284	20.

DÉSIGNATION du service où s'opèrent les délivrances, la mise en place, le démontage, les remises et les réparations.	LOCALITÉS OÙ S'OPÈRENT			NUMÉROS D'ORDRE de la NOMENCLATURE		NOMENCLATURE DES MATIÈRES ET OBJETS.	LETTRES declassement.	ARTICLE du MAÎTRE OU DE L'OFFICIER COMPTABLE auquel l'objet se rapporte.	PAGE du RÉGLEMENT d'armement.	ALLOCATIONS RÉGLEMENTAIRES pour [ ] Mois.
	la mise en place ou les délivrances. Section de magasin ou atelier.	les démontages ou les remises. Atelier.	les réparations. Atelier.	par unité collective.	par unité simple.					
Const. navales	Serrurerie.	Serrurerie.	Serrurerie.	33	123 à 126	**Targettes** { de fer.	A.C.	Mᵉ mécanicien	123	
id.	id.	id.	id.	33	127 à 129	de cuivre.	A.C.	id.	123	
id.	Forges.	Forges.	Forges.	62	377 à 397	**Tarières** entières pour perceurs.	A.	Mᵉ charpentier	260	
Commissariat	Dét. des arm.	Dét. des arm.	»	»	»	**Tarif** { de solde, et supplément à la mer.	A.	Offic. d'admin.	372	
id.	id.	id.	»	»	»	en vigueur du prix des effets d'habillement.	A.	id. / Comm. d'arm.	372 / 402	
Hôpitaux.	Pharmacie.	Salle de dépôt	»	57	30	**Tartrate** { antimonio-potassique (émétique, tartre stibié).	A.	Chirurgien.	396	
id.	id.	id.	»	57	204	borico-potassique (crème de tartre soluble).		id.	396	
id.	id.	id.	»	57	111	ferrico-potassique.		id.	396	
Const. navales	Forges.	Forges.	Forges.	63	237	**Tas** pour chaudronniers.	A.	Mᵉ mécanicien	206	
id.	id.	id.	id.	63	237			Mᵉ armurier.	316	
id.	id.	id.	id.	63	240	**Tasseaux** pour ferblantiers.		Mᵉ mécanicien	206	
id.	id.	id.	id.	63	240			Mᵉ armurier.	316	
Subsistances.	Toile, outils, etc.	Salle de dépôt.	Dét. des subs.	22	17²	**Tasses** en fer battu, de 33 centilitres.	A.	Com. aux viv.	322	
Mouv. du port	Voilerie.	Voilerie.	Voilerie.	122	192	**Tauds** en toile { de { d'arrière.	A.	Mᵉ voilier.	272	
id.	id.	id.	id.	122	193	gaillards d'avant et de poulaine.	A.	id.	272	
id.	id.	id.	id.	122	175	de retour, pour bâtiments désarmés.	E.A.	Mᵉ de manœuvre	6	
id.	id.	id.	id.	122	194	de passavant, ou de milieu, ou grands tauds.	A.	Mᵉ voilier.	272	
Artillerie.	Armurerie.	Armurerie.	Armurerie.	63	241	**Tenailles** pour ar- muriers { en bois.	A.	Mᵉ armurier.	298	
id.	id.	id.	id.	63	242	en bois, garnies en liège.		id.	298	
Const. navales	Forges.	Forges.	Forges.	63	243	pour forges assorties	A.	Mᵉ mécanic.	203	
id.	id.	id.	id.	63	243			Mᵉ mécanic.	314	
id.	id.	id.	id.	65	402 et 403	tricoises.		Mᵉ mécanic.	206	
id.	id.	id.	id.	65	402 et 403			Mᵉ charpent.	260	
id.	id.	id.	id.	68	402 et 403			Mᵉ calfat.	288	
Artillerie.	Armurerie.	Armurerie.	Armurerie.	65	402 et 403			Mᵉ armurier.	298	
Mouv. du port	Voilerie.	Voilerie.	Voilerie.	122	212	**Tentes** en toile { de campement.	A.	Mᵉ voilier.	272	
id.	id.	id.	id.	122	202	de dunette.		id.	272	
id.	id.	id.	id.	122	203	de { d'arrière.	A.	id.	272	
id.	id.	id.	id.	122	204	gaillards d'avant et de poulaine ou marsouin.	A.	id.	272	
id.	id.	id.	id.	122	205	de passavant ou grandes tentes.	A.		274	
id.	id.	id.	id.	122	209	pour embarca-tions { de nage avec leurs bâtons.	A.	Mᵉ de manœuvre	108	
id.	id.	id.	id.	122	210	de nuit, ou tauds.	A.	id.	108	
id.	id.	id.	id.	122	207	de retour, pour bâtiments désarmés.	E.A.	id.	6	
Artillerie.	Armurerie.	Armurerie.	»	33	16 et 17	**Terre** { de Gorée, ou tripoli.	A.	Magasinier.	340, 346, 359 et 360	
Const. navales	Peinture.	Peinture.	»	52	49 à 51	glaise ou argileuse.	A.	id.	338	
id.	id.	id.	»	52	52 à 56	réfractaire pour autels.	A.	Mᵉ mécanicien	212	
id.	G. chaudronn.	G. chaudronn.	G. chaudronn.	134	63	**Têtes** d'écouvillons ou brosses pour tubes de chaudières { en fil de fer.	A.	id.	200	
id.	id.	id.	id.	134	61	en fil de cuivre.	A.	id.	200	
id.	id.	id.	id.	134	60	en crin.	A.	id.	200	
Major. génér.	Observatoire.	Observatoire.	»	3	1	**Théodolite** simple (dans la boîte avec son pied).	A.	Offic. comm.	411	

DÉSIGNATION du service où s'opèrent les délivrances, la mise en place, le démontage, les remises et les réparations.	LOCALITÉS OÙ S'OPÈRENT — la mise en place ou les délivrances. (Section de magasin ou atelier.)	les démontages ou les remises. (Atelier.)	les réparations. (Atelier.)	NUMÉROS D'ORDRE de la NOMENCLATURE — par unité collective.	par unité simple.	NOMENCLATURE DES MATIÈRES ET OBJETS.	LETTRES de classement	ARTICLE DU MAITRE OU DE L'OFFICIER COMPTABLE auquel l'objet se rapporte.	PAGE du RÈGLEMENT d'armement.	ALLOCATIONS RÉGLEMENTAIRES pour 1 Mois.
Hôpitaux.	Pharmacie.	Salle de dépôt.	Dét. des hôpit.	51	2	à bains	A.	Chirurgien.	392	
id.	id.	id.	id.	51	3		A.	id.	392	
Const. navales	Machines.	Machines.	Machines.	128	51	**Thermo-mètres....** ordinaires	A.	M⁰ de limon.	102	
»	»	»	»	»	»	plongeurs	/ Pour ordre.	Offic. command.	440	
Const. navales	Machines.	Machines.	Machines.	128	52	pour le service météo-rologique {ordinaires	A.	M⁰ de limon.	102	
id.	Machines.	id.	Machines.	128	31	à boule mouillée	/ Pour ordre.	Offic. comm.	172	
»	»	»	»	»	»		A.	M⁰ de limon.	412	
Const. navales	Machines.	Machines.	Machines.	128	52	plongeurs.......}	/ Pour ordre.	Offic. comm.	172	
Mouv. du port	Pavillonnerie.	Pavillonnerie.	Pavillonnerie.	49	11	**Thyrses** ou bâtons en acajou pour rideaux et draperies	A.	M⁰ de limon.	178, 180 et 182	
Const. navales	Machines.	Machines.	Machines.	133	285	**Tiges....** de pistons.. {de cylindres à vapeur, en fer	C.R.	M⁰ mécanicien	212	
id.	id.	id.	id.	133	127	de pompes à air {en bronze	C.R.	id.	212	
id.	id.	id.	id.	133	286	en fer, garni de bronze	C.R.	id.	212	
id.	id.	id.	id.	133	289	de tiroirs, ajustées, en fer	C.R.	id.	212	
id.	id.	id.	id.	102	173	en fer pour pistons de pompes {dites royales	R.	M⁰ calfat	284	
id.	id.	id.	id.	102	174	d'étrave....	R.	id.	284	
id.	id.	id.	id.	102	174	d'étambot....	R.	id.	284	
id.	id.	id.	id.	102	174	de jardins	R.	id.	286	
id.	id.	id.	id.	102	174	à eau douce....	R.	id.	286	
id.	id.	id.	id.	102	174	de lavage....	R.	id.	286	
Subsistances.	Cât., outils, etc.	Salle de dépôt.	Dét. des subsist.	21	39	**Tilles** pour tonneliers	A.	Com. aux viv.	328	
Const. navales	Menuiserie.	Menuiserie.	»	53	202	**Timbres...** {à l'entre...............	A.	Offic. d'admin.	372	
id.	id.	id.	»	53	202		A.	Comm. d'armée	402	
id.	id.	id.	»	53	202		A.	Ch. fét.-m.gén.	416	
Artillerie.	Armurerie.	Armurerie.	»	170	47	en corde à boyau, pour caisses de tambour	A.	Magasinier.	344	
id.	id.	id.	Armurerie.	169	61	**Tire-balles** complets, modèle 1844	A.	Capit. d'armes	184	
id.	id.	id.	id.	169	61		A.	M⁰ armurier.	208	
Const. navales	Forges.	Forges.	Forges.	62	404	**Tire-bords** pour charpentiers	A.	M⁰ charpentier	404	
id.	Machines.	Machines.	Machines.	134	86	**Tire-bourre....** {pour sortir les garnitures des boîtes à étoupe		M⁰ mécanic.	209	
Artillerie.	Objets d'armem. et d'usten. et d'ustensiles.	Atel. à fur.	Atel. à fer.	142	117 à 120	sur lampe simple, mod. de la marine n° 4....	A.	M⁰ canonnier.	116, 124 et 132	
id.	Armurerie.	Armurerie.	Armurerie.	143	79¹	**Tire-feu....** mod. de la marine (crochet, cordeau et cabillot) {pour canons, canons-obusiers et obusiers	A.	id.	116	
id.	id.	id.	id.	143	79¹	pour caronades	R.	id.	124	
id.	id.	id.	id.	143	79¹	pour obusiers en bronze de 15 c.	A.	id.	128	
id.	id.	id.	id.	143	79¹	pour canons de 4 rayés de montagne.........	R.	id.	132	
id.	id.	id.	id.	143	79¹		A.	id.	134	
id.	id.	id.	id.	143	79¹		R.	id.	136	
id.	id.	id.	id.	143	79	modèle de la guerre pour canons de 4 rayés de montagne (crochet, cordeau et cabillot)	A.	id.	138	
id.	id.	id.	id.	143	79		R.	id.	138	

DÉSIGNATION du service où s'opèrent les délivrances, la mise en place, le démontage et les réparations.	LOCALITÉS OÙ S'OPÈRENT			NUMÉROS D'ORDRE de la NOMENCLATURE		NOMENCLATURE DES MATIÈRES ET OBJETS.	LETTRES declassement	ARTICLE DU MAÎTRE OU DE L'OFFICIER COMPTABLE auquel l'objet se rapporte.	PAGE du RÈGLEMENT d'armement.	ALLOCATIONS RÉGLEMENTAIRES pour 1 Mois.
	la mise en place ou les délivrances. Section de magasin ou atelier.	les démontages ou les remises. Atelier.	les réparations. Atelier.	par unité collective.	par unité simple.					
Const. navales	Machines.	Machines.	Machines.	134	87	**Tire-fonds** à vis — à main — de grands cylindres	A.	Mᵉ mécanic.	202	
id.	id.	id.	id.	134	88	id.	A.	id.	202	
id.	id.	id.	id.	134	88	pour couvercles, de pompes à air	A.	id.	202	
Subsistances.	Ust., outils, etc.	Salle de dépôt	Dét. des subsist.	21	34	pour conreliers	A.	Cᵈ aux vivres.	328	
Const. navales	Tôlerie.	Tôlerie.	Tôlerie.	104	258	**Tisonniers** en fer, pour cuisines	A.	id.	396	
id.	G. chaudronn.	G. chaudronn.	G. chaudronn.	134	70	en fer, pour fourneaux de chaudières	A.	Mᵉ mécanicien	202	
id.	Serrurerie.	Serrurerie.	Serrurerie.	124	214	pour cheminées, à vase de cuivre	A.	Mᵉ de timon.	176	
id.	Forges.	Forges.	Forges.	63	246	en fer, pour forges	A.	Mᵉ mécanic.	208	
id.	Voilerie.	id.	id.	63	246		E.A.	Mᵉ armurier.	314	
Mouv. du port	Voilerie.			38	5	**Toile** à laize — pour fourrure, limandes, etc.	A.	Mᵉ voilier.	274	
id.	id.	Voilerie.	Voilerie.	38	5	régulière, demi-usée, peinte et goudronnée	E.A.	Mᵉ de manœuvre	8	
id.	id.	Voilerie.	»	37	21 et 23	à préfarts, non goudronnée	A.	Magasinier.	356	
id.	id.	id.	»	37	2	neuve — nº 2	A.	id.	356	
id.	id.	id.	»	37	3	nº 3	A.	id.	356	
id.	id.	id.	»	37	4 et 5	nº 4 et 5	A.	id.	356	
id.	id.	id.	»	37	6	nº 6	A.	id.	356	
id.	id.	id.	»	37	7 et 8	nº 7 et 8	A.	id.	356	
id.	id.	id.	»	38	1	à voiles — demi-usée nº 2	A.	id.	356	
id.	id.	id.	»	38	3	nº 3	A.	id.	356	
id.	id.	id.	»	38	4 et 5	nº 4 et 5	A.	id.	356	
id.	id.	id.	»	38	6	nº 6	A.	id.	356	
id.	id.	id.	»	38	8	nº 7 et 8	A.	id.	356	
id.	id.	id.	»	38	1 à 3	demi-usée, pour coiffes de manœuvres dormantes, etc.	A.	id.	356	
Hôpitaux.	Magasin.	Salle de dépôt.	»	32	69	imperméable	A.	Chirurgien.	302	
Const. navales	P. chaudronn.	P. chaudronn.	»	33	1 à 8	métallique, en fil de laiton	A.	Magasinier.	360	
Mouv. du port	Voilerie.	Voilerie.	»	37		neuves, pour garniture d'airopes des poulies de retour	A.	id.	338	
id.	id.	id.	»	37	15	rurale supérieure — à doublage	A.	id.	356	
id.	id.	id.	»	37	13	métis simple, pour tire-voile	A.	id.	346	
id.	id.	id.	Voilerie.	123	37	**Toiles** pour fonçures — d'officiers	A.	Mᵉ voilier.	274	
id.	id.	id.	id.	123	38	de lits de malades	A.	id.	274	
			id.	122	243	pour offices et postes divers	A.	id.	274	
Const. navales	G. chaudronn.	G. chaudronn.	»	20	5	**Tôle** commune — pour cheminées	A.	Magasinier.	380	
id.	Tôlerie.	Tôlerie.	»	20	5	pour seaux à escarbilles	A.	id.	380	
id.	G. chaudronn.	G. chaudronn.	»	20	3	pour soutes	A.	id.	380	
id.	Tôlerie.	Tôlerie.	»	20	3	unie, à dimensions susceptibles de tôle	A.	id.	382	
id.	G. chaudronn.	G. chaudronn.	»	20	2	supérieure — pour réparations de bâtiments en fer	A.	id.	382	
id.	id.	id.	»	20	2	pour réparations de canots en fer	A.	id.	382	
id.	id.	id.	»	20	2	unie, pour foyers	A.	id.	380	
id.	Tôlerie.	Tôlerie.	»	20	1 à 3	(doublage en), pour parois intérieures des soutes à charbon	A.C.	Mᵉ mécanicien	191	
id.	id.	id.	»	20	1ᵉ à 3ᵉ	zinguée (doublage en), pour parois extérieures des soutes à poudre	A.C.		191	

DÉSIGNATION du service où s'opèrent les délivrances, la mise en place, le démontage, les remises et les réparations. Section de magasin ou atelier	LOCALITÉS OÙ S'OPÈRENT — la mise en place ou les délivrances. Atelier	les démontages ou les remises. Atelier	les réparations. Atelier	NUMÉROS D'ORDRE de la NOMENCLATURE par unité collective.	par unité simple.	NOMENCLATURE DES MATIÈRES ET OBJETS.	LETTRES de classement	ARTICLE DU MAÎTRE COMPTABLE auquel l'objet se rapporte.	PAGE du RÈGLEMENT d'ar-	ALLOCATIONS RÉGLEMENTAIRES pour 1 Mois.
Const. navales	Perçage.	Perçage.	Perçage.	»	»	**Tolefières** en fer, pour avirons de galère.	A.C.	Mᵉ charpent.	232	
Mouv. du port	Emb.desservit.	Emb.desservit.	Const. navales et Forges.	»	»		É.A.	Mᵉ de manœuvre.	4	
Const. navales	Forges.	Forges.	Forges.	104	63	de nage, avec chaîne, droits pour embarcations	A.	id.	110	
id.	id.	id.	id.	104	63		R.	id.	110	
id.	id.	id.	id.	104	66	**Tôles** en fer. de tournage sur les bancs pour embarcations	A.	id.	110	
id.	id.	id.	id.	104	66		R.	id.	110	
id.	id.	id.	id.	104	399	pour bâtiments, pour les avirons de galère.	A.	id.	192	
id.	Corderie.	Corderie.	»	109	10 à 13	blancs.	A.	Magasinier.	350	
id.	id.	id.	»	53	41	**Torons.** de coton, pour garnitures.	A.	id.	330	
Mouv. du port	Garniture.	»	»	109	14 à 17	gou- ou cordages vieux pour fourrures.	É.A.	Mᵉ de manœuvre	8	
»	»	»	»	109	14 à 17	dronns ou garcettes pour le ridage.	É.A.	id.	8	
Const. navales	Machines.	Machines.	Machines.	133	130	**Touches** de manivelles en bronze.	C.R.	Mᵉ mécanic.	212	
id.	Tôlerie.	Tôlerie.	Tôlerie.	104	239	ou clefs en fer pour caisses à eau	A.	Mᵉ de manœuvre	90	
id.	Forges.	Forges.	Forges.	65	403ᵉ à 403ᵉ	**Tourne-à-gauche** ou corps de filières à coussinets.	A.	Mᵉ mécanicien	204	
id.	Forges.	Forges.	Forges.	65	403ᵉ à 403ᵉ	pour armuriers.	A.	Mᵉ armurier.	316	
Artillerie.	Armurerie.	Armurerie.	Armurerie.	63	247	pour armuriers.	A.	id.	298	
Const. navales	Forges.	Forges.	Forges.	63	406	pour menuisiers.	A.	Mᵉ charpent.	260	
						Tournevire avec aiguillettes, pour manœuvres des ancres	Gréément.	Mᵉ de manœuvre	42	
Artillerie.	Armurerie.	Armurerie.	Armurerie.	65	410	de force, pour vilebrequins.		Mᵉ armurier.	298	
Const. navales	Forges.	Forges.	Forges.	63	408			Mᵉ mécanicien	206	
Artillerie.	Armurerie.	Armurerie.	Armurerie.	63	408	**Tournevis.** ordinaires.	A.	Mᵉ calfat	288	
Const. navales	Forges.	Forges.	Forges.	63	408			Mᵉ armurier.	298	
Artillerie.	Armurerie.	Armurerie.	Armurerie.	173	373	pour platines d'espingoles.	A.	Mᵉ canonnier.	144	
Const. navales	Serrurerie.	Serrurerie.	Serrurerie.	33	356 à 358	droits ou coudés, de fer.	A.C.	Mᵉ mécanicien	193	
id.	id.	id.	id.	33	359 à 361	**Tour-niquets.** simples ou à queue, de cuivre.	A.C.	id.	193	
id.	Perçage.	Perçage.	Perçage.	104	511	en fer, pour supports de faux sabords et de panneaux d'écoutille.	A.C.	Mᵉ charpent.	232	
id.	Forges.	Forges.	Forges.	87	524	pour amarres, ou jours pour rouler le filin, avec axe en fer.	A.	id.	262	
id.	Machines.	Machines.	Machines.	56	31 à 34	à engrenages.	A.	Mᵉ mécanic.	206	
id.	id.	id.	id.	56	40	à roue et à pédale.	A.	id.	206	
id.	id.	id.	id.	56	35 à 39	**Tours.** de loch.	A.	Mᵉ de timon.	164	
id.	Poulierie.	Poulierie.	Poulierie.	87	521	ou moulinets à bitord.	A.	Mᵉ de manœuvre	84	
id.	id.	id.	id.	87	542	ou virolets de charpentiers.	A.	Mᵉ charpentier	258	
id.	Charpentage.	Charpentage.	Charpentage.	96	543	pour rouler le filin, avec axe en fer, ou tourniquets, etc.	A.	id.	202	
id.	Forges.	Forges.	Forges.	87	524					
Hôpitaux.	Magasin.	Salle de dépôt.	Dét. des hôpit.	3	39	d'école, unis.	A.	Aumônier.	367	
id.				3	38	en batiste, garnis.	A.	id.	367	
id.	Pharmacie.	id.	»	44	11	**Tourteaux** de lin.	A.	Chirurgien.	396	
Major. génér.	Cartes et arch.	Cartes et arch.	»	11	374	**Traduction** des Sailing directions, de Maury.	A.	Offic. comm.	412	
id.	id.	id.	»	11	60	**Traité** de géodésie à l'usage des marins.	Ch. d'ét. m.gén.	411		
id.	id.	id.	»	11	60			Offic. d'adm.	410	
Commissariat.	Dét. des arm.	Dét. des arm.	»	580 B	280 B	**Traites** de bord.	A.	Offic. d'adm.	382	
id.	id.	id.	»	580 B	280 B			Comm. d'arm.	404	

DÉSIGNATION du service où s'opèrent les délivrances, la mise en place, le démontage, les remises et les réparations.	LOCALITÉS OÙ S'OPÈRENT			NUMÉROS D'ORDRE de la NOMENCLATURE		NOMENCLATURE DES MATIÈRES ET OBJETS.	LETTRES de classement. E.A. Entrée en armement. A. Armement. R. Rechange. C.R. Complément de rechange. A.C. Accessoires de coque. A.V. Objets attenant à la coque des embarcations. P. Objets à délivrer pour les passagers.	ARTICLE OU MAÎTRE OU DE L'OFFICIER COMPTABLE auquel l'objet se rapporte.	PAGE du RÈGLEMENT d'armement.	ALLOCATIONS RÉGLEMENTAIRES pour l l Mois.
	la mise en place ou les délivrances. Section de magasin ou atelier.	les démontages ou les remises. Atelier.	les réparations. Atelier.	par unité collective.	par unité simple.					
Artillerie.	Garniture.	Garniture.	Garniture.	148	102	**Traits** de brêlage, de caisses à munitions, pour canons de 4 rayés de montagne.	A.	M⁰ canonnier.	138	
Const. navales	Forges.	Forges.	Forges.	63	251	acérées, pour forges.	A.	M⁰ mécanicien	208	
id.	id.	id.	id.	63	251	**Tranches** pour enclumes.	A.	M⁰ armurier.	314	
id.	id.	id.	id.	63	250	pour tonneliers.	A.	M⁰ mécanicien	208	
Subsistances.	Ust., outils, etc.	Salle de dépôt.	Dét. des subs.	24	35		A.	Com. aux viv.	328	
Const. navales	Forges.	Forges.	Forges.	64	20	**Tranchets** pour cordonniers.	A.	M⁰ calfat.	288	
						Transfilage pour petit foc.	Gréement.	M⁰ de manœuvre	38	
						pour grand foc.	A.	id.	40	
Mouv. du port	Pavillonnerie.	Pavillonnerie.	Pavillonnerie.	123	145	**Trapèzes** de signaux { grande série, etc.	A.	M⁰ de timon.	170	
id.	id.	id.	id.	123	146	d'armée. petite série, etc.	A.	id.	170	
						Traversières pour manœuvre des ancres. . . .	Gréement.	M⁰ de manœuvre	42	
Const. navales	Forges.	Forges.	Forges.	Divers.	Divers.	**Traversières-chaînes** ou canonnières-chaînes. . .	A.	id.	88	
id.	Mâture.	Mâture.	Mâture.	78	64 à 85	**Traversins** avant, pour hune de vapeur de grand mât. . .	A.	M⁰ charpent.	246	
id.	id.	id.	id.	78	86 à 107	ou barres traver- A, pour hune de vapeur de grand mât. . .	A.	id.	246	
id.	id.	id.	id.	78	64 à 85	sières A, pour hune de vapeur de misaine. . .	A.	id.	250	
id.	id.	id.	id.	78	86 à 107	A, pour hune de vapeur de misaine. . .	A.	id.	250	
Mouv. du port	Pavillonnerie.	Pavillonnerie.	Pavillonnerie.	125	42	**Traversins-pu-** recouverts en toile damassée pour officiers.	A.	M⁰ de timon.	184	
id.	id.	id.	id.	125	42	**pitres** en laine. recouverts en toile, pour malades. . .	P.	id.	188	
id.	id.	id.	id.	125	43	recouverts en toile, pour malades. . .	A.	id.	184	
id.	id.	id.	id.	125	43		A.	M⁰ voilier.	274	
Const. navales	Garniture.	Garniture.	Garniture.	112	10	**Trémaille**.	A.	M⁰ de manœuvre	92	
id.	Forges.	Forges.	Forges.	65	615	**Trésillons** en fer.	E.A.	id.	6	
Mouv. du port	Garniture.			109	19	**Tresses** goudronnées pour fourrures.	E.A.	id.	8	
Const. navales	Menuiserie.	Menuiserie.	Menuiserie.	87	273 à 276	**Tréteaux** en bois pour tables.	A.	Com. aux viv.	320	
Mouv. du port	Pavillonnerie.	Pavillonnerie.	Pavillonnerie.	123	147	français de commandement n° 1.	A.	M⁰ de timon.	170	
id.	id.	id.	id.	123	148	n° 2.	A.	id.	170	
id.	id.	id.	id.	123	149	n° 3.	A.	id.	170	
id.	id.	id.	id.	123	150	**Triangles.** n° 4.	A.	id.	170	
id.	id.	id.	id.	123	156	de quarantaine, pour embarcations. . . .	A.	M⁰ de manœuvre	108	
id.	id.	id.	id.	123	151	de signaux d'armée. { grande série. . . .	A.	M⁰ de timon.	170	
id.	id.	id.	id.	123	152	petite série. . . .	A.	id.	170	
Const. navales	Charpentage.	Charpentage.	Charpentage.	»	»	en bois, entre les barrots, dans les batteries, entre-ponts, la cambuse et la cale. . .	A.C.	M⁰ charpentier	232	
id.	Serrurerie.	Serrurerie.	Serrurerie.	104	690	pour capot d'écoutille du dôme	A.C.	id.	234	
id.	id.	id.	id.	104	690	pour lisses du fronteau de dunette. . .	A.C.	id.	234	
id.	id.	id.	id.	104	690	pour les écoutilles, près des habitacles. .	A.C.	id.	234	
id.	id.	id.	id.	104	692	**Tringles.** en cuivre. pour rideaux. . .	A.	M⁰ de timon.	179, 180, 182 et 184)	
id.	id.	id.	id.	104	691	pour saisines de chaînes.	A.C.	M⁰ mécanicien	193	
id.	id.	id.	id.	33	303	pour suspensions de lampes.	A.	id.	214	
Artillerie.	Affûts.	Atel. à bois.	Atelier à fer.	160	622	en fer, de boute-feu, { pour canons, canons-obusiers, etc. . .	A.	M⁰ canonnier.	116	
id.	id.	id.	id.	160	622	pour bailles de combat. . . pour caronades.	A.	id.	124	

DÉSIGNATION du service où s'opèrent les délivrances, la mise en place, le démontage, les remises et les réparations. Section de magasin ou atelier.	LOCALITÉS OÙ S'OPÈRENT la mise en place ou les délivrances. Section de magasin ou atelier.	les démontages ou les remises. Atelier.	les réparations. Atelier.	NUMÉROS D'ORDRE de la NOMENCLATURE par unité collective	par unité simple	NOMENCLATURE DES MATIÈRES ET OBJETS.	LETTRES de classement COMPTABLE	ARTICLE DU MAÎTRE OU DE L'OFFICIER COMPTABLE auquel l'objet se rapporte.	PAGE du RÈGLEMENT.	ALLOCATIONS RÉGLEMENTAIRES pour 1 Mois.
Const. navales	Perçage.	Perçage.	Perçage.	104	315	**Tringles en fer.** entre les barrois: pour barres de cabestan	A.C.	M^e charpentier	232	
id.	id.	id.	id.	104	315	pour fusils des soldats passagers à bord des transports à batterie	A.C.	id.	232	
id.	id.	id.	id.	104	315	pour bringuebales de pompes	A.C.	id.	232	
id.	id.	id.	id.	104	315	pour la table de la grande chambre	A.C.	id.	232	
id.	id.	id.	id.	104	315	pour les tables et les bancs d'équipage	A.C.	id.	232	
id.	Forges.	Forges.	Forges.	104	259	pour cuisines	A.C.	M^e mécanicien	214	
id.	Perçage.	Perçage.	Perçage.	104	315	pour échelles de commandement	A.C.	M^e charpent.	232	
id.	id.	id.	id.	104	313	pour écoutilles, garde-corps, etc.	A.C.	id.	234	
id.	id.	id.	id.	104	313	pour entourage du grand panneau	A.C.	id.	234	
id.	Forges.	Forges.	Forges.	104	315	sur les bas haubans: des mâts majeurs	A.	M^e de manœuvre.	84	
id.	id.	id.	id.	104	315	du mât d'artimon	A.	id.	84	
Mouv. du port	Voilerie.	Voilerie.	Voilerie.	119	237 à 269	**Trinquette** ou tourmentin, garnie.	A.	M^e voilier.	268	
Artillerie.	Armurerie.	Armurerie.	»	53	16 et 17	**Tripoli** ou terre de Gorée.	A.	Magasinier.	340, 346, 350 et 360	
id.	id.	id.	Armurerie.	170	21	**Trombones** à coulisse.	A.	Capit. d'armes.	158	
Mouv. du port	Voilerie.	Voilerie.	Voilerie.	122	214 à 216	en toile, pour aérer la cale... par les écoutilles.	A.	M^e voilier.	274	
id.	id.	id.	id.	122	217 à 219	par les sabords.	A.	id.	274	
Const. navales	Machines.	Machines.	Machines.	102	179	**Trompes...** ou lances en cuivre pour manches de pompes. à air.	A.	M^e mécanic.	200	
id.	id.	id.	id.	102	179	à incendie.	A.	M^e calfat.	284	
id.	id.	id.	id.	102	179	du petit cheval.	A.	M^e mécanic.	200	
Artillerie.	Armurerie.	Armurerie.	Armurerie.	170	22	**Trompettes** à cylindres ou à pistons.	A.	Cap. d'armes.	158	
Const. navales	Forges.	Forges.	Forges.	64	98 et 99	**Truelles** en fer, pour maçons.	A.	Magasinier.	334	
id.	Menuiserie.	Menuiserie.	Menuiserie.	62	411	**Trusquins.**	A.	M^e charpent.	260	
Hôpitaux.	Machines. Pharmacie.	Machines. Salle de dépôt.	Machines.	130	5	acoustiques, en gutta-percha.	A.C.	M^e mécanicien	190	
		»		50	302	d'irrigateur, en caoutchouc.	A.	Chirurgien.	390	
Const. navales	Machines.	Machines.	Machines.	129	30 à 34	en caoutchouc, pour l'arrosage des coussins et le graissage des bielles.	A.	M^e mécanicien	202	
id.	id.	id.	id.	134	32	**Tubes....** en cristal pour baromètres et condenseurs.	B.	id.	210	
id.	id.	id.	id.	134	41 à 43	pour indiquer le niveau d'eau.	R.	id.	210	
id.	id.	id.	id.	104	518 à 520	en fer creux avec robinets pour conduites d'eau, pour conduire l'eau distillée aux caisses à eau	A.	id.	214	
id.	id.	id.	id.	104	518 à 520	en bronze ou tuyaux, pour conduits d'eau de la pompe de la cale à la cuisine.	A.	id.	214	21

DÉSIGNATION du service où s'opèrent les délivrances, la mise en place, le démontage, les remises et les réparations.	LOCALITÉS OÙ S'OPÈRENT — la mise en place ou les délivrances. Section de magasin ou atelier.	les démontages ou les remises. Atelier.	les réparations. Atelier.	NUMÉROS D'ORDRE de la NOMENCLATURE — par unité collective.	par unité simple.	NOMENCLATURE DES MATIÈRES ET OBJETS.	LETTRES de classement.	ARTICLE DU MAÎTRE OU DE L'OFFICIER COMPTABLE auquel l'objet se rapporte.	PAGE du RÈGLEMENT d'armement.	ALLOCATIONS RÉGLEMENTAIRES pour 1 mois.
Artillerie.	Poudr. et artific.	Artifices.	Atel. à fer.	146	88	**Tubes** — ou cylindres en fer-blanc pour renfermer les fusées de bouées de sauvetage.	A.	Me canonnier.	142	
Const. navales	Machines.	Machines.	Machines.	129	30 à 34	ou tuyaux en caoutchouc, pour conduire l'eau distillée aux caisses à eau.	A.	Me mécanicien.	214	
id.	G. chaudronn.	G. chaudronn.	G. chaudronn.	133	464	pour chaudières tubulaires — en laiton.	R.	id.	210	
id.	id.	id.	id.	133	445	en tôle.	R.	id.	210	
id.	Machines.	Machines.	Machines.	102	40 à 45	d'aspiration — en toile et caoutchouc, recouverts en cuir, pour pompes — à eau douce de la cale.	A.	Me calfat.	284	
id.	id.	id.	id.	102	40 à 45	à incendie.	A.	id.	284	
id.	id.	id.	id.	102	33 à 54	pour pompes de la cale à vin.	A.	Com. aux viv.	324	
id.	id.	id.	id.	133	133	en bronze de prise d'eau traversant la muraille.	A.C.	Me calfat.	281	
id.	id.	id.	id.	104	698	en cuivre — divers.	A.C.	Me mécanicien.	281	
id.	P. chaudronn.	P. chaudronn.	P. chaudronn.	104	260	pour cheminée de la cuisine.	A.	Me mécanicien.	214	
id.	id.	id.	id.	104	260	pour cheminée du four.	A.	Com. aux viv.	320	
id.	Tôlerie.	Tôlerie.	Tôlerie.	104	289	pour cheminées des officiers généraux.	A.	Me du timon.	176	
id.	P. chaudronn.	P. chaudronn.	P. chaudronn.	104	696	pour orgues.	A.C.	Me calfat.	281	
id.	id.	id.	id.	104	737	**Tuyaux** — de dérivation, pour le lavage de la cale.	A.C.	id.	281	
id.	id.	id.	id.	104	737	ou manchons, pour itagues de sabords.	A.C.	id.	281	
id.	id.	id.	id.	104	733	en plomb — pour bouteilles — du commandant, des officiers et de l'hôpital.	A.C.	id.	280	
id.	id.	id.	id.	104	733	des aspirants et des maîtres.	A.C.	id.	280	
id.	id.	id.	id.	104	736	conduites d'eau — aux différenciomètres.	A.C.	id.	281	
id.	id.	id.	id.	104	736	aux soutes aux poudres.	A.C.	id.	281	
id.	id.	id.	id.	104	736	aux bassins des pieds des pompes de lavage.	A.C.	id.	281	
id.	id.	id.	id.	104	736	pour écoulement des eaux.	A.C.	id.	281	
id.	id.	id.	id.	104	735	pour hublots.	A.C.	id.	280	
id.	id.	id.	id.	104	733	pour latrines de l'équipage.	A.C.	id.	281	
id.	id.	id.	id.	104	733	pour urinoirs.	A.C.	id.	280	
id.	Tôlerie.	Tôlerie.	Tôlerie.	104	291	en tôle. — pour cheminées du commandant et de la grande chambre.	A.	Me de timon.	176	
id.	id.	id.	id.	104	261	pour forges.	A.	Me mécanicien.	208	
id.	id.	id.	id.	104	261		A.	Me armurier.	314	
id.	Machines.	Machines.	Machines.	129	30 à 34	ou tubes en caoutchouc pour conduire l'eau distillée aux caisses à eau.	A.	Me mécanic.	214	
id.	id.	id.	id.	104	518 à 520	ou tubes en fer creux pour conduites d'eau avec robinets en bronze — pour conduire l'eau distillée aux caisses à eau.	A.	id.	214	
id.	id.	id.	id.	104	518 à 520	de la pompe de cale à la cuisine.	A.	id.	214	
id.	Tôlerie.	Tôlerie.	Tôlerie.	66	203		A.	id.	208	
id.	id.	id.	id.	66	203	**Tuyères** en fer, pour forges.	A.	Me armurier.	314	

DÉSIGNATION du service où s'opèrent les délivrances, la mise en place, le démontage, les remises et les réparations.	LOCALITÉS OÙ S'OPÈRENT			NUMÉROS D'ORDRE de la NOMENCLATURE		NOMENCLATURE DES MATIÈRES ET OBJETS.	LETTRES de classement. K. a. Entrée en armement. a. Armement. c. a. Rechange. c. a. Complément de re-change. a. c. Accessoires de roque. a. r. Objet ai-trouvé à la en-que des em-barcations. r. Objets à dé-livrer pour les passagers.	ARTICLE DU MAÎTRE ou DE L'OFFICIER COMPTABLE auquel l'objet se rapporte.	PAGE du RÈGLEMENT d'ar-mement.	ALLOCATIONS RÉGLEMENTAIRES pour 1 1 Mois.
	la mise en place ou les délivrances.	les démontages ou les remises.	les réparations.	par unité collective.	par unité simple.					
	Section de magasin ou atelier.	Atelier.	Atelier.							
						U				
Hôpitaux.	Magasin.	Salle de dépôt.	Dét. des hôpit.	50	338	**Urinoirs** en étain.	A.	Chirurgien.	392	
Subsistances.	Ust., outils, etc.	id.	Dét. des subs.	21	15	**Utinets** ou maillets pour tonneliers.	A.	Com. aux viv.	326	
						V				
Artillerie.	Garniture.	Garniture.	Garniture.	158	310 à 314 et 316	compressibles en algue marine, pour canons, canons-obusiers et obusiers.	A.	Mᵉ canonnier.	120	
id.	id.	id.	id.	158	299 à 306	**Valets.** cylin- pour canons, canons-obusiers et obusiers.	A.	id.	120	
id.	id.	id.	id.	158	301 à 306	driques. pour caronades.	A.	id.	126	
id.	id.	id.	id.	158	307	pour espingoles.	A.	id.	130	
Const. navales	Forges.	Forges.	Forges.	62	412	d'établi.	A.	Mᵉ charpentier	260	
Artillerie.	Garniture.	Garniture.	Garniture.	158	289 à 298	pour canons, canons-obusiers et obusiers.	A.	Mᵉ canonnier.	120	
id.	id.	id.	id.	158	291 à 296	orseaux pour caronades.	A.	id.	126	
id.	id.	id.	id.	158	297	pour espingoles	A.	id.	130	
id.	id.	id.	id.	158	293	pour obusiers en bronze de 15 c.	A.	id.	132	
Mouv. du port	App. en serv.	App. en serv.	Vollerie.	»	»	**Vareuses** en toile.	E.A.	Mᵉ de manœuvre	4	
Const. navales	Menuiserie.	Menuiserie.	Forges.	62	413	bois.	A.	Mᵉ charpent.	260	
id.	id.	id.	id.	62	414	**Varlopes.** fers.	A.	id.	260	
id.	id.	id.	id.	62	414		R.	id.	260	
id.	id.	id.	id.	62	415	contre-fers.	A.	id.	260	
id.	id.	id.	»	124	272	de nuit, en porcelaine.	P.	Mᵉ de timon.	188	
Hôpitaux.	Pharmacie.	Salle de dépôt.	»	30	285 et 286	**Vases.** en bois, pour la conservation des sangsues. . . .	A.	Chirurgien.	398	
Const. navales	P. chaudronn.	P. chaudronn.	P. chaudronn.	400	117	en fer-blanc, pour puiser l'huile. . . .	A.	Magasinier.	334	
id.	Forges.	Forges.	Forges.	60	262		id.		332	
Subsistances.	Ust., outils, etc.	Salle de dépôt	Dét. des subs.	20	20	**Veltes** ou jauges, en fer, graduées.	A.	Com. aux viv.	322	
	»	»	»	»	»	en cordage demi-usé.	Pour ordr.	Mᵉ de manœuvre	84	
Mouv. du port	Mouv. génér.	Mouv. génér.	Mouv. génér.	409	4	**Velture.** pour bout-dehors de grand foc et de clin-foc.	A.C. Gréement.	Mᵉ charpentier Mᵉ de manœuvre	220 38 et 40	21.

DÉSIGNATION du service où s'opèrent les délivrances, la mise en place, le démontage, les remises et les réparations.	LOCALITÉS OÙ S'OPÈRENT			NUMÉROS D'ORDRE de la NOMENCLATURE		NOMENCLATURE DES MATIÈRES ET OBJETS.	LETTRES de classement. (légende)	ARTICLE DU MAÎTRE ou de l'officier comptable auquel l'objet se rapporte.	PAGE du RÈGLEMENT d'armement.	ALLOCATIONS RÉGLEMENTAIRES pour l Mois.
	la mise en place ou les délivrances.	les démontages ou les remises.	les réparations.	par unité collective.	par unité simple.					
	Section de magasin ou atelier.	Atelier.	Atelier.							
Const. navales	Machines.	Machines.	Machines.	57	20 à 31	**Ventilateurs** pour aérage.	A.	M⁰ charpent.	262	
Hôpitaux.	Magasin.	Salle de dépôt.	»	50	340	**Ventouses** en verre.	A.	Chirurgien.	392	
Subsistances	Ust., outils, etc.	id.	Dét. des subs.	21	44	**Verges** . . . . . . de bouchers.	A.	C⁰ aux vivres.	320	
Const. navales	Machines.	Machines.	Machines.	104	298	de penons, en fer.	A.	M⁰ de timon.	162	
id.	Mâture.	Mâture.	Mâture.	77	178 à 198	de bonnettes basses, supérieures { grandes.	A.	M⁰ charpent.	240	
id.	id.	id.	id.	77	199 à 217	{ petites.	A.	id.	240	
id.	id.	id.	id.	77	221 à 238	de bonnettes basses, inférieures { grandes.	A.	id.	240	
id.	id.	id.	id.	77	239 à 257	{ petites.	A.	id.	240	
id.	id.	id.	id.	74	1 à 20	barrées, ou basses vergues d'artimon.	A.	id.	244	
id.	id.	id.	id.	75	1 à 20	de hunier d'artimon ou de perroquet de fougue.	A.	id.	244	
id.	id.	id.	id.	77	156 à 170	de cacatois d'artimon, ou de cacatois de perruche.	A.	id.	244	
id.	id.	id.	id.	77	314 à 341	de flèche en cul d'artimon.	A.	id.	244	
id.	id.	id.	id.	76	1 à 20	de perroquet d'artimon ou de perruche. . . .	A.	id.	244	
id.	id.	id.	id.	74	1 à 28	(grandes)	A.	id.	246	
id.	id.	id.	id.	73	1 à 32	de grand hunier.	R.	id.	248	
id.	id.	id.	id.	77	258 à 285	de bonnettes de grand hunier.	R.	id.	248	
id.	id.	id.	id.	77	258 à 285		R.	id.	248	
id.	id.	id.	id.	76	1 à 20	**Vergues** . . . . . de grand perroquet.	R.	id.	248	
id.	id.	id.	id.	76	1 à 28	de bonnettes de grand perroquet.	A.	id.	248	
id.	id.	id.	id.	77	286 à 313	de grand cacatois.	A.	id.	248	
id.	id.	id.	id.	77	314 à 341	de flèche en cul de grand mât.	A.	id.	250	
id.	id.	id.	id.	74	1 à 28	de misaine.	A.	id.	250	
id.	id.	id.	id.	73	1 à 32	de petit hunier	C.R.	id.	252	
id.	id.	id.	id.	77	258 à 285	de bonnettes { grandes.	A.	id.	250	
id.	id.	id.	id.	77	258 à 285	de petit hunier	C.R.	id.	252	
id.	id.	id.	id.	77	238 à 285	{ petites.	A.	id.	250	
id.	id.	id.	id.	76	1 à 29	de petit perroquet.	A.	id.	250	
id.	id.	id.	id.	76	1 à 29		R.	id.	252	
id.	id.	id.	id.	77	286 à 313	de bonnette de petit perroquet.	R.	id.	250	
id.	id.	id.	id.	77	151 à 177	de petit cacatois.	A.	id.	250	
id.	Charpentage.	Charpentage.	Charpentage.	87	224 et 229	de chalut, en bois.	A.	M⁰ de manœuvre	90	
id.	Mâture.	Mâture.	Mâture.	79	76 à 86	de tape-cul.	R.	id.	102	
id.	id.	id.	id.	79	76 à 86	pour embarcations { grandes, ou de grande voile. . . .	R.	id.	102	
id.	id.	id.	id.	79	67 à 79		A.	id.	102	
id.	id.	id.	id.	79	67 à 79	de misaine.	R.	id.	102	
id.	id.	id.	id.	79	68 à 79		A.	id.	102	
id.	id.	id.	id.	79	68 à 79		R.	id.	102	

DÉSIGNATION du service où s'opèrent les délivrances, la mise en place, le démontage, les remises et les réparations. Section de magasin ou atelier.	LOCALITÉS OU S'OPÈRENT la mise en place ou les délivrances. Atelier.	les démontages ou les remises. Atelier.	les réparations. Atelier.	NUMÉROS D'ORDRE de la NOMENCLATURE par unité collective.	par unité simple.	NOMENCLATURE DES MATIÈRES ET OBJETS.	LETTRES de classement. E. A. Entrée en Armement. A. Armement. R. Rechange. C. A. Complément de rechange. A. D. Accessoires de coque. A.V. Objets attenant à la coque des embarcations. P. Objets à délivrer pour les passagers.	ARTICLE DU MAÎTRE ou DE L'OFFICIER COMPTABLE auquel l'objet se rapporte.	PAGE du RÈGLEMENT d'armement.	ALLOCATIONS RÉGLEMENTAIRES pour 1 Mois.
Const. navales	Menuiserie.	Menuiserie.	»	43	339	**Vernis** à la gomme laque (au tampon blond)..........	A.	Magasinier.	340	
Mouv. du port	App. en service	App. en service	Garniture.	»	»	**Vérines** à croc, ou berqius pour le lest, chaines, etc..	E.A.	Mᵉ de manœuvre	4	
Const. navales	Menuiserie.	Menuiserie.	»	134	275	**Verres...** { à boire en cristal........	P.	Mᵉ de timon.	188	
id.	Peinture.	Peinture.	Peinture.	51	29 à 31	à vitre doubles..........	A.C.	Mᵉ mécanic.	193	
id.	id.	id.	»	51	29 à 31		A.	Magasinier.	360	
id.	P. chaudronn.	P. chaudronn.	P. chaudronn.	51	42 à 51		A.C.	Mᵉ charpent.	232	
id.	Perçage.	Perçage.	Perçage.	51	42 à 51	lenticulaires..........	A.C.	id.	234	
id.	P. chaudronn.	P. chaudronn.	»	51	42 à 51		A.	Magasinier.	354	
id.	id.	id.	P. chaudronn.	51	52	prismatiques..........	A.C.	Mᵉ charpent.	232	
Artillerie.	Garniture.	Garniture.	Garniture.	148	68		A.	Magasinier.	354	
Const. navales			»			**Verrines...** { à patte d'oie, avec crocs en cuivre, pour monter les caisses à boulets creux des soutes dans les batteries.........	A.	Mᵉ canonnier.	142	
	Forges.	Forges.	Forges.	58	40 à 42	doubles, pour manœuvres des ancres.........	Gréement.	Mᵉ de manœuvre	42	
id.	id.	id.	id.	58	40 à 42	**Verrins** en fer, à vis de fer..........	A.	Mᵉ mécanicien	206	
id.	Serrurerie.	Serrurerie.	Serrurerie.	33	134			Mᵉ charpent.	209	
id.	id.	id.	id.	33	135	à baïonnette....... { de fer......	A.C.	Mᵉ mécanicien	193	
id.	id.	id.	id.	33	132 et 133	**Verrous...** { de cuivre	A.C.	id.	193	
id.	id.	id.	id.	33	136 à 141	à coulisse (à bouton et à onglet) de cuivre	A.C.	id.	193	
id.	id.	id.	id.	33	142 à 144	ordinaires, dits à ressort. { de fer...... { de cuivre	A.C.	id.	193	
Artillerie.	Armurerie.	Armurerie.	»	53	268	**Vieux drap**..........	A.	Magasinier.	352	
Const. navales	Machines.	Armurerie.	»	53	269	**Vieux linge**..........	E.A.	Mᵉ de manœuvre	8	
Artillerie.	Armurerie.	Armurerie.	»	53	260		A.	Magasinier.	338, 340, 350, 352 et 360	
Const. navales	Machines.	Machines.	»	42	24	**Vieux oing**..........	A.	Mᵉ mécanicien	338	
id.	Forges.	Forges.	Forges.	65	413			Mᵉ charpentier	205	
Artillerie.	Armurerie.	Armurerie.	Armurerie.	65	413	de maître.........	A.	Mᵉ armurier	298	
id.	id.	id.	id.	65	413	**Vilebrequins.....** {		Mᵉ canonnier.	140	
Const. navales	Machines.	Machines.	Machines.	66	209 et 210	pour machines à percer.		Mᵉ mécanicien	204	
id.	id.	id.	id.	134	49	**Vireur** ou appareil pour virer l'arbre porte-hélice..........	A.C.	id.	186	
Artillerie.	Armurerie.	Armurerie.	»	167	334	**Viroles...** { ou bagues de baïonnettes { nouveau modèle........	R.	Mᵉ armurier.	306	
id.	id.	id.	»	167	334	{ ancien modèle........	R.	id.	306	
Const. navales	Forges.	Forges.	Forges.	30	47 et 48	ou rouelles en fer, assorties.	A.	Magasinier.	350	
id.	Charpentage.	Charpentage.	Charpentage.	66	213	**Virolets** ou tours de charpentiers.	A.	Mᵉ charpent.	256	
id.	Serrurerie.	Serrurerie.	»	31	1 à 48	{ de fer......	A.	Magasinier.	352	
id.	id.	id.	»	31	49 à 84	**Vis à bois.** . { de laiton { pour habitacles.....	A.	id.	346	
id.	id.	id.	»	31	49 à 84	{ pour usages divers.....	A.	id.	352	
id.	Machines.	Machines.	Machines.	31, 104	85 à 87 700	en cuivre rouge, pour mantelets de hublots en cuivre	A.	id.	354	

DÉSIGNATION du service où s'opèrent la mise en place, les délivrances, la mise en place, le démontage, les remises et les réparations.	LOCALITÉS OU S'OPÈRENT			NUMÉROS de la NOMENCLATURE		NOMENCLATURE DES MATIÈRES ET OBJETS.	LETTRES de classement. E. E. Entrée en armement. A. Armement. a. Rechange. C. B. Complément de rechange. A. C. Accessoires de coque. A. T. Objets attenant à la coque des ombardements. P. Objets à délivrer pour les passagers.	ARTICLE DU MAÎTRE OU DE L'OFFICIER COMPTABLE auquel l'objet se rapporte.	PAGE du RÈGLEMENT d'armement.	ALLOCATIONS RÉGLEMENTAIRES pour l Mois.
	la mise en place ou les délivrances.	les démontages ou les remises.	les réparations.	par unité collective.	par unité simple.					
	Section de magasin ou atelier.	Atelier.	Atelier.							
Const. navales	G. œuvres.	G. œuvres.	G. œuvres.	31 et 104	85 à 87 et 705	à bois pour ferrures de gou- { en cuivre rouge	R.	M⁰ charpentier	234	
id.	id.	id.	id.	31 et 104	45 à 48 et 517	vernail . . . . { en fer	R.	id.	234	
id.	Machines.	Machines.	Machines.	102	183	{ étamé, à écrou, pour assembler les manches en cuir du système Letestu	R.	M⁰ calfat.	226	
id.	id.	id.	id.	104	517	en fer . . { pour couronnes de pistons.	R.	M⁰ mécanic.	210	
id.	id.	id.	id.	104	517	{ pour tocs d'excentriques.	R.	id.	210	
Artillerie.	Armurerie.	Armurerie.	»	167	335	crochets { pour fusils et carabines.	R.	M⁰ armurier.	306	
id.	id.	id.	»	167	336	de { pour mousquetons	R.	id.	306	
id.	id.	id.	»	167	337	platine. { pour pistolets.	R.	id.	306	
id.	id.	id.	»	167	337¹	de baguettes, pour pistolets-revolvers.	R.	id.	306	
id.	id.	id.	»	167	343	{ de baguettes, pour pistolets de marine, modèle 1837.	R.	id.	306	
id.	id.	id.	»	167	337²	de brides { de poignées, pour pistolets-revolvers	R.	id.	306	
id.	id.	id.	»	167	343	de chaînettes de baguettes, pour pistolets de marine, modèle 1849	R.	id.	306	
id.	id.	id.	»	167	344	de calottes, sans anneau, pour pistolets-revolvers.	R.	id.	306	
id.	id.	id.	»	167	205¹	de chiens, pour pistolets-revolvers.	R.	id.	306	
id.	id.	id.	»	167	344	vis. . . . { pour fusils et carabines.	R.	id.	306	
id.	id.	id.	»	167	343	{ pour mousquetons et pistolets de marine, modèle 1822, etc.	R.	id.	306	
id.	id.	id.	»	167	346	de culasse { de gendarmerie	R.	id.	306	
id.	id.	id.	»	167	346	pour pistolets. { { modèle 1849. . .	R.	id.	306	
id.	id.	id.	»	167	346	{ de marine . . . . { modèle 1837. .	R.	id.	306	
id.	id.	id.	»	167	360	d'embase de battants de crosse, pour armes de précision . .	R.	id.	308	
id.	id.	id.	»	167	206¹	de gâchettes-détentes pour pistolets-revolvers.	R.	id.	308	
id.	id.	id.	»	167	207	{ pour fusils et carabines.	R.	id.	308	
id.	id.	id.	»	167	208	de noix { pour mousquetons et pistolets de cavalerie. . . .	R.	id.	308	
id.	id.	id.	»	167	209	{ pour pistolets de gendarmerie et de marine, modèles 1849 et 1837.	R.	id.	308	
id.	id.	id.	»	167	330	{ pour fusils et carabines.	R.	id.	308	
id.	id.	id.	»	167	351	de { pour mousquetons et pistolets de cavalerie et de marine, modèle 1822.	R.	id.	308	
id.	id.	id.	»	167	352	platines (grandes) { pour pistolets de gendarmerie.	R.	id.	308	
id.	id.	id.	»	167	352	{ pour pistolets { modèle 1849.	R.	id.	308	
id.	id.	id.	»	167	352	{ de marine . . . { modèle 1837.	R.	id.	308	
id.	id.	id.	»	167	339¹	de poignées ou de monture, pour pistolets-revolvers.	R.	id.	308	
id.	id.	id.	»	167	353	de pontets, pour fusils de rempart et carabines	R.	id.	308	

DÉSIGNATION du service où s'opèrent les délivrances, la mise en place, le démontage, les remises et les réparations.	LOCALITÉS OÙ S'OPÈRENT			NUMÉROS D'ORDRE de la NOMENCLATURE		NOMENCLATURE DES MATIÈRES ET OBJETS.	LETTRES declassement. E. Entrée en rubliment. s. Rechange. A. Armement. c. n. Complément de rechange. A. C. Accessoires de rechange. A.T. Objets attenant à la caisse des embarcations. P. Objets à délivrer pour les passagers.	ARTICLE DU MAITRE OU DE L'OUVRIER COMPTABLE auquel l'objet se rapporte.	PAGE du RÈGLEMENT d'ar- mement.	ALLOCATIONS RÉGLEMENTAIRES pour 1 1 Mois.
	la mise en place ou les délivrances. Section de magasin ou atelier.	les démontages ou les remises. Atelier.	les réparations. Atelier.	par unité collective.	par unité simple.					
Artillerie.	Armurerie.	Armurerie.	»	167	354	de pontets, { pour mousquetons.	R.	Mᵉ armurier.	308	
id.	id.	id.	»	167	355	{ pour pistolets.	R.	id.	308	
id.	id.	id.	»	167	355¹	de pontets et de canons, pour pistolets-revolvers.	R.	id.	308	
id.	id.	id.	»	167	355²	de portes, pour pistolets-revolvers.	R.	id.	308	
id.	id.	id.	»	167	355³	de ressorts { de portes, pour pistolets-revolvers.	R.	id.	308	
id.	id.	id.	»	167	209⁴	{ (grand), pour pistolets-revolvers.	R.	id.	308	
id.	id.	id.	»	167	114	de ressorts { de hausse, pour fusils de rempart.	R.	id.	308	
id.	id.	id.	»	167	209²	{ de détentes, pour pistolets-revolvers.	R.	id.	308	
id.	id.	id.	»	167	209³	{ de mentonnets, pour pistolets-revolvers.	R.	id.	308	
id.	id.	id.	»	167	356	de rosettes- { pour fusils et carabines.	R.	id.	308	
id.	id.	id.	»	167	356	supports { pour mousquetons.	R.	id.	308	
id.	id.	id.	»	167	356	d'oreilles { pour pistolets.	R.	id.	308	
id.	id.	id.	»	167	338⁴	de sous-garde pour pistolets-revolvers.	R.	id.	308	
id.	id.	id.	»	167	210	de brides { pour fusils.	R.	id.	308	
id.	id.	id.	»	167	210	{ pour mousquetons.	R.	id.	308	
id.	id.	id.	»	167	210	{ de cavalerie et de marine, modèle 1822. pour pistolets. { de gendarmerie et de marine, mo- dèle 1849 et 1837.	R.	id.	308	
id.	id.	id.	»	107	210	de gâchettes { pour fusils transformés.	R.	id.	308	
id.	id.	id.	»	167	210	{ pour mousquetons transformés.	R.	id.	308	
id.	id.	id.	»	167	210	{ de cavalerie et de marine, modèle pour pistolets. { 1822, etc. { de gendarmerie, modèle 1822, etc.	R.	id.	308	
id.	id.	id.	»	167	210	de grands ressorts { pour fusils transformés.	R.	id.	308	
id.	id.	id.	»	167	210	{ pour mousquetons transformés.	R.	id.	308	
id.	id.	id.	»	167	210	{ de cavalerie et de marine, modèle pour pistolets. { 1822, etc. { de gendarmerie, modèle 1822, etc.	R.	id.	308	
id.	id.	id.	»	167	210	de ressorts de gâchettes { pour fusils transformés.	R.	id.	308	
id.	id.	id.	»	167	210	{ pour mousquetons transformés.	R.	id.	308	
id.	id.	id.	»	167	210	{ de cavalerie et de marine, etc.. pour pistolets. { de gendarmerie, modèle 1822, etc.	R.	id.	308	
id.	id.	id.	Armurerie.	161	109	de coffrets, pour platines d'espingoles.	R.	id.	310	
id.	id.	id.	id.	161	111	de noix, pour platines d'espingoles.	R.	id.	310	
id.	id.	id.	id.	161	112	de ressorts de gâchettes, pour platines d'espingoles.	R.	id.	310	
id.	id.	id.	id.	161	112	de brides, pour platines d'espingoles.	R.	id.	310	
id.	id.	id.	id.	161	112	de gâchettes, pour platines d'espingoles.	R.	id.	310	
id.	id.	id.	id.	161	112	de grands ressorts, pour platines d'espingoles.	R.	id.	310	

Vis . . . . .

DÉSIGNATION du service où s'opèrent les délivrances, la mise en place, le démontage, les remises et les réparations.	LOCALITÉS OU S'OPÈRENT			NUMÉROS D'ORDRE de la NOMENCLATURE		NOMENCLATURE DES MATIÈRES ET OBJETS.		LETTRES de classement.	ARTICLE DU MAÎTRE OU DE L'OFFICIER COMPTABLE auquel l'objet se rapporte.	PAGE du RÈGLEMENT d'armement.	ALLOCATIONS RÉGLEMENTAIRES pour l	Mois.
	la mise en place ou les délivrances. Section de magasin ou atelier.	les démontages ou les remises. Atelier.	les réparations. Atelier.	par unité collective.	par unité simple.							
Artillerie. id.	Armurerie. id.	Armurerie. id.	Armurerie. id.	161 161	112 112		d'attache, pour platines d'espingoles.. de queue de platine, pour platines d'espingoles.......	R. R.	M⁰ armurier. id.	310 310		
id.	id.	id.	id.	161	51	d'attache en fer p' hausses marines de bouches à feu	en fonte de fer........	R.	id.	310		
id.	id.	id.	id.	161	52		en bronze............	R.	id.	310		
id.	id.	id.	id.	161	55'	vis.... de pression	pour hausses de canons de 4 rayés de montagne...	R.	id.	310		
id.	id.	id.	id.	161	33		pour hausses marines en fonte de fer, nouveau modèle..	R.	id.	310		
id.	id.	id.	id.	161	35		de bouches à feu en bronze............	R.	id.	310		
id.	id.	id.	id.	161	9	diverses en fer p' ferrotaux de mire	à tête de champignon...	R.	id.	310		
id.	id.	id.	id.	161	9		à tête fraisée........	R.	id.	310		
id.	Ferrures.	Atel. à fer.	Atel. à fer.	145	108 et 109		de pointage complètes, pour affûts de carouades.......	A. R.	M⁰ canonnier. id.	122 126		
Const. navales	Peinture.	Peinture.	Peinture.	54	Divers.	vitrage posé		A.C.	M⁰ mécanicien.	193		
Mouv. du port	Voilerie.	Voilerie.	Voilerie.	121	47 à 66	d'embarcations garnies.	tape-cul...	A.	M⁰ de manœuvre.	108		
id.	id.	id.	id.	121	23 à 39		grande voile..........	A.	id.	108		
id.	id.	id.	id.	121	23 à 44		misaine.............	A.	id.	108		
id.	id.	id.	id.	121	2 à 24		foc.............	A.	id.	108		
id.	id.	id.	id.	121	67 à 69		voile pour baleinière...	A.	id.	108		
id.	id.	id.	id.	121	70 à 72		voile à livarde, pour youyou.	A.	id.	108		
id.	A.	id.	id.	118	1 à 25	voiles....	artimon de cape garni....	A.	M⁰ voilier.	264		
id.	id.	id.	id.	118	1 à 25	du mât d'artimon.	R.	id.	264		
id.	id.	id.	id.	118	58 à 70, 80 et 81			A.	id.	264		
id.	id.	id.	id.	118	58 à 70,		brigantine (grande) garnie.	R.	id.	264		
id.	id.	id.	id.	113	1 à 32	pour bâtiments	du grand mât. Grande voile	carrée, garnie........	A.	id.	264		
id.	id.	id.	id.	113	1 à 32			R.	id.	264		
id.	id.	id.	id.	118	161 à 186		goélette, garnie.......	A.	id.	264		
id.	id.	id.	id.	118	161 à 186			R.	id	264		
id.	id.	id.	id.	118	71 à 73		(grande) garnie...	A.	id.	264		
id.	id.	id.	id.	118	71 à 75		brigantine.... de cape, etc., garnie.	R.	id.	264		
id.	id.	id.	id.	118	125 à 140			A.	id.	264		
id.	id.	id.	id.	118	125 à 140		(grande) garnie...	R.	id.	264		
id.	id.	id.	id.	120	17 à 36	du grand mât.	foc d'artimon de cape, etc., garni.	A.	id.	264		
id.	id.	id.	id.	120	31 à 36		pouillouse, ou voile d'étai, etc., garni.............	A.	id.	264		

DÉSIGNATION du service où s'opèrent les délivrances, la mise en place, le démontage, les remises et les réparations.	LOCALITÉS OU S'OPÈRENT			NUMÉROS D'ORDRE de la NOMENCLATURE.		NOMENCLATURE DES MATIÈRES ET OBJETS.	LETTRES de classement. R.A. Entrée en armement. A. Radoubage. C.N. Complément de rechange. A.C. Accessoires de rechange. A.V. Objets attenant à la cargue des embarcations. P. Objets à délivrer pour les passagers.	ARTICLE DU MAITRE OU DE L'OFFICIER COMPTABLE auquel l'objet se rapporte.	PAGE du RÈGLEMENT d'armement.	ALLOCATIONS RÉGLEMENTAIRES pour l Mois.
	la mise en place ou les délivrances.	les démontages ou les remises.	les réparations.	par unité collective.	par unité simple.					
	Section de magasin ou atelier.	Atelier.	Atelier.							
Mouv. du port	Voilerie.	Voilerie.	Voilerie.	113	89 à 101	} misaine.... { carrée ou fortune des goëlettes, garnie....	A.	Mª voilier.	264	
id.	id.	id.	id.	113	89 à 101	garnie....	R.	id.	264	
id.	id.	id.	id.	118	217 à 250	goëlette, sur corne, garnie....	A.	id.	264	
id.	id.	id.	id.	118	217 à 250		R.	id.	264	
id.	id.	id.	id.	117	1 à 33	de mât de misaine { (grande), de misaine garnie....	A.	id.	264	
id.	id.	id.	id.	117	71 à 103	(petite), de misaine garnie....	A.	id.	264	
id.	id.	id.	id.	117	215 à 240	bonnettes.... { (grande), de petit hunier, garnie.	A.	id.	264	
id.	id.	id.	id.	117	141 à 160	(petite), de petit hunier, garnie.	A.	id.	264	
id.	id.	id.	id.	117	275 à 291 et 313 à 332 et 381 à 390	**Voiles** pour bâtiments { de petit perroquet, garnie....	A.	id.	264	
id.	id.	id.	id.	119	237 à 309	trinquette, ou tourmentin, garnie..........	A.	id.	264	
id.	id.	id.	id.	119	173 à 202	petit foc, garni..................	A.	id.	266	
id.	id.	id.	id.	119	173 à 202		R.	id.	266	
id.	id.	id.	id.	119	47 à 76	focs.... { grand foc, garni..........	A.	id.	264	
id.	id.	id.	id.	119	47 à 76	faux foc garni................	R.	id.	266	
id.	id.	id.	id.	119	111 à 139	clin-foc garni................	A.	id.	264	
id.	id.	id.	id.	119	1 à 20		A.	id.	264	
Hôpitaux.	Magasin.	Salle de dépôt.	Dét. des hôpit.	3	24⁶	**Voiles** du calice pour le service divin... { pour chasubles blanches, avec croix en soie à fleurs.	A.	Aumônier.	367	
id.	id.	id.	id.	3	12	pour chasubles blanches et rouges.	A.	id.	366	
id.	id.	id.	id.	3	18⁶	pour chasubles blanches et vertes.	A.	id.	367	
id.	id.	id.	id.	3	18	pour chasubles vertes et jaunes..........	A.	id.	366	
id.	id.	id.	id.	3	24	pour chasubles violettes et noires........	A.	id.	367	
Mouv. du port	Pavillonnerie.	Pavillonnerie.	Pavillonnerie.	124	115	**Voltaire** (fauteuil)...................	A.	Mª de timon.	176	
Const. navales	Forges.	Forges.	Forges.	62	449 à 422	**Vrilles** emmanchées, assorties	A.	Mª mécanicien	205	
id.	id.	id.	id.	62	449 à 422		A.	Mª charpentier	250	
id.	id.	id.	id.	62	449 à 422		A.	Mª armurier.	316	
Subsistances.	Ust., outils, etc.	Salle de dépôt.	Dét. des subs.	21	37			Com. aux viv.	328	

Y

| Const. navales | Chal. et canots | Chal. et canots | Chal. et canots | 6M | 80 à 82 | **Youyou** en bois. .... | A. | Mª de manœuvre | 98 et 100 | |

Circulaires et **Règlements** d'administration publique, pour l'exécution de la loi du 16 avril 1855 et du décret du 8 janvier 1856, relatifs à la création de la *Dotation des armées de terre et de mer*, au rengagement, au remplacement et aux pensions militaires. 1 vol. in-18. 1857. . . . . 1 fr. 25

Code de justice maritime, comprenant le Code de justice militaire pour l'armée de mer, avec le sénatus-consulte, les décrets d'exécution, les instructions et les formules qui s'y rattachent; le Code d'instruction criminelle; le Code pénal ordinaire; le Code de justice militaire pour l'armée de terre; les lois et décrets sur l'état des officiers, la Légion d'honneur, l'état de siége, la déportation, l'exécution de la peine des travaux forcés, l'abolition de la mort civile, la sûreté de la navigation et du commerce maritime, le décret-loi disciplinaire et pénal pour la marine marchande, avec les instructions et formules y relatives. Paris, Impr. impériale, 1858. 1 vol. in-8 de 824 pages. . . . . 7 fr.

Code de justice militaire pour l'armée de mer (4 juin 1857), publié avec l'autorisation du Ministre de la marine. 1 vol. in-18. . . . . 1 fr.

Décret sur le service à bord des bâtiments de la flotte (15 août 1851), annoté de toutes les dispositions qui ont modifié ce décret jusqu'à ce jour (août 1863). 1 vol. in-18. 1864. . . . . 2 fr. 50

Décret sur le service intérieur des divisions des équipages de la flotte (3 décembre 1856). 1 vol. in-18. 1857. 2 fr.

Décret sur l'organisation du personnel des équipages de la flotte (5 juin 1856). 1 vol. in-18, 1857. . . . . 2 fr.

Décret portant règlement sur la solde, les revues, l'administration et la comptabilité des équipages de la flotte (11 août 1856). 1 vol. in-18, 1857. . . . . . 2 fr.

Décret portant règlement sur les allocations de solde et les accessoires de la solde des officiers, aspirants et divers agents du département de la marine et des colonies (19 octobre 1851). Nouvelle édition, annotée des principales dispositions survenues jusqu'à ce jour. 1 vol. in-18. 1863. . . . . 2 fr. 50

École des sonneries de manœuvres. Méthode adoptée pour l'étude des sonneries dans les bataillons de marins-fusiliers et les compagnies de débarquement à bord des bâtiments de la flotte. 2e édit., in-18, 1864. . 50 c.

Exercice du revolver (Annexe au Manuel du marin-fusilier), publié par ordre de S. Exc. le Ministre secrétaire d'État de la marine. 1860, in-18.. . . . . . . 20 c.

Laporterie, capitaine de frégate. — Éléments de tactique, à l'usage des officiers de marine à terre. 2 vol. in-18, 1860. 5 fr.

Leplat-Duplessis, aide-commissaire de la marine. — Indicateur alphabétique des décisions ministérielles et des articles des lois, décrets, ordonnances, règlements et instructions qui régissent actuellement les diverses parties du service à bord des bâtiments de l'État; publié avec l'autorisation de S. Exc. l'Amiral Ministre de la marine, à l'usage de MM. les officiers de vaisseau et de MM. les officiers du commissariat de la marine. 1 vol. gr. in-8, 1859. . . . . 9 fr.

Manuel du Marin-Fusilier, contenant: 1° la formation des bataillons; 2° l'école du soldat? 3° l'instruction sur le tir; 4° l'exercice du sabre et du pistolet; 5° la nomenclature et l'exercice du canon; 6° l'école de peloton; 7° l'école de bataillon; 8° l'instruction pour les tirailleurs; 9° un extrait du service intérieur à bord des bâtiments de la flotte; 10° un extrait du service de l'infanterie dans les places; 11° un extrait du service des armées

en campagne, publié avec l'autorisation de M. le Ministre de la marine et des colonies. 1 vol. in-18, avec gravures dans le texte, cartonné en parchemin, 1863. . . . . 3 fr.

Manuel du Matelot-Canonnier, publié par ordre de S. Exc. le Ministre de la marine, 3e édit., 1863, in-12 cartonné en parchemin . . . . 3 fr.

Manuel du Matelot-Timonier, publié par ordre de S. Exc. le Ministre de la marine et des colonies. 2e édit., 1863, 1 vol. in-18, avec gravures sur bois dans le texte et planches coloriées. . . . . 2 fr. 50

Ordonnance du 22 juin 1847, portant règlement sur la solde, les revues, l'administration et la comptabilité des corps de troupe de la marine; nouv. édit., annotée de toutes les dispositions survenues jusqu'à ce jour, et suivie des tarifs de solde. 1 vol. in-18, 1859. . . . . . . 2 fr.

Règlement sur le service intérieur à bord des bâtiments (annexe au décret du 15 août 1851). 1 vol. in-18, 1859.. . . . . 2 fr. 50

Tactique navale. (Ministère de la marine et des colonies). Extrait comprenant: 1° les instructions générales; 2° les principes pour la chasse; 3° la tactique navale à vapeur et à voiles. 1 vol. in-18, avec 166 figures, 1857. . . . . 3 fr.

SOUS-PRESSE :

Tactique complète d'embarcations. Publiée avec l'autorisation de S. Exc. le Ministre de la marine et des colonies. 1 vol. in-18, avec un grand nombre de figures dans le texte et planches coloriées.